Anna Mańko-Matysiak, Eef Overgaauw, Tobias Weger (Hg.):

Das deutsche Kulturerbe in Schlesien
Fragen und Perspektiven

Schriften des Bundesinstituts für Kultur
und Geschichte der Deutschen im östlichen Europa

Band 51

OLDENBOURG VERLAG MÜNCHEN 2014

DAS DEUTSCHE KULTURERBE IN SCHLESIEN

FRAGEN UND PERSPEKTIVEN

Herausgegeben von
Anna Mańko-Matysiak, Eef Overgaauw, Tobias Weger

OLDENBOURG VERLAG MÜNCHEN 2014

Bibliografische Information der Deutschen Nationalbibliothek
Die Deutsche Nationalbibliothek verzeichnet diese Publikation in der Deutschen Nationalbibliografie; detaillierte bibliografische Daten sind im Internet über <http://dnb.d-nb.de> abrufbar.

Titelgraphik: unter Verwendung des Ausschnitts einer Schlesienkarte vom Beginn der 1920er Jahre, Staatsbibliothek Berlin, Kart N 15574-6

Der vorliegende Band fasst die Ergebnisse einer Tagung zusammen, die vom 29. Februar bis 2. März 2012 im Vortragsraum des Kunstgewerbemuseums am Kulturforum der Stiftung Preußischer Kulturbesitz in Berlin stattgefunden hat und aus Mitteln des Beauftragten der Bundesregierung für Kultur und Medien (BKM) aufgrund eines Beschlusses des Deutschen Bundestags gefördert worden ist. Die Tagung wurde gemeinsam veranstaltet vom Instytut Filologii Germańskiej [Institut für Germanistik] der Universität Wrocław/Breslau, der Stiftung Preußischer Kulturbesitz (SPK) in Berlin und dem Bundesinstitut für Kultur und Geschichte der Deutschen im östlichen Europa (BKGE) in Oldenburg (Oldb.).

Die Herausgeber danken Frau Dr. Heinke Kalinke, Frau Lara Lindhorst, Frau Desirée Geiger, Herrn Henning Kulbarsch und Herrn Wilke Tepelmann, Oldenburg (Oldb.), für ihre wertvolle redaktionelle Mithilfe bei der Bearbeitung der Beiträge.

Satz und Layout: TZ-Verlag & Print GmbH, Roßdorf
Druck und Bindung: TZ-Verlag & Print GmbH, Roßdorf

ISBN 978-3-486-75425-4

Inhalt

SACHKULTUR UND BILDERWELTEN

Einleitung

Vom 29. Februar bis zum 2. März 2012 trafen sich in Berlin auf Einladung der Staatsbibliothek zu Berlin – Preußischer Kulturbesitz, der Universität Breslau und des Bundesinstituts für Geschichte und Kultur der Deutschen im östlichen Europa (Oldenburg) Germanisten, Historiker, Volkskundler, Bibliothekare und Archivare, um gemeinsam eine deutsch-polnische Plattform für den aktuellen Dialog über den aktuellen und früheren Umgang mit deutschem Kulturgut in Schlesien, innerhalb der aktuellen polnischen Staatsgrenzen zu schaffen.

Mit einigen Reflexionen zur Rolle Schlesiens und seiner im Fokus der Aufmerksamkeit stehenden historischen Relevanz für das europäische Kulturerbe wurden die Tagungsteilnehmer zur regen Mitwirkung an der Tagung eingeladen. „Der Mensch leidet an einer fatalen Spätzündung: Er begreift alles erst in der nächsten Generation“[1]. Diese verhängnisvollen Worte von Stanisław Jerzy Lec (eigentlich de Tusch-Letz, 1909–1966), einem auch in Deutschland bekannten polnischen Lyriker und Aphoristiker jüdischer Abstammung, scheinen im Kontext unserer Schlesien-Tagung an Gültigkeit gewonnen zu haben.

Die Neumarkierung der Grenzen nach 1945 sorgte lange genug für Kontroversen und Antagonismen. Diese haben mittels stets wachgehaltener historischer Ressentiments und nicht weniger mittels bewusster Manipulationen der Vergangenheitskonstruktionen widersprüchliche Geschichtsbilder entwickelt; wie ein mentales Äquivalent des Eisernen Vorhangs durchtrennte das doppelte Gedächtnis die Länder Ost- und Mitteleuropas und vereitelte jegliche Annäherungsversuche, hiermit auch zahlreiche Projekte und Initiativen. Erst nach der ‚Wende‘ – wir blicken heute auf mehr als zwei Dezennien zurück – gelang es einzelnen Forschern und Institutionen, sich von den engstirnigen politischen Perspektiven zu befreien und die bis dahin im wissenschaftlichen und kulturellen Diskurs stiefmütterlich behandelten bzw. vernachlässigten Territorien in den Blick zu nehmen.

Das Thema der Tagung, „Das deutsche Kulturerbe in Schlesien. Wege und Perspektiven der Forschung“, ist solch einer in die Mäander der Geschichte involvierten Region gewidmet, mit dem Ziel, die Idee einer vollständigen Aufarbeitung des reichen, schlesischen Erbes als eines der akuten, zentralen Desiderate für den Kulturraum Ostmitteleuropas stärker ins Bewusstsein der Öffentlichkeit zu tragen. Mit den hier von Vertretern diverser Fachgebiete zu präsentierenden, thematisch heterogen angelegten Beiträgen bieten wir jedoch keine komplette Übersicht zum Gegenstand. Unsere Absicht ist es a priori die verschiedenen, die Schlesienforschung von heute kennzeichnenden Blickwinkel und Wahrnehmungen anhand von ausgewählten Beispielen zur Debatte zu stellen und darüber hinaus auf die bereits geführten, häufig grenzüberschreitenden Projekte, sei es im Bereich der Regionalforschung, sei es im Bereich der Restaurierungs- und Ausstellungstätigkeit,

1 In der Originalfassung: „Ludzie mają jakiś spóźniony refleks. Rzeczy pojmują dopiero w następnych pokoleniach.“ (aus dem Zyklus *Myśli nieuczesane* [Unfrisierte Gedanken, 1957]

etwa in Breslau, Görlitz, Bunzlau/Bolesławiec und Agnetendorf/Jagniątków, aufmerksam zu machen. Unser Augenmerk gilt schließlich den zukünftigen Initiativen und Kooperationsmöglichkeiten, zu deren Entwicklung wir einen Beitrag zu leisten hoffen.

Ein Schlüssel zum Ideengehalt der Tagung ist der längst etablierte Begriff der „Einheit in der Vielfalt" und zwar im cusanischen Sinne, nach dem die Einheit eben nicht den „einen Topf" symbolisiert, in dem sich ein zufälliges Sammelsurium findet, sondern vielmehr ein höheres gemeinsames Prinzip bedeutet, das es im Zuge eines spezifischen Dialogs aufzufinden gilt. Das Konzept greift bemerkenswerterweise auf den mehr als fünf Jahrhunderte alten Toleranzgedanken des deutschen Philosophen und Theologen Nikolaus Cusanus (1401–1464) zurück: Den Zusammenfall der Gegensätze zu einer Einheit,[2] in der sich die Widersprüche zwischen scheinbar Unvereinbarem auflösen, hielt er für möglich in einer Zeit, die von religiösen Streitigkeiten durchdrungen war. Die von Cusanus postulierte Suche nach dem Ursprung zeichnet keinen anderen Begegnungsraum so prägnant aus wie den schlesischen, der seit dem berühmten Treffen des polnischen Herrschers Bolesław Chrobry mit Kaiser Otto III. in Gnesen/Gniezno im Jahre 1000 sich immer wieder vor die Aufgabe gestellt sah, seine Brückenfunktion zu bestätigen. Es war bekanntlich die natürliche, durch den Lauf der Oder samt der Nebenflüsse konturierte geographische, in ihrer metaphorischen Komplexität seit alters her einem Eichenblatt ähnelnde Einheit der Region, die per se eine Voraussetzung dafür schuf, dass sich hier im Laufe der Zeit „eine Geschichtslandschaft entwickeln konnte, deren äußere Grenzen lange unbestritten galten, vielleicht gerade deshalb, weil sie die meiste Zeit überaus durchlässig waren"[3] und so auf die Tradition der ethnisch gemischten Bewohner, hauptsächlich der Böhmen, Polen, Deutschen und Juden, und ebenso die der lokalen Gemeinschaften im Oppelner Schlesien, in Ober- und Niederschlesien nach- und nebeneinander auf ihr mosaikartiges Gebilde einwirkten und somit einen plurikulturellen Mikrokosmos entstehen ließen. In der politischen Situierung im Wandel der Zeiten fand die virulente Geschichte des Landes ihren beispiellosen Niederschlag: bis 1335 von der polnischen Piastendynastie regiert, während der nächsten beiden Jahrhunderte Teil des Königreichs Böhmen, 1526 an die Habsburger gefallen, 1742 von den Preußen annektiert, um 1945 wieder einem neuen Schicksal ausgeliefert zu werden. Tatsächlich erwies sich auch durch das jahrhundertelange Miteinander vielfältiger Kulturausprägungen, welch beeindruckenden, unerschöpflichen Fundus Schlesien an gemeinsamem europäischen Erbe bereithält. Seine bis heute lebendigen Zeugnisse reichen, um nur exemplarisch auf einige Fachbereiche

---

2 Die ‚Einheit in der Vielfalt' ist ein sehr präzises philosophisches Konzept, das Nikolaus von Kues besonders machtvoll in Bezug auf den religiösen Dialog entwickelt hat. In seiner Schrift „Über den Frieden im Glauben" (*De pace fidei*, 1453) lässt er die Vertreter von 17 Religionen der Welt nach der „einen Religion" hinter den verschiedenen religiösen Ritualen suchen. Vgl. Ludwig Mohler (Hg.): Über den Frieden im Glauben. De pace fidei. Hamburg 1943 (Schriften des Nikolaus von Kues in deutscher Übersetzung 8).

3 Norbert Conrads: Silesiographia oder Landesbeschreibung, in Norbert Conrads (Hg.): Deutsche Geschichte im Osten Europas. Schlesien. Berlin 1990, S. 13–36, hier S. 13.

zu verweisen, von den literarischen Leistungen prominentester Autoren: von Martin Opitz (1597–1639), über Joseph von Eichendorff (1788–1857) und Karl von Holtei (1798–1880) bis hin zum imposanten Werk des Nobelpreisträgers Gerhart Hauptmann (1862–1946) und dem seines Bruders Carl (1858–1921), über die Verdienste auf dem Gebiet der Bildungs- und Buchgeschichte, des Zeitschriften- und Verlagswesens und ferner der Volkskunde, Medizin und Naturwissenschaften, die Namen eines Johannes Crato von Crafftheim (1519–1585), Caspar Neumann (1648–1715) und die der 12 aus Schlesien stammenden Nobelpreisträger legitimieren den Rang der schlesischen Wissenschaftsgeschichte, bis hin zum Gros des kunsthistorischen Denkmalbestandes mit seinen Standorten etwa in Grüssau/Krzeszów und Leubus/Lubiąż, Brieg/Brzeg und Pless/Pszczyna, Schweidnitz/Świdnica und Jauer/Jawor.

Leider kennt der historische Ort auch das Pendant hierzu: Schlesien wurde mehrmals zum Schauplatz kriegerischer Auseinandersetzungen, die mit den Schrecken des zu Ende gehenden Zweiten Weltkrieges ihren Kulminationspunkt erreichten. Niemals wurde das Kulturerbe der Generationen so bedroht und so geschändet wie im 20. Jahrhundert. Diese Erfahrungen dürfen keineswegs in Vergessenheit geraten, sie dürfen aber zugleich die Perspektive von heute nicht verschleiern. Fast 70 Jahre nach dem Zweiten Weltkrieg gehört Schlesien zu den florierenden Regionen des polnischen Staates und der Europäischen Union. Die Wahl der Odermetropole zur Kulturhauptstadt Europas im Jahr 2016 ist ein beredtes Zeugnis hierfür.

Die historische und kulturelle Qualität eines Raumes bewirkt, dass dieser – so die seit Jahren verbreitete Meinung der Soziologen Maurice Halbwachs und Georg Simmel – auf die jeweiligen Geschehnisse mit Veränderungen seiner Eigenschaften sehr akut reagiert und in der modifizierten Form Ausgangsbasis für Prozesse nachfolgender Epochen bietet.[4] Solche raumrelevanten, dauerhaften Spuren häufen sich nach und nach zum komplexen, historisch gewachsenen Erbe an, das heute Regionen, wie etwa Schlesien, prägt. Das Überdauern der in der Vergangenheit wurzelnden Landschaftselemente wird im Hinblick auf ihre aktuelle Wirksamkeit mittlerweile im gesellschaftlichen, politischen und vor allem wissenschaftlichen Diskurs nicht nur in Polen und Deutschland, sondern auch in anderen europäischen Ländern mit den Begriffen der Persistenz und ferner der Erinnerungskultur und des kollektiven Gedächtnisses ausgedrückt. Diese Neuperspektivierung ist für die regionale Forschungsarbeit tonangebend, sie liegt auch einer Reihe von unseren Beiträgen zugrunde.

Wenn wir heute – notabene im Gerhart-Hauptmann-Jahr – im Rahmen der Tagung vom deutschen Kulturerbe in Schlesien sprechen wollen, so soll damit keinesfalls suggeriert werden, dass es sich hier um die Leistungen einer homogenen Bevölkerungsgruppe handelt. Jahrhunderte des gemeinsamen Zusammenseins: Tür

4 Vgl. Maurice Halbwachs: Das kollektive Gedächtnis. Stuttgart 1967 und Georg Simmel: Soziologie. Untersuchungen über die Formen der Vergesellschaftung. Berlin 1968.

an Tür, wie neulich auch ein Teil der Berliner Ausstellung[5] erinnerte, des friedlichen Austausches der verschiedenen Nationalitäten und Ethnien haben das Bild Schlesiens von gestern und heute geprägt, ebenso wie die Zeiten der machtpolitischen Konfrontation. Dieser gemeinsamen Vergangenheit vergewissern wir uns, indem wir nach einem höheren Prinzip suchen – es sei erneut an die cusanische Definition erinnert – das heißt: indem wir nach einer ihre Blütezeiten und Schattenseiten miteinander verknüpfenden Erinnerung suchen.

Diese Suche nach der in der Vermittlung und im Ausgleich der ideellen und nationalen Gegensätze bestehenden schlesischen Erinnerungskultur, so wie sie in der Dauerausstellung des Museums der Stadt Breslau, *1000 lat Wrocławia / 1000 Jahre Breslau*,[6] dargestellt wird und so wie sie vor kurzem bei dem 200-jährigen Jubiläum der Breslauer Universität[7] zum Tragen kam, bereitet den Weg und die Perspektiven für die Akzeptanz und Pflege des gemeinsamen Kulturerbes in Zukunft vor. Mit anderen Worten: Es liegt in unserer aller Verantwortung, dass dies auch in der nächsten oder übernächsten Generation geschieht, um das in einem Begegnungsraum vieler Nationen gelegene Kulturgut auch künftig wirksam bleiben zu lassen.[8]

Denn nur die „versöhnte kulturelle Mehrdimensionalität" ist Garant einer Einheit und erlaubt es, um abschließend an die Worte des Oppelner Erzbischofs Alfons Nossol zu erinnern, Schlesien „in der Perspektive unseres sich einigenden Kontinents als europäische Vielfalt in Grenzen unbegrenzt" zu definieren.[9]

Anna Mańko-Matysiak (Wrocław/Breslau)
Eef Overgaauw (Berlin)
Tobias Weger (Oldenburg)

---

5 Die Ausstellung *Tür an Tür Polen – Deutschland. 1000 Jahre Kunst und Geschichte* war vom 23.09.2011 bis zum 09.01.2012. in Berlin im Martin-Gropius-Bau zu sehen. Neben dem Porträt von Herzogin Jadwiga Jagiellonka wurden etwa 800 Exponate ausgestellt, die von 1000 Jahren deutsch-polnischer Nachbarschaft erzählten.

6 Es handelt sich hier um eine der modernsten polnischen Museumsausstellungen über das historische Erbe der Odermetropole, wo über 3.000 Objekte der Breslauer Geschichte seit dem frühen Mittelalter bis zur Gegenwart gesammelt wurden.

7 Das Fest der Alma Mater Wratislaviensis hatte am 15.11.2011 einen besonderen Charakter, denn in diesem Jahr wurde das 200-jährige Gründungsjubiläum der Staatlichen Universität Breslau gefeiert. Hierzu Akademisches Kaleidoskop. Vierteljahresschrift der Universität Wrocław 9 (36), H. 4, S. 4–11.

8 Vgl. Matthias Weber: Kultur und Geschichte der Deutschen im östlichen Europa. Sicherung, Erforschung, Präsentation. In: Gemeinsames Kulturerbe als Chance. Die Deutschen und ihre Nachbarn im östlichen Europa. Symposium der Beauftragten der Bundesregierung für Kultur und Medien, Berlin, 20. September 2004. Oldenburg/Potsdam 2005, S. 12–27, hier S. 27.

9 Alfons Nossol: Brücken bauen. Wege zu einem christlichen Europa von Morgen. Mit einem Vorwort von Karl Kardinal Lehmann. Freiburg i. Br. 2002, S. 114.

UNTERSCHIEDLICHE SICHTWEISEN AUF SCHLESIEN

Abb. 1: Die preußische Provinz Schlesien, ihre Gliederung und ihr geopolitischer Kontext vor dem Ersten Weltkrieg. Landkarte von 1905

tische Streit zwischen Preußen und Österreich nach dem Krieg von 1866 endgültig beigelegt worden war.

Ungeachtet des relativ beschaulichen, hier etwas karikaturhaft und unter Auslassung wichtiger sozial-, politik- und mentalitätsgeschichtlicher Gesichtspunkte gezeichneten Bildes Schlesiens vor dem Ersten Weltkrieg, plagte die deutsche Wahrnehmung ein gewisses Unbehagen. Es rührte von den nationalen Emanzipationsbewegungen der benachbarten Polen und Tschechen her, von denen manche Vertreter immer deutlicher nach der Wiedererrichtung autonomer Staaten riefen. Deutschnationale Autoren sahen Schlesien aufgrund seiner besonderen geographischen Lage zwischen dem historischen Gebiet Polens und den Böhmischen Ländern in einer gefährdeten Lage. Im Jahre 1906 schrieb zum Beispiel der Breslauer Geographieprofessor Joseph Partsch (1851–1925):

> „Wie ein trotz anscheinenden Beharrens doch unruhiger eroberungslustiger Brandungsstreifen, der unmerklich, aber mit sicherer Wirkung hier eine Felsennase wegfeilt, dort an dem Baue eines neuen glatten Flachufers arbeitet, so nimmt sich der Ansturm der slawischen Völkerwogen gegen den Besitzstand deutschen Volkstums aus, und es tut not, mit scharfer Aufmerksamkeit den Ufersaum im Auge zu behalten, um nicht durch Landverluste überrascht zu werden.“[5]

5 Joseph Partsch: Von der deutschen Grenzwacht in Schlesien. In: Deutsche Erde 5 (1906), S. 2–7, hier S. 2.

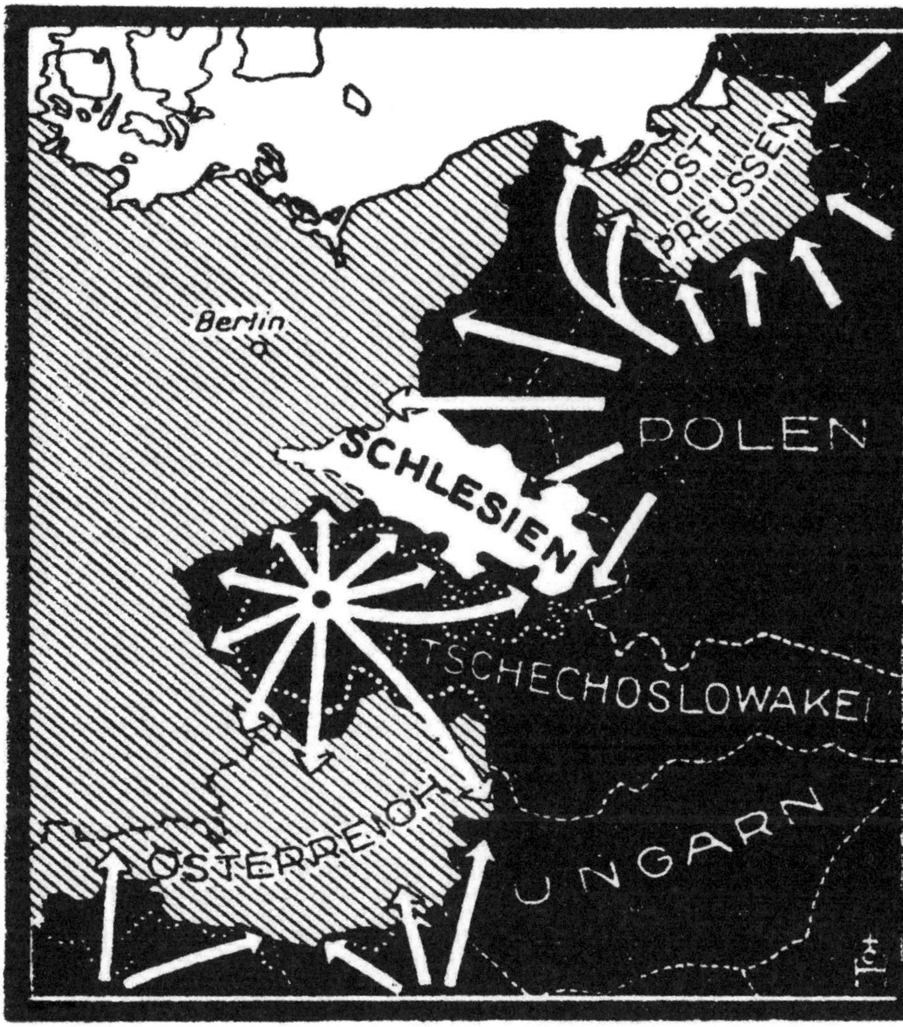

Abb. 2: „Schlesien als Mittelpfeiler der deutschen Ostfront". Diese um 1930 entwickelte und in mehrfachen Formen abgedruckte Kartenskizze von Arnold Hillen Ziegfeld (1894–?) zeigt Schlesien als vermeintlich von Polen und Tschechoslowakei bedrohte Region.

Nach dem Ersten Weltkrieg erstand nicht nur die Republik Polen nach 133 Jahren der staatlichen Nicht-Existenz wieder, sondern es wurde auch die Tschechoslowakische Republik begründet, die sich unter anderem auf das jahrhundertealte böhmische Staatsrecht berief. Deutschland als einer der Hauptverantwortlichen für den Ausbruch des Ersten Weltkriegs sah sich durch die Nachkriegsbestimmungen gezwungen, kleinere Gebiete Niederschlesiens, vor allem aber die Osthälfte Oberschlesiens an Polen abzutreten; außerdem verlor es am 10. Januar 1920 gemäß Art. 83 des Versailler Friedensvertrags das so genannte Hultschiner Ländchen/Hlučínsko – den südlichen Teil des bisherigen Kreises Ratibor/Racibórz – an die Tschechoslowakei. Diese territorialen Verschiebungen verstärkten noch das ohnehin schon vorhandene subjektiven Bedrohungsgefühl und das Empfinden, an der Peripherie zu leben. Der Breslauer Geograph Walter Geisler (1891 – 1945) schrieb etwa im Jahre 1932 in gewisser Analogie zu Joseph Partsch, die „‚Halbinsel' Schlesien" müsse „möglichst fest mit dem Hauptkörper des Reichs verbunden sein, und man sollte sie möglichst nicht gerade an der schmalsten Stelle abgrenzen".[6]

Bereits vor dem Ersten Weltkrieg war im deutschsprachigen Diskurs die These entwickelt worden, das deutsche Volk sei in einzelne Stämme gegliedert. Der Prager Germanist August Sauer (1855 – 1926) und sein Schüler Josef Nadler (1884 – 1963) waren etwa zwei wichtige Protagonisten der Idee, anstelle der historischen Territorien nunmehr ethnographische Entitäten in den Blick zu nehmen. Nadler unterschied zwischen den deutschen „Altstämmen" und den „Neustämmen" im Osten, zu denen er auch die Schlesier zählte.[7] Das Anliegen von Wissenschaftlern im Umfeld Nadlers war also nicht mehr die Region Schlesien in ihren geschichtlich gewachsenen Grenzen, sondern der „schlesische Stamm", dessen vermeintliche Lebensgebiete weit über das historische Schlesien hinaus reichten. Wer daher in den 1920er und 1930er Jahren vom „schlesischen Stammland" sprach, meinte damit ausschließlich die deutschen Bewohner der preußischen Provinz Schlesien, des tschechischen Schlesiens, aber auch des polnischen Ostoberschlesiens, Westgaliziens, des Posener Landes sowie auf dem Gebiet der Tschechoslowakei Ostböhmens, Nordmährens und der Zips. Damit wird deutlich, dass die Vorstellung vom „schlesischen Stammland" die Verwirklichung einer deutschen Hegemonie in Ostmitteleuropa fördern sollte.[8] Zwischen 1925 und 1933 veranstalteten die Träger dieses Gedankens alljährliche ‚Schlesische Kulturwochen', die meisten davon auf dem Staatsgebiet der Tschechoslowakei. Zwischen 1928 und 1941 erschien das *Schlesische Jahrbuch*, dessen Beiträge historische, künstlerische, volkskundliche, literarische und wirtschaftliche Themen behandelten.[9] Das zentrale Anliegen der Protagonisten der ‚Schlesischen Kulturwochen' war die Revision des Versailler Friedensvertrages und der darin verankerten deutschen Gebietsverluste, die Rückgängigmachung der Teilung Oberschlesiens und die Wegbereitung für den „Anschluss" der Randgebiete der Tschechoslowakei

---

6 Vgl. Walter Geisler: Schlesien als Raumorganismus. Breslau 1932, S. 28 (Zur Wirtschaftsgeographie des Deutschen Ostens 1).

7 Josef Nadler: Literaturgeschichte der deutschen Stämme und Landschaften. Regensburg 1912 – 1918; Ders.: Literaturgeschichte des deutschen Volkes. Dichtung und Schrifttum der deutschen Stämme und Landschaften. Berlin 1938 – 1941; vgl. dazu kritisch Irene Ranzmeier: Stamm und Landschaft. Josef Nadlers Konzeption der Literaturgeschichte. Berlin 2008.

8 Vgl. Tobias Weger: Zwischen alldeutschen Phantasien und sudetendeutschen Anschlussplänen – die ‚gesamtschlesische' Idee der 1920er und 1930er Jahre. In: Marek Adamski, Wojciech Kunicki (Hg.): Schlesien als literarische Provinz. Literatur zwischen Regionalismus und Universalismus. Leipzig 2008, S. 91 – 101 (Beiträge des Städtischen Museums Gerhart-Hauptmann-Haus Jelenia Góra 2). – Eine größere Arbeit des Verfassers, die die ‚Schlesische Stammlandbewegung' mit der zeitgleichen ‚Großfriesischen Bewegung' vergleichen wird, befindet sich in Vorbereitung.

9 Schlesisches Jahrbuch für deutsche Kulturarbeit im gesamtschlesischen Raum. Hg. vom Ausschuss der Schlesischen Kulturwochen. Breslau 1 (1928) – 13 (1941).

an das Deutsche Reich. Besonders offenkundig wurde der Revisionsgedanke 1932 bei der 7. Schlesischen Kulturwoche in Ratibor. Sie war ein Programmbestandteil der ‚Schlesischen Tage 1932', die im Zeichen des 70. Geburtstages Gerhart Hauptmanns standen. Der zu einem Aushängeschild Schlesiens stilisierte Dichter und sein literarisches Werk sollten in den Zusammenhang der „gesamtschlesischen" Kultur eingeordnet werden. Ratibor spielte in der reichsdeutschen völkischen Propaganda der 1920er und 1930er Jahre eine bedeutende Rolle. Die Stadt galt aufgrund ihrer Lage im Dreiländereck Deutschland – Polen – Tschechoslowakei als „doppelte Grenzstadt". Keine andere deutsche Stadt der damaligen Zeit hätte die Gebietsansprüche besser versinnbildlichen können. Ein Jahr später fand in der tschechoslowakischen Grenzstadt Jägerndorf/Krnov die letzte Schlesische Kulturwoche statt: Die Behörden der ČSR, denen das enge Zusammenwirken der Organisatoren mit Volkstumsorganisationen und mit der NSDAP im Deutschen Reich suspekt war, verboten die Fortsetzung der Reihe, nachdem sie mit dem ‚Bereitschaftskreis' um den Troppauer Lehrer Richard Patscheider (1883–1971) eine Zelle staatsfeindlichen Handelns aufgedeckt hatten.[10] Im Deutschen Reich selbst modifizierte 1934 der deutsch-polnische Nichtangriffspakt zumindest rhetorisch für einige Zeit die deutsche Diplomatie gegenüber Polen.

Dennoch machte die 1933 in Deutschland an die Macht gekommene NSDAP kein Geheimnis daraus, welche strategische Bedeutung sie Schlesien in der mittelfristig geplanten Expansion gen Osten zuschrieb. Der nationalsozialistische Jurist Helmut Nicolai (1895–1955) hatte zu dieser Frage bereits 1930 Überlegungen angestellt. Viele seiner Zeitgenossen betrachteten Schlesien als ein „würdiges Bollwerk des Deutschtums im Osten"[11], doch für Nicolai war es auch das künftige Ausfalltor für ein militärisches Ausgreifen nach dem Osten Europas:

> „Hart stoßen im oberschlesischen Raum die Völker aufeinander. Der Sieg wird dem gehören, dessen stärkerer Lebenswille die Dinge gestaltet, wie er sie braucht. Der deutsche Vorposten im Südosten deckt entweder den Rückzug des Germanentums vor dem slawischen Ansturm, oder er hütet die Bastion, aus der einst ein Vormarsch der Deutschen gelingen könnte. Der Weg von Königsberg nach Wien führt über Oberschlesien und umschließt einen Raum, in dem Millionen Deutscher ihrer Erlösung harren vom Druck slawischer Herrschaft und vor dem Versinken in slawische Unordnung und Unkultur."[12]

Die Nationalsozialisten haben nach 1933 auf vielfältige Weise belegt, dass sie es nicht bei Worten belassen wollten. Tausende von Orten mit slawisch klingenden To-

---

10 Vgl. Markéta Kotisová: Patscheidrův proces [Der Patscheider-Prozess]. In: Opava. Sborník k dějinám města 3 (2003), S. 90–92; Hana Šústková: Patscheiderova aféra – velezrádný proces s představiteli sudetoněmeckých stran [Die Patscheider-Affäre – ein Hochverratsprozess gegen Vertreter sudetendeutscher Parteien]. In: Ostrava. Příspěvky k dějinám a současnosti Ostravy a Ostravska 22 (2005), S. 295–314.

11 Shell Straßenkarte Nr. 14: Schlesien. Frankfurt am Main 1939, Legende.

12 Helmut Nicolai: Oberschlesien im Ringen der Völker. Hg. von der Ortsgruppe Oppeln des Kampfbundes für deutsche Kultur. Breslau 1930, S. 9.

ponymen mussten „eingedeutscht" werden,[13] die zum Teil ethnisch indifferente Bevölkerung Oberschlesiens musste sich in der so genannten Deutschen Volksliste kategorisieren lassen.[14] Die schlesische Wirtschaft wurde massiv auf Kriegsproduktion umgestellt und die in Schlesien stationierten Militäreinheiten für den Angriffskrieg vorbereitet. Der inszenierte angebliche Überfall polnischer Soldaten auf den Sender Gleiwitz im Stadtteil Gleiwitz-Sobischowitz/Gliwice-Szobiszowice im August 1939 ist ebenso als Symbol für den Auftakt zum Zweiten Weltkrieg eingegangen wie die Beschießung der polnischen Militärbefestigungen auf der Halbinsel Westerplatte vor Danzig/Gdańsk durch die SMS Schleswig-Holstein in den Morgenstunden des 1. September 1939 oder die Bombardierung der mittelpolnischen Stadt Wieluń.[15] Schlesien war von Anfang an in den nationalsozialistischen Eroberungskrieg involviert, auch wenn seine Bewohner selbst lange Zeit dessen unmittelbare Auswirkungen nur dann zu spüren bekamen, wenn sie aus politischen oder – im Sinne der NS-Ideologie – ‚rassischen' Motiven verfolgt wurden.[16]

In der Endphase des Zweiten Weltkriegs lernten die Bewohner Schlesiens hingegen den Krieg in der vollen Wucht seiner Ereignisse kennen. Auf die brutalen Evakuierungen durch deutsche Behörden[17] folgte die Inbesitznahme Schlesiens durch Polen und die durch das Potsdamer Abkommen vom August 1945 sanktionierte Ausweisung oder Vertreibung der deutschen Bewohner.[18] Die meisten von ihnen fanden in den westlichen Besatzungszonen Aufnahme, sehr viele aber auch in der Sowjetischen Besatzungszone, der späteren Deutschen Demokratischen Republik (DDR). Damit beginnt ein neues Kapitel der deutschen Schlesien-Wahrnehmung.

---

13 Vgl. H[enryk] Borek: O germanizacji nazewnictwa polskiego na Śląsku [Die Germanisierung des polnischen Namenwesens in Oberschlesien]. In: Studia Śląskie 44 (1986), S. 81–92.

14 Vgl. Verordnung über die Deutsche Volksliste und die deutsche Staatsangehörigkeit in den eingegliederten Ostgebieten. Vom 4. März 1941. In: RGBl. 1941, Teil I, S. 118–120; H. H. Schubert: Volkspolitische Voraussetzungen der Deutschen Volksliste. In: Neues Bauerntum 33 (1941), S. 404f.

15 Vgl. bereits Jürgen Runzheimer: Der Überfall auf den Sender Gleiwitz im Jahre 1939. In: Vierteljahreshefte für Zeitgeschichte 10 (1962), H. 4, S. 408–426.

16 Vgl. Maciej Łagiewski, Halina Okólska, Bartłomej Blaszkowski, Marzena Smolak: Dyktatura hitlerowska – II wojna światowa [NS-Diktatur und Zweiter Weltkrieg]. In: Maciej Łagiewski, Halina Okólska, Piotr Oszczanowski (Hg.): 1000 lat Wrocławia. Przewodnik po wystawie [1000 Jahre Breslau. Ausstellungsführer]. Wrocław 12009, S. 277–286.

17 Vgl. Eva Hahn, Hans Henning Hahn: Die Vertreibung im deutschen Erinnern. Legenden, Mythos, Geschichte. Paderborn 2010, vor allem S. 113–348.

18 Vgl. Andreas R. Hofmann: Nachkriegszeit in Schlesien. Gesellschafts- und Bevölkerungspolitik in den polnischen Siedlungsgebieten 1945–1948. Köln, Wien, Weimar 2000 (Beiträge zur Geschichte Osteuropas 30); Bernadetta Nitschke: Vertreibung und Aussiedlung der deutschen Bevölkerung aus Polen 1945 bis 1949. Aus dem Polnischen von Stephan Niedermeier. München ^{2}2004 (Schriftenreihe des Bundesinstituts für Kultur und Geschichte der Deutschen im östlichen Europa 20).

Abb. 3: „Das ist Deine Heimat". Der Berggeist Rübezahl mahnt die vertriebenen Schlesier, sich auf ihre Herkunftsregion zu besinnen. Postkarte der Landsmannschaft Schlesien, 1950er Jahre. Sammlung Tobias Weger.

Schlesien-Bilder in der Bundesrepublik Deutschland

In der Bundesrepublik Deutschland wurde der öffentliche Schlesien-Diskurs von Anfang an von Interessensgruppen deutscher Vertriebener medial beherrscht, die sich ab 1945 zunächst im Verborgenen, später mit Duldung der westlichen Alliierten zu formieren begannen. In der Bundesrepublik Deutschland wurden die am 26. März 1950 gegründete Landsmannschaft Schlesien und die kurz hintereinander am 19. November 1949 in Frankfurt am Main und am 10. Dezember 1949 in München ins Leben gerufene – und 1950 unter einem Dach vereinte – Landsmannschaft der Oberschlesier[19] von den meisten führenden Politikern als legitime Vertretung der aus Schlesien vertriebenen bzw. geflohenen Menschen anerkannt und gefördert.[20] Die in der nicht-schlesischen deutschen Öffentlichkeit ohnehin nur vage Vorstellung von Schlesien ist damit nach 1945 weitgehend auf politisch aufgeladene Kundgebungen und folkloristische Bilder von Trachtengruppen, Heimatstuben, Heimatfilmen, schlesischem Himmelreich, schlesischen Wurstwaren, Stonsdorfer Likör und Rübezahl-Märchen reduziert worden. Für viele Deutsche entsprach Schlesien einem kitschigen Idyll, das der Regisseur Hans Deppe (1897–1969) im Jahre 1951 in seinem ‚Heimatfilm' *Grün ist die Heide* entwarf; in dessen bekanntester Szene stimmt der Schauspieler Kurt Reimann (1913–2001) bei einem Treffen vertriebener schlesischer Trachtenträger in der Lüneburger Heide des *Riesengebirglers Heimatlied* an, und die gesamte Gruppe schließt sich ihm gerührt an.[21]

Irgendwo hatten in dem verklärten Gesamtbild Schlesiens eventuell noch die Ansichten des Breslauer Rathauses, Ludwig Richters (1803–1884) Gemälde *Teich im Riesengebirge* aus dem Jahre 1839[22] oder Fotografien rauchender oberschlesischer Industrieschornsteine einen Platz. Die Landschaft wurde beseelt durch Dichter wie Joseph von Eichendorff (1788–1856) oder Gerhart Hauptmann (1862–1946) – und häufig endete hier bereits die öffentliche Vorstellungswelt. Schlesien blieb für die meisten Menschen, die nicht selbst von dort stammten oder vor 1945 dorthin Beziehungen unterhalten hatten, eine weitgehend unbekannte, mental ferne Region.

Daran haben auch die pädagogischen und staatlichen Bemühungen, im Rahmen der so genannten Ostkunde im Schulunterricht Kenntnisse von Schlesien zu vermitteln, kaum etwas geändert. Schlesien wurde mit der Landsmannschaft Schlesien gleichgesetzt – die aber stand in den Augen der Jüngeren für Revisionsstreben und „Revanchismus". Paradigmatisch für diese Wahrnehmung der 1968er-Generation in Westdeutschland war ein Spielfilm von 1972: *Das Unheil* (französischer

19 Vgl. Johannes-Dieter Steinert: Vertriebenenverbände in Nordrhein-Westfalen 1945–1954. Düsseldorf 1986, S. 186; Joachim Bahlcke: Schlesien und die Schlesier. München 1996, S. 173f.

20 Vgl. Christian Lotz: Die Deutung des Verlusts. Erinnerungspolitische Kontroversen im geteilten Deutschland um Flucht, Vertreibung und die Ostgebiete (1948–1972). Köln–Weimar–Wien 2007, vor allem S. 62–77 (Neue Forschungen zur Schlesischen Geschichte 15).

21 Vgl. Annelie Kürsten: Wie klingt Heimat. Musik/Sound und Erinnerung. In: Elisabeth Fendl (Hg.): Zur Ästhetik des Verlusts. Bilder von Heimat, Flucht und Vertreibung. Münster 2010, S. 253–278, hier vor allem S. 262–265 (Schriftenreihe des Johannes-Künzig-Instituts 12).

22 Alte Nationalgalerie Berlin, Öl auf Leinwand, 63 x 88 cm, Inv.-Nr. A I 269.

Titel: *Les cloches de Silésie*) von Peter Fleischmann (* 1937), für den der Regisseur gemeinsam mit dem Autor Martin Walser (* 1927) das Drehbuch verfasste.[23] Die Geschichte spielte im hessischen Wetzlar und wird aus der Warte des pubertierenden Pastorensohns Hille Vavra erzählt. Dessen aus Schlesien stammender Vater war im Dritten Reich ein überzeugter Anhänger des Nationalsozialismus gewesen. Er organisiert in seiner Pfarrei anlässlich der Weihe von Glocken, die während des Zweiten Weltkriegs in Schlesien für die Rüstungsindustrie konfisziert wurden, aber auf dem Hamburger „Glockenfriedhof" den Krieg überdauert haben, ein Vertriebenentreffen. In dessen Umfeld kommt es zu mehreren unheimlichen Ereignissen und Vorfällen, am Ende wird das Treffen der Schlesier von aufbegehrenden Jugendlichen mit provokanten Aktionen gestört. Am Rande sei erwähnt, dass der Hauptdarsteller Vitus Zeplichal (* 1947) in den 1960er Jahren unter anderem bei dem berühmten Breslauer Dramaturgen Jerzy Grotowski (1933–1999) studiert hatte, also Schlesien aus eigener Anschauung kannte. Vorausgegangen waren dem Film auch der „Kniefall" von Bundeskanzler Willy Brandt (1913–1992) am Ehrenmal der Helden des Warschauer Ghettos sowie die Unterzeichnung des *Warschauer Vertrags* zwischen der Bundesrepublik Deutschland und der Volksrepublik Polen am 7. Dezember 1970 sowie der spürbare Aufschwung der Entspannungspolitik, der zudem durch zivilgesellschaftliche Initiativen von Verbänden, Gewerkschaften, vor allem aber auch beider großer Konfessionen in der Bundesrepublik Deutschland flankiert bzw. zum Teil atmosphärisch vorbereitet wurde.

Viele deutsche Schlesier besuchten seit den 1950er Jahren regelmäßig ihre „alte Heimat", um die Stätten ihrer Jugend, ihre Geburtshäuser, ihre Schulen, ihre Kirchen und Friedhöfe aufzusuchen. Der amerikanische Historiker Andrew Demshuk (* 1980) konnte unlängst nachweisen, dass die Heimatreisen nach Polen, die durchaus ein Massenphänomen darstellten, wesentlich dazu beigetragen haben, dass sich die Mehrheit der Vertriebenen mental mit dem Verlust ihrer früheren Heimat abfinden konnten. Demshuk schreibt von der „idealisierten Bilderwelt der erinnerten Heimat", die die Vertriebenen in ihren Köpfen bewahrt hatten: „ein zeitloser, ungestörter und intimer Raum ohne Slawen, Juden oder Nazis".[24] Neben dieses Bild der „erinnerten Heimat" (Heimat of Memory) sei durch die eigene Anschauung aber ein zweites getreten: das der „transformierten Heimat" (Heimat transformed), in der nun Polen zu Hause waren, das zum Teil noch die Spuren von Kriegszerstörungen zeigte und nur wenige Übereinstimmungen mit der „erinnerten Heimat" aufwies. Dieser Erkenntnisprozess und die vielen menschlichen Begegnungen, die es am Rande dieser Reisen gegeben habe – in einzelnen Fällen sogar Freundschaften zwischen ehemaligen und späteren Bewohnern der einstigen Geburtshäuser – hätten im Ergebnis, so Demshuk, das mentale Ankommen in der Bundesrepublik

23 Vgl. Die verkannte Heimat. Siegfried Schober über Peter Fleischmanns „Unheil" im ZDF. In: Der Spiegel, Nr. 36/1974 (02.09.1974), S. 116.

24 Andrew Demshuk: „Heimaturlauber". Westdeutsche Reiseerlebnisse im polnischen Schlesien vor 1970. In: Zeitschrift für Ostmitteleuropaforschung 60/1 (2011), S. 79–99, hier S. 80.

Abb. 4: Das von der Familie Kwas gepflegte Grab der Familie Rochner auf dem Friedhof von Kotliska/Kesselsdorf. Foto: Tobias Weger, 1. September 2004.

Deutschland gefördert.[25] Denn bei allen zeithistorischen Forschungen zur Vertriebenenintegration muss auch mit bedacht werden, dass allenfalls jeder zehnte deutsche Vertriebene jemals Mitglied einer Landsmannschaft oder sonst einer Vertriebenenorganisation war. Man würde also etwa 90 Prozent der in der Bundesrepublik Deutschland lebenden Schlesier Unrecht tun, wollte man das westdeutsche Schlesienbild lediglich vor der Folie vertriebenenpolitischer Phänomene beschreiben. Die Pluralität

25 Vgl. Andrew Demshuk: The Lost German East. Forced Migration and the Politics of Memory, 1945–1970. Cambridge, New York 2012.

Abb. 5: Stanisława Kwas vor ihrem Haus in Kotliska/Kesselsdorf.
Foto: Tobias Weger, 1. September 2004.

der Wahrnehmungen und Handlungen lässt sich an drei plastischen, aber nicht untypischen Beispielen veranschaulichen:

Ort der Handlung im ersten Exempel ist das niederschlesische Dorf Kesselsdorf/Kotliska im Kreis Löwenberg/Lwówek Śląski. Dort war eine Familie seit Generationen auf einem kleinen landwirtschaftlichen Anwesen ansässig gewesen. 1945 befand sich der einzige Sohn in alliierter Kriegsgefangenschaft und wurde später von dort direkt nach Westdeutschland entlassen. In Kesselsdorf, inzwischen in Kotliska umbenannt, lebten seine Eltern und seine Schwester noch eine Zeitlang mit den in das Haus einquartierten Neubürgern zusammen, die gerade von der Roten Armee aus einem ostpolnischen Dorf bei Tarnopol/Ternopil' vertrieben worden waren. Beide Familien waren tief gläubige Katholiken, was sie zu wechselseitiger Empathie befähigte. Das ermöglichte trotz der außergewöhnlichen Begleitumstände ein relativ problemloses Neben- und Miteinander der deutschen und der polnischen Hausbewohner. Als der erwähnte Sohn, der diese Phase selbst nicht miterlebt hatte, nach Jahrzehnten in sein altes Heimatdorf kam, reichte die Nennung seines Namens, um sofort ein herzliches Verhältnis anzubahnen. Die Familienbeziehung hat sich inzwischen schon bis in die dritte Generation fortgesetzt.[26] Deren Begründer verfasste ein beachtenswertes Heimatbuch von Kesselsdorf,[27] in dem er zwar den Verlust seiner Heimat bedauerte – allerdings ohne die sonst verbreiteten kollektiven Schuldzuweisungen an „die Polen". Im Gegenteil schreibt er voller Respekt über die heutigen polnischen Bewohnern, die beispielsweise jahrzehntelang das Grab der deutschen Vorbesitzer und Großeltern des Autors auf dem Dorffriedhof gepflegt hätten.[28]

Das zweite Beispiel betrifft eine einstige Mädchenklasse des Zawadzky-Oberlyzeums in Breslau. Dessen Schülerinnen, durchwegs Töchter gutbürgerlicher bzw. aristokratischer Familien, wurden nach dem Abitur im Jahre 1944 an unterschiedlichen Stellen zum Arbeitsdienst eingezogen. Ehe sie auseinander gingen, versprachen sie sich, über regelmäßig zirkulierende Hefte, in die jede der jungen Frauen ihre Eindrücke, Neuigkeiten und Kommentare eintragen konnte, miteinander in Kontakt zu bleiben. Eine Auswahl dieser Texte wurde 2002 von der Tochter einer der ehemaligen Breslauer Schülerinnen unter dem Titel *Ein Teil Heimat seid Ihr für mich. Rundbriefe einer Mädchenklasse 1944–2000* in Buchform veröffentlicht.[29] Sie zeigen die Diskussionsfreudigkeit und geistige Beweglichkeit dieser Menschen bis in die Gegenwart. So schrieb im November 1998 eine der Frauen:

> „[...] für mich ist die Versöhnung mit unseren Nachbarn die Grundlage dafür, dass unseren Kindern und Enkeln unsere schmerzhaften Erfahrungen erspart bleiben. Ich denke [...], dass wir die Schuld bezahlen, für alles, was durch diesen Krieg durch uns in ganz Europa passiert ist. So konnte ich auch nie Groll oder Hass für die Polen empfinden. Im Gegenteil, ich habe bei meinen Besuchen wunderbare Gastfreundschaft erlebt und viel Verständnis gefunden."[30]

In diesen Sätzen wie an vielen anderen Stellen des Buches kommen ein Umgang mit der eigenen Erinnerung und ein Grad an Reflexion zum Ausdruck, den man in Publikationen der Landsmannschaft Schlesien und Einrichtungen, die ihr nahe stehen, bis heute vergeblich suchen würde.

---

26 Vgl. Piotr Jendroszczyk: Pamięć ziem utraconych. W Görlitz zostanie dziś otwarte Muzeum Śląska, największa w Republice Federalnej placówka upamiętniająca dzieje regionu, który przez stulecia należał do państwa niemieckiego [Die Erinnerung an die verlorenen Gebiete. In Görlitz wird heute ein Museum Schlesiens eröffnet, die größte Einrichtung in der Bundesrepublik Deutschland zur Erinnerung an die Geschichte einer Region, die über Jahrhunderte zum deutschen Staat gehörte]. In: Rzeczpospolita, 13.05.2006.

27 Vgl. Hans Rochner: Kesselsdorf 1284, Wenig-Rackwitz 1340. Eine Dokumentation über die Gemeinden Kesselsdorf und Wenig-Rackwitz, Kreis Löwenberg, in Niederschlesien. Stuttgart-Feuerbach 1993.

28 Diese Geschichte wird anhand von ausgewählten Objekten und Fotografien auch in der Dauerausstellung des Schlesischen Museums zu Görlitz vorgestellt; vgl. Markus Bauer, Johanna Brade, Martin Kügler, Martina Pietsch (Hg.): Schlesisches Museum zu Görlitz. Museum für eine europäische Kulturregion/Muzeum Śląskie w Görlitz. Muzeum europejskiego regionu kulturowego. Dößel 2006, S. 257–259.

29 Vgl. Juliane Braun (Hg.): „Ein Teil Heimat seid Ihr für mich". Rundbriefe einer Breslauer Mädchenklasse 1944–2000. Berlin 2002.

30 E. von Schaubert, 16.11.1998. In: Braun (Hg.): Ein Teil (wie Anm. 29), S. 249.

Abb. 6: Zwei Freundinnen begegnen sich – Krystyna Toczyńska-Rudysz und Margareta Erber (mit Requisiten aus der Ausstellung *Dom w zwierciadle minionego czasu/Das Haus im Spiegel der vergangenen Zeit* im Museum in Kłodzo/Glatz), während einer Exkursion des Schlesischen Museums zu Görlitz. Foto: Tobias Weger, 13. Juni 2003.

Das dritte Beispiel steht stellvertretend für viele andere, bei denen die Erinnerung der einstigen deutschen Bewohner Schlesiens gemeinsam mit den heutigen polnischen Bewohnern aufgearbeitet wird. Margareta Erber (* 1932), eine emeritierte Biologieprofessorin, die seit ihrer Vertreibung in Westfalen lebt, wuchs in einer großbürgerlichen Familie in Glatz auf. Sie war (und ist) mit ihrer Geburtsstadt aufs engste verbunden, die sie auch nach 1945 wiederholt aufgesucht hat. Dabei kam sie auch in Kontakt mit der Direktorin des Muzeum Ziemi Kłodzkiej [Museums des Glatzer Landes], Krystyna Toczyńska-Rudysz (* 1939). Die engagierte Museologin setzte viel Kraft daran, die Erinnerung und die materiellen Hinterlassenschaften der deutschen Grafschafter zu bewahren. Kurz vor ihrer Pensionierung organisierte sie 2001 eine Ausstellung mit dem Titel *Dom w zwierciadle minionego czasu/ Przestrzeń kulturowo-społeczna na przełomie XIX i XX wieku* [Das Haus im Spiegel der vergangenen Zeit. Der soziokulturelle Raum an der Schwelle vom 19. zum 20. Jahrhundert]. Sie bat Margarete Erber, auf einigen Seiten den Aufbau und die Ausstattung ihrer elterlichen Wohnung zu beschreiben. Der liebevoll verfasste Text fand nicht nur originalsprachlich und in polnischer Übersetzung Eingang in den

Ausstellungskatalog,[31] sondern half der Museumsdirektorin dabei, in verschiedenen niederschlesischen Museen Leihgaben zu suchen, die eine virtuelle Annäherung an den damaligen Lebensstil rekonstruieren sollte. Grundlage war ein auf beiden Seiten vorbehaltloses Aufeinanderzugehen – die Bereitschaft zu erzählen bei Frau Erber, die Bereitschaft zuzuhören bei Frau Toczyńska-Rudysz. Damit entstand eine – für die Dauer der Ausstellung – temporär rekonstruierte Materialisierung dieser Erinnerung und eine in Form des Katalogtextes konservierte Form.

Welches Schlesienbild vermittelten demgegenüber Wissenschaftler, vor allem Historiker und Vertreter benachbarter Disziplinen, in der Bundesrepublik Deutschland bis 1989? Es gilt zunächst einmal festzuhalten, dass in der Anfangsphase die Beschäftigung mit Schlesien fast ausschließlich eine selbstreferentielle Domäne solcher Historiker zu sein schien, die aus Schlesien stammten oder zumindest bereits vor 1945 dort gewirkt hatten. Auch institutionell wurde mit der Historischen Kommission für Schlesien eine Einrichtung aus dem Jahre 1921 tradiert, die bereits im Zuge des Grenzrevisionismus der Weimarer Republik und der „deutschen Ostforschung" der NS-Zeit tätig gewesen war.[32] An eben jene Geschichtsbilder der deutschen Ostforschung knüpfte man nach 1945 weitgehend an. Neben die Historische Kommission trat das Kulturwerk Schlesien, das in seiner Anfangsphase mit dem oberschlesischen Pädagogen und Publizisten Karl Sczodrok (1890–1978) auch personell völkische Wissenschaft weiterpflegte. Auf dieser Weise wurden – etwa in der zwischen 1956 und 2006 erscheinenden Vierteljahreszeitschrift *Schlesien* – Ideen und Mythen ungeprüft übernommen, die bereits vor 1945 einer objektiven Überprüfung kaum Stand gehalten hätten.[33] Für die Anfangsphase überrascht ein solcher Befund kaum: Die Historiker Hermann Aubin (1885–1969) und Ernst Birke (1908–1980) sowie die Volkskundler Alfons Perlick (1895–1978) oder Alfred Karasek-Langer (1902–1970), die zu den Bannerträgern einer deutschen Hegemonievorstellung im Osten gehört hatten, monopolisierten weitgehend den Schlesien-Buchmarkt und besetzten das Thema in einschlägigen Fachzeitschriften. Ernst Birke beispielsweise, ein früherer NS-Funktionär im Breslauer Wissenschaftsbetrieb, gab 1958 den Bildband *Das Riesengebirge und Isergebirge in 144 Bildern* heraus. Dem Verfasser ging es darum, den seiner Meinung nach durch und durch „deutschen" Charakter dieser Landschaft zu visualisieren und im Textteil unter Beweis zu stellen. Gegenüber dem „deutschen" Charakter sei die „Inbesitznahme" durch „zwei

---

31 Vgl. Margarete Erber: Jugendjahre in meinem Elternhaus. Erinnerungen/W domu moich rodziców. Wspomnienia. In: Ryszard Gładkiewicz (Hg.): Dom w zwierciadle minionego czasu. Przestrzeń kulturowo-społeczna na przełomie XIX i XX wieku/Häusliches Leben im Spiegel vergangener Zeiten. Der Sozial- und Kulturraum um 1900. Kłodzko 2001, S. 97–113.

32 Vgl. Eduard Mühle: „Von den wilden Schlachzizen wieder zurückgekehrt". Hermann Aubin und der Internationale Historikerkongress in Warschau 1937. In: Bernhard Symanzik (Hg.): Festschrift für Gerhard Birkfellner zum 65. Geburtstag. Teilband II. Berlin 2006, S. 477–494, hier S. 478 (Studia Philologica Slavica).

33 Vgl. Schlesien. Eine Vierteljahresschrift für Kunst, Wissenschaft und Volkstum, verschiedene Orte, 1 (1956) – 50 (2006).

slawische Staaten" nach Ansicht Birkes „ein deutlicher Rückschritt" gewesen.[34] Die Verdrängung jüdischer oder regimekritischer Historiker während der NS-Diktatur, aber auch das vielfach fehlende Interesse der Allgemeinhistoriker begünstigte diese Entwicklung. Juden und politische linke Kräfte hatten auch lange in der Schlesien-Publizistik der Bundesrepublik Deutschland keinen Platz.

Des Themas ‚Schlesien' bemächtigten sich in den ersten Jahrzehnten Historiker, die im Volkstumsparadigma zu Hause waren und für die deutsch-polnische und deutsch-tschechische Antagonismen einen Normalzustand bildeten. Die Vertriebenenorganisationen boten dieser Gruppe ein reiches Entfaltungsspektrum, denn sie wiederum benutzten die Geschichte als politisches Argument für ihre anfangs unverhohlen betriebene Revisionsabsicht gegenüber den Potsdamer Beschlüssen von 1945. Der erste Bundesvorsitzende der Landsmannschaft Schlesien, Walter Rinke (1895–1983), schrieb etwa im Herbst 1950 folgende Reaktion auf den am 6. Juli 1950 zwischen der DDR und der Volksrepublik Polen geschlossenen „Görlitzer Vertrag":

> „Wir denken weder heute noch morgen daran, unsere wohlbegründeten Rechtsansprüche auf unsere angestammte Heimat aufzugeben! Im Gegenteil! Nach dem beispiellosen Verrat von Warschau und Görlitz werden wir in verstärktem Maße dazu übergehen, unser Recht kategorisch zu fordern. Das ist nicht nur unsere schlesische, das ist auch unsere deutsche Pflicht. [...]"[35]

Diese Worte waren im Programmheft der „Schlesischen Heimatwoche" in Köln (8.–15. Oktober 1950) enthalten. In der taktisch moderateren Sprache der 1990er Jahre formulierte der Schlesien-Historiker Josef Joachim Menzel (* 1933) seine anhaltende Hoffnung auf Wiedergewinnung des Landes in einer Festschrift der Landsmannschaft Schlesien:

> „Es [Schlesien, T. W.] ist mehrfach zerstört und wieder aufgebaut, entvölkert und wiederbevölkert, verlorengegangen und wiedergewonnen worden. Wir sollten aus der Geschichte lernen historisch, d. h. über uns selbst hinaus in langen Zeiträumen zu denken, so wie es andere Völker auch tun; und wir sollten entschlossen, unbeirrt an unserer geschichtlichen Vergangenheit, unserem gemeinsamen kulturellen und politischen schlesischen Erbe festhalten, es pflegen und bewahren."[36]

Bestimmte Restbestände dieser Schlesien-Ideologie haben sich bis in die Gegenwart hinein erhalten. So schrieb etwa der Historiker Helmut Neubach (* 1933) in einer Broschüre der Landsmannschaft Schlesien im Jahre 1996, das „deutsche Schle-

---

34 Ernst Birke, Das Riesengebirge und Isergebirge in 144 Bildern. Leer (Ostfriesland) 1958, Einführung (ohne Paginierung).

35 Walter Rinke: Schlesien meldet sich zu Wort! In: Schlesische Heimatwoche Köln 1950 vom 8. bis 15. Oktober unter der Schirmherrschaft des Herrn Bundesministers für Vertriebene Dr. Hans Lukaschek. 1. Bundestreffen der Schlesier der Landsmannschaft Schlesien für das Gebiet der Bundesrepublik Deutschland und Berlin. Durchgeführt von der Landsmannschaft Schlesien in Nordrhein-Westfalen. Köln 1950, S. 13.

36 Josef Joachim Menzel: Schlesien in der deutschen und europäischen Geschichte. In: 50 Jahre Landsmannschaft Schlesien. Eine Dokumentation. Königswinter 1999, S. 13.

SCHLESIEN

EICHBLATT MIT DER ODER ALS RIPPE

Landschaft, Geschichte und Wirtschaftskraft

der ehemaligen preußischen Provinz

Von Gerhard Hultsch

Abb. 7: Titelseite einer Broschüre des aus Brieg stammenden Theologen und Publizisten Gerhard Hultsch (1911–1992), Nachdruck eines Artikels in der Frankfurter Allgemeinen Zeitung vom 30. Oktober 1965. BKGE Oldenburg

sien" habe sich „wie ein Keil zwischen die überwiegend slawischen Länder Polen und Tschechoslowakei nach Südosten" geschoben.[37] Dieses Zitat belegt die lange Dauer der bereits erwähnten geopolitischen Szenarien. Neubach griff zugleich das seit dem 19. Jahrhundert vertraute Bild des schlesischen „Eichenblatts" auf. Demnach wurde der geographische Umriss der preußischen Provinz Schlesien häufig mit der Form eines Eichenblatts verglichen, dessen Hauptader die Oder mit ihren Zuflüssen als Nebenadern bildeten. Die Form des Eichenblatts beschreibt aber nicht eine geographische Gestalt, sondern gilt auch als Symbol patriotischer deutscher Nationalkultur und wurde als Zeichen des deutschen Nationalismus tausendfach ikonographisch verwendet.[38]

Nur wenig von der landsmannschaftlichen Tätigkeit bekommt die allgemeine Öffentlichkeit in Deutschland überhaupt mit; nur in besonderen Situationen treten die Landsmannschaften ins Rampenlicht der Aufmerksamkeit. Das war zum Beispiel so Anfang der 1970er Jahre, als schlesische Politiker wie Herbert Hupka (1915–2006) und Herbert Czaja (1914–1997) vehement die Ostpolitik der sozialliberalen Koalition bekämpften. Das war erneut so, als Rudi Pawelka (* 1940) sich für die im Jahre 2000 gegründete ‚Preußische Treuhand' engagierte, eine Organisation, die die Rückgabe des bei der Vertreibung in Schlesien und in den anderen ehemaligen Reichsgebieten östlich der Oder-Neiße-Grenze zurückgelassenen Privatvermögens forderte[39] und dabei in ihrer Argumentation schamlos auf Muster der Jewish Claims Conference zurückgriff, die seit 1951 Vermögenswerte von Juden aufspürt, die in der Shoah ermordet wurden.

Aus meiner eigenen Gymnasialzeit erinnere ich mich an eine heftige innen- und außenpolitische Debatte im Jahre 1985, in deren Zentrum Schlesien stand. Inzwischen hat die zeithistorische Forschung auch schon etwas Ordnung in die verwirrende, durch die Medienbrille gebrochene öffentliche Wahrnehmung der damaligen Begebenheiten gebracht.[40] Als zentrale Veranstaltung in ihrem politischen Jahreslauf veranstaltet die Landsmannschaft Schlesien jedes Jahr das so genannte Deutschlandtreffen der Schlesier, und so sollte es auch zum 21. Male im Juni 1985 in der niedersächsischen Landeshauptstadt Hannover stattfinden. Neben den vielen Begegnungen zwischen Menschen schlesischer Herkunft steht vor allem die politische Hauptkundgebung mit Ansprachen wichtiger Persönlichkeiten alljährlich im Mittelpunkt des Medieninteresses. Die Landsmannschaft Schlesien verleiht dem Deutschlandtreffen alljährlich einen bestimmten Leitspruch. Das Motto der Veranstaltung im Juni 1985 wurde Anfang Dezember 1984 bekannt gegeben, nachdem der damalige Bundeskanzler Helmut Kohl seine Teilnahme mit einer Festrede be-

37 Helmut Neubach: Kleine Geschichte Schlesiens. Bonn 1996, S. 1.
38 Vgl. Weger: ‚Silesia imaginata' (wie Anm. 2), S. 24–26.
39 Vgl. <http://www.preussische-treuhand.org/de/index.html> (05.09.2012).
40 Vgl. Jürgen Gros: Politikgestaltung im Machtdreieck Partei, Fraktion, Regierung. Zum Verhältnis von CDU-Parteiführungsgremien, Unionsfraktion und Bundesregierung 1982–1989 an den Beispielen der Finanz-, Deutschland- und Umweltpolitik. Berlin 1998, S. 228–235 (Beiträge zur politischen Wissenschaft 104).

reits zugesagt hatte. Nach einem einmütigen Beschluss des seinerzeit von Herbert Hupka geleiteten Vorstands der Landsmannschaft sollte lauten: *40 Jahre Vertreibung – Schlesien bleibt unser!*

Der mit dem Possessivpronomen ausgedrückte, fortbestehende Anspruch an einem Territorium, das seit 1945 größtenteils auf dem Gebiet Polens lag, löste eine heftige politische Debatte aus. Sie spielte sich nicht nur zwischen Regierung und Opposition, sondern auch innerhalb der Regierungspartei CDU ab. In der *Frankfurter Allgemeinen Zeitung* schrieb deren politischer Redakteur Michael Bader, die Teilnahme des Kanzlers bei gleichzeitiger Beibehaltung des Mottos könne „die polnisch-westdeutschen Beziehungen verschlechtern".[41] Innerhalb der CDU kristallisierten sich zwei Lager heraus: ein in deutschlandpolitischen Fragen pragmatisches um Heiner Geißler (* 1930) und Volker Rühe (* 1942) sowie ein nationalkonservatives um Herbert Czaja, Herbert Hupka und Alfred Dregger (1920–2002). Dregger war der Meinung, die polnische Westgrenze sei diplomatisch noch offen, und Schlesien werde nicht für alle Zeiten polnisch bleiben. Im Ausland reagierte man darauf mit Entrüstung oder zumindest Befremden.[42] Hinzu traten kritische Stimmen aus der führenden Oppositionspartei SPD, aber auch aus den Reihen des Koalitionspartners FDP, deren Vertreter Hans-Dietrich Genscher (* 1927) damals die Geschicke der Außenpolitik leitete und die Angelegenheit diplomatisch abfedern musste.

Die tatsächliche Dimension der Auseinandersetzung erschließt sich jedoch erst unter Einbeziehung der historischen Dimension. Die Debatte um vermeintlichen oder tatsächlichen „Revanchismus", die in der Öffentlichkeit der Bundesrepublik Deutschland zu Jahresbeginn 1985 geführt wurde, ist ein Beispiel dafür, wie wenig historisch fundiert politische Diskussionen hierzulande geführt werden. Das eigentlich skandalöse Moment in der Wahl des Mottos wurde nämlich seinerzeit gar nicht thematisiert: Denn bei dem Schlagwort „Schlesien bleibt unser!" handelte es sich eigentlich um ein Zitat aus dem kämpferischen Poem *Die Heimat ruft*, welches der Schriftsteller Robert Kurpiun (1869–1943) im Jahre 1921, also zur Zeit des so genannten deutsch-polnischen Abstimmungskampfes vor dem Plebiszit vom 20. März 1921, veröffentlichte. Darin hieß es:

> „[…] Schlesien bleibt unser! – Mag der Feind auch toben
> In Haß und Rachgier, wilder Übermacht.
> Bei uns steht Gott und unser gutes Recht.
> So ziehn wir hin zum Schutz der Heimaterde,
> wie jene Pilger einst zum heil'gen Land. […]"[43]

---

41 Michael Bader: Was meint ‚Schlesien bleibt unser'? Das mehrdeutige Motto für das 21. Deutschlandtreffen der Schlesier. In: Frankfurter Allgemeine Zeitung, 14.12.1984.

42 Vgl. Michael Binyon: Kohl told Silesian claims a diplomatic disaster. In: The Times, 10.01.1985; Ders.: Silesian slogan change to aid Moscow–Bonn trade. In: The Times, 23.01.1985; Off the fence. In: The Times, 01.03.1985.

43 Robert Kurpiun: Die Heimat ruft. Zur Abstimmung in Oberschlesien. In: Gartenlaube 11 (1921), S. 182.

Der Regierungschef sollte also im Jahre 1985 gezwungen werden, durch seine Anwesenheit eine dem literarisch gebildeten Oberschlesier Herbert Hupka sehr wohl vertraute, längst überkommene Freikorps- und Kreuzfahrer-Rhetorik zu legitimieren. Es ist jedoch 1985 nicht bei diesem Motto für den Schlesiertag geblieben. Unter dem Druck der in- und ausländischen Öffentlichkeit und der unmissverständlichen Drohung Kohls, andernfalls auf dem Deutschlandtreffen nicht zu erscheinen, musste die Landsmannschaft Schlesien schließlich einlenken. Das modifizierte Motto lautete nunmehr: *40 Jahre Vertreibung – Schlesien bleibt unsere Zukunft im Europa freier Völker*. Der Gebietsanspruch war zugunsten einer europäischen Zukunftsperspektive abgewandelt worden. Der bleibende Schaden für das Schlesienbild im In- und Ausland aber war immens. Da half es auch nur wenig, dass sich nicht-organisierte Schlesier wie der selbst 1926 im oberschlesischen Kreuzburg/Kluczbork geborene Historiker Horst Fuhrmann (1926–2011), vom „teilweise hitzige[n] Geist der sogenannten ‚Landsmannschaften'"[44] distanzierten.

Fuhrmann gehörte zu den zahlreichen Menschen mit schlesischen Wurzeln, die sich mit großer Energie bemühten, in der Bundesrepublik Deutschland ein alternatives Bild von Schlesien zu prägen. In dieser Gruppe wären auch noch der aus Gleiwitz/Gliwice stammende Schriftsteller Horst Bienek (1930–1990) oder der in Bunzlau/Bolesławiec geborene Kabarettist Dieter Hildebrand (* 1927) zu nennen, wobei letzterer sich erst im Alter öffentlich zu seiner schlesischen Herkunft bekannte. In den zurückliegenden Jahrzehnten hat allerdings auch in der Wissenschaft eine starke Öffnung stattgefunden. Historiker wie Norbert Conrads (* 1938), ein gebürtiger Breslauer, der völkischen Konzepten äußert kritisch gegenübersteht, oder sein aus dem Glatzer Land stammender Kollege Arno Herzig (* 1937) legten den Grund für neue Sichtweisen, auf die nach der Wende von 1989 und der deutschen Wiedervereinigung von 1990 jüngere Kollegen aufbauen konnten.

Das Schlesienbild in der DDR – und in den neuen Bundesländern nach 1989

Wie aber stand es mit dem Schlesienbild nach 1945 im anderen Teil Deutschlands, in der DDR? Während meiner früheren Tätigkeit als Kulturreferent am Schlesischen Museum zu Görlitz konnte ich von Zeitzeugen, Journalisten und Historikern häufig den Satz hören, das Thema „Schlesien" sei in der DDR „tabuisiert" worden. Dieser Satz gehört zu den festgefahrenen zeithistorischen Redewendungen,[45] dürfte aber in dieser plakativen Form nicht den Tatsachen entsprechen und bedarf daher einer Differenzierung. Gewiss, die Gründung landsmannschaftlicher Organisationen wurde

44 Horst Fuhrmann: Einladung ins Mittelalter. München 1987, S. 267.

45 So auch bei Klaus Winterfeld: Bilder der Region – Oberlausitzer Identitäten im Spiegel der Akteure. In: Klaus Winterfeld, Michael Hofmann, Karen Voigt (Hg.): Kulturelle Potenzen regionaler Entwicklung. Das Beispiel Kulturraum Oberlausitz-Niederschlesien. Leipzig 2003, S. 9–98, hier S. 42 (Dresdner Studien zur Kultur 1).

in der DDR relativ rasch untersagt.[46] Auch die Strukturen der evangelischen und der katholischen Kirche im Gebiet zwischen Görlitz und Hoyerswerda waren gehalten, die Bezeichnung „Schlesien" oder „Breslau" zu vermeiden. Nach dem propagandistisch inszenierten und instrumentalisierten ‚Görlitzer Abkommen' (Abkommen zwischen der Deutschen Demokratischen Republik und der Republik Polen über die Markierung der festgelegten und bestehenden deutsch-polnischen Staatsgrenze vom 6. Juli 1950), in dem die DDR die polnische Westgrenze als „unantastbare Friedens- und Freundschaftsgrenze"[47] akzeptiert hatte, drohte jedem, der die Oder-Neiße-Linie ansprach, die Gefahr, von der herrschenden Linie abzuweichen. Dennoch verschwand die Region Schlesien nicht vollkommen aus dem Blickfeld. Die Dramen des schlesischen Schriftstellers Gerhart Hauptmann beispielsweise, der kurz vor seinem Tod mit seinem Dichterkollegen Johannes R. Becher (1891 – 1958), dem Präsidenten des Kulturbundes zur demokratischen Erneuerung Deutschlands, Kontakt aufgenommen und seine Beisetzung auf Hiddensee als letzten Willen verfügt hatte, wurden in der DDR ab 1949 wesentlich häufiger aufgeführt als in der Bundesrepublik. Die Theaterhäuser in Zittau und Görlitz trugen seinen Namen, und Aufführungen der *Weber* kamen nicht umhin, deren geographischen Ort zu kontextualisieren. In der DDR-Historiographie konnten Themen der schlesischen Vergangenheit durchaus bearbeitet werden, wenn sie dem Geschichtsbild des „historischen Materialismus" entsprachen: Quellen und Studien zu den Landarbeiterunruhen von 1793, zu den schlesischen Weberaufständen von 1844,[48] zu Streiks in den Kohlerevieren von Waldenburg/Wałbrzych oder Oberschlesien waren möglich, da sie dem sozialistischen Paradigma des „Klassenkampfes" entsprachen. Es hatte also durchaus auch aus der Sicht der DDR-Ideologie deutsche Menschen in Schlesien gegeben, allerdings waren sie durch das schändliche Handeln der „Kapitalisten" und „Imperialisten" dieser Region verlustig gegangen. Für den gewöhnlichen DDR-Bürger gehörte Schlesien selbstverständlich zu Polen, man sprach auch von „Wrocław" und „Opole" statt von „Breslau" und „Oppeln" bzw. fuhr nach „Szklarska Poręba" und nicht nach „Schreiberhau" zum Skilaufen. Die Preußen-Renaissance der 1980er Jahre rückte ebenfalls unbewusst Schlesien als historische Region wieder stärker ins Bewusstsein der ostdeutschen Bevölkerung. Die nach Romanvorlagen von Józef Ignacy Kraszewski (1812 – 1887) vom DDR-Fernsehen in den Jahren 1983–1984 realisierte sechsteilige Serie *Sachsens Glanz und Preußens Gloria* thematisierte Schlesien indirekt im Kontext des Siebenjährigen Krieges.

Gleich nach der politischen Wende von 1989/90 wurde „Schlesien" im Gebiet um Görlitz zu einem virulenten Thema. Am 1. März 1990, also noch vor der Wiedervereinigung, konstituierte sich in Görlitz eine Unabhängige Initiativgruppe Niederschlesien. Sie postulierte die Schaffung eines eigenen deutschen Bundeslandes Schlesien aus den Kreisen Görlitz, Hoyerswerda, Niesky und Weißwasser mit Gör-

46 Vgl. Bernd Stöver: Zuflucht DDR. Spione und andere Übersiedler. München 2009, S. 87f.

47 Görlitzer Vertrag. In <http://www.dpg-bundesverband.de/links_und_dokumente/bv_zeitgeschichte/1494147.html> (11.12.2012).

48 Vgl. Wilhelm Wolff: Der Aufruhr der Weber in Schlesien [1844]. Berlin 1952.

Abb. 8: Dieses Schild an der Ortseinfahrt nach Görlitz nimmt Bezug auf Niederschlesien und Europa. Aufnahme: Tobias Weger, 2004

litz als Hauptstadt.[49] Um zum einen diese Provokation für die polnischen Nachbarn politisch abzumildern, zum anderen aber auch die Schlesien-Protagonisten nicht vor den Kopf zu stoßen, machte sich der stellvertretende Görlitzer CDU-Kreissekretär Georg Janovsky (* 1944) für einen Regierungsbezirk Niederschlesien innerhalb des Freistaates Sachsen stark. Janovsky wollte in einer Debatte der letzten DDR-Volkskammer am 22. Juli 1990 für Görlitz gar optimistisch eine Zukunft als „Strasbourg des Ostens"[50] voraussehen. Die Träume beendete allerdings das sächsische Kabinett im November 1990, als innerhalb des Freistaats Sachsen lediglich Chemnitz, Dresden und Leipzig der Rang von Bezirkshauptstädten zuerkannt wurde.[51]

Zur Zufriedenstellung der Schlesien-Nostalgiker im Osten des Freistaats Sachsen wurden jedoch im Mai 1992 Schlesien-Bezüge in die Landesverfassung integriert. Schon im ersten Satz wird auf die „Geschichte der Mark Meißen, des sächsischen Staates und des niederschlesischen Gebietes" rekurriert, außerdem wurde hinsichtlich der Symbolik festgelegt: „Im Siedlungsgebiet der Sorben können neben den Landesfarben und dem Landeswappen Farben und Wappen der Sorben, im schlesischen Teil des Landes die Farben und das Wappen Niederschlesiens, gleichberechtigt geführt werden."[52] Seither werden in der Tat bei offiziellen Anlässen in Görlitz neben den weiß-grünen (sächsischen) auch weiß-gelbe (niederschlesische) Fahnen gehisst. Auch in der Gebietsgliederung machte sich vorübergehend die Sonderrolle von Görlitz bemerkbar. Zwischen 1994 und 2008 trug das Umland der kreisfreien Stadt Görlitz den Namen Niederschlesischer Oberlausitzkreis (NOL), der sich von den Ausläufern des Oberlausitzer Berglandes im Süden bis zur Landesgrenze gegenüber Brandenburg bei Bad Muskau im Norden entlang der deutsch-polnischen Grenze hinzog. Angesichts sinkender Bevölkerungszahlen in Ostsachsen und vieler Sparzwänge wurden 2008 der Kreis NOL, die Kreisfreie Stadt Görlitz und der Landkreis Löbau-Zittau zu dem neu gebildeten ‚Landkreis Görlitz' zusammengefasst. Durch die *Schlesischen Nachrichten*, das Organ der Landsmannschaft Schlesien, ging ein Aufschrei. Ein Bundesvorstandsmitglied der Schlesischen Jugend schrieb gar von einer „zweiten Vertreibung" bzw. einer „endgültigen Vertreibung aus der Geschichte". Er prangerte diejenigen Kräfte und Personen an, die die „Zerstörung der schlesischen Identität billigend in Kauf"[53] nähmen.

---

49 Vgl. Michael Richter: Die Bildung des Freistaates Sachsen. Friedliche Revolution, Föderalisierung, deutsche Einheit 1989/90. Göttingen 2004, S. 476–483.

50 Zit. nach Richter: Bildung (wie Anm. 49), S. 481

51 Vgl. Richter: Bildung (wie Anm. 49), S. 485.

52 Verfassung des Freistaates Sachsen vom 27. Mai 1992 (SächsGVBl., S. 243), Art. 2, Satz 4.

53 Gerd Kresse: Kommt jetzt die zweite Vertreibung? Von sächsischer Kreisreform und schlesischer Identität. In: Schlesische Nachrichten, 01.03.2007, S. 5.

Schlesien – zwischen Stereotyp und „Neuentdeckung“

Vorsicht sollte beim Gebrauch bestimmter Metaphern geboten sein, die gerade im medialen Diskurs gerne in Bezug auf Schlesien verwendet werden: Wer von Schlesien als „Brückenland“ spricht, hat damit heute eine Verbindung zwischen Deutschland und Polen im Sinn. Vor einigen Jahrzehnten wurde das „Brückenland Schlesien“ aber auch schon wie eine militärische Pontonbrücke für das deutsche Ausgreifen nach Osten interpretiert, das Bild ist also nicht ohne diese historische Reminiszenz zu gebrauchen. Ähnliches gilt für Ausdrücke wie das „Durchgangsland“: Sie sind missverständlich und sollten daher vermieden werden.

Zum Schluss sei noch ein Gedanke formuliert, der einem besonderen Anliegen des Autors entspricht: In zahlreichen Bundesländern gehört die Behandlung des zeithistorischen Themenfeldes „Flucht und Vertreibung“ zum Pflichtcurriculum des Geschichtsunterrichts. Der didaktische Zugang erfolgt häufig über die Frage der Lehrkraft im Unterricht, woher die Großeltern der einzelnen Schüler stammten. Auf einer Europakarte werden diese Herkunftsorte mit kleinen Fähnchen markiert. Dies führt in Bundesländern wie Niedersachsen, die nach 1945 viele Flüchtlinge und Vertriebene aus Schlesien aufgenommen haben, automatisch zu einer Fixierung auf Schlesien, wenn etwa ein Drittel der Schüler, deren Vorfahren keinen norddeutschen Hintergrund besitzen, schlesische Gemeinden und Städte als Herkunftsorte ihrer Großeltern angeben. In der unterbewussten Wahrnehmung der Schüler, von denen wohl die meisten nicht einmal in der Lage wären, aus dem Stande heraus Schlesien auf der Europakarte zu lokalisieren, entsteht so ein durchwegs negatives Bild von diesem Land. Schlesien, ein Land in dem Menschen ihrer Heimat beraubt worden sind, in dem Menschen vorübergehend in Lagern eingesperrt waren, anschließend im Viehwagen von dort wegtransportiert wurden – eine Art „Bloodland“.[54] Einprägsame, emotional aufwühlende Bilder aus einschlägigen Fernsehsendungen wie Die große Flucht von Guido Knopp[55] und anderen Regisseuren, die als geschichtsdidaktische Materialien gerne verwendet werden, verstärken diesen Eindruck zusätzlich. Zurück bleibt ein Bild von Schlesien als einem Land der Gewaltausübung und des unlösbaren Konfliktes. Ohne den für viele Betroffene der älteren Generation zweifelsohne wichtigen Aspekt der Gewalterfahrung kleinreden zu wollen, möchte ich doch die Frage aufwerfen, ob es nicht geschichtsdidaktisch vernünftiger und zukunftsweisender wäre, den Schülern Schlesien als eine europäische Region vorzustellen, in der über Jahrhunderte Menschen unterschiedlicher ethnischer Zugehörigkeit mit- und nebeneinander gelebt haben, eine Region, in der wichtige kulturelle Leis-

---

54 Das Wort ist hier entlehnt von dem zugleich populären und kontrovers diskutierten Buchtitel von Timothy Snyder: Bloodlands. Europe between Hitler and Stalin. New York 2010 (deutsche Ausgabe: Bloodlands. Europa zwischen Hitler und Stalin. München 2011, polnische Ausgabe: Skrwawione ziemie. Europa między Hitlerem a Stalinem. Warszawa 2011).

55 Vgl. Guido Knopp: Die große Flucht. Das Schicksal der Vertriebenen. Berlin, München 2001; die ZDF-Serie wurde auch in DVD-Form massenhaft vermarktet und ist damit für das kollektive Geschichtsbild prägend.

tungen und wirtschaftliche Errungenschaften vollbracht worden sind. Eine Region, die Deutschland nach 1945 aufgrund der Verbrechen des Nationalsozialismus verloren hat und die heute zum größten Teil, ohne Wenn und Aber, zu Polen gehört. Eine Region, die mit ihrer historisch-kulturellen Vielfalt ein Modellbeispiel für die Komplexität in einem sich integrierenden europäischen Kontinent sein kann.

Marcin Miodek

Das regionale Kulturerbe im Propagandabild des „wiedergewonnenen" Schlesiens der Jahre 1945–1948/1949 in der polnischen Regionalpresse am Beispiel der Zeitungen *Pionier* und *Słowo Polskie*[1]

In den letzten Jahren sind die Publizistik und die Forschung zu (Nieder)schlesien[2] zweifelsohne sehr in Mode gekommen, was schon beim Durchblättern der regionalen Presse deutlich sichtbar wird. Bei der Suche nach den Brücken zwischen geschichtlichen Ereignissen und der Gegenwart versucht man häufig, das nach dem Zweiten Weltkrieg „amputierte Gedächtnis"[3] der Region wiederzugewinnen und eine möglichst multidimensionale Erinnerungskultur objektiv, frei von den Störfaktoren des kommunistischen Systems, zu entwickeln bzw. zu gestalten. Bei der psychologisch verständlichen Abkehr vom Totalitarismus besteht aber – nicht nur in der Presse – in Bezug auf die Periode 1945–1989 die Gefahr, in eine Falle des Vergessens, bzw. der Pauschalisierung zu tappen.

Den Begriff „Propaganda" im Titel des vorgelegten Textes assoziiert man in der Regel auf den ersten Blick mit der offiziellen, „gleichgeschalteten" Informationspolitik des kommunistischen Polen. Eine solche Assoziation ist zwar im Allgemeinen richtig, denn die (nieder)schlesisch orientierte Propaganda deckt sich – weil sie ein untrennbares Element des totalitären Staates war – im Prinzip mit dem Rhythmus der innen- und der außenpolitischen Entwicklung. Bei der Betrachtung der Details lassen sich jedoch einige Abweichungen bzw. Ausnahmen finden. Die kommunistische Periode dauert in Polen von 1945 bis 1989, ist also ein längerer Zeitabschnitt, der sich in Bezug auf die innenpolitischen Angelegenheiten sowie auf die Außenpoli-

---

1 *Słowo Polskie* (und dessen direkter Vorläufer *Pionier*) gilt als älteste kontinuierlich herausgegebene polnische Tageszeitung in Niederschlesien nach dem Zweiten Weltkrieg. Im Jahre 2007 wurde *Słowo Polskie* nach mehreren Fusionen ein Teil der zur *Neuen Passauer Presse* gehörender Tageszeitung *Polska. Gazeta Wrocławska* (Transfer der Journalisten und kulturgeschichtlich orientierte Wochenendbeilage unter dem Titel *Słowo Polskie*). – Die Form „wiedergewonnenes Schlesien" bezieht sich geographisch auf die Gebiete Schlesiens, die vor dem Zweiten Weltkrieg kein Teil des polnischen Staates waren und entstammt dem offiziellen Begriff, der in Polen in Bezug auf diese Gebiete ab 1945 verwendet wurde, zum Beispiel im Namen des Ende 1945 gegründeten Ministeriums für die Wiedergewonnenen Gebiete.

2 Gemeint wird hier vor allem die heutige Woiwodschaft Niederschlesien/Dolny Śląsk mit der Hauptstadt in Breslau/Wrocław, die nach der Verwaltungsreform des Jahres 1999 aus vier kleineren Woiwodschaften (Breslau/Wrocław, Liegnitz/Legnica, Waldenburg/Wałbrzych, Hirschberg/Jelenia Góra) entstanden ist. Dieses Gebiet deckt sich im Prinzip mit dem historischen, mittelalterlichen Schlesien, ist aber nicht zu verwechseln mit der heutigen Woiwodschaft Schlesien/Śląsk (mit der Hauptstadt in Kattowitz/Katowice), deren Bestandteile nur zum Teil schlesisch sind (es geht um Oberschlesien, die historischen Ostgebiete Schlesiens).

3 Vgl. Andrzej Zawada: Bresław. Eseje o miejscach [Bresław. Essays über Orte]. Wrocław 1996, S. 52.

tik[4] in mehrere Phasen unterteilen lässt, was in der zeitgenössischen Presse, einem der wichtigsten Träger der damaligen staatlichen Soziotechnik, deutlich sichtbar wird (aus technischen Gründen insbesondere in den ersten Nachkriegsjahren). In Schlesien existieren einige Aspekte, die exklusiv mit dieser Region, einer Grenzregion mit einem facettenreichen Kulturerbe, einer Region, die jahrelang ein Gegenstand von verschiedenartigen politischen Spannungen war, verbunden sind.

Der vorliegende Text versucht, die wichtigsten Tendenzen und Paradigmen der auf das (nieder)schlesische Kulturerbe bezogenen Publizistik im semantisch-chronologischen Kontext zu systematisieren. Als Quelle dient vor allem meinungsbildende[5] regionale Tageszeitung *Pionier/Słowo Polskie* [Der Pionier/Das polnische Wort][6].

Anhand qualitativer und quantitativer Kriterien lassen sich beim untersuchten Material sechs größere Entwicklungsphasen der schlesienorientierten Propaganda unterscheiden, und zwar:

- 1945–1948/49 – die Periode der „Repolonisierung“ und „Entdeutschung“ der „Wiedergewonnenen Gebiete“,
- 1949–1955/56 – die stalinistische Zeit,
- 1956–1957/58 – die Tauwetterperiode (in Volkspolen und im Ostblock),
- 1958–1970 – die Gomułka-Periode,
- 1970–1981 – die Periode zwischen dem Warschauer Vertrag 1970 und dem Kriegsrecht in Volkspolen,
- 1982–1989 – die Untergangsphase Volkspolens.

Hervorzuheben ist die Tatsache, dass die Frequenz und das Themenspektrum der „schlesischen“ Texte in der ersten Phase (1945–1948/49) eindeutig am größten gewesen sind. Deswegen konzentriert sich die vorliegende Analyse auf diese Periode.

Die unmittelbare Nachkriegszeit, als eine auf (Nieder)Schlesien bezogene Informationspolitik eigentlich erst neu formiert werden musste, ist die mit Abstand interessanteste Periode. Der so genannte polnische Westgedanke war schon lange vor dem Zweiten Weltkrieg und während dessen entwickelt worden,[7] allerdings unter ganz anderen politischen Voraussetzungen, als sie 1945 entstanden.[8] Die Region erlebte

4 Vor allem derer Verankerung in der Außenpolitik des Ostblocks.

5 Die Auflagenhöhe der untersuchten Quelle in der Region rangiert jahrelang auf dem zweiten Platz – nach dem Organ des Woiwodschaftskomitees der Polnischen Vereinigten Arbeiterpartei (Polska Zjednoczona Partia Robotnicza, PZPR), der *Trybuna Dolnośląska/Gazeta Robotnicza* [Niederschlesische Tribüne/Arbeiterzeitung].

6 In den Anmerkungen als P bzw. SP abgekürzt. Auch für die Beilagen werden Kürzel verwendet: *P–TDI* für die Beilage *Tygodniowy Dodatek Ilustrowany* [Illustrierte Wochenbeilage] von *Pionier* und *SP–ZPiŚ* für *Zwierciadło Polski i Świata* [Der Spiegel Polens und der Welt] von *Słowo Polskie*. Die Autorensignaturen bleiben in der Form, die in der Zeitung gedruckt wurde (z.B. Vollname, Pseudonym oder keine Autorenangabe).

7 Unter anderem an der Universität Posen/Poznań und an wissenschaftlichen Instituten wie dem Westslawischen Institut (Instytut Zachodniosłowiański), dem Schlesischen Institut (Instytut Śląski) oder dem Ostsee-Institut (Instytut Bałtycki), sowie im Programm der politischen Parteien, insbesondere der Nationaldemokratie (Narodowa Demokracja).

8 Vgl. Grzegorz Strauchold: Myśl zachodnia i jej realizacja w Polsce ludowej w latach 1945–1957 [Der Westgedanke und seine Umsetzung in Volkspolen, 1945–1957]. Toruń 2003, S. 15–20.

zawiera 6 stron Cena 2 zł

NIER

Stało się zadość sprawiedliwości dziejowej, gdyż Niemcy, których gospodarstwa tutaj zbudowane zostały na fundamentach polskich kości, opuszczają już te ziemie.
Prezydent Bierut.

Dziennik Dolno-Śląski

Wrocław, wtorek 16 kwietnia 1946 № 90 (194)

Abb. 1: Pionier, 16. April 1946, S. 1.

in den Jahren 1944/45[9] – 1948 einen fast vollständigen Bevölkerungsaustausch, und die Kontinuität der regionalen Erinnerungskultur wurde praktisch gebrochen. Hinzuzufügen ist, dass unter den neuen, meist polnischen Einwohnern trotz der offiziellen Propaganda eine gewisse Unsicherheit hinsichtlich des endgültigen Verlaufs der Grenzen herrschte. Das damalige Pressebild der Region sollte also im großen Stil psychologische Fundamente für die Ansiedlung der Polen in den neuen Gebieten bauen, Verfremdungseffekte verringern, den polnischen Charakter der Region innerhalb der Geschichte beweisen und die Zugehörigkeit zu Polen legitimieren.

Prägnant sind in der untersuchten Thematik solche Schlüsselwörter (-phrasen) wie „Repolonisierung" (poln.: „repolonizacja"), „Wiedergewonnene Gebiete" („Ziemie Odzyskane"), „Rückkehr zum Mutterland" („powrót do Macierzy") und „Entdeutschung" („odniemczanie"), bzw. „Beseitigung der Spuren[10] des Deutschtums" („usuwanie śladów niemczyzny"). Zusätzlich spricht man von der „geschichtlichen Gerechtigkeit" („sprawiedliwość dziejowa"). Ein Beispiel dafür bildet ein Zeitungskopfsfragment des *Pionier* mit einem Zitat des damaligen polnischen Staatsoberhaupts Bolesław Bierut (1892 – 1956): „Es ließ geschichtliche Gerechtigkeit walten, weil die Deutschen, deren Häuser hier auf den Fundamenten aus polnischen Knochen gebaut wurden, dieses Land verlassen" (vgl. Abb. 1)[11], das alle oben erwähnten Dimensionen etwa in „moralischer" Hinsicht unterstützen sollte.

Die im letzten Absatz zitierten Schlüsselwendungen tauchen in der genannten Periode mehrere tausend Mal auf, sowohl im *P/SP* als auch in allen zeitgenössischen Pressequellen, in allen möglichen journalistischen Formen (als Haupt- oder Nebenfaden), eigentlich in allen möglichen Zusammenhängen. Im Laufe der Zeit bauen diese Wendungen zusätzlich bestimmte Assoziierungsfelder aus, so müssen sie auch manchmal nicht mehr expressis verbis erscheinen, um den Lesern gleiche Inhalte

9 Die Flucht und die von den deutschen Oberbefehlshabern/Gauleitern befohlene „Evakuierung" der Zivilbevölkerung begann schon 1944.

10 Dieser Begriff ist rhetorisch milder und erfüllt besser die Aufgabe, die Rolle des deutschen Anteils (lediglich „Spuren") am Kulturerbe der Region im kollektiven Gedächtnis der Bevölkerung zu reduzieren.

11 P, 16.04.1946, S. 1.

und eine gleiche, wenn nicht sogar, bedingt durch Synergieeffekte, eine größere soziotechnische Ladung zu vermitteln.

Schon auf den ersten Blick lässt sich erkennen, dass historische Kontexte und Anknüpfungen im Vordergrund des analysierten Propagandabildes stehen. Selbstverständlich spielt hier die Geschichte Schlesiens eine zentrale Rolle. Präsentiert wird diese Geschichte aber in der Regel im Zusammenhang mit der „tausendjährigen" deutsch-polnischen Nachbarschaft, die damals meist selektiv (vor allem durch die extrem negativen Erfahrungen des Zweiten Weltkriegs sowie der Teilungen Polens) und stark nationalistisch orientiert rezipiert wird – als ein tausendjähriges Ringen. Dazu kommt der seit 1945 nach und nach stärkere Einfluss der kommunistischen Ideologie.

Es wundert also nicht, dass von Anfang an[12] Schlesien als eine zwar vorläufig von den Deutschen besetzte, doch aber urpolnische Region dargestellt wird. Diese Propagandastrategie repräsentieren zahlreiche Texte, in denen an die traditionelle Geburtsphase der polnischen Staatlichkeit im 10.–13. Jahrhundert mit Schlesien als Provinz des Staates der Herrscher Mieszko I. (um 945–992), Bolesław I. Chrobry [der Tapfere] (967–1025) oder Henryk I. Brodaty [Heinrich I. der Bärtige] (um 1165–1238) von Schlesien und Polen[13] angeknüpft wird. Eine solche soziotechnische Klammer zwischen dem piastischen Mittelalter und der Nachkriegszeit sollte unter anderem polnische ‚Urrechte' auf das Oderland beweisen.[14]

Charakteristisch ist dabei die Tatsache, dass das feudale, vornationalistische Mittelalter mit den Kriterien des Nationalstaates im 19./20. Jahrhundert interpretiert wurde. Relativ wenige Konflikte zwischen den damaligen Feudalherren aus Polen und dem Heiligen Römischen Reich werden in mehreren Texten nach dem Muster des Zweiten Weltkrieges dargestellt und sollen vom tausendjährigen, aggressiven deutschen „Drang nach Osten" zeugen.[15] Diese Phrase steht in Beziehung zu einem anderen soziotechnischen Konstrukt, und zwar dem „slawischen Schutzwall", bei dem die oben genannte historische Klammer erneut gezeigt werden kann. Gemeint ist hier nämlich eine slawische Allianz im Mittelalter, die vor der germanischen Aggressivität schützen sollte[16] und derer wichtiger Posten Schlesien gewesen sei. Diese historisch gesehen waghalsige Perspektive (unter anderem aufgrund der zahlreichen Konflikte im Dreiecksverhältnis Polen – Böhmen – Elbslawen) sollte nach 1945 die

12 Der *Pionier* erschien zum ersten Mal am 27.08.1945.

13 Wobei Conditio sine qua non war, dass die Piastenherrscher deklarierte ‚Nationalpolen' waren.

14 Rede von Marschall M. Rola–Żymierski; vgl. Zwycięstwo zostało osiągnięte raz na zawsze [Der Sieg wurde ein für alle Mal errungen]. In: P, 21.05.1946, S. 3, A. Aniszczyk: Bolesławiec. In: SP, 18.12.1946, S. 6.

15 K. Gajewski: Łużyce czekają na rozstrzygnięcie [Die Lausitzen warten auf eine Entscheidung]. In: P–TDI, 13.01.1946, S. 1; R. Prochoń: Rok 1945 – rok naszego powrotu nad Bałtyk [1945 – das Jahr unserer Rückkehr an die Ostsee]. In: P, 10.–11.02.1946, S. 3; L. Goliński: Łużyce patrzą na Polskę [Die Lausitzen blicken auf Polen]. In: SP, 27.11.1946, S. 3; L. Goliński: Niemcy bez nienawiści [Deutschland ohne Hass]. In: Słowo Polskie, 27.01.1947, S. 3.

16 R. Sidorski: Nad Odrą i Nysą wierną będziemy trzymać straż [An Oder und Neiße werden wir treue Wacht halten]. In: SP, 05.01.1947, S. 3–4.

damalige politische Lage[17] und die daraus folgenden „panslawistischen" Projekte legitimieren.[18] Sichtbar wird dies unter anderem in den Texten über die polnisch-tschechoslowakischen Beziehungen (Grenzkonflikte um die Gebiete bei Ratibor/ Racibórz, Teschen/Cieszyn und Glatz/Kłodzko[19] oder Verhandlungen und Unterzeichnung des Bündnisvertrages 1947[20]).

Die Paradigmen des tausendjährigen deutschen Dranges nach Osten und des slawischen Schutzwalls stehen selbstverständlich im krassen Kontrast zu den schon damals wissenschaftlich belegten, zahlreichen Beispielen für die Kooperation zwischen dem piastischen Polen und dem Heiligen Römischen Reich, vom Zusammenleben der Herrscherfamilien oder der sog. einfachen Menschen über Handels- und Kulturbeziehungen bis hin zur militärischen Kooperation, zum Beispiel bei der Christianisierung. Diese Aspekte wurden jedoch zumeist verschwiegen bzw. nach nationalistischen Kriterien uminterpretiert. Ein interessantes Beispiel dafür bilden Texte über die Schutzpatronin Schlesiens, die heilige Hedwig. In einem davon wird zu ihrer süddeutschen Herkunft gar nichts ausgesagt.[21] In anderen dagegen wurde eine quasi ethnische Säuberung in mentaler Dimension durchgeführt.[22] Der Leser erfährt nämlich (ohne mit irgendwelchen Quellen und Beweisen konfrontiert worden zu sein), dass das „Deutschtum" der heiligen Hedwig völlig verschwunden sei („niemieckość starła się całkiem" [„ihr Deutschtum verlosch gänzlich"][23]) und dass sie mit ihrem

17 Die Dominanz der mit dem slawischen Russland gleichgesetzten Sowjetunion über Polen, die Tschechoslowakei und das von der sorbischen Minderheit bewohnte Lausitz.

18 Im Text von Jerzy Wasilewski: Siedemnasta Republika [Die siebzehnte Republik]. In: SP, 08.01.1947, S. 1, steht Folgendes: „[...] Selbst die Existenz Polens hängt von der friedlichen Zusammenarbeit der slawischen Staaten, mit der Sowjetunion, dem mächtigsten von ihnen, an der Spitze ab. [...]".

19 Z. Br.: „Okupanci" na Zaolziu [„Besatzer" im Olsa-Gebiet]. In: P, 27.04.1946, S. 2; Expose premiera Rządu Jedności Narodowej Osobki-Morawskiego [Ein Exposé des Premiers der Regierung der Nationalen Einheit, Osobka-Morawski]. In: P, 28.–29.04.1946, S. 1–2.

20 Leszek Goliński: Fakty niezaprzeczalne [Unbestreitbare Tatsachen]. In: SP, 27.01.1947, S. 3; w.: Znamienne oświadczenie premiera Gottwalda. Granic ODRY i NYSY granicą całej Słowiańszczyzny. Wysuwanie czechosłowackich żądań wobec Polski – w chwili obecnej – krótkowzroczność polityczna [Eine bedeutende Rede von Premier Gottwald. Die Grenze an ODER und NEISSE ist die Grenze des gesamten Slawentums. Die Geltendmachung tschechoslowakischer Ansprüche gegenüber Polen wäre – im gegenwärtigen Stadium – eine kurzsichtige Politik]. In: SP, 12.02.1947, S. 1; L. Goliński: BIAŁE ORŁY I LWY [WEISSE ADLER UND LÖWEN]. In: SP, 09.03.1947, S. 1.

21 S. Gorka: O polskości miast dolnoślaskich [Vom polnischen Charakter der niederschlesischen Städte]. In: P–TDI, 11.11.1945, S. 1. Bei „dolnoślaskich" handelt es sich um die Originalform; korrekt wäre „dolnośląskich", aber in den ersten Nachkriegsmonaten fehlen mehrmals in den niederschlesischen Zeitungen diakritische Zeichen, z. B. Nasalhäkchen (ogonek). Dies resultierte daher, dass die Presse von deutschen Druckern mit den deutschen Typen gedruckt wurde.

22 K. Maleczyński: Jak Święta Jadwiga na zamku wrocławskim rządziła, a Bolko Rogatka z mleczarkami wrocławskimi wojował [Als die heilige Hedwig auf dem Breslauer Schloss regierte und Bolko Rogatka mit den Breslauer Milchfrauen kämpfte]. In: P, 01.01.1946, S. 5.

23 Ebenda, ähnlich auch bei T. Kowzan: Odejście przybysza [Der Weggang des Neuankömmlings]. In: P, 09./10.06.1946, S. 1

Hof „wahrscheinlich Polnisch“ gesprochen habe.[24] Dazu sollen ihre Familienangehörige Deutsche gehasst oder verspottet haben.

Ein anderes „polonisierendes“ Bespiel ist die Bezeichnung der bekannten und für die schlesische Kultur verdienten – ursprünglich aus Franken stammenden – Adelsfamilie von Schaffgotsch[25] als „germanisierte schlesische Großadelsfamilie“. Anhand dieser Wendung lässt sich ein weiteres Paradigma der damaligen Propaganda bemerken, und zwar die Germanisierung Schlesiens, die laut *Pionier/Słowo Polskie* um das 13. Jahrhundert begonnen habe.[26] Auch dieser Prozess wird meist nach dem Muster des Zweiten Weltkrieges – als brutaler Vorgang bzw. als eine hinterlistige Tat der Deutschen beschrieben[27].

Das Schaffgotsch-Beispiel bildet hier insofern eine Ausnahme (kein Wort über eine erzwungene Germanisierung), ist aber teilweise mit einer anderen, der klassenbedingten Dimension des Germanisierungsprozesses verbunden. Hervorgehoben wird nämlich in vielen Texten die Tatsache, dass der Stützpunkt des Polentums[28] „einfache“ Menschen (unterdrückte Bauern, verfolgte Dienerschaft, arme Gesellen und später Proletariat[29]) gewesen seien – im Unterscheid zu den höheren Schichten, die oft aus rein materiellen, also niederen Gründen sich germanisieren ließen.[30] Hinzuzufügen ist die Tatsache, dass die gesellschaftlichen Unruhen in Schlesien in mehreren Texten als Klassenkampf und nationaler Befreiungskampf dargestellt werden.[31].

Weitere Beweise für den „urpolnischen“ Charakter der Region sind „polnisch sprechende Steine“ (Baudenkmäler, Friedhöfe, Inschriften auf den Häusern), Urkunden, Volkslieder, Ortsnamen, Adressbücher oder Gebetsbücher. Auf den Spalten der Zeitung werden solche Losungen wie „Es gab keine solche Stunde, in der das polnische Volk in Schlesien aufhörte Polnisch zu sprechen oder zu beten“ (Abb. 2)[32]

---

24 Ebenda.

25 emzet: Wielka biblioteka w małych Cieplicach o której wie się zbyt mało [Eine große Bibliothek im kleinen Bad Warmbrunn, von der man zu wenig weiß]. In: SP–ZPiŚ, 26.09.1948, S. 3.

26 T. Szafraniec: Jak księżniczka świdnicka wywiodła w pole Ruebezahla [Wie eine Schweidnitzer Prinzessin Rübezahl aufs Feld hinausführte]. In: P, 27.07.1946, S. 2.

27 Kowzan: Odejście przybysza (wie Anm. 23); Dr Nowak: Oława zawsze polska [Ohlau war immer eine polnische Stadt]. In: P, 29.06.1946, S. 3, Tadeusz Pizło: Słowianie – ludzie swoi [Die Slawen – unsere Leute]. In: P, 06.07.1946, S. 1; mgr T. B.: Na Sępolnie rośnie dąb... Piotr Włast – ofiara intrygi niemieckiej [In Zimpel wächst eine Eiche... Peter Vlast, das Opfer einer deutschen Intrige]. In: SP–ZPiŚ, 25.04.1947, S. 3–4.

28 Mehr zu den so genannten Autochthonen in den weiteren Abschnitten der Analyse.

29 K. Maleczyński: Bunt wrocławski z roku 1418 [Ein Breslauer Aufruhr des Jahres 1418]. In: P, 22.–24.04.1946, S. 3; Z. Bednorz: Literacki dokument ciemiężenia ludu śląskiego [Ein literarisches Zeugnis für die Knechtung des schlesischen Volkes]. In: P–TDI, 28.04.1946, S. 2; J. Leliwa: Legenda mrocznego zamku [Die Legende von der finsteren Burg]. In: P–TDI, 25.08.1946, S. 1; W. Długoborski: „Wielka Rewolucja“ we Wrocławiu [Die „Große Revolution“ in Breslau]. In: SP–ZPiŚ, 27.04.1947, S. 1–2, Tadeusz Szafraniec: Krawczyk i Marek. Kartki z dziejów ruchów społecznych na Śląsku. In: SP, 23.07.1947, S. 3.

30 Ebenda.

31 Ebenda.

32 P, 09./10.06.1946, S. 3.

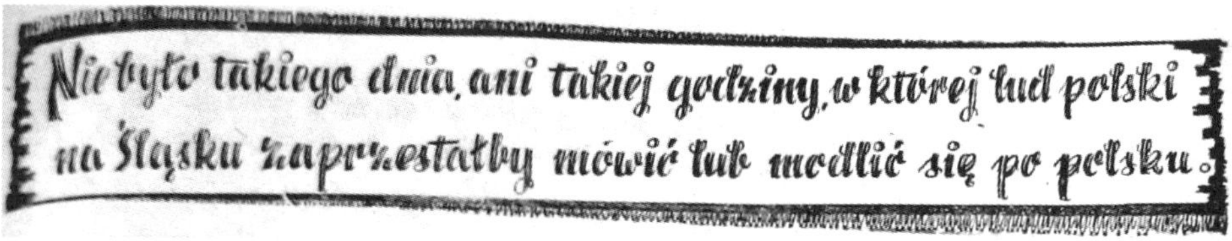

Abb. 2: Pionier, 9./10. Juni 1946, S. 3.

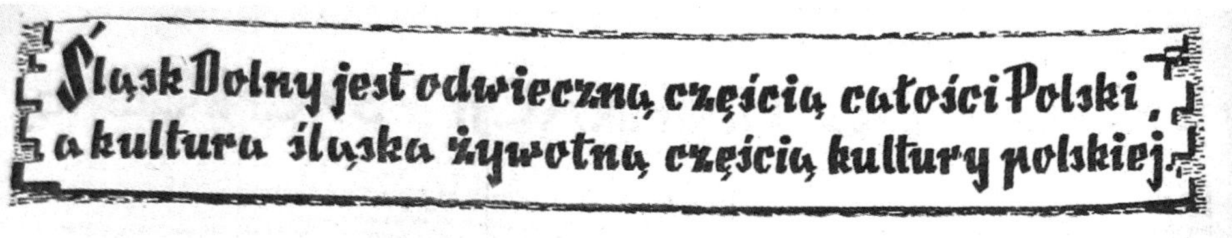

Abb. 3: Pionier, 9./10. Juni 1946, S. 7.

oder „Niederschlesien ist ein uralter Teil von ganz Polen und die schlesische Kultur ein lebendiger Teil der polnischen Kultur" (Abb. 3)[33] gedruckt.

„Wenn man alte Gebäude, Burgen [...] Kirchen besichtigt und insbesondere, wenn ein Forscher alte Kirchenbücher liest – stehen auf jedem Schritt der Wanderung und auf jeder Seite des gelesenen Buches Überreste aus der vergangenen Epoche der polnischen Herzöge und Könige – eine unerschütterliche, nie zerstörbare Urkunde des Lebens vom polnischen Volk"[34].

In mehreren Texten aus *Pionier/Słowo Polskie* ist die Rede von den Grabsteinen oder Namenschildern irgendeines Szukalskys, Wietzoreks oder Garbartziks.[35] Jede alte Kirche sei „ein unbestrittener Beweis der polnischen Rechte auf dieses Gebiet".[36] Gerade die Architektur und die Archäologie sind weitere wichtige Bereiche bei der Gestaltung der Identität und des kollektiven Bewusstseins der Einwohner (Nieder-) Schlesiens. In diesem Kontext war die schlesische Gotik sehr beliebt und wurde bewundert[37], denn was ist gotisch, ist piastisch – ergo polnisch – wie beispielsweise auf

33 P, 09./10.06.1946, S. 7.

34 Pomniki przeszłości polskiej na Dolnym Śląsku i rzeczywistość dzisiejsza [Denkmäler der polnischen Vergangenheit in Niederschlesien und die heutige Realität]. In: P–TDI, 04.11.1945, S. 1.

35 Pomniki przeszłości polskiej na Dolnym Śląsku (wie Anm. 34); Znamienny szyld [Ein bedeutsamer Schild]. In: P, 30.08.1945, S. 4, W. Drozd: Polskość Wrocławia w... niemieckiej książce adresowej [Der polnische Charakter Breslaus in... einem deutschen Adressbuch]. In: SP, 28.11.1946, S. 3; Prochy [Ruinen]. In: SP, 31.10.1948, S. 4.

36 Prezydent KRN na Dolnym Śląsku [Der KRN-Präsident in Niederschlesien]. In: P, 14.09.1945, S. 1.

37 M. Kofta: Takie dziwne miasto [So eine seltsame Stadt]. In: P, 23.12.1945, S. 3; Zygmunt Zell. Miasto Piastów [Die Stadt der Piasten]. In: P–TDI, 17.02.1946, S. 3.

Abb. 4: Słowo Polskie, 14. März 1948, S. 1.

Abb. 4 zu sehen ist:[38] „Da ist ein Beweis für den polnischen Charakter des Lebuser Landes.[39] Das Piastentor in Züllichau im Lebuser Land".

Um die deutschen Kultureinflüsse in ihrer Bedeutung zu verringern oder gar in Vergessenheit geraten zu lassen,[40] wurden mittelalterliche Kontakte und architektonische Ähnlichkeiten mit anderen Teilen Polens sowie mit Frankreich, Belgien usw. – nur nicht mit dem deutschsprachigen Raum – hervorgehoben.[41] Die jüngeren Elemente der städtebäulichen Substanz werden dagegen kritisiert. Als Schlüsselphrasen tauchen hier Adjektive wie „schwer", „düster" oder „bedrückend" auf, und der gesamte Stil der preußisch-deutschen Periode Schlesiens wird als Ämter- und Kaser-

38 SP, 14.03.1948, S. 1.

39 Unter anderem aus Teilen der nördlichen Gebiete des historischen Schlesiens (etwa des Herzogtums Glogau/Głogów) wurde nach dem Zweiten Weltkrieg ein historisch umstrittenes „Lebuser Land" (poln.: Ziemia Lubuska) gebildet, seit 1950 in Form einer separaten Woiwodschaft.

40 Dies wurde häufig den Deutschen vorgeworfen, zum Beispiel: Tuwicz: Nie palmy książek! [Wir verbrennen keine Bücher!]. In: SP, 28.02.1947, S. 6; T. B.: Na Sępolnie rośnie dąb... (wie Anm. 27); R. Jamka: Opole – miasto wczesnopiastowskie [Oppeln – eine frühpiastische Stadt]. In: SP–ZpiŚ, 07.12.1947, S. 2.

41 A. Johelson: Rzeźby romańskie we Wrocławiu [Romanische Skulpturen in Breslau]. In: P, 01.01.1946, S. 4 und 6; J. B.: Przedmioty sprzed 200.000 lat. Zobaczymy bogate zbiory prehistoryczne [200.000 Jahre alte Objekte. Wir besichtigen reichhaltige prähistorische Sammlungen]. In: SP, 10.10.1947, S. 4; M. Morelowski: Włastowie, dawny Śląsk i W.Z.O. [Die Vlasts, das alte Schlesien und die Ausstellung der Wiedergewonnenen Gebiete]. In: SP–ZPiŚ, 10.10.1948, S. 1; K. Mierzeja: Kamienie wołają [Die Steine rufen]. In: SP, 24.12.1948, S. 5.

nenstil bezeichnet[42]. Eine interessante Erweiterung dieses Paradigmas ist in einem Text vom März 1947 zu finden. Darin wurde nämlich die in der gesamten kommunistischen Periode selten[43] erwähnte habsburgisch-österreichische Komponente im schlesischen Kulturerbe angeführt: „Das leichte, fröhliche österreichische Barock wird von den schweren und düsteren preußischen Bauten ersetzt, die mit ihrer Masse die schlesische Architektur und das ganze schlesische Leben zerdrücken [...]."[44] Als Beispiele für das preußische Vorgehen in Schlesien wurden die Eindeckung der gotischen Basilika in Schweidnitz durch „[...] ein düsteres Gebäude mit dem Monogramm F. R. (Fridericus Rex) [...]", die Umwandlung der Gotik in Neugotik oder das Hochglanzpolieren der Sehenswürdigkeiten aufgeführt. Zusammengefasst wird der Text mit den Worten: „[...] Die Barbaren [die Preußen, Anm. d. Verf.] waren nicht im Stande, die aus dem Staub der Jahrhunderte strahlende Poesie zu spüren, die hatten kein Verständnis für die Sprache der hiesigen Mauern, weil es nicht ihre Sprache war."[45] Bemerkenswert an dem zitierten Satz ist die Verbindung architektonischer Bemerkungen mit den Fragen der Rechte auf Schlesien: Wer die Sprache der Sehenswürdigkeiten nicht versteht, habe kein Anrecht auf das Kulturerbe der Region. Eine solche Gedankenkonstruktion taucht in den untersuchten Quellen mehrmals auf, zum Beispiel in einem Text über Breslau vom Dezember 1945, in dem der Autor eine rhetorische Frage stellt: „[...] Könnten die subtilen Umrisse der alten Kirchen auf der Sandinsel oder der Dominsel für sie [die Deutschen, Anm. d. Verf.] mehr als nur ein Stoff für ordentliche, traditionelle Landschaften sein, die man überall, sogar in der Toilette, aufhängen soll? [...]"[46]

Die früher erwähnten Texte über die archäologischen Ausgrabungen beziehen sich sowohl auf das Mittelalter, als auch auf die noch früheren Perioden wie die Völkerwanderungszeit. In Texten wie *Opole – miasto wczesnopiastowskie*[47] [Oppeln – eine frühpiastische Stadt] wird darauf hingewiesen, dass es in Schlesien eine hoch entwickelte Kultur, unter anderem größere Städte[48] oder Bergbau,[49] schon vor der

42 E. Kaliski: Miasta dolnośląskie w historycznym rozwoju [Die niederschlesischen Städte in ihrer historischen Entwicklung]. In: SP, 16.03.1947, S. 1; R. Hajduk: Wykopaliska opolskie. Zła wola Niemców odkrywa staropolskie grodzisko [Die Oppelner Ausgrabungen. Eine schlechte Absicht der Deutschen führt zur Entdeckung einer altpolnischen Burganlage]. In: SP, 23.10.48, S. 3; Mierzeja: Kamienie wołają (wie Anm. 41).

43 Die Herrschaft der Habsburger (sowie auch die der Luxemburger) wird oft – sofern sie überhaupt erwähnt wird – zu den ca. 600 Jahren der deutschen Besatzung hinzugezählt. Es fehlen aber in der untersuchten Quelle mehr detaillierte Texte zu diesem Thema. Sie sind eine Randerscheinung im Vergleich zu den Texten. welche die „deutsche Karte" ausspielen.

44 Kaliski: Miasta dolnośląskie w historycznym rozwoju (wie Anm. 42).

45 Ebenda.

46 Kofta: Takie dziwne miasto (wie Anm. 37).

47 Jamka: Opole – miasto wczesnopiastowskie (wie Anm. 40).

48 Mg.: Drugi Biskupin na Śląsku. Rewelacyjne wykopaliska prasłowiańskiego grodu [Ein zweites Biskupin in Schlesien. Herausragende Ausgrabungen einer altslawischen Burganlage]. In: SP, 26.10.1947, S. 1.

49 A. Desażanka: Historia robi niespodzianki [Die Geschichte macht Überraschungen]. In: SP, 14.07.1947, S. 6.

so genannten. „deutschen[50] Ostsiedlung" gegeben habe. Der *Pionier/Słowo Polskie* berichtet, dass man die slawischen Ausgrabungen schon auf die Bronzezeit[51] datiere und die ältesten sogar bis 200.000 v. Chr. zurückreichten.[52]

Ein autonomes Element der damaligen Publizistik ist die Einstellung zu den schlesienbezogenen Werken der deutschen Autoren, wobei solche Begriffe wie „notoryczni fałszerze naukowi"[53] [„notorische Wissenschaftsfälscher"] oder „goebbelsowscy ‚naukowcy'"[54] („Goebbelssche ‚Wissenschaftler'") mehrmals benutzt werden. Kritisiert werden allgemein (in der Regel ohne Namenangaben) die deutschen Ostforscher aufgrund ihrer tendenziösen, völkischen und deutschzentrierten Darstellung der regionalen Geschichte und der von ihnen betriebenen Reduzierung oder Verheimlichung der polnisch-slawischen Komponente im schlesischen Kulturerbe (man kann also hinzufügen, dass die Autoren von *P/SP* die Deutschen dafür kritisieren, was sie selbst mit dem „deutschen" Teil des regionalen Kulturerbes machten). Einen Gegenpol zu dem Paradigma der „deutschen Geschichtsfälscher" bildet dagegen die schon früher erwähnte Taktik der Verwendung solcher deutscher Quellen, welche die slawischen/polnischen Etappen der schlesischen Geschichte thematisieren, um damit die Repolonisierung zu begründen. Solche Dokumente, die nicht von polnischer Hand, sondern „von der Hand des Besatzers"[55] geschrieben wurden, sind selbstverständlich soziotechnisch besonders wertvoll. So werden in den Zeitungen *Pionier* und *Słowo Polskie* sowohl wissenschaftliche Werke (zum Beispiel von Paul Kindler, Reinhold Werner oder Franz Schultz[56]) als auch Legenden oder Sagensammlungen (R. Kühnau, *Sagen aus Schlesien*, „Breslauer Sagen und Legenden gesammelt und nacherzählt [so im Original, Anm. d. Verf.] von Fritz Enderwitz"[57]) zitiert oder paraphrasiert. Dabei spielt es keine Rolle, dass die Legenden ex definitione fiktive Quellen sind, was zu kuriosen und im Kontrast zu anderen Texten im analysierten Quellenmaterial stehenden Fällen führt: So wird im März 1947 berichtet, dass Breslau von Mieszko I. zum Andenken an seiner (Rück-)Gewinnung des Augenlichtes gegründet worden sei.[58] Ein weiteres komisches Beispiel ist die zweigleisige

50 Es gab auch Kolonisten aus den Gebieten außerhalb des Heiligen Römischen Reiches.

51 W. Łukasik: Głos zamierzchłej przeszłości [Die Stimme einer uralten Vergangenheit]. In: SP–ZpiŚ, 12.01.1947, S. 1–2; M. Horodyska: Prawda ukryta w łonie ziemi. Instytut Śląski wczoraj i dziś [Die im Schoß der Erde verborgene Wahrheit. Das Schlesische Institut gestern und heute]. In: SP, 21.07.1947, S. 4.

52 J. B.: Przedmioty sprzed 200.000 lat (wie Anm. 41).

53 Łukasik: Głos zamierzchłej przeszłości (wie Anm. 51).

54 Zell: Miasto Piastów (wie Anm. 37).

55 Marian Grabski: Pomniki przeszłości polskiej na Dolnym Śląsku i rzeczywistość dzisiejsza [Denkmäler der polnischen Vergangenheit in Niederschlesien und die heutige Realität]. In: P–TDI, 04.11.1945, S. 1.

56 W. Serafin: Niemieckie dowody polskości Śląska [Deutsche Belege für den polnischen Charakter Schlesiens]. In: P–TDI, 17.02.1946, S. 3; Łukasik: Głos zamierzchłej przeszłości (wie Anm. 51).

57 B. Seidenberg: O pochodzeniu nazwy Trzebnica [Zur Herkunft des Namens Trzebnica/Trebnitz]. In: P–TDI, 23.02.1946, S. 3; K. Baranowa: Kto założył Wrocław [Wer gründete Breslau]. In: P–TDI, 17.03.1946, S. 2.

58 Baranowa: Kto założył Wrocław (wie Anm. 58).

axiologische Zuordnung des Geistes aus dem Riesengebirge – des Rübezahls (poln.: „Liczyrzepa"). Einmal ist Rübezahl eine böse Figur,[59] die mit den deutschen Kolonisten im Mittelalter in Schlesien ankam – ein anderes Mal dagegen (als slawischer „Liczyrzepa") ein guter Geist, der in seinem Testament die Schlüssel zu den Bodenschätzen der Sudeten den slawischen Piasten gab.[60]

Ein weiteres Paradigma der schlesienorientierten Propaganda verbindet wiederum Elemente der nationalistischen und der kommunistischen Ideologie. Das deutsche Schlesien – mit seinen Großindustriellen und Junkern – wird als „Kriegsschmiede"[61] Deutschlands beschrieben. Das polnische Schlesien seit 1945 sei dagegen eine „Friedenswerkstatt"[62], was z. B. auf Abb. 5 zu sehen ist („Die Schätze des polnischen, piastischen Schlesiens werden nicht mehr der Festigung des germanischen Militarismus und Imperialismus dienen, die zum zweiten Mal in Europa und der ganzen Welt ein Blutbad, eine Brandstätte und Trümmer angerichtet haben. Die schlesische Schatzkammer, zurückgewonnen kraft historischer Rechte, wird zu einer Werkstatt der friedlichen Arbeit zum Wohle Polens, zur Heilung seiner Wunden, die mit den Eckzähnen des teutonischen Wolfes geschlagen wurden.").

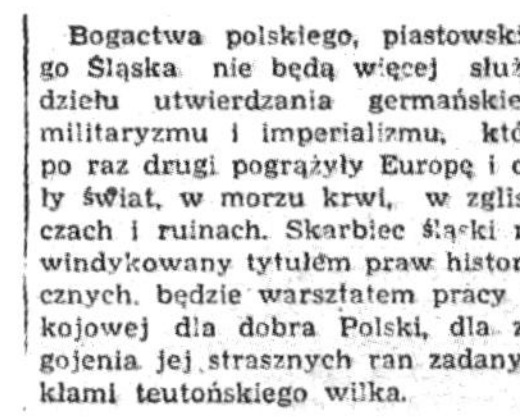

Bogactwa polskiego, piastowskiego Śląska nie będą więcej służyć dziełu utwierdzania germańskiego militaryzmu i imperializmu, które po raz drugi pogrążyły Europę i cały świat, w morzu krwi, w zgliszczach i ruinach. Skarbiec śląski rewindykowany tytułem praw historycznych, będzie warsztatem pracy pokojowej dla dobra Polski, dla zagojenia jej strasznych ran zadanych kłami teutońskiego wilka.

Abb. 5: Słowo Polskie, 11. Februar 1947, S. 4.

Das dritte genannte Paradigma – „Die Deutschen fühlten sich in Schlesien nicht heimisch" – geht mit den beiden oben genannten teilweise Hand in Hand, was die zitierte Aussage des Woiwoden Aleksander Barchacz (1908–1987) bestätigt. Vor allem aber taucht es in den Texten auf, die den zeitgenössischen Bevölkerungstransfer sowie frühere Migrationsprozesse thematisieren. So wird die Flucht der Deutschen vor der Roten Armee mit den Worten „offensichtlich war die deutsche Bevölkerung mit diesen Gebieten nicht verbunden, sie fühlte sich nicht heimisch"[63] erklärt. Ähnliche Sätze findet man in denjenigen Texten, die von der „freiwilligen Ausreise"[64] der Deutschen in den Jahren 1945–1948 berichten, zum Beispiel: „Die Deutschen verlassen gerne unsere Gebiete, weil sie wissen, dass wir Polen hier die wahren Besitzer sind."[65] Das untersuchte Paradigma bezieht sich nicht ausschließlich auf die Zeit

59 Szafraniec: Jak księżniczka świdnicka wywiodła w pole Ruebezahla (wie Anm. 28).

60 Liczyrzepa – zły duch Karkonoszy [Rübezahl – der böse Geist des Riesengebirges]. In: P, 01.01.1946, S. 6.

61 Z walk o polskość Śląska [Aus den Kämpfen um den polnischen Charakter Schlesiens]. In: P–TDI. In:19.05.1946, S. 5; L. Goliński: Ziemie odzyskane w prasie świątecznej [Die Wiedergewonnenen Gebiete in der Feiertagspresse]. In: SP, 29.12.1946, S. 3; L. Goliński: Posiadanie Odry i Ziem Zachodnich nie jest dla Niemiec kwestią życia i śmierci! [Der Besitz der Oder und der Westgebiete ist für Deutschland keine Frage von Leben und Tod!]. In: SP, 23.09.1947, S. 3.

62 Wł. Łukasik: Śląsk = gospodarcza przebudowa Polski. Z kraju rolniczego w przemysłowy [Schlesien = wirtschaftlicher Umbau Polens. Vom Agrar- zum Industrieland]. In: SP 11.02.1947, S. 4.

63 T. K : Gorzów – stolica ziemi lubuskiej [Landsberg an der Warthe – die Hauptstadt des Lebuser Landes]. In: P–TDI, 10.03.1946, S. 2.

64 Mehr dazu in den nächstfolgenden Absätzen der Analyse.

65 Niemcy wyjeżdżają dobrowolnie [Deutsche reisen freiwillig aus]. In: P, 13.10.1945, S. 3.

um das Kriegsende. Die so genannte Ostflucht (die Migration aus den östlichen Gebieten Preußens/Deutschlands in den Westen im 19. und frühen 20. Jahrhundert) ist in mehreren Texten – auch von ausländischen Autoren wie Ilja G. Ehrenburg (1891–1967)[66] oder Henry de Korab (1891–1954)[67] – anwesend. So wird unter anderem berichtet, dass zwischen 1840 und 1940 3,7 Millionen Deutsche die ehemaligen deutschen Ostgebiete verlassen hätten.[68] Ein Grund für den Mangel an Gefühlen gegenüber Schlesien sollte demnach die Tatsache sein, dass in den Ostgebieten des Reiches „nur Großgrundbesitzer, Beamte und angesiedelte – von der einheimischen Bevölkerung verhasste – Bauern"[69] Deutsche gewesen seien.

Das oben genannte Phänomen – die Bevölkerungsverhältnisse – sind ein weiteres Element in der untersuchten Thematik, da die Einwohner einer Region selbstverständlich Träger des regionalen Kulturerbes, wenn nicht das Kulturerbe selbst sind. Deswegen soll erwähnt werden, wie der Bevölkerungstransfer, insbesondere seine intensivste Phase 1945–1948, im untersuchten Quellenmaterial präsentiert wird. Dabei muss betont werden, dass das Bild der erwähnten Geschehen im polnischen und deutschen kollektiven Gedächtnis voneinander abweicht. In Deutschland[70] wurde jahrelang allenthalben der alleinige und häufig instrumentalisierte Oberbegriff „Vertreibung" verwendet. Erst im Laufe der Zeit setzte sich wahrheitsgetreuer, mehrgliedriger, wissenschaftlich befundener Begriffskomplex „Flucht – Vertreibung – Zwangsaussiedlung" sowie „Räumung/Evakuierung – wilde Vertreibung – Aussiedlung – Transfer" durch – abhängig davon, von welcher Phase und Form des genannten Prozesses die Rede ist.

Im polnischen kollektiven Gedächtnis tauchte dagegen eigentlich erst in den letzten Jahren der Begriff „Vertreibung" als eine der Ursachen der gegenwärtigen demographischen Lage der Region auf. Einer der Gründe dafür ist gerade das Bild des Bevölkerungstransfers in der Presse, das mit den in den früheren Absätzen der Analyse dargestellten soziotechnischen, ideologisch und politisch bedingten Indikatoren verbunden ist. So wurde in *Pionier/Słowo Polskie* der 1940er Jahre der Bevölkerungsaustausch im schlesischen Raum meist als „Repatriierung" – Rückkehr ins Vaterland

66 Erenburg o Wrocławiu. Duch wielkiej twórczości [Ehrenburg über Breslau. Geist des großen Schaffens]. In: SP 13.03.1948, S. 3.

67 Niemcy byli we Wrocławiu gośćmi. Reportaż publicysty francuskiego [Deutsche waren in Breslau zu Gast. Eine Reportage eines französischen Publizisten]. In: SP, 05.08.1947, S. 1.

68 Leszek Goliński: Posiadanie Odry i Ziem Zachodnich nie jest dla Niemiec kwestią życia i śmierci! [Der Besitz der Oder und der Westgebiete ist für Deutschland keine Frage von Leben und Tod]. In: P, 06.02.1946, S. 3.

69 ‚Pasierb cudzego państwa'. Jeszcze jeden trzeźwy głos o Ziemiach Zachodnich [‚Stiefkind eines fremden Staates'. Eine weitere nüchterne Stimme über die Westgebiete]. In: SP, 11.03.1947, S. 3.

70 Gemeint wird hier vor allem die „alte" Bundesrepublik, weil in der DDR die Problematik als Thema des öffentlichen Diskurses aus politischen Gründen gedämpft wurde.

Cena 2 zł

PIONIER

Społeczeństwo dolnośląskie domaga się sprawnego przeprowadzenia rozpoczętej już repatriacji Niemców.

Dziennik Dolno-Śląski

Rok II Wrocław, środa 20 lutego 1946 r. Nr. 43 (147)

Repartriacja Niemców
z Dolnego Śląska rozpoczęta
Pierwsze transporty odjechały na Zachód

Zarządzeniem Min. Z. O. w dniu dzisiejszym rozpoczęła się repatriacja Niemców z Dolnego Śląska.

Pierwszy transport odszedł już z Wrocławia wieczorem dn. 19 lutego o godz. 20-tej, następny w nocy z 19 na 20-go o godz. 2,10.

W dniu 20. II. odejdzie również transport z Kłodzka. Następne transporty po jednym z Wrocławia i z Kłodzka odjeżdżać będą codziennie. Każdy z transportów obejmować będzie 1.500 osób. Transporty posiadać będą specjalną ochronę W. B. W. obsługę sanitarną, wagony są zaopatrzone w piecyki. Repatrianci mogą zabierać ze sobą osobiste rzeczy ile tylko będą mogli unieść.

Pierwsze transporty z Wrocławia obejmować będą tych Niemców, którzy dobrowolnie zgłosili się na wyjazd jeszcze z końcem listopada i początkiem grudnia ub. roku. Wówczas zarejestrowanych zostało do dobrowolnego wyjazdu ponad 18.000 Niemców. (tt)

Abb. 6: Pionier, 20. Februar 1946, S. 1.

– dargestellt[71]. Als „Repatriierte" wurden unter anderem Menschen aus den von der UdSSR annektierten polnischen Vorkriegs-Ostgebieten von Wilna/Vilnius bis Lemberg/L'viv sowie Polen aus Jugoslawien, Frankreich oder Deutschland bezeichnet.[72] Des gleichen Begriffes bediente man sich auch in Bezug auf die schlesischen Deutschen, die 1945–1948 die Region unter anderem infolge der Potsdamer Beschlüsse (Art. 13) verlassen haben bzw. die zum Verlassen gezwungen wurden. Dies ist in den Titelformen (häufig auf der ersten Seite der Zeitung) wie *Repatriacja Niemców z Dolnego Śląska rozpoczęta. Pierwsze transporty odjechały na Zachód* [Die Repatriierung der Deutschen aus Niederschlesien hat eingesetzt. Erste Transporte sind nach dem Westen gefahren] (Abb. 6),[73] *Usprawnienie akcji repatriacyjnej Niemców* [Die Verbesserung bei der Repatriierungsaktion der Deutschen][74] oder *„Drang nach Westen" rozpoczął się.*

---

71 Andere im Quellenmaterial verwendete Begriffe sind „przesiedlenie" [„Umsiedlung"], vgl.: Odpowiedź Polski [origin. – Anm. des Verf.]. Marshall tworzy z Niemiec ‚natchnienie narodów' [Die Antwort Polens. Marshall macht aus Deutschland eine Inspiration der Völker]. In: SP, 11.04.1947, S. 1, „wysiedlenie" [„Aussiedlung"], vgl. LG: Po wysiedleniu Niemców [Nach der Aussiedlung der Deutschen]. In: SP, 05.01.1947, S. 2, oder „wyjazd" [„Ausreise"], vgl. 6.500 Niemców czeka na wyjazd do Niemiec [6.500 Deutsche warten auf die Ausreise nach Deutschland]. In: SP, 09.01.1947, S. 4.

72 Repatriacja Polaków ze strefy amerykańskiej [Repatriierung der Polen aus der amerikanischen Zone]. In: P, 10./11.03.1946, S. 1; Jerzy Wasilewski: Sprawy najbardzej dla nas istotne [Die für uns wichtigsten Angelegenheiten]. In: P, 12.03.1946, S. 1; Tadeusz Tułasiewicz: Ludzie rzuceni na nowy teren. O repatriantach i działalności PUR-u. In: P, 08.06.1946, S. 3; Bohdan Gębarski: W pogoni za Jugosłowianami [Auf der Jagd nach den Jugoslawen]. In: SP, 19.11.1946, S. 4; BR: Po 36 latach wrócili do kraju z autami, warsztatami i ... kanarkami [Nach 36 Jahren kehrten sie ins Land zurück mit Autos, Werkstätten und... Kanarienvögeln]. In: SP, 05.12.1946, S. 5.

73 P, 20.02.1946, S. 1.

74 tp. In: P, 11.05.1946, S. 1.

Cena 2 zł

PIONIER

Świadczenia Rzeczowe zapewnią chleb ludności pracującej miast.

Dziennik Dolno-Śląski

Rok II — Wrocław, czwartek 28 lutego 1946 r. — Nr. 50 (154)

„Drang nach Westen" rozpoczął się

Transporty repatriantów niemieckich opuszczają ziemie polskie

(Telefonem od własnego korespondenta)

Abb. 7: Pionier, 28. Februar 1946, S. 1.

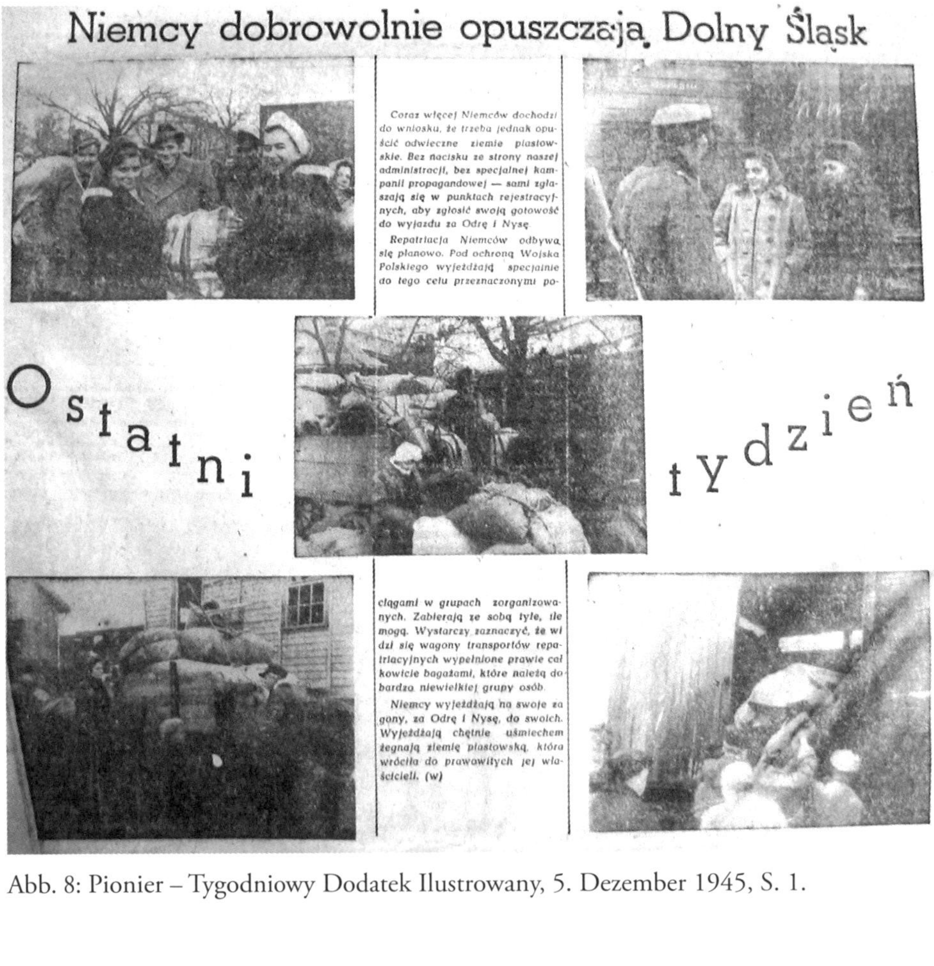

Niemcy dobrowolnie opuszczają Dolny Śląsk

Coraz więcej Niemców dochodzi do wniosku, że trzeba jednak opuścić odwieczne ziemie piastowskie. Bez nacisku ze strony naszej administracji, bez specjalnej kampanii propagandowej — sami zgłaszają się w punktach rejestracyjnych, aby zgłosić swoją gotowość do wyjazdu za Odrę i Nysę.

Repatriacja Niemców odbywa się planowo. Pod ochroną Wojska Polskiego wyjeżdżają specjalnie do tego celu przeznaczonymi pociągami w grupach zorganizowanych. Zabierają ze sobą tyle, ile mogą. Wystarczy zaznaczyć, że widzi się wagony transportów repatriacyjnych wypełnione prawie całkowicie bagażami, które należą do bardzo niewielkiej grupy osób.

Niemcy wyjeżdżają na swoje wagony, za Odrę i Nysę, do swoich. Wyjeżdżają chętnie uśmiechem żegnają ziemię piastowską, która wróciła do prawowitych jej właścicieli. (w)

Ostatni tydzień

Abb. 8: Pionier – Tygodniowy Dodatek Ilustrowany, 5. Dezember 1945, S. 1.

Transporty repatriantów niemieckich opuszczają ziemie polskie [Der „Drang nach Westen"[75] hat angefangen. Transporte der deutschen Repatriierten verlassen polnisches Gebiet] (Abb. 7)[76] sichtbar. Hinzuzufügen ist die Tatsache, dass in *Pionier/Słowo Polskie* die Substantive „Repatriierung" und „Repatriierte" oft mit dem Adjektiv „freiwillig"[77] ergänzt wurden und sich die Deutschen in den Texten und auf den Bildern (Abb. 8[78]) im Prinzip[79] auf die „Rückkehr ins Vaterland"[80] zu freuen schienen.

Der letzte Aspekt der komplizierten Bevölkerungsverhältnisse in der Region ist die mehrmals in *Pionier/Słowo Polskie* beschriebene Frage der so genannten autochthonen Bevölkerung. Definiert wurde im Kontext des analysierten Quellenmaterials diese ungefähr eine Million[81] Menschen zählende Gruppe als in den Vorkriegsgrenzen Deutschlands lebende Polen, die sich zum Polentum bekannten.[82] Die Autochthonen (poln.: autochtoni) stehen in einem untrennbaren Zusammenhang mit den früher geschilderten Propaganda-Parolen. Sie seien ein lebendiger Beweis des polnischen Charakters der Region, Helden im jahrhundertelangen Kampf gegen den deutschen „Drang nach Osten" und die Germanisierung[83]. Zahlreiche Texte in *Pionier/*

---

75 Eine merkwürdige, „umkehrende" Paraphrasierung des Propaganda-Begriffes „Drang nach Osten" in „Drang nach Westen".

76 Zbigniew Janczewski: „Drang nach Westen" rozpoczął się. Transporty repatriantów niemieckich opuszczają ziemie polskie [Der „Drang nach Westen" hat begonnen. Transporte deutscher Repatrianten verlassen das Gebiet Polens]. In: P, 28.02.1946, S. 1.

77 Ksp.: Nowe formy organizacyjne dobrowolnej repatriacji Niemców [Neue Organisationsformen der freiwilligen Repatriierung der Deutschen]. In: P, 18.01.1946, S. 4.

78 P–TDI, 05.12.1945, S. 1.

79 Janczewski: „Drang nach Westen" (wie Anm. 76); TT: Wznowienie repatriacji Niemców z Wrocławia. 190.963 Niemców opuściło dotychczas Dolny Śląsk [Das Wiederaufleben der Repatriierung der Deutschen aus Breslau. 190.963 Deutsche haben bisher Niederschlesien verlassen]. In: P, 26.04.1946, S. 3.

80 In *P/SP* lassen sich auch einige Texte finden, die – indem sie die Probleme der „ordnungsgemäßen Überführung" oder sogar unfaires Verhalten gegenüber den Deutschen thematisieren – im Kontrast zum optimistischen Mainstream stehen. Eine Erweiterung dieses facettenreichen Aspektes würde aber den Rahmen der vorliegenden Analyse sprengen.

81 SG: Polska Atlantyda odnaleziona w morzu niemczyzny [Polnisches Atlantis im deutschen Meer gefunden]. In: SP, 08.11.1946, S. 4; Jakie jest społeczeństwo Ziem Odzyskanych [Wie die Gesellschaft der Wiedergewonnenen Gebiete ist]. In: SP, 13.04.1947, S. 4; Wielka zasługa Ministerstwa Ziem Odzyskanych. Weryfikacja 1.067.000 autochtonów [Großes Verdienst des Ministeriums für die Wiedergewonnenen Gebiete. Verifizierung von 1.067.000 Autochthonen]. In: SP, 21.11.1947, S. 2.

82 Eine entsprechende Bekanntmachung des Breslauer Stadtpräsidenten (laut der Verordnung des Ministers für die Wiedergewonnenen Gebiete vom 06.04.1946 Nr. 6703/II/1349:46) wurde im *Pionier* vom 24.05.1946, S. 6, veröffentlicht.

83 Józef Głogowski: Ci, co przetrwali, godni są miana bohaterów [Diejenigen, die überlebt haben, soll man Helden nennen] in: P, 08.05.1946, S. 14; Karol Stojanowski: Żywe świadectwo polskości i największy nasz skarb [Lebendiger Beweis des Polentums und unser größter Schatz]. In: SP, 08.11.1946, S. 1; Józef Kwietniewski: Z dziejów walki o polskość. Kongres Polaków w Berlinie przed 10 laty był zapowiedzią nowego Grunwaldu 1945 r. [Aus der Geschichte des Kampfes um das Polentum. Der Kongress der Polen in Berlin vor 10 Jahren war die Voraussage eine neuen Grunwalds im Jahre 1945]. In: SP, 06.04.1948, S. 3; es geht um die Schlacht bei Tannenberg vom 15.07.1410, die in der polnischen Geschichtsschreibung als Schlacht bei Grunwald (nach

Słowo Polskie zeugen aber von der Komplexität des schlesischen Kulturerbes und des Umgangs mit ihm. Denn entgegen der offiziellen Propaganda wurden oft die Autochthonen willkürlich als Deutsche betrachtet (sogar wortwörtlich „Deutsche" oder „Volksdeutsche" genannt[84]) und ab und zu mit allen damit einhergehenden Konsequenzen behandelt – diskriminiert, beraubt, in Arbeits- oder Kriegsgefangenenlager geschleppt, zwangsausgesiedelt oder vertrieben.[85] Aufgrund ihrer Sprache wurden sie ausgelacht, die als „durch Germanismen deformiert"[86] bezeichnet wurde, obwohl verschiedene Varianten der schlesischen Mundart voll von altpolnischen linguistischen Elementen sind. Die untersuchte Zeitung berichtet mehrmals von solchen Untaten, man muss aber gleichzeitig hinzufügen, dass die offizielle Haltung auch nicht immer konsequent war. Warum sollten die „heldenhaften Fechter des Polentums" an den „Repolonisierungskursen" teilnehmen,[87] um in Polen bleiben zu dürfen? Warum wird in einem der Artikel von der „Repolonisierung der Deutschen" in Sorau berichtet[88]? Im Grunde genommen waren also häufig die Autochthonen von der Repolonisierung und der Entdeutschung betroffen – ebenso wie das ganze Kulturerbe der Region.

In den früheren Absätzen der Analyse wurde der Begriff „Entdeutschung" in einem breiteren Kontext verwendet, zum Beispiel in Bezug auf die Geschichte Schlesiens. Ein für den Zeitraum der Jahre 1945–1948 charakteristisches Element im Pressebild des schlesischen Kulturerbes waren zahlreiche Texte, die von ganz konkreten, exemplarischen Beispielen der „Entdeutschung" der Region berichten, zur „Beseitigung der Spuren Deutschtums" ermuntern oder sogar zu dieser auffordern.

---

einem Nachbardorf von Tannenberg) bekannt ist – in der das polnisch-litauische Heer unter König Władysław II. Jagiełło (vor 1362–1434) und Großfürst Vytautas (1350–1430) das Heer des Deutschen Ordens unter Hochmeister Ulrich von Jungingen (um 1360–1410) geschlagen hat.

84 Leszek Goliński: Powitanie w Ojczyźnie [Begrüßung in der Heimat]. In: SP, 30.08.1947, S. 3; PZZ prosi i ostrzega [Der PZZ bittet und warnt]. In: SP, 01.02.1948, S. 5. Die Abkürzung „PZZ" steht für den Polski Związek Zachodni [Polnischen Westbund].

85 W. F.: „Poloki mnie nie chcom" [Poloki wollen mich nicht]. In: P, 17./18.02.1946, S. 3, T. K.: Ziemia Lubuska – najlepiej osiedlona z Ziem Zachodnich [Das Lebuser Land – in den Westgebieten am besten besiedelt]. In: P, 05.03.1946, S. 3; Paweł Kapuścik: Wiązanka przykrych faktów. Kiedy ustanie krzywda Polaków – autochtonów na ziemiach tutejszych? [Eine Folge unangenehmer Tatsachen. Wann endet das Unrecht der autochthonen Polen auf den hiesigen Gebieten?]. In: P, 04.04.1946, S. 3; Autochtoni będą zwolnieni z obozów [Die Autochthonen werden aus den Lagern freigelassen]. In: P, 25.07.1946, S. 3; M. Kol.: Kiedy skończy się krzywdzenie autochtonów? [Wann endet das Unrecht an den Autochthonen?]. In: SP, 18.02.1947, S. 5; Autochtonka wrocławska wyrzucona na bruk. Nieznani osobnicy przywłaszczyli sobie jej meble [Eine autochthone Breslauerin auf die Straße rausgeworfen. Unbekannte Individuen haben sich ihre Möbel angeeignet]. In: SP, 07.09.1947, S. 4.

86 Repolonizacja praktyczna [Praktische Repolonisierung]. In: SP, 03.01.1947, S. 5; Dzieci autochtonów muszą mówić poprawnie [Die Kinder von Autochthonen müssen korrekt sprechen]. In: SP, 07.04.1947, S. 20.

87 Stracą obywatelstwo autochtoni, którzy lekceważą kursy repolonizacyjne [Autochthone, die die Repolonisierungskurse auf die leichte Schulter nehmen, verlieren die Staatsbürgerschaft]. In: SP, 19.10.1948, S. 4.

88 wag: Przygotowanie do wysiedl. Niemców z pow. Żary [Vorbereitung zur Aussiedlung der Deutschen aus dem Kreis Sorau]. In: P, 27.03.1946, S. 3.

I nie ustaniem w walce
Siłę słuszności mamy,
I mocą tej słuszności
Wytrwamy i wygramy!

Mocarne dłonie polskiego robotnika, polskiego chłopa i inteligenta, zwaliły z cokołu pomnik Wilhelma I, jednego z ciemiężycieli tych ziem, ziem piastowskich, ziem Dolnego Śląska.

Zniknął z krajobrazu Wrocławia jeszcze jeden dokument naszej wiekowej niemocy, fałszywej polityki status quo granic zachodnich.

Dzień zburzenia pomnika — symbolu niewoli i ucisku Polaków i wszystkiego, co polskie — zapisał się złotymi zgłoskami na kartach historii naszej zachodniej stolicy. Okres panoszenia się niemczyzny skończył się bezpowrotnie — jedynymi włodarzami na Dolnym Śląsku są i będą na zawsze Polacy. Tych, którzy by chcieli przeciwstawić się naszemu ze wszech miar słusznemu stanowisku, powalimy tak, jak zwaliliśmy z cokołu nienawistny nam pomnik prusackiej pychy. W. D.

Abb. 9: Pionier, 23. Oktober 1945, S. 1.

Hinzuzufügen ist die Tatsache, dass in einigen Texten die Wendungen „Spuren des Deutschtums" und „Spuren des Hitlerismus" synonym verwendet werden[89].

Die „einfachen" Berichte von den Einzelbeispielen der „Entdeutschung" kommen überwiegend in der Periode 1945–1947 vor. Aus ihnen – mit charakteristischen Titelformen wie *Resztki niemczyzny znikają* [Die Überreste des Deutschtums verschwinden][90], *„Orbis" zwalnia Niemców* [„Orbis" kündigt den Deutschen],[91] *Trzebnica nie zachowała nic z naleciałości niemieckich* [Trebnitz behielt nichts von seinen deutschen Einschlägen][92] oder *Ślady niemczyzny znikają* [Die Spuren des Deutschtums verschwinden][93] – kann der Leser erfahren, dass in irgendeiner Gegend deutsche Aufschriften, Gedenktafeln oder Namensschilder entfernt wurden oder eine Firma deutsche Arbeitskräfte durch polnische ersetzt hat. Spektakulär waren Berichte von der Entfernung deutscher Denkmäler, insbesondere solcher von Gestalten, die mit dem „deutschen Militarismus" assoziiert wurden, zum Beispiel: *W dniu święta MO runął posąg Germanii* [Am Festtag der Bürgermiliz stürzte das

89 kw: Zbliża się rocznica odzyskania Wrocławia [Der erste Jahrestag der Befreiung Breslaus naht]. In: P, 11.04.1946, S. 5.

90 ksp: Resztki niemczyzny znikają. In: P, 13.10.1945, S. 4.

91 „Orbis" zwalnia Niemców [„Orbis" kündigt den Deutschen]. In: P, 14./15.10.1945, S. 4.

92 Trzebnica nie zachowała nic z naleciałości niemieckich [Trebnitz behielt nichts von seinen deutschen Einschlägen]. In: P 24.06.1946, S. 3.

93 Ślady niemczyzny znikają [Die Spuren des Deutschtums verschwinden]. In: SP, 11.07.1947, S. 4.

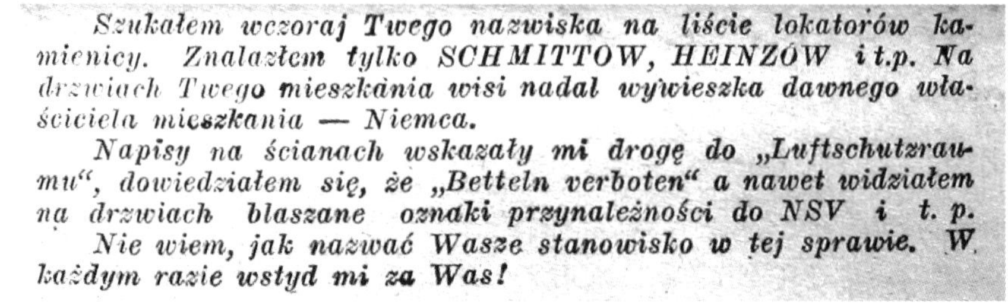
Szukałem wczoraj Twego nazwiska na liście lokatorów kamienicy. Znalazłem tylko SCHMITTOW, HEINZÓW i t.p. Na drzwiach Twego mieszkania wisi nadal wywieszka dawnego właściciela mieszkania — Niemca.

Napisy na ścianach wskazały mi drogę do „Luftschutzraumu“, dowiedziałem się, że „Betteln verboten“ a nawet widziałem na drzwiach blaszane oznaki przynależności do NSV i t. p.

Nie wiem, jak nazwać Wasze stanowisko w tej sprawie. W każdym razie wstyd mi za Was!

Abb. 10: Słowo Polskie, 7. Dezember 1946, S. 5.

Germania-Denkmal][94] [in Lwówek Śląski/Löwenberg in Schlesien – Anm. d. Verf.] oder *Wilhelm i Fryderyk nie będą już więcej denerwować ligniczan* [Friedrich und Wilhelm werden den Liegnitzern nicht mehr auf die Nerven gehen][95]. Besonders feierlich (Festreden, Bilder, Abb. 9) wurde der Abriss des Denkmals für Wilhelm I. in Breslau dargestellt, dem eine symbolische Bedeutung zugesprochen wurde: „Der Fall des Denkmals ist zugleich ein Symbol für den Fall des Hitlerismus und der deutschen Barbarei. [...] Zuerst leistet er den starken Händen der Arbeiter Widerstand, aber dann bricht zusammen [...], was auch mit der ganzen deutschen Macht passiert ist.“[96]

Die „Spuren des Deutschtums“ verschwanden aber nicht immer so schnell und spektakulär, wie das Wilhelm-Denkmal. Eine Bestätigung dafür sind mehrere Texte, in denen die Existenz solcher Spuren angeprangert und zu ihrer Beseitigung aufgefordert wurde. Paradoxerweise richtete sich die Kritik nicht nur gegen Privatpersonen, unter anderem wegen des Spiels deutscher Musik in einem Restaurant,[97] deutscher Bilder an der Wand,[98] deutscher Namensschilder an den Türen[99] oder Namenslisten in den Mehrfamilienhäusern[100] (Abb. 10), sondern auch auf verschiedene staatliche Institutionen gerichtet. So werden die auf den alten deutschen Blanketten ausgestellten Fahrkarten,[101] deutsche Formulare im Wohnungsamt,[102] deutschsprachige Rechnungen für Gas und Strom,[103] deutschsprachige Gedenktafeln[104] oder deutsche Filme

---

94 zar: W dniu święta MO runął posąg Germanii [Am Festtag der Bürgermiliz stürzte das Germania-Denkmal]. In: P, 13.10.1945, S. 4.

95 Wilhelm i Fryderyk nie będą już więcej denerwować ligniczan [Friedrich und Wilhelm werden den Liegnitzern nicht mehr auf die Nerven gehen]. In: P, 20.11.45, S. 4.

96 Wrocław bez Wilhelma [Breslau ohne Wilhelm]. In: P, 23.10.1945, S. 1.

97 Dość przebojów hitlerowskich [Schluss mit den Nazi-Schlagern]. In: P, 08.01.1946, S. 4.

98 K. HOR.: Usuńmy niemieckie napisy [Entfernen wir die deutschen Aufschriften]. In: SP, 18.08.1947, S. 5.

99 J. K.: Niemiecki szyldzik [Ein deutsches Schildchen]. In: SP, 26.11.1946, S. 7.

100 SP, 07.12.1946, S. 5.

101 Zet: Pionierzy polskości [Pioniere des Polentums]. In: SP, 12.01.1946, S. 4.

102 głóg: Dokumencik [Ein Dokumentchen]. In: P, 30.01.1946, S. 3.

103 st: Przepisać nakazy płatnicze na nazwiska Polaków [Rechnungen auf die Polen überschreiben]. In: P, 14.02.1946, S. 4.

104 Krosno śpi dalej [Crossen an der Oder schläft weiter]. In: SP, 05.07.1947, S. 4.

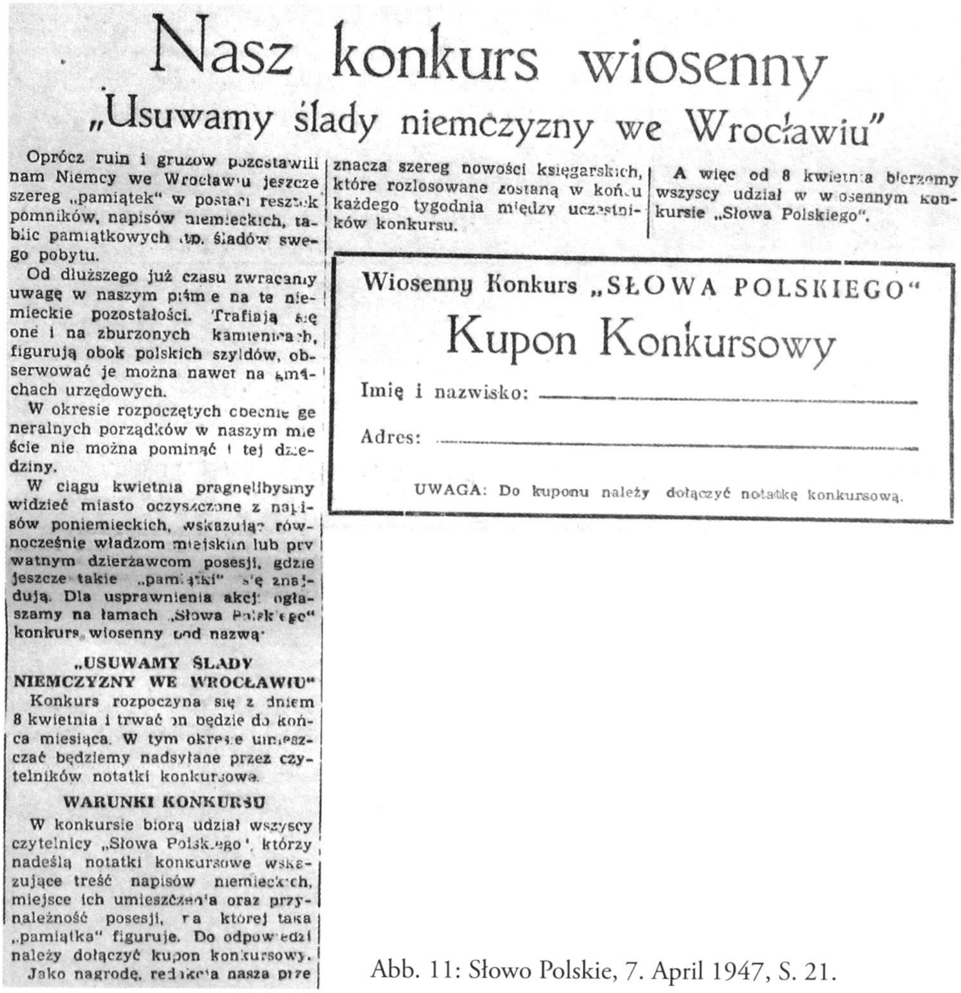

Nasz konkurs wiosenny

„Usuwamy ślady niemczyzny we Wrocławiu"

Oprócz ruin i gruzów pozostawili nam Niemcy we Wrocławiu jeszcze szereg „pamiątek" w postaci resztek pomników, napisów niemieckich, tablic pamiątkowych itp. śladów swego pobytu.

Od dłuższego już czasu zwracamy uwagę w naszym piśmie na te niemieckie pozostałości. Trafiają się one i na zburzonych kamienicach, figurują obok polskich szyldów, obserwować je można nawet na szmachach urzędowych.

W okresie rozpoczętych obecnie generalnych porządków w naszym mieście nie można pominąć i tej dziedziny.

W ciągu kwietnia pragnęlibyśmy widzieć miasto oczyszczone z napisów poniemieckich, wskazując równocześnie władzom miejskim lub prywatnym dzierżawcom posesji, gdzie jeszcze takie „pamiątki" się znajdują. Dla usprawnienia akcji ogłaszamy na łamach „Słowa Polskiego" konkurs wiosenny pod nazwą:

„USUWAMY ŚLADY NIEMCZYZNY WE WROCŁAWIU"

Konkurs rozpoczyna się z dniem 8 kwietnia i trwać on będzie do końca miesiąca. W tym okresie umieszczać będziemy nadsyłane przez czytelników notatki konkursowe.

WARUNKI KONKURSU

W konkursie biorą udział wszyscy czytelnicy „Słowa Polskiego", którzy nadeślą notatki konkursowe wskazujące treść napisów niemieckich, miejsce ich umieszczenia oraz przynależność posesji, na której taka „pamiątka" figuruje. Do odpowiedzi należy dołączyć kupon konkursowy.

Jako nagrodę, redakcja nasza przeznacza szereg nowości księgarskich, które rozlosowane zostaną w końcu każdego tygodnia między uczestników konkursu.

A więc od 8 kwietnia bierzemy wszyscy udział w wiosennym konkursie „Słowa Polskiego".

Wiosenny Konkurs „SŁOWA POLSKIEGO"

Kupon Konkursowy

Imię i nazwisko: ....

Adres: ....

UWAGA: Do kuponu należy dołączyć notatkę konkursową.

Abb. 11: Słowo Polskie, 7. April 1947, S. 21.

im Kino[105] getadelt. Am überraschendsten schien jedoch die Kritik am Propaganda-Amt [sic!] in Bunzlau/Bolesławiec,[106] vor dem noch Ende 1946 ein Denkmal Friedrich Wilhelms III. stand, zu sein. Leider sind uns die möglichen Folgen des Textes nicht bekannt.

Als Höhepunkt der „Entdeutschungsaktion" sollte der Wettbewerb „Wir beseitigen die Spuren des Deutschtums in Breslau" („Usuwamy ślady niemczyzny we Wrocławiu") erwähnt werden, der im Frühling 1947 von der Redaktion des *Słowo Polskie* mit den Worten initiiert wurde: „Außer Ruinen und Trümmern haben die

105 Ksp: Co na to „Film Polski" [Was sagt dazu „Film Polski"]. In: P, 10./11.02.1946, S. 4.

106 B. Gębarski: Nasz język ma ZA dużo SŁÓW [Unsere Sprache enthält Zu viele Wörter]. In: SP, 25.11.1946, S. 3.

Deutschen noch eine Reihe von ‚Andenken' in Form von Denkmälerüberresten, deutschen Aufschriften, Gedenktafeln und anderen Spuren ihres Aufenthaltes in Breslau gelassen [...].“[107] (Abb. 11). Die Idee dieser Aktion war das Aufsammeln der „deutschen Andenken“ durch die Leser und die Veröffentlichung der Adressen als Hinweis für die Stadtbehörden. Der Wettbewerb erfreute sich unter den Lesern einer großen Popularität. Im Laufe des Monats wurden mehrmals die Ergebnisse veröffentlicht mit jeweils[108] einigen Dutzend Beispielen „deutscher Spuren“. Die für ihre aktive Teilnahme mit verschiedenen Büchern beschenkten Leser wurden namentlich erwähnt. Der Wettbewerb endete symbolisch am 1. Mai,[109] und die angesichts der hohen Teilnehmerzahl überraschte Redaktion erklärte die Ergebnisse für durchaus gelungen.

Der oben genannte Wettbewerb wäre als ‚Zuckerbrot' zu bezeichnen, es gibt aber auch im *Pionier/Słowo Polskie* Beispiele für die ‚Peitsche'. Im untersuchten Material wurde nämlich mehrmals angedroht, dass das Behalten „deutscher Spuren“ nicht nur beschämend sei, sondern auch – aufgrund von Verordnungen verschiedener Behörden – strafbar sein könne. Beispiele dafür sind ein Appell an die Stadtbürger Breslaus am ersten Jahrestag „der Befreiung Breslaus vom deutschen Joch“[110] oder Texte mit aussagekräftigen Titelformen wie *Usuwać napisy niemieckie. Odezwa wiceprezydenta Dymka* [Deutsche Aufschriften beseitigen. Aufruf des stellvertretenden Stadtpräsidenten Dymek][111] bzw. *Precz ze śladami niemczyzny!* [Fort mit den Spuren des Deutschtums].[112] Selbst in der Redaktion der Zeitung wurde aber an einer schnellen „Entdeutschung“ gezweifelt, schon deswegen, weil die Strafen niedriger waren als Kosten für die Beseitigung.[113]

Die oben erwähnten Zweifel können als Beispiele für die Abweichung von dem allgemeinen, offiziellen Propagandabild von der Region, ihrem Kulturerbe und der zustande kommenden gesellschaftlich-politischen Prozesse angesehen werden. Ein anderes Beispiel dafür ist der relativ realistische Umgang der Autoren von *Pionier/Słowo Polskie* mit den Straßennamen (es ging in der Regel um Breslau) oder Ortsnamen. Kritisiert wurde dabei unter anderem das Chaos mit mehreren parallel funktionierenden Ortsnamen,[114] das Chaos, das durch die Entfernung der deutschen Stra-

---

107 SP, 07.04.1947, S. 21.

108 Nasz konkurs. Usuwamy ślady niemczyzny [Unser Wettbewerb. Wir beseitigen die Spuren des Deutschtums]. In: SP, 13.04.1947, S. 5; Nasz konkurs. Usuwamy ślady niemczyzny [dito]. In: SP, 22.04.1947, S. 6.

109 Zakończenie naszego konkursu. Usuwamy ślady niemczyzny [Das Ende unseres Wettbewerbs. Wir beseitigen die Spuren des Deutschtums]. In: SP, 01.05.1947, S. 5.

110 Apel do obywateli m. Wrocławia [Ein Aufruf an die Bürger der Stadt Breslau]. In: SP, 13.04.1946, S. 6.

111 Usuwać napisy niemieckie. Odezwa wiceprezydenta Dymka [Deutsche Aufschriften beseitigen. Ein Aufruf des stellvertretenden Stadtpräsidenten Dymek]. In: SP, 05.08.1947, S. 5; ausgenommen waren davon Gebrauchsanweisungen an Maschinen, technischen Geräten u. ä.

112 Precz ze śladami niemczyzny! [Fort mit den Spuren des Deutschtums!]. In: SP, 18.08.1947, S. 4.

113 T. Tułasiewicz: Czy znikną? [Werden sie verschwinden?]. In: SP, 31.08.1947, S. 4.

114 pi: Zamęt z nazwami [Namenswirrwarr]. In: P, 01.03.1946, S. 3; als Beispiele werden im Text Olawa und Oława (Oława/Ohlau) oder Fryborek, Frybork i Świebodnica (Świebodzice/Freiburg in Schlesien) genannt.

ßennamenschilder (ohne diese mit polnischen zu ersetzen) entstanden war,[115] die pauschale Beseitigung von Straßennamen, die zwar mit dem Deutschtum – doch aber nicht mit Polenfeindlichkeit verbunden sind, zum Beispiel „Mozart-Straße" oder „Schubert-Straße".[116]

Postuliert wurde auch der Verbleib der deutschen Schilder, solange es noch keine polnischen gab[117] oder die Anlage eines zweisprachigen Straßenverzeichnisses.[118] Übrigens konnten die Leser selbst im *Pionier* und sogar später im *Słowo Polskie* monatelang entweder deutsche Straßennamen[119] oder Doppelnamen[120] finden.

Der letzte Aspekt der Straßennamen betrifft diejenigen, die trotz der allgemeinen Tendenz der „Entdeutschung" Namen von Deutschen trugen. Merkwürdig dabei ist die Verbindung dieser Personen mit dem schlesischen Kulturerbe, denn Namensgeber der betreffenden Straßen waren Georg Samuel Bandtke (1768–1835) („ein eifriger Verteidiger der polnischen Sprache"[121]) oder Bischof Bernhard Bogedain (1810–1860) („einer der wenigen echt aufgeklärten und freundlichen Menschen in der deutschen Gesellschaft"[122]).

Als Abweichung von dem früher erwähnten Paradigma der „deutschen Misswirtschaft" können Texte gelesen werden, die von der wirtschaftlichen Stärke der Region zeugten. Zu nennen sind dabei – neben allgemeinen Feststellungen über das Potential Schlesiens, die die Annexion der polnischen Ostgebiete durch die UdSSR rechtfertigen sollten[123] – exemplarische Beispiele der erfolgreichen Wirtschaft zur deutschen Zeit, etwa über den hohen Elektrifizierungsgrad Schlesiens[124] oder über die im Riesengebirge „ausgezeichnet organisierte" Touristik.[125] Hervorzuheben ist, dass die Deutschen nur im zweiten Text expressis verbis Lob erfuhren; im ersten hingegen wurde lediglich ein Vergleich mit dem Rest Polens angestellt, ohne auf die Ursachen dieses Zustandes hingewiesen zu haben.

Nicht unproblematisch im Hinblick auf die vielen Pressetexte, die von den „deutschen Spuren" oder dem lediglich oberflächlich versteckten Polentum handelten,

---

115 p: Kiedy będziemy mogli orientować się w ulicach Wrocławia? [Wann werden wir uns in den Breslauer Straßen zurechtfinden können?]. In: P, 03.01.1946, S. 4, Jak się nazywa ulica? [Wie heißt die Straße?]. In: SP, 11.07.1947, S. 5.

116 M. Achenbach: Polski plan m. Wrocławia [Ein polnischer Plan für die Stadt Breslau]. In: P, 02./03.02.1946, S. 3.

117 Achenbach: Polski plan (wie Anm. 116); tt: Ułatwmy przyjezdnym zapoznanie się z Wrocławiem [Erleichtern wir den Ankommenden das Kennenlernen Breslaus]. In: P, 27.05.1946, S. 4..

118 p: Kiedy będziemy mogli (wie Anm. 116).

119 Anzeigen in: P, 12.06.1946, S. 6, oder in: SP, 07.11.1946, S. 8.

120 Die Straßennamen „Sądowa" und „Neue Graupen" in einer Bekanntmachung in: P, 10.01.1946, S. 4.

121 H. Musz.: Ulica Jerzego Samuela Bandtkiego [Georg-Samuel-Bandtke-Straße]. In: SP, 09.01.1947, S. 6.

122 H. Musz.: Ul. biskupa Bogedaina [Bischof-Bogedain-Straße]. In: SP, 10.01.1947, S. 6.

123 Wskaźnik uprzemysłowienia kraju wykazuje dwukrotny wzrost [Der Industrialisierungsindex des Landes weist einen doppelten Anstieg aus]. In: P, 30.08.1945, S. 1.

124 S. Olszewski: Dolny Śląsk najlepiej zelektryfikowanym okręgiem Polski [Niederschlesien – die am besten elektrifizierte Region Polens]. In: P, 25.04.1946, S. 1.

125 taf: Zdobywamy Karkonosze [Wir besteigen das Riesengebirge]. In: SP, 25.01.1947, S. 5.

sind einige Artikel, die das Polentum als eine längst vergangene Geschichte oder archäologische Aufgabe sahen.[126]

Die beiden letzten Beispiele, bei denen die Inhalte über die damaligen Propagandaverordnungen herausragen und eigentlich der modernen Einstellung zum schlesischen Kulturerbe entsprechen, sind ein Artikel von Tadeusz Szafraniec (eigentlich: Stanisław Wasylewski, 1885–1953) unter dem Titel *Były sobie krasnoludki...* [Es waren einmal Zwerge...][127] und der Text *Witelo* von Witold Ziembicki (1874–1950).[128] Im ersten wurde festgestellt, dass drei Kulturtraditionen – die polnische, die deutsche und die tschechische – im schlesischen Raum eng miteinander verflochten seien – nicht konfrontativ, sondern eher komplementär. Im zweiten dagegen wurde der bekannte Naturwissenschaftler Witelo, der im 13. Jahrhundert lebte, als „ausgezeichneter Schlesier“, der Sohn eines deutschen Ansiedlers und einer einheimischen Polin, überraschend objektiv, ohne nationalistisches Pathos, anhand polnischer und deutscher wissenschaftlicher Quellen vorgestellt.

Zusammenfassend lässt sich feststellen, dass man in dem analysierten Material zwischen 1945 und 1948/1949 – vor allem in den Jahren 1945–1947 – von einigen Dutzend bis über hundert Texte als mit den Haupttendenzen der Propaganda nicht kongruent interpretieren kann.[129] Unter den schlesienbezogenen Texten machen solche „Querelemente“ zwar einen einstelligen Prozentsatz aus, zeugen jedoch von der Komplexität der politisch-gesellschaftlich-kulturellen Lage der Region und des Umgangs mit dem facettenreichen Kulturerbe Schlesiens. Wichtig dabei ist, dass im Laufe der Zeit die Anzahl solcher Texte immer geringer geworden ist. Dieser Prozess ist deswegen ein Anzeichen für die Konsolidierung des soziotechnischen Handelns um 1948 und dadurch auch des Paradigmenwechsels zum Ende der 1940er Jahre.

Im Laufe der Zeit wurden in *Pionier/Słowo Polskie* immer mehr Texte veröffentlicht, die das Ende der „Pionierzeit“ und der „Vorläufigkeit“ sowie ein vollständiges Zusammenwachsen der „Wiedergewonnenen Gebiete“ mit dem Rest Polens ankündigten. Hervorzuheben ist die Tatsache, dass solche Texte aus den Jahren 1946 oder 1947 eher als Wunschdenken angesehen werden sollten,[130] denn die Inhalte anderer schlesienbezogenen Artikel, die einen oder zwei Monate danach erschienen, weisen keine größeren Unterschiede auf. Ab 1948 lässt sich aber bemerken, dass sich die Anzahl derjenigen Texte, die das schlesische Kulturerbe thematisieren, verringerte. Er

126 Roman Lutman: Znaczenie problemu kulturalnego dla Ziem Odzyskanych [Die Bedeutung der kulturellen Problematik für die Wiedergewonnenen Gebiete]. In: P, 09./10.06.1946, S. 7.

127 SP, 29.08.1947, S. 3.

128 SP, 12.11.1946, S. 3.

129 Deren genaue Anzahl lässt sich leider nicht exakt feststellen, denn die Interpretation hängt unter anderem von so subjektiven Faktoren wie dem Schreiben „zwischen den Zeilen“ in der zensierter Presse im kommunistischen Polen ab.

130 Zjazd kultury polskiej na ziemiach zachodnich [Eine Tagung der polnischen Kultur in den Westgebieten]. In: P–TDI 19.05.1946, S. 3, Własny dom na własnej ziemi [Ein eigenes Haus auf eigenem Land]. In: SP, 09.09.1947, S. 3.

CZWARTEK 22 lipca 1948 roku

WROCŁAW

SŁOWO POLSKIE

BEZPARTYJNY DZIENNIK ZIEM ZACHODNICH

Wydanie A

Cena 5 zł

ROK III — Nr 200 (611)

Prezydent Rzeczypospolitej przeciął wstęgę w bramie Wystawy

»Stąd widać przeszłość i przyszłość Polski«

Przemówienie Premiera Cyrankiewicza

Olbrzymi napływ gości z kraju i zza granicy

WROCŁAW PRZEŻYŁ WCZORAJ WIELKI DZIEŃ. JEDEN Z TYCH, O KTÓRYCH MÓWIĆ BĘDĄ HISTORYCY, ODTWARZAJĄCY DZIEJE ZIEM PIASTOWSKICH.

W TYM BOWIEM DNIU UDOSTĘPNIONY ZOSTAŁ NARODOWI PRZEGLĄD DOROBKU ZIEM ODZYSKANYCH W OKRESIE PIERWSZEGO POWOJENNEGO TRZECHLECIA. DOROBKU OLBRZYMIEGO, ŚWIADCZĄCEGO O MISJI POLSKI NAD ODRĄ, NYSĄ I BAŁTYKIEM.

Już w godzinach przedpołudnio- wowym, na terenie „A" przybranym wych ulicą Wróblewskiego sznury sztandarami i barwami narodowymi,

wejściowej — przodownicy pracy i grupa górników, po przeciwległej stronie — 1500-osobowa orkiestra wojskowa.

Nad terenem krążą samoloty, które zda się skrzydłami dotykają dumnie wznoszącej się ku niebu iglicy.

Przy dźwiękach hymnu narodowego wchodzi Prezydent Rzeczypospolitej

PREZYDENT RZECZYPOSPOLITEJ OTWIERA WYSTAWĘ

Abb. 12: Słowo Polskie, 22. Juli 1948, S. 1

setzt wurden sie durch Texte, die eher gegenwartsorientiert[131] waren. Als symbolische Schritte bei dem genannten Paradigmenwechsel lassen sich zwei Ereignisse nennen, die auch im *Słowo Polskie* dargestellt und kommentiert worden sind. Es ging dabei um die „Ausstellung der Wiedergewonnenen Gebiete" [Wystawa Ziem Odzyskanych, W.Z.O.],[132] die zum Feiertag[133] am 22. Juli 1948 eröffnet wurde (Abb. 12) und innerhalb von 100 Tagen unter anderem die polnischen Erfolge in den neuen Gebieten, darunter auch Schlesien, einschließlich des Repolonisierungswerks, präsentiert hat (Abb. 13).[134] Dieses Ereignis bedeutete aber gleichzeitig eine nach und nach eintretende Marginalisierung des regionalen Kulturerbes als Leitmotiv vieler Pressetexte, da die ersten Ziele der schlesienorientierten Soziotechnik als erreicht erklärt wurden. Symptomatisch ist dabei die Titelform aus *Słowo Polskie*: „Znieść termin:

131 Den Vorrang gewinnen unter anderem solche Themen wie die Produktion in den schlesischen Fabriken, die Arbeitsnormen, Proteste gegen „prodeutsche" Hirtenbriefe des Papstes oder gegen die Remilitarisierung Westdeutschlands.

132 Wichtige Elemente der unter anderem schlesienbezogenen Soziotechnik waren in den 1940er Jahren andere, etwas kleinere Veranstaltungen wie die „Industrieausstellung der Wiedergewonnenen Gebiete", die „Woche der Westgebiete" oder die „Tagung der polnischen Kultur in den Westgebieten" oder der „Kongress von Autochthonen".

133 Der 22. Juli war in der kommunistischen Zeit ein Nationalfeiertag, gefeiert wurde der Jahrestag des kommunistischen Manifest PKWN [Manifest des Komitees der Nationalen Befreiung] aus dem Jahre 1944.

134 Wiktor Kościński: Zadania Wystawy Ziem Odzyskanych [Aufgaben von der Ausstellung der Wiedergewonnenen Gebiete]. In: SP, 21.07.1948, S. 2.

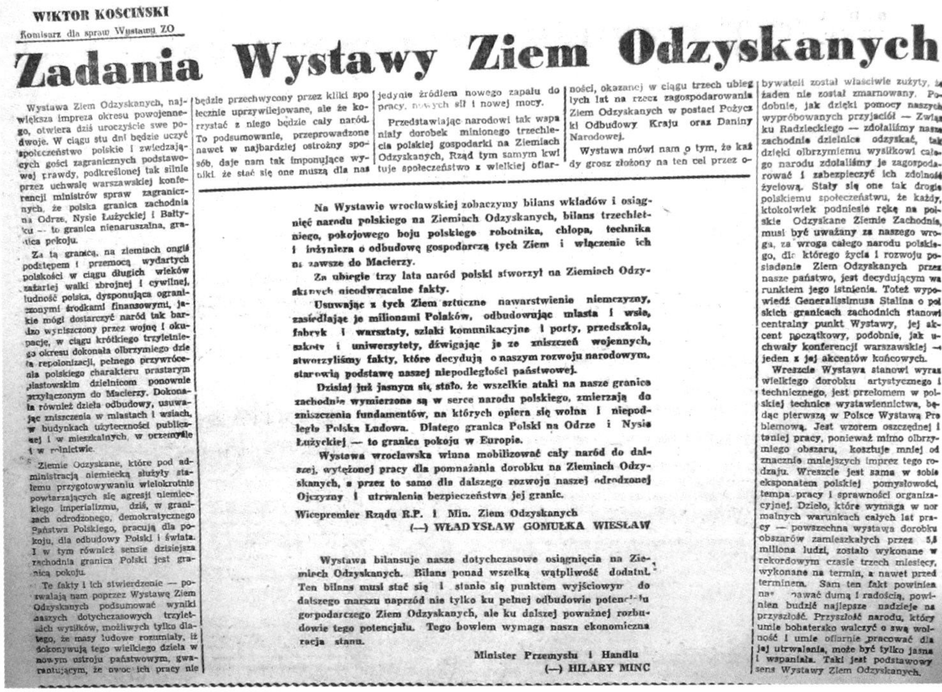

WIKTOR KOŚCIŃSKI
Komisarz dla spraw Wystawy ZO

Zadania Wystawy Ziem Odzyskanych

Wystawa Ziem Odzyskanych, największa impreza okresu powojennego, otwiera dziś uroczyście swe podwoje. W ciągu stu dni będzie uczyć społeczeństwo polskie i zwiedzających gości zagranicznych podstawowej prawdy, podkreślonej tak silnie przez uchwałę warszawskiej konferencji ministrów spraw zagranicznych, że polska granica zachodnia na Odrze, Nysie Łużyckiej i Bałtyku — to granica nienaruszalna, granica pokoju.

Za tą granicą, na ziemiach ongiś podstępem i przemocą wydartych polskości w ciągu długich wieków zażartej walki zbrojnej i cywilnej, ludność polska, dysponująca ograniczonymi środkami finansowymi, jakie mógł dostarczyć naród tak bardzo wyniszczony przez wojnę i okupację, w ciągu krótkiego trzyletniego okresu dokonała olbrzymiego dzieła repolonizacji, pełnego przywrócenia polskiego charakteru prastarym piastowskim dzielnicom ponownie przyłączonym do Macierzy. Dokonała również dzieła odbudowy, usuwając zniszczenia w miastach i wsiach, w budynkach użyteczności publicznej i w mieszkalnych, w przemyśle i w rolnictwie.

Ziemie Odzyskane, które pod administracją niemiecką służyły stałemu przygotowywaniu wielokrotnie powtarzających się agresji niemieckiego imperializmu, dziś, w granicach odrodzonego, demokratycznego Państwa Polskiego, pracują dla pokoju, dla odbudowy Polski i świata. I w tym również sensie dzisiejsza zachodnia granica Polski jest granicą pokoju.

Te fakty i ich stwierdzenie — pozwalają nam poprzez Wystawę Ziem Odzyskanych podsumować wyniki naszych dotychczasowych trzyletnich wysiłków, możliwych tylko dlatego, że masy ludowe rozumiały, iż dokonywują tego wielkiego dzieła w nowym ustroju państwowym, gwarantującym, że owoc ich pracy nie będzie przechwycony przez kliki społecznie uprzywilejowane, ale że korzystać z niego będzie cały naród. To podsumowanie, przeprowadzone nawet w najbardziej ostrożny sposób, daje nam tak imponujące wyniki, że stać się one muszą dla nas jedynie źródłem nowego zapału do pracy, nowych sił i nowej mocy.

Przedstawiając narodowi tak wspaniały dorobek minionego trzechlecia polskiej gospodarki na Ziemiach Odzyskanych, Rząd tym samym kwituje społeczeństwo z wielkiej ofiarności, okazanej w ciągu trzech ubiegłych lat na rzecz zagospodarowania Ziem Odzyskanych w postaci Pożyczki Odbudowy Kraju oraz Daniny Narodowej.

Wystawa mówi nam o tym, że każdy grosz złożony na ten cel przez obywateli został właściwie zużyty, że żaden nie został zmarnowany. Podobnie, jak dzięki pomocy naszych wypróbowanych przyjaciół — Związku Radzieckiego — zdołaliśmy nasze zachodnie dzielnice odzyskać, tak dzięki olbrzymiemu wysiłkowi całego narodu zdołaliśmy je zagospodarować i zabezpieczyć ich zdolność życiową. Stały się one tak drogie polskiemu społeczeństwu, że każdy, ktokolwiek podniesie rękę na polskie Odzyskane Ziemie Zachodnie, musi być uważany za naszego wroga, za wroga całego narodu polskiego, dla którego życia i rozwoju posiadanie Ziem Odzyskanych przez nasze państwo, jest decydującym warunkiem jego istnienia. Toteż wypowiedź Generalissimusa Stalina o polskich granicach zachodnich stanowi centralny punkt Wystawy, jej akcent początkowy, podobnie, jak uchwały konferencji warszawskiej — jeden z jej akcentów końcowych.

Wreszcie Wystawa stanowi wyraz wielkiego dorobku artystycznego i technicznego, jest przełomem w polskiej technice wystawiennictwa, będąc pierwszą w Polsce Wystawą Problemową. Jest wzorem oszczędnej i taniej pracy, ponieważ mimo olbrzymiego obszaru, kosztuje mniej od znacznie mniejszych imprez tego rodzaju. Wreszcie jest sama w sobie eksponatem polskiej pomysłowości, tempa pracy i sprawności organizacyjnej. Dzieło, które wymaga w normalnych warunkach całych lat pracy — powszechna wystawa dorobku obszarów zamieszkałych przez 5,5 miliona ludzi, zostało wykonane w rekordowym czasie trzech miesięcy, wykonane na termin, a nawet przed terminem. Sam ten fakt powinien na[illegible]nawać dumą i radością, powinien budzić najlepsze nadzieje na przyszłość. Przyszłość narodu, który umie bohatersko walczyć o swą wolność i umie ofiarnie pracować dla jej utrwalania, może być tylko jasna i wspaniała. Taki jest podstawowy sens Wystawy Ziem Odzyskanych.

Na Wystawie wrocławskiej zobaczymy bilans wkładów i osiągnięć narodu polskiego na Ziemiach Odzyskanych, bilans trzechletniego, pokojowego boju polskiego robotnika, chłopa, technika i inżyniera o odbudowę gospodarczą tych Ziem i włączenie ich na zawsze do Macierzy.

Za ubiegłe trzy lata naród polski stworzył na Ziemiach Odzyskanych nieodwracalne fakty.

Usuwając z tych Ziem sztuczne nawarstwienie niemczyzny, zasiedlając je milionami Polaków, odbudowując miasta i wsie, fabryki i warsztaty, szlaki komunikacyjne i porty, przedszkola, szkoły i uniwersytety, dźwigając je ze zniszczeń wojennych, stworzyliśmy fakty, które decydują o naszym rozwoju narodowym, stanowią podstawę naszej niepodległości państwowej.

Dzisiaj już jasnym się stało, że wszelkie ataki na nasze granice zachodnie wymierzone są w serce narodu polskiego, zmierzają do zniszczenia fundamentów, na których opiera się wolna i niepodległa Polska Ludowa. Dlatego granica Polski na Odrze i Nysie Łużyckiej — to granica pokoju w Europie.

Wystawa wrocławska winna mobilizować cały naród do dalszej, wytężonej pracy dla pomnażania dorobku na Ziemiach Odzyskanych, a przez to samo dla dalszego rozwoju naszej odrodzonej Ojczyzny i utrwalenia bezpieczeństwa jej granic.

Wicepremier Rządu R.P. i Min. Ziem Odzyskanych
(—) WŁADYSŁAW GOMUŁKA WIESŁAW

Wystawa bilansuje nasze dotychczasowe osiągnięcia na Ziemiach Odzyskanych. Bilans ponad wszelką wątpliwość dodatni. Ten bilans musi stać się i stanie się punktem wyjściowym do dalszego marszu naprzód nie tylko ku pełnej odbudowie potencjału gospodarczego Ziem Odzyskanych, ale ku dalszej poważnej rozbudowie tego potencjału. Tego bowiem wymaga nasza ekonomiczna racja stanu.

Minister Przemysłu i Handlu
(—) HILARY MINC

Abb. 13: Słowo Polskie, 21. Juli 1948, S. 2.

Ziemie Odzyskane" [Den Begriff „Wiedergewonnene Gebiete" aufheben].[135] Anstelle dieses Ausdrucks wurden die Formulierungen „ziemie zachodnie" [„Westgebiete"] und „Nadodrze" [„Oderland"] vorgeschlagen.

Der zweite Schritt, sowohl symbolischer, als auch ganz formaler Art, war die Auflösung des seit dem 27. November 1945 funktionierenden Ministeriums für die Wiedergewonnenen Gebiete [Ministerstwo Ziem Odzyskanych] um die Jahreswende 1948/1949, womit unter anderem (Nieder-)Schlesien einen wichtigen Teil seines bisherigen Sonderstatus verlor.[136] Dadurch wurde auch deutlich zum Ausdruck gebracht, dass die ehemals deutschen Gebiete mit Restpolen völlig assimiliert seien, was aus der Perspektive der regionalbezogenen Publizistik von entscheidender Bedeutung war.

135 leg: Znieść termin: Ziemie Odzyskane [Den Begriff „Wiedergewonnene Gebiete" aufheben]. In: SP, 29.10.1948, S. 3.

136 Man muss hinzufügen, dass sich diese Entscheidung nur zum Teil durch „schlesische" Elemente erklären lässt: Die Ereignisse stehen in einem engen Zusammenhang mit der politischen Situation in Polen, unter anderem mit dem Machtkampf innerhalb des kommunistischen Lagers (der so genannten „Rechtsabweichung" von Władysław Gomułka (1905–1982), der unter anderem Minister für die Wiedergewonnenen Gebiete war), der „Vereinigung der Arbeiterklasse" und der Gründung der Polnischen Vereinigten Arbeiterpartei (PZPR), Ende 1948, die endgültig die Hegemonie der Kommunisten und den Sieg des Stalinisten-Flügels von Bolesław Bierut bestätigt hat.

Zusammenfassend ist festzustellen, dass das Propagandabild des regionalen Kulturerbes in der ältesten Nachkriegstageszeitung in den Jahren 1945–1948/49 umfangreich, facettereich und – ungeachtet der Zensur – nicht immer einheitlich war. Innerhalb der genannten Periode werden die „Gleichschaltungsprozesse", welche die gesamte Informationspolitik im kommunistischen Polen betrafen, immer sichtbarer. Zu erwähnen ist die offizielle „Unparteilichkeit" von *Pionier/Słowo Polskie*, die trotz der Zensur einen breiteren Gedankenaustausch als Presseorgane der kommunistischen Partei ermöglichte, sowie ein breites Autorenspektrum im analysierten Quellenmaterial. Die Textautoren waren nicht nur Berufsjournalisten, sondern auch Politiker, Beamte, Wissenschaftler, Aktivisten verschiedener Organisationen, Autochthone, Pioniere, sowie auch ausländische Autoren, deren Texte in mehreren polnischen Zeitungen abgedruckt wurden. Hinzuzufügen ist die Tatsache, dass viele Journalisten von *Pionier/Słowo Polskie* allem Anschein nach häufig von Schlesien wenig Kenntnis besaßen und über kein Gespür für schlesische Belange verfügten. Sie wurden mit der (Re)polonisierungsmission nach Schlesien geschickt und relativ schnell von dort zurückgezogen. So verlies die überwiegende Mehrheit der ersten Journalisten von *Pionier/Słowo Polskie* Breslau bereits nach ein paar Jahren wieder.[137]

Die Entwicklung der „schlesienbezogenen Texte nach 1949 ist als qualitativer und quantitativer Rückschritt zu bezeichnen. Ihre Anzahl wurde deutlich geringer – in der Regel verringerte sie sich auf einige Dutzend pro Jahr (gegenüber in der ersten Phase über 1.000 pro Jahr) –, und ihre Form wurde quasi zentralisiert[138] und standardisiert: erwähnt wird, dass 1945 die Gebiete dank den Kommunisten und der UdSSR ins „Mutterland" zurückgekehrt oder dass sie wichtiger Teil Nachkriegspolens seien, wobei die formalen Ausdrucksmittel als fertige, mehrmals wiederholte Parolen zu bezeichnen sind, denen es an der soziotechnischen Spannung der 1940er Jahre mangelte. Verschwiegen wurden in der Regel Details, die mit der nichtpolnischen Vergangenheit der Region verbunden waren.[139] Geschichtliches kam vor allem im Zusammenhang mit den oben dargestellten piastischen Elementen vor. Ab und zu tauchen die Paradigmen „deutsche Kriegsschmiede" und „polnische Friedenswerkstatt" auf. Erwähnenswert ist eine gewisse Regelmäßigkeit der schlesischen Themen im soziotechnischen Jahreszyklus. Anknüpfungen an die Geschichte gehören zu den propagandistischen Ritualen in den Texten anlässlich der Nationalfeiertage, der Jahrestage des Kriegsendes, der Volksrepublik Polen oder der Rückkehr der Region zum „Mutterland" entwickelte sich eine „Erinnerungskultur der Wiedergewon-

137 Jerzy Drewnowski: Żywe poczucie łączności [Ein lebhaftes Gefühl der Zugehörigkeit]. In: SP, 30.08./01.09.1985, S. 6..

138 Selbst das *Słowo Polskie* wurde in den Jahren 1951–1956 der Warschauer Tageszeitung *Express Wieczorny* unterstellt.

139 Eine Ausnahme bildet hier die soziotechnische Figur des „deutschen Schreckgespenstes", das heißt der Bedrohung seitens derjenigen Kräfte in Deutschland, die „revanchistische Gedanken" nie aufgegeben hätten. Unter diesem Begriff wird bis zum „Normalisierungsvertrag" (Warschauer Vertrag) vom 7. Dezember 1970 eigentlich die gesamte Bundesrepublik mit der Bundesregierung an ihrer Spitze verstanden, danach ausgewählte politische Gruppierungen, vor allem die Landsmannschaften, manchmal auch die CSU.

nenen Gebiete", in deren Zentrum die häufig idealisierte „Pionierperiode" der ersten Nachkriegsjahre stand.

Wenige Abweichungen von dem allgemeinen Propagandabild kann man in der Periode 1949–1989 um die politische Krise 1956–1957 finden. Gerade damals erschienen in *Słowo Polskie* etwa einige Informationen zur deutschen Minderheit in Polen,[140] die in der Volksrepublik Polen offiziell nicht existierte, oder Kritik der Verwahrlosung Niederschlesiens.[141] Erwähnenswert ist auch die Untergangsphase des kommunistischen Systems in Polen, die mehr eine Zeit der endgültigen Abkehr von alten Paradigmen war als eine zeitliche Abweichung wie die in der Tauwetterperiode um 1956/1957. Denn in den 1980er Jahren lassen sich schon einige Texte[142] finden, die das regionale Kulturerbe abweichend von den seit 1945 etablierten Paradigmen darstellten und somit den Anfang eines neuen Kapitels im Pressebild des regionalen Kulturerbes ankündigten.

Die Wende 1989 bedeutet auf keinen Fall ein Ende der „niederschlesischen" Propaganda in der regionalen Presse. Tatsächlich endet um jene Zeit eine langjährige Periode der zentralistisch geplanten und geführten soziotechnischen Bearbeitung der untersuchten Thematik. Im regionalen Kulturerbe wurden jetzt einige Komponente thematisiert, die vor 1989 verschwiegen oder gar verboten waren – zum Beispiel derjenige der nach 1945 nach Breslau gekommenen Lemberger sowie der deutsche, tschechische oder jüdische Anteil. Heutzutage taucht Schlesisches in den Zeitungen und Zeitschriften in verschiedenartigen journalistischen Schreibformen, sowie in populärwissenschaftlichen, aber auch von Akademikern verfassten Texten oder in den Aussagen von Politikern unterschiedlicher Couleur auf – insofern hat die „schlesische" Propaganda einen anderen Charakter. Merkwürdig sind aber Parallelen zwischen der gegenwärtigen, nationalistisch orientierten und der ehemaligen kommunistischen Propaganda mit den zentralen Strategien des „deutschen Schreckgespenstes" und des „Uranfangs". Dies beweist ständig die Bedrohung für das regionale Kulturerbe seitens der Usurpatoren eines Alleinvertretungsrechtes – ungeachtet ihrer Herkunft.

---

140 Irena Osińska: Dlaczego chcą wyjechać do Niemiec? [Warum wollen sie nach Deutschland ausreisen?]. In: SP, 19.08.1956, S. 4.

141 Józef Franecki: To nasza polityka [Das ist unsere Politik]. In: SP, 13.08.1956, S. 3; Leserbrief von Marian Stachowski. In: SP, 26.09.1956, S. 6, List otwarty do Sejmowej Komisji Oświaty, Nauki i Kultury [Offener Brief an die Sejmkommission für Bildung, Wissenschaft und Kultur]. In: SP, 12.10.1956, S. 4.

142 Stanisław Solicki: Stosunki etniczne i językowe na Śląsku [Die ethnischen und sprachlichen Verhältnisse in Schlesien]. In: SP, 25./26.02.1984, S. 3; W. Chądzyński: Gdy Tatarzy spalili miasto [Als Tataren die Stadt verbrannten]. In: SP, 27./28.08.1988, S. 3.

Marek Hałub

Wrocław / Breslau auf dem Weg zu einem europäischen Erinnerungsort aus der wissenschaftsgeschichtlichen Perspektive 2002–2012

Der Komplex Identität und Gedächtnis erfährt heute in der kulturwissenschaftlichen Forschung wachsende Aufmerksamkeit. Die besonders in den letzten zwei Jahrzehnten intensivierte Suche nach den gemeinsamen Wurzeln Europas hat maßgeblich zur inhaltlichen Erweiterung der nationalen Gedächtniskulturen aller europäischen Länder beigetragen und den Blick unter anderem auf die Ausdifferenzierung der europäischen Erinnerungsorte fokussiert. Erinnerungsorte wurden seit der Veröffentlichung von Pierre Noras berühmtem Werk *Les lieux de mémoire* zum Objekt anhaltender Faszination und intensiver wissenschaftlicher Aufarbeitung, gelten sie doch als „langlebige, Generationen überdauernde Kristallisationspunkte kollektiver Erinnerung und Identität".[1] Eines der zentralen Konzepte auf diesem Forschungsfeld thematisiert europäisch konnotierte Orte der Erinnerung und dadurch die Besinnung auf ein europäisches kollektives Gedächtnis und die Suche nach einer konsensfähigen europäischen Identität.

Angesichts der dominanten, national geprägten Erfahrungen von Geschichte und Kulturerbe werden die Orte des europäischen Gedächtnisses als „geteilte europäische Erinnerungsorte" umschrieben, um „eine gleichzeitige Wichtigkeit des Erinnerungsortes für zwei (oder mehrere) Gedächtniskulturen"[2] festzuhalten. Es geht hier – so Étienne François – um

> „[...] diese materiellen bzw. immateriellen Orte, die eine symbolische Schnittstelle zwischen zwei Kulturräumen, zwei Ländern darstellen, die aber für diese benachbarten Länder und ihre Gedächtniskulturen gleichermaßen bedeutend sind [...]. Zusätzlich zu diesen expliziten geteilten Erinnerungsorten gibt es schließlich eine große Anzahl der Orte, die ich als implizite *geteilte europäische Erinnerungsorte* bezeichnen möchte. Darunter verstehe ich solche Orte, die auf den ersten Blick typisch für die Spezifik eines Landes und seine Gedächtniskultur sind, die sich aber bei näherer Betrachtung auch als europäische Orte erweisen. Einerseits verdichtet sich in ihnen eine Fülle von europäischen Bezügen, andererseits erstreckt sich ihre Wirkung und Ausstrahlung auf ganz Europa."[3]

---

1 Étienne François, Hagen Schulze: Einleitung. In: Dies. (Hg.): Deutsche Erinnerungsorte, Bd. 1. München 2003, S. 9–24, hier S. 18.

2 Matthias Weber: Erinnerungsorte in Ostmitteleuropa. Erfahrungen der Vergangenheit und Perspektiven. In: Ders., Burkhard Olschowsky, Ivan A. Petransky, Attila Pok, Andrzej Przewoźnik (Hg.): Erinnerungsorte in Ostmitteleuropa. Erfahrungen der Vergangenheit und Perspektiven. München 2011, S. 11–25, hier S. 17.

3 Étienne François: Auf der Suche nach den europäischen Erinnerungsorten. In: Helmut König, Julia Schmidt, Manfred Sicking (Hg.): Europas Gedächtnis. Das neue Europa zwischen nationalen Erinnerungen und gemeinsamer Identität. Bielefeld 2008, S. 85–104, hier S. 90 u. 92.

„Auf der Suche nach den europäischen Erinnerungsorten" – um hier wieder mit Étienne François zu sprechen – melden sich grundverschiedene Erinnerungsmodi und wissenschaftliche Narrative zu Wort, deren argumentative Stoßrichtung sich im Spannungsverhältnis zwischen dem überwölbenden europäischen Wahrnehmungs- und Geschichtshorizont und der nationalen Fragmentierung situiert. So ist zum Beispiel Moritz Csáky von der transnationalen Provenienz und Relevanz zentraleuropäischer Gedächtnisorte überzeugt, wobei er sich dessen wohl bewusst ist, dass sie nicht selten national instrumentalisiert wurden und werden.[4]

Von dem mehrfach angesprochenen Rekurs auf die europäische(n) Memorialkultur(en) und die europäischen Erinnerungsorte lassen sich aber viele Forscher nicht beeindrucken: Heute ist allenthalben von einer „europäischen Erinnerungskultur" oder gar von einem „gemeinsamen europäischen Geschichtsverständnis" die Rede, das es zu entwickeln und zu fördern gelte. Mit dieser Forderung sollte – so zum Beispiel Matthias Weber – „eher zurückhaltend umgegangen werden [...]. Demokratisch verfasste und pluralistisch geprägte Gesellschaften benötigen auch keine vereinheitlichen Geschichtsbilder, die – realistisch betrachtet – ohnehin nicht erreichbar sein dürften."[5]

Diese Bedenken kommen sehr deutlich in einem konzisen und sehr informativen Aufsatz Tobias Wegers über Waterloo zum Ausdruck, in dem starke Zweifel an einem Konzept der „gemeinsamen" europäischen Erinnerung geäußert werden, um dem Postulat einer memorialen Pluralisierung den Vorzug zu geben.[6]

Angesichts dieser Kontroverse um „europäische Erinnerungsorte" und angesichts der auftauchenden Polyvalenz in der Bewertung dieses in gewisser Hinsicht verworrenen und zwiespältigen Begriffes ist es wohl nicht unangebracht, eine europäisch zentrierte Neuperspektivierung Breslaus vor seinem wissenschaftsgeschichtlichen Hintergrund zu demonstrieren. Es geht hier um einen qualitativ bedeutsamen Paradigmenwechsel in der Behandlung der Geschichte. Akzente werden vorrangig auf eine zuvor oft ausgeblendete Vielfalt europäischer kultureller Traditionen gesetzt, in diesen Fokus werden zwar auch nationale Bilder gerückt, dabei aber weitgehend differenzierter vermittelt.

Vor der Kulisse der Wissenschaftsgeschichte des letzten Jahrzehntes kann Breslau, das sich in einer beispielhaft offenen Weise der Mehrfachcodierung seines kulturellen Erbes zugewandt hat, – so meine These – als Aushängeschild eines europäischen Erinnerungsortes betrachtet werden.

In dem 2011 erschienenen, wissenschaftlich sehr reizvollen Sammelband *Erinnerungsorte in Ostmitteleuropa* wird Breslau als ein Paradebeispiel für „geteilte Erinnerung" behandelt. Von einem deutschen Historiker, Norbert Conrads, wurde die

4 Dazu siehe die Studien von Moritz Csáky, unter anderem: Jacques Le Rider, Moritz Csáky, Monika Sommer (Hg.): Transnationale Gedächtnisorte in Zentraleuropa. Innsbruck 2002.

5 Weber: Erinnerungsorte (Anm. 2), S. 25.

6 Tobias Weger: Vom Sinn und Unsinn einer „gemeinsamen europäischen Erinnerung". In: Christoph Bartmann, Carola Dürr, Klaus-Dieter Lehmann (Hg.): Illusion der Nähe? Ausblicke auf die europäische Nachbarschaft von morgen. Göttingen 2011, S. 140–148.

Stadt an der Oder als ein deutscher und von einer polnischen Historikerin als ein polnischer Erinnerungsort dargestellt. Im letzten Teil ihrer Ausführungen hat aber die polnische Autorin, Teresa Kulak, auf das Potenzial Breslaus hingewiesen, sich zu einem transnationalen Erinnerungsort zu entwickeln: „Diese Beispiele zeigen, dass frühere ethnische Zugehörigkeiten und ursprüngliche Fremdheitsgefühle im sozialen Gedächtnis keine Bedeutung mehr haben."[7]

Die unterschiedlichen nationalen Sichtweisen werden also im Falle Breslaus allmählich vor dem Hintergrund des Entwicklungsprozesses europäischer Memorialkultur situiert. Das ist ein langsamer mentaler Prozess, denn „das Europäische" – so mit vollem Recht Karl Schlögel – „kann in der Gedächtniskultur nicht herbeigeredet und konstruiert werden, sondern braucht seine Zeit, Zeit zum Wachsen."[8] Das bezieht sich insbesondere auf die komplizierte Geschichte des zentraleuropäischen Kultur- und Kommunikationsraumes, dessen europäische Gedächtniscodierung immer wieder durch nationale Vereinnahmungen „dekonstruiert" wurde. Im Falle Breslaus hat diese „Dekonstruktion" – wie bekannt – in unterschiedlichen Bereichen lange Zeit erfolgreich Einzug gehalten.

Die Erinnerungskultur ist bekanntlich nicht statisch und Breslau befindet sich gegenwärtig – so meine Sicht – auf dem Weg zu einem europäischen Gedächtnisort. Die wissenschaftliche Landschaft der Oderstadt wird besonders in der letzten Zeit – so die aktuellen Modi des lebendigen Erinnerns – über die nationalen Grenzen hinweg mit starker europäischer Gewichtung positioniert.

Die Anregung für die Vergegenwärtigung der transnationalen Provenienz ging von der 300-Jahrfeier der Breslauer Universität im Jahre 2002 aus. Obwohl die schlesische Kulturgeschichte nach der Wende 1989 immer stärker ins Blickfeld vor allem der polnischen und der deutschen Forschung rückte, fasste Gerard Labuda, einer der herausragenden polnischen Historiker, im Jahre 2002 den bisherigen Diskurs der Forscher aus Polen und Deutschland, die sich mit der Vergangenheit der heutigen polnischen westlichen Gebiete und den heiklen Problemen aus der deutsch-polnischen Beziehungsgeschichte auseinandersetzen, mit dem Begriff „Dialog der Taubstummen" zusammen. Damit verwies der Nestor der polnischen Historiker auf die bestehenden Defizite im gemeinsamen Untersuchungsfeld der polnischen und deutschen Forscher. Als dieses harte Urteil in der polnischen Presse (*Gazeta Wyborcza*, 1. Juli 2002) veröffentlicht wurde, liefen die Vorbereitungen zu dem für den 15. November 2002 vorgesehenen Jubiläum zum 300. Gründungstag der Breslauer Universität auf Hochtouren. Und gerade im Vorfeld des geplanten Festaktes tauchte sowohl auf der polnischen als auch auf der deutschen Seite die brisante Frage auf, wer das kulturelle (bzw. wissenschaftsgeschichtliche) Erbe der Breslauer Alma Mater für sich beanspruchen könne. Einerseits ließ sich angesichts der Notwendigkeit einer positiven Hervorhebung mehrerer Leistungen aus der preußisch-deutschen Vergangenheit

7 Teresa Kulak: Wrocław in der Geschichte und in der Erinnerung der Polen. In: Erinnerungsorte in Ostmitteleuropa (Anm. 2), S. 159–176, hier S. 175.

8 Karl Schlögel: Europa neu vermessen: Die Rückkehr des Ostens in den europäischen Horizont. In: Europas Gedächtnis (Anm. 3), S. 147–167, hier S. 163.

der Breslauer Hochschule ein distanziertes Verhältnis erkennen, andererseits wurden Zweifel an dem Recht der polnischen Seite zum Ausdruck gebracht, ein dreihundertjähriges Bestehen der Breslauer Alma Mater würdigen zu dürfen, wenn die polnische Tradition dieser Universität erst 1945 ihren Anfang genommen hat. Angesichts der Polonisierungsprozesse, die sich nach dem Zweiten Weltkrieg in Schlesien vollzogen haben, wies man auf die Gefahr der Ausblendung und Anwendung falscher Maßstäbe im Umgang mit den einzelnen Aspekten der preußisch-deutschen Universitätsgeschichte hin. Es wurden Bedenken geäußert, ob die polnischen Organisatoren dem Diskurs über die gemeinsame Breslauer Wissenschaftsgeschichte eine verlässliche Basis zu schaffen wüsste.

Trotz des instrumentalisierten Gegensatzes zwischen Geschichte und Gedächtnis im deutschen und polnischen Narrativ gelang es den Behörden der Breslauer Universität, den 300. Jahrestag mit einem imponierenden Zeremoniell in der prunkvollen barocken Aula Leopoldina unter dem Motto der „intellektuellen Einheit Europas" unter der offiziellen Schirmherrschaft des polnischen Staatspräsidenten und des deutschen Bundespräsidenten zu organisieren. Während der Hauptfeier wurde die Breslauer Alma Mater von Bundespräsident Johannes Rau – allen aufgezwungenen national geprägten Kodierungen zum Trotz – als Schnittstelle mitteleuropäischer Nationen betrachtet:

> „Mit ihrer 300-Jahrfeier bekennt sich die Universität Breslau zu den drei Traditionslinien, die sie in ganz außergewöhnlicher Weise geprägt haben und prägen:
> – der jesuitisch-katholischen Tradition ihres böhmisch-habsburgischen Anfangs;
> – der preußisch-deutschen Tradition Humboldtscher Prägung;
> – der Lemberger Tradition der polnischen Gegenwart.
> Die heutige Universität begreift sich als Erbe und Treuhänder dieser Traditionslinien. Sie führt sie zusammen und zieht die Linien weiter. Sie nimmt Geschichte als Herausforderung und als Auftrag an."[9]

Mit vollem Recht wurde die einzigartige europäische Codierung der Breslauer Universität würdigend hervorgehoben, die dann von dem Stuttgarter Schlesienforscher Norbert Conrads aus Anlass des Jubiläums mit einer essentiellen Formulierung auf den Punkt gebracht wurde: „Kaum eine Universität Europas hat eine so wechselvolle Geschichte wie die in Breslau."[10]

Die Bestrebungen der polnischen und deutschen Akademiker, die Breslauer wissenschaftsgeschichtlichen Kontinuitäten und Diskontinuitäten aus europäischer Perspektive zu erfassen, tragen zur Entstehung qualitativ neuer, institutionell und wissenschaftlich ausgerichteter Initiativen bei. So ist die Gründung der Deutsch-Pol-

9 Johannes Rau: Rede anlässlich der Jubiläumsveranstaltung der Universität Breslau in der Aula Leopoldina am 15. November 2002. In: Orbis linguarum 21 (2002), S. 5–8, hier S. 8.

10 Norbert Conrads: Die Jubiläumsfeierlichkeiten der Universität Breslau und Ansprache zur Eröffnung der Ausstellung „Die tolerierte Universität". In: Schlesischer Kulturspiegel 1/03 Januar–März 2003, S. 1. Darüber hinaus auch in: Marek Hałub: Zum besonderen Stellenwert der 300-Jahrfeier der Breslauer Universität vor dem Hintergrund wissenschaftsgeschichtlicher Debatte. In: Aleksander Kozłowski, Małgorzata Znyk (Hg.): Między Śląskiem a Wiedniem, Płock 2008, S. 571–577.

nischen Gesellschaft der Universität Wrocław (Breslau) auf dieses Jubiläum zurückzuführen. Diese ist die einzige universitäre deutsch-polnische Gesellschaft, in der ein durchaus nachvollziehbares Interesse deutscher Akademiker an der Sicherung der grenzüberschreitenden, jetzt als gemeinsam erlebten und gestalteten Erinnerung an die wissenschaftsgeschichtliche Landschaft Breslaus zum Ausdruck kommt:

> „Für die meisten Deutschen, die bereits im höheren Lebensalter stehen, schließt sich ein Kreis. Sie kommen wieder nach Breslau zurück: jetzt nach Wrocław mit der Idee von der Deutsch-Polnischen Gesellschaft und dem Wunsch, dass Polen und Deutsche gemeinsam unter dem Dach unserer berühmten Alma Mater Wratislaviensis stehen."[11]

Die Gesellschaft erwarb sich innerhalb kurzer Zeit eine feste und einflussreiche Präsenz, so ist sie maßgeblich an der Förderung von Schlesienforschungen beteiligt. Sie gab Anstoß zu mehreren Initiativen, unter anderem zur Enthüllung des Denkmals für Joseph von Eichendorff am 11. Mai 2012 im Breslauer Botanischen Garten. Die aus Anlass des 10-jährigen Bestehens der Gesellschaft veröffentlichte Festschrift *Gemeinsam auf dem Weg in das geeinte Europa* ist ein beredtes Zeugnis für die geleistete Arbeit an einem produktiven Zugang zur Geschichte und Gegenwart „unsere[r] jung gebliebene[n] alte[n] Universität mit ihrer wechselvollen Geschichte, an der alle angrenzenden Länder beteiligt sind [...]".[12]

Von den aus Anlass der 300-Jahrfeier ergriffenen wissenschaftlichen Initiativen sei an dieser Stelle wenigstens auf zwei germanistische verwiesen. Im Hinblick auf die eine Zeit lang politisch instrumentalisierte Auseinandersetzung mit Schlesien, die in Bezug auf die polnische Nachkriegszeit schlagwortartig mit dem Begriff des „amputierten Gedächtnisses" umschrieben wird, fällt die Leistung der polnischen Breslauer Germanistik auf. In der vergifteten Atmosphäre des Realsozialismus befasste sich die Breslauer Germanistik mit Schlesien ganz unkonventionell – entgegen der herrschenden Doktrin. Deshalb bedeutete auch die sogenannte „Wende" des Jahres 1989 für uns Germanisten weder inhaltlich noch institutionell eine Zäsur; dem dichten Mit- und Nebeneinander verschiedener Kultureinflüsse im Oderland haben sich die polnischen Breslauer Germanisten immer verpflichtet gefühlt, eine Positionierung, die in der deutschen Wissenschaft auch ihre gebührende Berücksichtigung fand. Den Breslauer Germanisten wurde bescheinigt, dass sie „immer schon ein positiveres Verhältnis zur deutschen Geschichte der Region hatten und Vorreiter eines veränderten Umgangs mit der Vorkriegsvergangenheit waren".[13]

So wurden die kulturellen Besonderheiten Schlesiens vor dem Hintergrund einer vergleichenden Untersuchung zum geschichtlichen Horizont Europas während

---

11 Norbert Heisig: Fünf Jahre Deutsch-Polnische Gesellschaft der Universität Wrocław (2001–2006). In: Ders.: Deutsch-Polnische Gesellschaft der Universität Wrocław (Breslau)/Niemiecko-Polskie Towarzystwo Uniwersytetu Wrocławskiego, Wrocław. Dresden 2006, S. 7–25, hier S. 23.

12 Norbert Heisig: Vorwort. In: Ders.: Gemeinsam auf dem Weg in das geeinte Europa. Deutsch-Polnische Gesellschaft der Universität Wrocław (Breslau) 2001–2011/Razem na drodze do zjednoczonej Europy. Niemiecko-Polskie Towarzystwo Uniwersytetu Wrocławskiego 2001–2011. Wrocław, Dresden 2011, S. 13f., hier S. 13.

13 Gregor Thum: Die fremde Stadt. Breslau nach 1945. Berlin 2006, S. 518.

des ersten Kongresses der Breslauer Germanistik unter dem Motto „Silesia Philologica" aufgegriffen, der aus Anlass der 300-Jahrfeier veranstaltet und, um ihn einem möglichst breiten Publikum zugänglich zu machen, in polnischer Sprache gehalten wurde.

Aus Anlass des 300-jährigen Jubiläums wurde von den Breslauer Germanisten unter der Schirmherrschaft des Rektors der Breslauer Universität eine wissenschaftliche Buchreihe mit dem Titel *Śląska Republika Uczonych. Schlesische Gelehrtenrepublik. Slezská vědecká obec* ins Leben gerufen. Dieses Projekt[14] weist in seiner integrativen Funktion die mannigfachen Wechselwirkungen in der schlesischen wissenschaftlichen Kommunikationsgesellschaft nach. Die schlesische Wissenschaftsgeschichte wird in den in dieser internationalen Buchreihe veröffentlichten Studien in der für die schlesische Kulturgeschichte typischen sprachlichen Vielfalt erschlossen: auf Polnisch, Deutsch und Tschechisch. In diesen drei Sprachen erscheinen auch Aufsätze in der 2011 von tschechischen, polnischen und deutschen Historikern eröffneten und in Wrocław veröffentlichten, neuen internationalen wissenschaftlichen Reihe *Radices Silesiae – Silesiacae radices*, in deren Fokus die schlesische regionale Identität steht.[15]

Alle diese hier kurz genannten Initiativen in Betracht ziehend, ist dem universitären Breslauer Jubiläum im Jahre 2002 nicht nur symbolische Bedeutung, sondern auch ein konkretes Verdienst bei der Aufweichung nationaler Positionierungen und der Suche nach neuen Sinnstiftungen einzuräumen. Es blieb kein einmaliges Unternehmen, in diesen Wahrnehmungshorizont sind auf eine natürliche Art und Weise alle weiteren Aktivitäten hineingewachsen, die auf ein entsprechendes Korrektiv in der Organisation von Memorialkultur abzielen.

Wie stark die Veränderungen sich in der Gedächtniskultur Breslaus einprägen, zeigt die 2009 im einstigen Breslauer Königsschloss eröffnete, von den Breslauer Kunsthistorikern und Historikern erarbeitete monumentale Dauerausstellung *1000 Jahre Breslau*. Angesichts der Langzeitfolgen der kommunistischen Kulturpolitik war die Enttabuisierung und die Loslösung der Geschichte „von neurotischen Aufrechnungen" eine dringend erforderliche Maßnahme. „Die Vergangenheit" – so das Vorwort zum Ausstellungsführer – „kann die Gegenwart nicht vergiften – sie kann nur authentisch sein."[16]

Auf diese Weise spiegelt sich in dieser hervorragend recherchierten Ausstellung die Aura, in der das europäische Gedächtnis der Stadt Breslau bewahrt wird, was

14 Marek Hałub, Anna Mańko-Matysiak (Hg.): Śląska Republika Uczonych. Schlesische Gelehrtenrepublik. Slezska vedecka obec, Bd. 1. Wrocław 2004; Bd. 2,. Wrocław 2006; Bd. 3. Wrocław 2008; Bd. 4. Wrocław 2010; Bd. 5. Wrocław, Dresden 2012.

15 Marie Bláhová, Stanisław Rosik, Thomas Wünsch (Hg.): Radices Silesiae. Silesiacae radices. Śląsk, kraj, ludzie, memoria a kształtowanie się społecznych więzi i tożsamości (do końca XVIII wieku) [Radices Silesiae – Silesiacae radices. Schlesien, Land, Leute, Memoria und die Ausbildung gemeinsamer Verbindungen und Identitäten (seit dem Ende des 18. Jahrhunderts)]. Wrocław 2011.

16 Maciej Łagiewski: Ein Schloss mit Geschichte – Geschichte im Schloss. In: Maciej Łagiewski, Halina Okólska, Piotr Oszczanowski (Hg.): 1000 Jahre Breslau. Führer durch die Ausstellung. Wrocław 2009, S. 9 – 17, hier S. 12.

den Prozess der Bewusstmachung der plurikulturellen europäischen Tradition in der breiten Öffentlichkeit der Oderstadt erfolgreich in Gang zu setzen vermag. Ein exzellentes Beispiel dafür, wie produktiv sich das wissenschaftliche Narrativ auf die Neuvermessung des kollektiven Gedächtnisses auswirken kann.

Eine Manifestation transnationaler Erinnerungskultur war die im November 2011 organisierte 200-Jahrfeier der Neugründung der Breslauer Universität, die auf die durch den preußischen König im Jahre 1811 beschlossene Zusammenlegung der alten brandenburgischen Universität Viadrina in Frankfurt (Oder) mit der Breslauer Leopoldina und die Gründung der Volluniversität in der Oderstadt zurückzuführen ist. Zu dem unter dem Motto der geistigen Einheit Europas organisierten Festakt wurden der deutsche, der ukrainische und der polnische Staatspräsident eingeladen, was das mehrdeutige Gedächtnis und das einmalige Beziehungsgeflecht zwischen der deutschen und der Lemberger Tradition sowie der polnischen Gegenwart der Breslauer Alma Mater erneut im vollen Umfang zur Sprache gebracht hat. Die Geschichte der Breslauer Universität als Symbol der geistigen Einheit Europas und insbesondere des schwierigen Entwicklungsganges Mitteleuropas, Breslau als Stadt, die von Habsburgern, Preußen und Polen mitgeprägt wurde und unter ihrem Dach Katholiken, Protestanten und Juden vereint hat, die Odermetropole als interessenverbindender Knotenpunkt zwischen West- und Osteuropa – das waren Inhalte, die alle Festansprachen und die ganze Atmosphäre der 200-Jahrfeier wie ein roter Faden durchzogen haben. Diese europäische Vision wurde in der Dankesrede des Stuttgarter Historikers Norbert Conrads, der anlässlich der 200-Jahrfeier der staatlichen Universität Breslau mit der Ehrendoktorwürde ausgezeichnet wurde, in eindrucksvoller Weise zum Ausdruck gebracht. In Breslau – so Conrads – hat es an europäischem Bewusstsein nie gemangelt, dieser Wahrnehmungshorizont erstreckt sich von Justus Lipsius über Martin Opitz und wird seinen Höhepunkt im Jahre 2016 erleben, wenn Breslau Europäische Kulturhauptstadt sein wird.[17] Der Vollständigkeit halber soll hier auch kurz auf die zur 200-Jahrfeier ausgerichtete internationale wissenschaftliche Tagung „Die Universität Breslau in der europäischen Kultur des 19. und 20. Jahrhunderts" verwiesen werden, an der über 100 Wissenschaftler aus mehreren europäischen Ländern und den USA teilgenommen haben. „Alle Tagungsbeiträge" – so eine deutsche Berichterstatterin –, „auch solche, die noch vor einigen Jahren wegen ihrer politischen Brisanz als heikel angesehen worden wären, wurden in einer entspannten und angenehmen Atmosphäre gehalten [...] Erstaunlich wie viele junge polnische Akademiker sich ohne Berührungsängste mit Themen aus der deutschen Vergangenheit beschäftigen."[18]

Wie die ehemals „konkurrierenden Gedächtniskulturen" sich in einem gemeinsamen Nachdenken über die Europäisierung von Kultur auflösen, belegen sehr ein-

17 Historische Anmerkungen zur Identität Europas. Rede von Professor Dr. Norbert Conrads nach der Verleihung der Ehrenpromotion am 15. November 2011. In: Akademisches Kaleidoskop, Oktober–Dezember 2011, S. 12–14.

18 Inge Steinsträßer: Feierlichkeiten: 200 Jahre staatliche Universität Breslau. In: Schlesischer Kulturspiegel 46 (2011), S. 79.

drücklich die aus Anlass der 200-Jahrfeier organisierten Festakte und die Ausstellung „Die Universität Breslau / Wrocław 1811 – 2011" an den Universitäten in Halle und Siegen wie auch das Anfang Dezember 2011 an der Kölner Universität, der ehemaligen „Paten"-Universität der Breslauer Hochschule, organisierte Symposion unter dem Motto von einer „Patenschaft" zur „Partnerschaft".[19] Ein Indiz dafür, dass die Beschäftigung mit Breslau als einem komplexen Erinnerungsort im Bereich der Wissenschaftsgeschichte auch in Deutschland Interesse erweckt.

Richtet man den Blick auf das Jubiläumsjahr 2011, dann fallen erneut – ich darf sagen – die starke Dynamik und die gegenseitige Inspiration und Befruchtung im germanistischen Diskurs auf. Im November 2011 hat auch die Breslauer Germanistik ihr 200-jähriges Jubiläum gefeiert. Während ihres internationalen Jubiläumskongresses haben die polnischen Germanisten aus Wrocław zusammen mit ihren eingeladenen Fachkollegen/innen aus dem Ausland, vor allem aus Deutschland, unter anderem den Fragenkomplex „Identität und Erinnerung" vor der Folie der schlesischen Memorialkultur eingehend reflektiert. Aus diesem Anlass realisierten die Breslauer Germanisten zusammen mit ihren wissenschaftlichen Partnern aus dem Bundesinstitut für Kultur und Geschichte der Deutschen im östlichen Europa in Oldenburg ein einzigartiges Vorhaben, in freiem Arrangement und Stil über ihre biografischen und beruflichen Erfahrungen mit und in Schlesien zu sprechen. Im Rahmen der durch den Leipziger Universitätsverlag herausgegebenen Buchreihe der Breslauer Germanistik unter dem vielsagenden Titel „Schlesische Grenzgänger" erschien im November 2011 ein zweisprachiges deutsch-polnisches Buch unter dem Titel *Mein Schlesien – meine Schlesier/Mój Śląsk – moi Ślązacy*. In ihren Aufsätzen haben die heutigen deutschen und polnischen Kulturwissenschaftler aller Generationen die schlesische Kulturlandschaft im historischen Längsschnitt nicht nur aus nationaler, sondern auch aus europäischer Sicht manchmal in „überraschenden Kulturbiotopen"[20] präsentiert.

Einen Mehrwert für die europäische Codierung des lokalen kollektiven Gedächtnisses haben im letzten Dezennium noch viele weitere ambitionierte Projekte der Breslauer Scientific Community mit sich gebracht. Zu erwähnen ist hier wenigstens die 2011 dem ehemaligen Präsidenten der Bundesrepublik Deutschland, Richard von Weizsäcker, verliehene Breslauer Fritz-Stern-Professur.

Aus den historischen Erfahrungen speisen sich auch reizvolle Initiativen aus der Studentenschaft. Ehemalige deutsche katholische Breslauer Studentenverbindungen, die nach dem Zweiten Weltkrieg ihren Sitz in Westdeutschland gefunden haben,

19 Näheres über diese Veranstaltungen siehe in folgenden Berichten: Jan Harasimowicz: Uroczystości jubileuszowe w Kolonii [Jubiläumsveranstaltungen in Köln]. In: Przegląd Uniwersytecki 12 (2011), S. 12 – 13; Ders.: Obchody 200-lecia Uniwersytetu Wrocławskiego na Uniwersytecie w Siegen [200-Jahrfeier der Breslauer Universität an der Universität Siegen]. In: Przegląd Uniwersytecki 1 (2012), S. 14 – 15.

20 Hubert Orłowski: Einführung: Schlesische Rückbesinnungen. In: Marek Hałub, Matthias Weber (Hg.): Mein Schlesien – meine Schlesier. Zugänge und Sichtweisen/Mój Śląsk – moi Ślązacy. Eksploracje i obserwacje. Leipzig 2011, S. 13 – 15, hier S. 15.

knüpfen wieder Beziehungen zu ihrer alten Alma Mater an, im März 2012 organisierte das Germanistische Institut zusammen mit dem Kartellverband der Katholischen Deutschen Studentenverbindungen ein studentisches Europaseminar. Und der heutige Erzbischof des polnischen Wrocław, Prof. Dr. Marian Gołębiewski, wurde am 1. Oktober 2011 in die Katholische Deutsche Studentenverbindung Winfridia Breslau zu Münster als Bundesbruder und Protektor aufgenommen. Traditionell übernahm der Bischof von Breslau die Schirmherrschaft über die Winfridia, und diese Tradition wird jetzt am Gründungsort der Verbindung nun erstmals von einem polnischen Bischof fortgeführt.

Zu guter Letzt seien hier die wissenschaftlichen Tagungen und die wissenschaftlichen Publikationen, besonders die aus der Feder der polnischen und deutschen Historiker genannt, die die transnationale Provenienz und Relevanz des Oderlandes mit Akribie nachweisen, ohne tragische nationale Kämpfe, Rivalitäten und Spannungen außer Acht zu lassen. Wie eine Art Signum temporis bei der Bewertung der Historie und bei der Formung der heutigen Memorialkultur erscheint der Ansatz, dank dessen Professor Arno Herzig einen Konsens bei der Bearbeitung seiner 2008 erschienenen Schlesien-Monographie herzustellen vermochte: „Die vorliegende Darstellung der schlesischen Geschichte, die auch Ergebnisse der neueren polnischen Schlesienforschung berücksichtigt, versucht ideologische Verfestigungen zu vermeiden.“[21] Arno Herzig ist sich als exzellenter Kenner des schlesischen Schmelztiegels mitteleuropäischer Völker dessen wohl bewusst, welches durch Paradigmen der älteren Forschung verminte Gelände er betritt. Er gibt sich deswegen jede Mühe, um die spannungsreiche Verflechtung der Schicksale der in Schlesien lebenden Nationen aufgrund nicht nur der deutschen, sondern auch der neuesten polnischen Schlesienforschung zu schildern, wodurch die Darstellungsperspektive an keiner Stelle durch nationale Voreingenommenheit infiziert wird. Diesem Ziel fühlt sich auch die seit neun Jahren in deutscher Sprache herausgegebene Vierteljahresschrift der Universität Wrocław, *Akademisches Kaleidoskop*, verpflichtet.

Die Renaissance des Europäischen im wissenschaftsgeschichtlichen Narrativ der letzten zehn Jahre zielt auf die Formierung eines angemessenen, vielfach codierten historischen Gedächtnisses und dadurch auch auf ein neues regionales Identitätsgefühl ab, das sich aus der Erfahrung eines plurikulturellen Erbes speist. Die Rolle dieses Diskurses bei der Stiftung europäischer Erinnerung in einem heute doch national homogenisierten Ort an der Oder wurde vor kurzem von dem Stadtpräsidenten von Wrocław, Dr. Rafał Dutkiewicz, prägnant auf den Punkt gebracht: „Darin liegt das Wesentliche des polnischen Wrocław: der Sinn, der mittels unseres akademischen Denkens entdeckt werden sollte. Dieser einfache Sinn: Europa.“[22]

---

21 Arno Herzig: Einleitung. In: Arno Herzig: Schlesien. Das Land und seine Geschichte in Bildern, Texten und Dokumenten. Hamburg 2008, S. 6. Dieser Band erschien in einer erweiterten Fassung auch in polnischer Sprache: Arno Herzig, Krzysztof Ruchniewicz, Małgorzata Ruchniewicz: Śląsk i jego dzieje [Schlesien und seine Geschichte]. Wrocław 2012.

22 Ansprache des Präsidenten der Stadt Breslau (Wrocław), Dr. Rafał Dutkiewicz. In: Akademisches Kaleidoskop, Januar–März 2011, S. 5.

Markus Bauer

Zweierlei Erinnerung
Arbeitsbericht von einem polnisch-deutschen Ausstellungsprojekt über schlesische Erinnerungsorte

Das Konzept der „Erinnerungsorte" (lieux de mémoire), in den 1980er Jahren von Pierre Nora mit Blick auf die französische Nationalgeschichte entwickelt, hat seitdem einen Siegeszug durch die europäische Geschichtswissenschaft vollführt. Für Nora sind „Erinnerungsorte" bekanntlich nicht nur geographische Orte, sondern auch Ereignisse, historische Persönlichkeiten, mythische Gestalten, Kunstwerke, Bücher, Institutionen und Begriffe, alle Elemente, die daran mitwirken, historische Erinnerung zu konstituieren und Identität zu stiften. Die Gedächtnisgeschichte oder Geschichte zweiten Grades hat inzwischen einen festen Platz in der Geschichtswissenschaft gefunden. Sie interessiert sich nicht in erster Linie für die Ereignisse und Strukturen der Geschichte, sondern für die Entstehungsbedingungen und die Wirkmächtigkeit der historischen Erinnerung, die Genese von Geschichtsbildern und ihre prägende Kraft für die Identität gesellschaftlicher Gruppen und ganzer Nationen. Inzwischen hat sich erwiesen, dass die Kategorie der Erinnerungsorte nicht nur geeignet ist, nationale Identitäten und Prozesse nationalstaatlicher Traditionsbildung zu verstehen, sondern gerade auch für die Untersuchung multiethnischer und transnationaler Beziehungen fruchtbar gemacht werden kann.[1] So setzten sich mehrere Tagungen und Publikationen der letzten Jahre mit der deutsch-polnischen Geschichte im Gedächtnis der beiden Länder auseinander. Im Mittelpunkt steht dabei das auf fünf Jahre angelegte Forschungsprojekt *Deutsch-polnische Erinnerungsorte* des Zentrums für historische Forschung Berlin der Polnischen Akademie der Wissenschaften. Im Ergebnis dieses Projektes entsteht eine vierbändige Publikation in beiden Sprachen, herausgegeben von Robert Traba und Hans Henning Hahn. Ein Band ist bereits erschienen; die übrigen werden in Kürze folgen.[2]

Noras „lieux de mémoire" sind ein Inventar der Erinnerungen, Topoi und Vorstellungen, aus denen sich das Bild der französischen Nationalgeschichte zusammensetzt. Beim Projekt über die deutsch-polnischen Erinnerungsorte geht es dagegen um das Verhältnis zweier Nationen zueinander und um das Bild, das sie sich in der

---

1 Vgl. Claus Leggewie: Der Kampf um die europäische Erinnerung. Ein Schlachtfeld wird besichtigt. München 2011.

2 Hans-Henning Hahn, Robert Traba (Hg.): Deutsch-polnische Erinnerungsorte. Bd. 1: Geteilt/gemeinsam; Bd. 2: Geteilt/gemeinsam; Bd. 3: Parallelen; Bd. 4: Reflexionen. Paderborn 2012. Vgl. auch: Etienne François, Geteilte Erinnerungsorte, europäische Erinnerungsorte. In: Robert Born, Adam S. Labuda, Beate Störtkuhl (Hg.): Visuelle Erinnerungskulturen und Geschichtskonstruktionen in Deutschland und Polen 1800 bis 1939. Warszawa 2006, S. 17–32; für den deutsch-polnischen Kontext: Michał Łuczewski, Jutta Wiedmann (Hg.): Erinnerungskultur des 20. Jahrhunderts. Analysen deutscher und polnischer Erinnerungsorte. Frankfurt am Main 2001.

Geschichte von sich selbst und von einander machten, um die Konstitution von Identität über ein Wechselspiel von Zuschreibungen, Aneignungen und Abgrenzungen. Die Gedächtnisgeschichte verbindet sich hier mit dem Konzept der „Beziehungsgeschichte", das Klaus Zernack als eine Forschungsaufgabe für die deutsch-polnische Geschichtswissenschaft entwickelt hatte.

Wenn es um das Gedächtnis zweier gesellschaftlicher Gruppen oder Nationen geht, lassen sich gemeinsame Erinnerungsorte, die von beiden Gemeinschaften gleich oder ähnlich verstanden und bewertet werden, von geteilten Erinnerungsorten unterscheiden. Die letzteren sind die bei weitem häufigeren. Hier liegen unterschiedliche, oft gegensätzliche Bewertungen der historischen Vorgänge und eine unterschiedliche Funktion der Erinnerung in der Identitätsstruktur der beiden Gruppen vor. Schließlich können zwei gänzlich verschiedene Erinnerungsorte für die Identität der beiden Gemeinschaften eine ähnliche oder vergleichbare Funktion haben. Traba und Hahn sprechen dann von parallelen Erinnerungsorten.

Wer mit der Kategorie „Erinnerungsorte" arbeitet, darf nicht aus den Augen verlieren, dass es sich um soziale Konstrukte handelt. Erinnerungsorte erwachsen aus gesellschaftlichen Diskursen, und sie sind im Verlauf ihrer Geschichte, die es zu verfolgen gilt, Wandlungen unterworfen. Ziel ist nicht zuletzt, den Mechanismus ihrer Konstruktion zu durchschauen. Bei polyvalenten, transnationalen Erinnerungsorten kommt ein weiteres Erkenntnisziel hinzu: nämlich die Interferenzen und Wechselwirkungen bei der Herausbildung des Gedächtnisses der beiden Erinnerungsgemeinschaften herauszuarbeiten.

Zu den Instanzen, die damit befasst sind, Erinnerungsorte herauszubilden, zu tradieren oder auch zu dekonstruieren, gehören zweifellos die Museen. Gerade eine Einrichtung wie das Schlesische Museum, das sich mit einem früher ganz überwiegend von Deutschen, heute aber von Polen bewohnten Land befasst, ist ständig mit unterschiedlichen Wahrnehmungen der Geschichte konfrontiert, mit unterschiedlichen Perspektiven und Bewertungen. Zwar scheinen sich die Geschichtsbilder inzwischen anzunähern, aber Unterschiede werden zweifellos bestehen bleiben, denn hinter ihnen stehen real verschiedenartige historische Erfahrungen von Deutschen und Polen. Eine Vereinheitlichung der Erinnerungen und Vorstellungen sollte man auch gar nicht anstreben. Wichtig ist vielmehr, die Betrachtungsweise des anderen kennen, verstehen und akzeptieren zu lernen. Hierfür nun erscheint das Konzept der „Erinnerungsorte" besonders geeignet, und daher interessieren wir uns schon seit einigen Jahren dafür. Schon vor acht Jahren hat Tobias Weger, damals noch Kulturreferent am Schlesischen Museum, gemeinsam mit Hans-Joachim Hahn und Marek Czapliński eine Tagung über die schlesischen Erinnerungsorte durchgeführt, deren Ergebnisse 2005 publiziert wurden.[3] Einige Zeit später entstand die Idee, eine Aus-

---

3 Marek Czapliński, Hans-Joachim Hahn, Tobias Weger (Hg.): Schlesische Erinnerungsorte, Gedächtnis und Identität einer mitteleuropäischen Region. Eine Veröffentlichung des Schlesischen Museums zu Görlitz. Görlitz 2005. Grundlegende Auseinandersetzungen mit den schlesischen Erinnerungsorten bieten auch: Maximilian Eiden: Gedächtnisgeschichte. In: Joachim Bahlcke (Hg.): Historische Schlesienforschung. Methoden, Themen und Perspektiven zwischen traditioneller Landesge-

stellung zum Thema zu machen, die in Deutschland und in Polen gezeigt werden soll. Ein solches Projekt kann sinnvoll natürlich nur zusammen mit einem polnischen Partner realisiert werden. Einen solchen fanden wir in Leszek Jodliński, dem Direktor des im Neubau befindlichen Schlesischen Museums in Kattowitz/Muzeum Śląskie w Katowicach. Das Museumsprojekt von Kattowitz ist eines der ehrgeizigsten im heutigen Polen. Bis 2013 entsteht auf dem Gelände eines aufgelassenen Bergwerks ein weitläufiger Museumsbau, verbunden mit einem Konzertsaal und einem Kongresszentrum, teils ober-, teils unterirdisch. Das Museum will einen neuen Blick auf die multiethnische Geschichte Oberschlesiens werfen und dabei die traditionelle deutsch-polnische Polarisierung überwinden. Eine Auseinandersetzung mit den schlesischen Erinnerungsorten ist daher für das Kattowitzer Museum von besonderem Interesse. Die Zusammenarbeit der Museen in Görlitz und Kattowitz macht es zudem möglich, neben der deutsch-polnischen auch eine niederschlesisch-oberschlesische Perspektive zu berücksichtigen. Leider haben Verpflichtungen unseres Museums im Zusammenhang mit der Sächsischen Landesausstellung 2011 und Arbeitsbelastung durch den Neubau des Kattowitzer Museums verhindert, dass die Ausstellung bereits realisiert werden konnte. Aber die Arbeit an der Konzeption der Ausstellung ist so weit fortgeschritten, dass man immerhin darüber berichten kann.

Überzeugt davon, dass sich das Konzept „Erinnerungsorte“ für eine Ausstellung über deutsch-polnische Geschichtsbilder von Schlesien gut eignet, machten wir uns an die Arbeit, stießen aber schon bald auf eine Reihe von Problemen. Das begann schon mit dem Begriff „Erinnerungsort“. Dieser Neologismus wird außerhalb der academic community in seinem vollen Bedeutungsgehalt kaum verstanden. Das polnische Äquivalent „miejsce pamięcy“ bedeutet „Gedenkstätte“, und auch im allgemeinen deutschen Sprachgebrauch wird „Erinnerungsort“ sehr häufig in dieser Bedeutung, als Synonym für „Gedenkstätte“, verwendet. Nach wie vor ist einem nicht-akademischen Publikum nicht leicht zu vermitteln, dass man mit dem Terminus „Ort“ zugleich auch eine Person, ein Bild oder eine abstrakte Vorstellung bezeichnen kann. Manche Kategorien von Erinnerungsorten, etwa die literarischen, lassen sich zudem in einer Ausstellung schwer veranschaulichen. Daher scheint es uns ratsam, in der Ausstellung auf reale, topographisch fixierbare Orte zu rekurrieren, auf Gebäude, Siedlungen, Plätze, Denkmäler, Berge, Flüsse. Dennoch soll bei der Konzeption der Ausstellung die Kategorie „Erinnerungsort“ in ihrer umfassenden Bedeutung im Hintergrund stehen. Wir wollen auf zentrale, Geschichtsbilder konstituierende Themen wie etwa „Vertreibung“ nicht verzichten, oder auf herausragende, zur Identifikation einladende Personen und Gruppen wie die Heilige Hedwig von Schlesien / Św. Jadwiga Śląska (1174–1243) oder „die schlesischen Piasten“. Diese Themen sollen nun aber ebenfalls topographisch verankert werden. In einigen Fällen lässt sich das leicht bewerkstelligen, in anderen ist die konkrete räumliche

schichtsschreibung und moderner Kulturwissenschaft, Köln, Weimar, Wien 2005, S. 477–510 (Neue Forschungen zur Schlesischen Geschichte 11); Lech Nijakowski: Smaragdus Europae. Schlesische Erinnerungsgemeinschaften und diskursive Reproduktion der polnischen Nation. In: historie 2 (2008/2009), S. 170–190.

Verortung schwieriger. Manchmal wird man mehrere Orte anzeigen müssen, um ein wichtiges Thema der Gedächtnisgeschichte anschaulich zu machen. So wird das zentrale Motiv beim Erinnerungsort „Piasten" das Piastenmausoleum in Liegnitz/Legnica sein, aber auch andere Piastengrabmäler und Piastenstätten, so etwa das Herzogsschloss in Brieg/Brzeg oder das (abgerissene) Piastenschloss in Oppeln/Opole, sollen zur Sprache kommen.

Einem weiteren Problem lässt sich weniger leicht beikommen. Die Kenntnisse von der schlesischen Geschichte in Deutschland und in Polen sind sehr unterschiedlich ausgeprägt und sie beziehen sich auf unterschiedliche historische Sachverhalte. Wer sich in einer Ausstellung für ein Publikum in beiden Ländern mit der Deutung historischer Vorgänge in Schlesien auseinandersetzen will, muss diese zunächst einmal referieren und zur Kenntnis bringen. Zwar beginnen die Geschichtsbilder von Deutschen und Polen sich anzunähern, die Intensität der Wahrnehmung und des Wissens aber driftet deutlich auseinander. Während im deutschen kollektiven Gedächtnis bestimmte Ereignisse der schlesischen Geschichte bis vor Kurzem noch durchaus präsent waren, namentlich bei den aus Schlesien stammenden Vertriebenen, und von diesen auch immer wieder – oft mit einem mahnenden Unterton – in Erinnerung gerufen wurden, geraten sie nun zunehmend in Vergessenheit. Vielleicht am deutlichsten ist dies beim Umgang mit den deutschen Ortsnamen zu erkennen. Noch vor wenigen Jahren gab es in den Gremien unseres Museums erbitterte Auseinandersetzungen über die Frage, ob, bei welcher Gelegenheit und in welcher Reihenfolge die deutschen oder die polnischen Namen zur Bezeichnung schlesischer Orte zu verwenden seien. Heute ist – wenn man von Breslau/Wrocław einmal absieht – die Kenntnis der deutschen Ortsnamen so weit geschwunden, dass wir in unseren Ausstellungen die polnischen Ortsnamen verwenden müssen, nicht um von einem polnischen, sondern um von einem deutschen Publikum verstanden zu werden. Man kann sich fragen, ob die schlesischen Erinnerungsorte in Deutschland inzwischen nicht weitgehend „erkaltet" sind, wie der geschichtswissenschaftliche Terminus heißt.[4] Wollte man die strenge Definition anwenden, die Traba und Hahn ihrem Forschungsvorhaben zugrunde legen, müsste man die Frage zweifellos bejahen. Danach sind Erinnerungsorte „ein Teil der Selbstdefinition des ‚Wir'", sie sind „für die Selbstdefinition und Selbstbeschreibung einer Gruppe von ausschlaggebender, weil identitätsrelevanter Bedeutung".[5] In der dreibändigen Sammlung *Deutsche Erinnerungsorte* von Étienne François und Hagen Schulze findet sich denn auch außer dem Stichwort ‚Flucht und Vertreibung' kein anderes mit einem expliziten Bezug zur schlesischen Geschichte.

---

4 Freilich ist zu bedenken: Inaktive Erinnerungen können auch revitalisiert, aus dem Speicher des historischen Gedächtnisses hervorgeholt und wieder in Funktion versetzt werden: Aleida Assmann, Funktionsgedächtnis und Speichergedächtnis – Zwei Modi der Erinnerung. In: Kristin Platt, Mihran Dabag (Hg.): Generation und Gedächtnis, Erinnerungen und kollektive Identitäten. Opladen 1995, S. 169–185.

5 Deutsch-polnische Erinnerungsorte, Reader für Autorinnen und Autoren der Aufsätze über deutsch-polnische Erinnerungsorte, 4. Ausgabe (Oktober 2009). In: <http://www.cbh.pan.pl/images/stories/pliki/pdf/PNMP/2009-10-16_Reader_D_online.pdf>, S. 24.

Umgekehrt verläuft die Entwicklung in Polen: In der Zeit der Volksrepublik gab es aufwendige Bemühungen einer staatlich gelenkten Geschichtspolitik, Schlesien als ein wiedergewonnenes, uralt polnisch-piastisches Gebiet im kollektiven Bewusstsein zu verankern.[6] Dennoch gab es vor allem in Niederschlesien früher nur wenige Orte, die einem geschichtsbewussten Polen etwas bedeutet hätten, sieht man von dem sorgsam gehüteten Bestand piastischer Denkmäler ab. Mit dem Heranwachsen von inzwischen drei in Schlesien heimischen polnischen Generationen hat sich das geändert. Das neue Geschichtsbewusstsein ist vor allem ein lokales. Allenthalben entwickelt sich die Identifikation mit der kleinen Heimat des eigenen Dorfes, der eigenen Stadt, der unmittelbaren Region, erst danach mit Schlesien insgesamt. Im selben Maße wachsen das Interesse an der Geschichte dieser Orte in ihrer ganzen chronologischen Dauer und thematischen Breite und die Bereitschaft anzuerkennen, dass diese Geschichte in erheblichem Umfang von den früher hier lebenden Deutschen bestimmt war. Am stärksten ist dieses Bewusstsein in Breslau zu fassen. Die multikulturelle Geschichte der Stadt ist geradezu ihr Markenzeichen geworden, unter ausdrücklicher Einbeziehung ihrer deutschen, österreichischen und neuerdings selbst ihrer preußischen Züge. Natürlich gibt es dagegen auch Widerstand von nationalkonservativer Seite. Das wird deutlich im Streit um die neue stadtgeschichtliche Ausstellung im rekonstruierten Stadtschloss der Hohenzollern oder um die Rückbenennung der „Volkshalle" (Hala Ludowa) in ihren alten, aus deutscher Zeit stammenden Namen „Jahrhunderthalle" (Hala Stulecia), in Erinnerung an die Jahrhundertfeier des „Freiheitskriegs" gegen Napoleon 1913. Aber gerade diese leidenschaftlich ausgetragenen öffentlichen Auseinandersetzungen zeigen, wie lebendig im Land selbst diese in Deutschland schon weitgehend verblassten Erinnerungsorte sind.[7]

Nur kurz zu Aufbau und Gestaltung der Ausstellung. Nach den derzeitigen Überlegungen soll es sich um eine dokumentarische Ausstellung handeln, ohne gegenständliche Exponate. Gedacht ist an eine dreidimensionale, von allen Seiten zu betrachtende und begehbare Ausstellungsarchitektur. Die einzelnen, je einem Erinnerungsort gewidmeten Schauelemente tragen ein groß gezogenes „Titelbild", ein aktuelles Foto. Diese Fotos sollen in einer eigens für die Ausstellung durchgeführten Fotokampagne entstehen. In kleinerem Format sollen Detailfotos zu sehen sein, Fotos von früheren Zuständen, ferner Illustrationen aus Schulbüchern und populären Darstellungen. Zeitungsberichte über aktuelle geschichtspolitische Auseinanderset-

---

6 Vgl. dazu den Beitrag von Marcin Miodek zum Das Propagandabild (Nieder-)Schlesiens nach 1945 in der regionalen Presse (S. 39–64 in diesem Band).

7 Vgl. Tobias Weger, Maximilian Eiden: Von der „Jahrhunderthalle" zur „Hala Ludowa". In: Czapliński, Hahn, Weger (Hg.), Schlesische Erinnerungsorte (wie Anm. 3), S. 221–24; Jerzy Ilkosz: Die Jahrhunderthalle und das Ausstellungsgelände in Breslau, das Werk Max Bergs, München 2006 (Schriften des Bundesinstituts für Kultur und Geschichte der Deutschen im östlichen Europa 28); Olga Tomicka, Sören Urbansky, Bernd Vogenbeck: Breslau und die architektonische Moderne: Die Jahrhunderthalle. 2008 (http://oral-history.euv-ffo.de/breslau/html/Breslau%20und%20die%20architektonische%20Moderne.%20Die%20Jahrhunderthalle%20Hala%20Ludowa.html); Lech M. Nijakowski: Smaragdus Europae (wie Anm. 3), S. 184–187.

zungen, Film- und Audioeinspielungen ergänzen die Präsentation. Nach den bisherigen Überlegungen soll die Ausstellung rund 20 Erinnerungsorte behandeln, aber die Diskussion läuft im Augenblick dahin, ihre Zahl noch einmal deutlich zu reduzieren. Jeweils ein Haupttext referiert in knapper Darstellung und nach gegenwärtigem Forschungsstand die Bedeutung des Erinnerungsortes in der Ereignisgeschichte, der Geschichte ersten Grades, und beschreibt sein Nachleben in der Erinnerung von Deutschen und Polen. Erweiterte Bildbeschriftungen zu den verschiedenen Illustrationen gehen auf einzelne Phasen in der Erinnerungsgeschichte und auf einzelne Aspekte des mit der Erinnerung transportierten Bedeutungsgehalts ein.

Für die Auswahl der Orte gibt es unterschiedliche Kriterien: Es soll sich um Orte handeln, die im jeweiligen nationalen historischen Gedächtnis eine Rolle spielen, an denen sich historische Erinnerung verdichtet, die bedeutsame Vorgänge symbolisieren oder assoziieren lassen. Im Vordergrund stehen geteilte Erinnerungsorte, die also eine differierende, zuweilen gegensätzliche Bedeutung im Gedächtnis Deutscher und Polen haben. Aber auch Erinnerungsorte, die nur für eine der beiden Erinnerungsgemeinschaften eine Rolle spielen oder deren ehedem große Wirkmächtigkeit heute deutlich nachgelassen hat, die also im Begriffe sind zu „erkalten", sollen Aufnahme finden. In mehreren Fällen wird ein Erinnerungsort durch mehrere topographische Orte repräsentiert werden.

Am Anfang muss eine Auseinandersetzung mit dem Begriff ‚Schlesien' stehen, zugleich eine Einführung in die Thematik der Ausstellung. Hierbei geht es nicht zuletzt darum, die unterschiedliche Bedeutung der Namen ‚Schlesien' und ‚Śląsk' zu verdeutlichen und die verschiedenartigen historisch-geographischen Perspektiven, die damit verbunden sind. „Die Erzählungen über die Bewohner der beiden Länder ‚Schlesien' und ‚Śląsk' gestalten sich konfrontativ und zugleich symmetrisch", wie es Wojciech Kunicki einmal ausgedrückt hat.[8]

Es folgt eine Gruppe von geographisch dominanten Erinnerungsorten, die das Bild Schlesiens überhaupt erst konstituieren: die Oder/Odra, das Riesengebirge/Karkonosze, die Stadt Breslau. Ausgehend von der Funktion der Oder als Verkehrsweg und Leitlinie der Besiedlung wird die Frage zu stellen sein, warum es die Oder in der deutschen Mythologie nicht zu einem nationalen Schicksalsfluss gebracht hat wie etwa der Rhein, und welche Rolle die Oder im traditionellen politischen Denken Polens spielte, etwa auch im Rahmen des ‚Westgedankens' als natürliche Grenze Polens.[9] Es wird um den Gott Viadrus gehen und um das Bild der Oder in der Dichtung, angefangen vom Versuch der Humanisten, den Oderstrand zu einem poetischen Gestade zu stilisieren und bis in die Gegenwart. Schließlich hat sich das Oderhochwasser von 1997 als ein bemerkenswerter Erinnerungsort für Deutsche wie für Polen etabliert.

---

8 Zitiert nach Eiden, Gedächtnisgeschichte (wie Anm. 3), S. 489.

9 Vgl. Karl Schlögel, Beata Halicka: Oder – Odra. Blicke auf einen europäischen Strom. Frankfurt am Main, Berlin 2007. Hier besonders: Karl Schlögel: Die Oder – Überlegungen zur Kulturgeschiche eines europäischen Stroms (S. 21 – 46). Markus Krzoska: Die Bedeutung der Oder für das politische Denken Zygmunt Wojciechiowskis (S. 231 – 244).

Beim Erinnerungsort „Riesengebirge“ ist die frühneuzeitliche Erschließung zu registrieren, die Entwicklung von der abweisenden und menschenfeindlichen zur domestizierten und romantischen Landschaft. Das Riesengebirge soll als Reiselandschaft und literarischer Topos vorgestellt werden, als Sehnsuchtsort der Vertriebenen nach 1945 und Chiffre für das 'gute, alte', das vormoderne Schlesien. Schließlich wird auf die schwierigen Aneignungsprozesse auf polnischer Seite nach 1945 einzugehen sein, auf den modernen Tourismus und auf die Künstlerkolonien in deutscher und polnischer Zeit. Viele der unterschiedlichen Facetten des Erinnerungsorts Riesengebirge spiegeln sich in der Gestalt des Rübezahl.[10]

Ein sehr komplexer Erinnerungsort ist die Stadt Breslau, die mit der Ikone des Breslauer Rathauses[11] vorgestellt werden soll. Neben Danzig/Gdańsk ist Breslau wahrscheinlich diejenige unter den Städten der ehemaligen deutschen Ostgebiete, die in Deutschland auch heute noch am ehesten eine memoriale Aura entfaltet. Umgekehrt war Breslau für Polen auch schon vor 1945 ein Erinnerungsort, nicht nur im Hinblick auf ferne piastische Vergangenheiten, sondern auch als Handelspartner und als Schaufenster westeuropäischer Zivilisation, als Ort des Exils und als Zentrum der Polonistik, nicht zuletzt auch als Heimatstadt einer polnischen Minderheit. Hier wird es nicht zuletzt darum gehen, die Veränderungen in der Identität der Stadt seit 1945 nachzuzeichnen: von der polnischen Inbesitznahme der Stadt und Auslöschung der Erinnerung an das deutsche Breslau bis zu dessen Wiederentdeckung und Integration in ein neues multikulturelles Leitbild nach 1989.

An diese Gruppe lassen sich zwei weitere Erinnerungsorte anschließen, zwei Berge, auffällig in ihrer geographischen Lage und Beschaffenheit und symbolisch hochgradig aufgeladen. Der Zobten/Ślęża hat als beherrschende Landmarke der niederschlesischen Ackerebene und wegen seiner vorgeschichtliche Kultstätten seit jeher die Phantasie der Menschen angeregt und zu allerlei Mystifikationen und – weil von seinem alten Namen Slenz der Name Schlesien abgeleitet ist – philologische Speku-

10 Vgl. Klaus Bzdiach (Red.): Die imposante Landschaft – Künstler und Künstlerkolonien im Riesengebirge im 20. Jahrhundert/Wspaniały krajobraz – Artyści i kolonie artystyczne w Karkonoszach w XX wieku. Hg. von der Gesellschaft für interregionalen Kulturaustausch e. V., Berlin – Jelenia Góra 1999; Eiden: Gedächtnisgeschichte (wie Anm. 3), S. 491f.; Józef Zaprucki: Das Riesengebirge in der Literatur. In: „Hier wird das Herz von Sorgen leer“ – Das Hirschberger Tal um 1800. Dresden, Wrocław 2008, S. 25 – 32 (Silesia Nova Sonderheft); Mateusz J. Hartwich: Das schlesische Riesengebirge, die Polonisierung einer Landschaft nach 1945. Köln 2012.

11 Vgl. Norman Davies, Roger Moorhouse: Die Blume Europas, Breslau – Wrocław – Vratislava. München 2002; Gregor Thum: Die fremde Stadt. Breslau 1945. Berlin 2003; Roswitha Schieb: Literarischer Reiseführer Breslau. Sieben Stadtspaziergänge. Potsdam 2008; Jan Harasimowicz (Hg.): Das Bild von Wrocław/Breslau im Laufe der Geschichte. Tagungsband zum gleichnamigen Symposium im Österreichischen Staatsarchiv und im Wissenschaftlichen Zentrum der Polnischen Akademie der Wissenschaften in Wien, 18 – 19. Juni 2008. Wien 2008 (Symposien und Seminare am Wissenschaftlichen Zentrum der Polnischen Akademie der Wissenschaften in Wien 6); Norbert Conrads: Breslau – Identitäten und kulturelles Gedächtnis. In: Matthias Weber, Ivan Petranský, Attila Pok, Andrzej Przewoźnik (Hg.): Erinnerungsorte in Ostmitteleuropa. Erfahrungen der Vergangenheit und Perspektiven. München 2011, S. 139 – 158 (Schriften des Bundesinstituts für Kultur und Geschichte der Deutschen im östlichen Europa 42); Teresa Kulak: Wrocław in Geschichte und Gedächtnis der Polen. In: ebda., S. 159 – 178.

lationen und jahrzehntelangen Streit über die Priorität einer germanischen oder slawischen Besiedlung Schlesiens ausgelöst. Am St. Annaberg/Góra św. Anny wiederum, dem wichtigsten Wallfahrtsort und Lieu de mémoire in Oberschlesien, haften konkurrierende, zugleich miteinander verbundene und sich bedingende Erinnerungen, religiöse und politische, deutsche und polnische. Er spielte eine Rolle beim polnischen Aufstand von 1921, war Ort deutsch-nationaler Mobilisierung und NS-Kultstätte und polnische nationale Gedenkstätte von 1945 bis auf den heutigen Tag.[12]

Sodann folgt eine Reihe von epochenübergreifenden Erinnerungsorten, die wesentlich zur Schlesien zugeschriebenen Landesidentität beigetragen haben. An erster Stelle erscheinen hier die Piasten. Es wird nicht leicht sein, auch nur einen flüchtigen Eindruck von der Vielgestalt und der komplizierten Entwicklungsgeschichte dieses für Schlesien zentralen Erinnerungsortes zu vermitteln. Im 16. und 17. Jahrhundert galten die schlesischen Piasten als fürstliche Spitze des heimischen Adels gegen die Machtansprüche eines auswärtigen Königtums, als Förderer und Schutzherren des schlesischen Protestantismus. Freilich nahm sie auch die Gegenreformation in ihrer Rolle als mittelalterliche Klostergründer in Anspruch. Aus preußisch-deutscher Perspektive seit dem 18. Jahrhundert erschienen sie als enge Verwandte und historische Vorläufer der Hohenzollern und erhielten Lob wegen ihrer Verdienste als freilich selber nur wenig germanisierte Germanisatoren. Die ältere polnische Geschichtsschreibung schwankte bei ihrer Beurteilung zwischen Bewunderung und dem Vorwurf der Treulosigkeit gegenüber dem polnischen Vaterland. Erst in der Zwischenkriegszeit setzte sich eine Deutung durch, die in den Piasten Schlesiens po-

---

12 Vgl. Juliane Haubold: Der heilige Berg Oberschlesiens – der Sankt Annaberg als Erinnerungsort. In: Czapliński, Hahn, Weger (Hg.): Schlesische Erinnerungsorte (wie Anm. 3), S. 201–221; Dies.: Der Gipfel der Symbolik. Der Sankt Annaberg als Verkörperung Oberschlesiens. In: Peter Oliver Loew (Hg.): Wiedergewonnene Geschichte. Zur Aneignung von Vergangenheit in den Zwischenräumen Mitteleuropas. Wiesbaden 2006, S. 347–362 (Veröffentlichungen des Deutschen Polen Instituts Darmstadt 22); Klaudia Polok: Legendowa topografia Góry Świętej Anny i okolic (krzyże i kapliczki) [Sagentopographie des Sankt Annabergs und seiner Umgebung (Kreuze und Kapellen)]. In: Joanna Lubos-Kozieł (Hg.): Pielgrzymowanie i sztuka. Góra Świętej Anny i inne miejsca pielgrzymkowe na Śląsku [Wallfahrtswesen und Kunst. Der St. Annaberg und andere Pilgerorte in Schlesien]. Wrocław 2005, S. 131–146 (Acta Universitatis Wratislaviensis 2846); Wanda Musialik: Międzywojenna prasa polska na Śląsku miejscem kształtowania tradycji świętoanieńskiej [Gestaltung der St.-Anna-Tradition durch die polnische Presse der Zwischenkriegszeit in Schlesien]. In: ebda., S. 227–238; Piotr Wróblewski: Die sakralen Stätten nationaler Minderheiten in Polen: Ethnische Mobilisierung, Kollektives Gedächtnis und Konflikte. In: Christiane Harzig: Migration und Erinnerungen. Reflexion über Wanderungserfahrungen in Europa und Nordamerika. Göttingen 2006, S. 209–223 (Transkulturelle Perspektiven 4); Anna Mitkowska: Kalwaria na Gó rze Świętej Anny. Wybitny obiekt europejskiego i polskiego nurtu sanktuariów kalwaryjskich [Der Kalvarienberg am St. Annaberg. Ein herausragendes Beispiel der europäischen und der polnischen Bewegung für Kalvarien-Wallfahrtsstätten]. Wrocław 2006; Elżbieta Bilska-Wodecka: The Origin and Development of Polish Calvaries as Pilgrimage Centres. In: Daniel Doležal (Hg.): Wallfahrten in der europäischen Kultur. Tagungsband Příbram, 26.–29. Mai 2004. Frankfurt 2006, S. 541–554 (Europäische Wallfahrtsstudien 1); James Bjork: The Annaberg as a German-Polish „Lieu de Mémoire". In: German History 25 (2007), S. 372–400; Nijakowski: Smaragdus Europae (wie Anm. 3) S. 182–184.

sitive Integrationsfiguren für eine polnische Identität der Region sehen wollte. An dieses Konzept knüpfte die Nachkriegszeit mit der Losung der „wiedergewonnenen Gebiete" an.[13] Mit dem Piastenmythos und seinen Polyvalenzen eng verbunden ist der Erinnerungsort der Heiligen Hedwig. Topographischer Anknüpfungspunkt ist hier das Kloster Trebnitz/Trzebnica, von ihrem herzoglichen Gemahl gegründet und Ort ihrer Grabstätte. Hier ist der Weg zu verfolgen von der piastischen Dynastie- zur schlesischen Landesheiligen, von einer Gestalt, die abwechselnd als Schutzherrin gegen den preußischen Staat, als kämpferische Vertreterin des Deutschtums und als Fürsprecherin der Vertriebenen beansprucht wurde, zu einer überkonfessionellen, am Ende auch transnationalen Heiligen, die freilich ihre enge Bindung an Schlesien nicht verloren hat. 2009 hat sie der Sejmik in Breslau zur Patronin der Woiwodschaft Niederschlesien/Województwo dolnośląskie erhoben.[14]

Von Trebnitz ausgehend soll die Rolle der Klöster und Wallfahrtsorte bei der Ausformung der Landesidentität beleuchtet werden, im Spätmittelalter, vor allem aber auch in der Epoche der Gegenreformation. Ein interessanter Erinnerungsort ist Deutsch-Piekar/Piekary Śląskie bei Beuthen/Bytom, in der deutschen Erinnerung von nachrangiger Bedeutung, im heutigen Polen der nach Tschenstochau/Częstochowa wichtigste Marienwallfahrtsort, bekannt als Aufenthaltsort des polnischen Königs Jan III. Sobieski (1629–1696) auf seinem Weg nach Wien und als Ort, an dem sich im Jahre 1697 August II. der Starke (1670–1733) vor seiner Königswahl zur katholischen Kirche bekannte und den Eid auf die Pacta conventa ablegte.

---

13 Alle Literatur in Maximilian Eiden: Das Nachleben der schlesischen Piasten, dynastische Tradition und moderne Erinnerungskultur vom 17. bis 20. Jahrhundert. Köln [u.a.] 2012 (Neue Forschungen zur schlesischen Geschichte 22).

14 Vgl. Winfried Irgang: Die politische Bedeutung der Heiligen im Mittelalter (Wenzel, Adalbert, Stanislaus, Hedwig). In: Joachim Köhler, Gundolf Keil (Hg.): Heilige und Heiligenverehrung in Schlesien. Verhandlungen des IX. Symposions in Würzburg vom 28. bis 30. Oktober 1991. Sigmaringen 1997, S. 31–50 (Schlesische Forschungen 7); Kurt Dröge, Daniela Stemmer: Bilder einer überforderten Kultfrau: St. Hedwig von Schlesien. In: Elisabeth Fendl (Hg.): Zur Ikonographie des Heimwehs. Erinnerungskultur von Heimatvertriebenen. Referate der Tagung des Johannes-Künzig-Instituts für ostdeutsche Volkskunde, 4. bis 6. Juli 2001. Freiburg i. Br. 2002, S. 127–157 (Schriftenreihe des Johannes-Künzig-Institutes 6); Maciej Michalski: Święta Jadwiga śląska i mniszki trzebnickie – interpretacja hagiograficzna [Die Heilige Hedwig von Schlesien und die Trebnitzer Mönche – eine hagiographische Interpretation]. In: Andrzej M. Wyrwa, u. a. (Hg.): Cysterki w dziejach i kulturze ziem polskich, dawnej Rzeczypospolitej i Europy Środkowej. Materiały z siódmej Międzynarodowej Konferencji Cystersologów odbytej z okazji 800. rocznicy fundacji opactwa cysterek w Trzebnicy, Trzebnica, 18–21 września 2002 r. [Die Zisterzienserinnen in Kultur und Geschichte der polnischen Gebiete, der ehemaligen Rzeczypospolita und Mitteleuropas. Materialien der 7. Internationalen Tagung der Zisterziener-Forscher aus Anlass des 800. Gründungsjubiläums der Zisterzienserinnenabtei Trebnitz, Trebnitz, 18.–21.09.2002]. Poznań 2004, S. 261–272; Michał Kaczmarek: Die schlesischen Klöster und ihr Beitrag zur Memorialkultur, in Czapliński, Hahn, Weger (Hg.), Schlesische Erinnerungsorte (wie Anm. 3), S. 29–58; Joachim Köhler: Hedwig von Schlesien (1174–1243). In: Stefan Samerski (Hg.): Die Landespatrone der böhmischen Länder. Geschichte – Verehrung – Gegenwart. Paderborn u. a. 2009, S. 85–97.

Den katholischen Erinnerungsorten stehen die evangelischen gegenüber. Die beiden Friedenskirchen in Jauer/Jawor und Schweidnitz/Świdnica sind hier als erste zu nennen,[15] aber auch andere Kirchen und Gymnasien oder etwa das Schwenckfelder-Denkmal am Viehweg von Harpersdorf/Twardocice.[16] An dieser Stelle wären die Etappen zu skizzieren, die das Selbstverständnis des schlesischen Protestantismus wesentlich prägten: von der Behauptung des Protestantismus in der Gegenreformation über die Gewährung international garantierter Minderheitenrechte im Westfälischen Frieden (1648) bis zur Altranstädter Konvention (1707) und zur Entfaltung der vielleicht ein wenig euphemistisch so genannten „schlesischen Toleranz". Schließlich muss auf den problematischen Umgang der polnischen Nachkriegsgesellschaft mit den Kirchen und Friedhöfen der deutschen Protestanten eingegangen werden.

Bei den jüdischen Erinnerungsorten wird die Synagoge zum Weißen Storch/Synagoga pod Białym Bocianem im Mittelpunkt stehen als wichtigste jüdische Stätte im heutigen Schlesien.[17] Sie soll auch den Ausgangspunkt bieten, um an die reiche deutsch-jüdische Geschichte vor 1933 und die Vernichtung des schlesischen Judentums in der NS-Zeit zu erinnern. Aussagen von Menschen, die in den 1930er Jahren nach Palästina flüchteten und sich im Verband der ehemaligen Breslauer und Schlesier in Israel organisierten, vermitteln einen Eindruck, in welcher Weise die verlorene schlesische Heimat von überlebenden Juden erinnert wurde und wird.[18] Schließlich ist auf das Wiederaufleben jüdischen Lebens im Nachkriegsschlesien und die Einbeziehung der jüdischen Vergangenheit und Gegenwart in das Selbstverständnis der heutigen Stadt Breslau einzugehen.

Nach den religiösen Erinnerungsstätten wird ein Blick auf die Dichter- und Künstlerhäuser fallen. Das Haus Wiesenstein von Gerhart Hauptmann (1862–1946) in Agnetendorf/Jagniątków hatte schon zu dessen Lebzeiten als Dichterburg, Schutzraum und Bühne der Selbstdarstellung Züge eines Erinnerungsortes angenommen. Die Verehrung Hauptmanns als einer Leitfigur der schlesischen Vertriebenen, aber

---

15 Vgl. Małgorzata Morawiec, Die schlesischen Friedenskirchen. In: Heinz Duchhardt (Hg.): Der Westfälische Friede, Diplomatie – politische Zäsur – kulturelles Umfeld – Rezeptionsgeschichte. München 1998, S. 741–756 (Historische Zeitschrift. Beihefte, N. F. 26); Sobiesław Nowotny: Auf den Spuren des schlesischen Protestantismus – am Beispiel der Friedenskirche in Schweidnitz/Świdnica, in Czapliński, Hahn, Weger (Hg.): Schlesische Erinnerungsorte (wie Anm. 3), S. 59–77; Hans Caspary: Die schlesischen Friedenskirchen in Schweidnitz und Jauer, ein deutsch-polnisches Kulturerbe. Potsdam 2009.

16 Vgl. Reiner Sörries, Friedhöfe und Erinnerungskultur in Schlesien. In: Friedhof und Denkmal 4 (2004), S. 20–26.

17 Vgl. Leszek Ziątkowski: Erinnerungsorte schlesischer Juden. In: Czapliński, Hahn, Weger (Hg.): Schlesische Erinnerungsorte (wie Anm. 3), dort auch weitere Literatur; Ramona Bräu: „Arisierung" in Breslau, die „Entjudung" einer deutschen Großstadt und deren Entdeckung im polnischen Erinnerungsdiskurs. Saarbrücken [1]2008.

18 Die *Mitteilungen des Verbandes ehemaliger Breslauer und Schlesier in Israel e. V.*, die seit 1958 anfangs mehrmals im Jahr, zuletzt jährlich erscheinen, wurden im Rahmen eines Projektes des Kulturreferenten am Schlesischen Museum zu Görlitz digitalisiert; vgl. <http://smgr-dev.visual-library.de>, demnächst über <www.schlesisches-museum.de>.

auch die Rezeption des als ‚fortschrittlich' geltenden Dichters der *Weber* im Nachkriegspolen, ferner die Entstehung der heutigen Begegnungsstätte können hier zur Sprache kommen.[19] Zwei weitere Dichter- und Künstlerorte sollen vergleichend herangezogen werden: die Ruine des Eichendorff-Schlosses in Lubowitz/Łubowice[20] und das Künstlerhaus von Eugeniusz Get-Stankiewicz (1942–2011) bei der Elisabethkirche in Breslau.

Den Abschluss bilden einige Erinnerungsorte, die mit einzelnen Epochen der schlesischen Geschichte verbunden sind. Da ist zunächst die Schlacht von Wahlstatt/Legnickie Pole im Jahre 1241, die in Verbindung mit dem Piastenmythos und der Heiligen Hedwig steht und zur Abwehrschlacht um die Rettung des christlichen Abendlands überhöht in die nationalen Geschichtsschreibungen Eingang gefunden hat.[21] ‚Preußen' ist sodann ein weiterer bedeutungsvoller und höchst kontroverser Erinnerungsort der schlesischen Geschichte. Hier bietet das Spätgenpalais in Breslau einen guten topographischen Anker, das Stadtschloss König Friedrichs II. (1712–1786), in deutscher Zeit gefeiert als ein wichtiger Schauplatz der antinapoleonischen Erhebung von 1813, heute Sitz des Breslauer Stadtmuseums und ein Symbolort bei der Bemühung des heutigen Breslau um den richtigen Umgang mit seinem preußischen Erbe.[22] Ein Ausstellungselement soll sich mit dem industriellen

---

19 Vgl. Michael Grisko: Gerhart Hauptmanns Häuser. Berlin 2004; Edward Białek, Mirosława Czarnecka (Hg.). Carl und Gerhart Hauptmann. Zwischen regionaler Vereinnahmung und europäischer Perspektivierung. Wrocław 2006 (Hauptmanniana, Beiträge zur Carl-und-Gerhart-Hauptmann-Forschung 1); Wolfgang de Bruyn, Antje Johanning (Hg.): Gerhart Hauptmann i jego domy: Hiddensee – Erkner – Szklarska Poręba – Jagniątków. Przewodnik literacki [Gerhart Hauptmann und seine Häuser: Hiddensee – Erkner – Schreiberhau – Agnetendorf. Ein literarischer Führer]. Kunersdorf 2007; Wolfgang de Bruyn: Vom Sommersitz auf der Ostseeinsel zur schlesischen Seelen-Schale, fünf Jahre deutsch-polnischer Verbund der Gerhart-Hauptmann-Häuser. In: Mitteldeutsches Jahrbuch für Kultur und Geschichte 15 (2008), S. 281–283

20 Vgl. Eckhard Grundewald: Der „deutscheste der deutschen Dichter"? Stationen der Eichendorff-Rezeption in Oberschlesien und darüber hinaus. In: Matthias Weber (Hg.): Deutschlands Osten, Polens Westen, Vergleichende Studien zur geschichtlichen Landeskunde. Frankfurt 2001, S. 347–370 (Oldenburger Beiträge zur Kultur und Geschichte Ostmitteleuropas 2).

21 Vgl. Ulrich Schmilewski (Hg.): Wahlstatt 1241. Beiträge zur Mongolenschlacht bei Liegnitz und ihren Nachwirkungen. Würzburg 1991 (Beiträge zur Liegnitzer Geschichte 21). Hier besonders: Winfried Irgang: Die Schlacht von Wahlstatt in der Darstellung des Jan Długosz (S. 109–115); Matthias Weber: Die Schlacht von Wahlstatt und ihre Bewertung im Wandel der Zeiten (S. 129–148); Werner Bein: „Ein großes vaterländisches Faktum". Die Schlacht von Wahlstatt in der deutschen Literatur (S. 149–170); Vera Schmilewski: Die Schlacht von Wahlstat in mittelalterlichen Bildzeugnissen (S. 171–192); Heinrich Grüger: Die Benediktinerabtei Wahlstatt (S. 193–204); Michał Kaczmarek: Die schlesischen Klöster (wie Anm. 15), S. 29–58; Eiden: Nachleben (wie Anm. 14), S. 92–109, 327–351.

22 Vgl. Dieter Riesenberger: Preußen, Deutschland und Polen. Ein Überblick 1466–1990. In: Wolfgang Keim (Hg.): Vom Erinnern zum Verstehen, pädagogische Perspektiven deutsch-polnischer Verständigung. Frankfurt am Main u. a. 2003, S. 59–105 (Studien zur Bildungsreform 42); Basil Kerski (Hg.): Preußen – Erbe und Erinnerung. Essays aus Polen und Deutschland, Potsdam 2005; Roland Gehrke, Das „räuberische Monstrum". Preußen in der polnischen Historiographie des 19. und frühen 20. Jahrhunderts. In: Wolfgang Neugebauer (Hg.): Das Thema „Preußen" in Wissenschaft und Wissenschaftspolitik des 19. und 20. Jahrhunderts. Berlin 2006; S. 205–229 (Forschungen zur brandenburgischen und preußischen Geschichte. Neue Folge. Beiheft 8); Mi-

Erbe in Oberschlesien befassen, ein dort in der derzeitigen Epoche des wirtschaftlichen Umbruchs viel diskutierter Erinnerungsort. Wahrscheinlich werden wir die Gieschewald/Giszowiec, am Rande von Kattowitz, zu Beginn des 20. Jahrhunderts erbaut und ein Musterbeispiel für eine moderne Arbeiterkolonie nach dem Gartenstadtprinzip, zum topographischen Ausgangspunkt machen.[23] In Niederschlesien war die Jahrhunderthalle in Breslau ein Leitbau der Moderne, ein Erinnerungsort mit höchst widersprüchlichen Konnotationen. Errichtet als ein patriotischer Weiheort zur Jahrhundertfeier der Befreiungskriege, wurde sie 1918 bei der Ausrufung der Republik zum „Dom der Demokratie", diente in der Weimarer Zeit als Schaufenster des schlesischen Gewerbefleißes, wurde in der NS-Zeit ein Zentralort der Propaganda, nach dem Krieg zur „Volkshalle" (Hala Ludowa), die vor allem als Ort der Ausstellung über die „Wiedergewonnenen Gebiete" (Wystawa Ziem Odzyskanych) im Jahre 1948, aber auch als Wirkungsstätte Papst Johannes Pauls II. (1920–2005) in Erinnerung bleibt, der dort 1997 den Eucharistischen Weltkongress abhielt.[24]

Drei Stätten sollen für den Erinnerungsort „Schlesien in der NS-Zeit und im Zweiten Weltkrieg" stehen: der Sender Gleiwitz/Gliwice, der bei der propagandistischen Verschleierung der Umstände des deutschen Überfalls auf Polen eine Rolle spielte,[25] und die beiden geographisch nahe beieinander gelegenen Orte Kreisau/Krzyżowa[26]

---

chael Zajonz: Die Blume Europas. Breslau? Wroclaw? Die Renovierung des ehemaligen preußischen Königsschlosses zeigt, wie souverän Polen mit der Vergangenheit umgeht. In: Tagesspiegel, 22.08.2009; Kazimierz Wóycicki: Der Polen-Komplex. Das imaginäre Preußen als europäische Chance, Zeitschrift für Ideengeschichte 5/4 (2011), S. 37–51; Gregor Thum: „Preußen – das sind wir!" Zur Wiederentdeckung der preußischen Kulturlandschaft in Deutschland und Polen. In: Zeitschrift für Ostmitteleuropa-Forschung 59/3 (2010 [2011]), S. 301–322.

23 Vgl. Hermann Reuffurth: Gieschewald, ein neues oberschlesisches Bergarbeiterdorf. Kattowitz 1910 (Neuauflage: Katowice 2006); Piotr Matuszek, Joanna Tofilska. Andrzej Złoty: Nikiszowiec, Giszowiec i inne osiedla Katowic [Nikischschacht, Gieschewald und andere Vororte von Kattowitz]. Katowice 2008; Eleonora Bergman: Giszowiec – górnicza wieś-ogród [Gieschewald – ein Bergarbeiter-Gartendorf]. In: Ewa Chojecka (Hg.): O sztuce Górnego Śląska i przyległych ziem małopolskich [Zur Kunst Oberschlesiens und der benachbarten Gebiete Kleinpolens]. Katowice [1]1993, S. 222–236; Lech Szaraniec: Osady i Osiedla Katowic [Stadtteile und Vororte von Kattowitz]. Katowice 1996.

24 Vgl. Anm. 7.

25 Vgl. Jürgen Runzheimer: Der Überfall auf den Sender Gleiwitz im Jahre 1939. In: Vierteljahrshefte für Zeitgeschichte 10 (1962), S. 408–426; Erich Nittritz: Chronik des Rundfunksenders Gleiwitz. In: Gleiwitzer Heimatblatt 6–7 (1964). Abgedruckt in: Rudolf Schlegel, Gleiwitz in alter und neuer Zeit. Dülmen 1985, S. 154–163.

26 Vgl. Karl Schlögel: Landschaft, schwer gebügelt. Kreisau als Werkstatt für die Neuvermessung Europas. In: Silesia Nova 2/5 (2005), S. 65–75; Ders.: Das neue Kreisau. Eine intellektuelle Ortserkundung, in: vorgänge. Zeitschrift für Bürgerrechte und Gesellschaftspolitik 44 (H. 171–172) (2005), S. 235–243; Krzysztof Ruchniewicz: Das politische Denken des „Kreisauer Kreises" aus polnischer Sicht. Ausgewählte Probleme, in: Ders.: Zögernde Annäherung. Studien zur Geschichte der deutsch-polnischen Beziehungen im 20. Jahrhundert (Mitteleuropa-Studien; 7), Dresden 2005, S. 277–289.

und Groß Rosen/Rogoźnica[27]. Obwohl Groß Rosen im System der NS-Lager eine zentrale Funktion hatte und Mittelpunkt eines dichten Netzes von Außenlagern war, ist es im historischen Gedächtnis Deutschlands kaum verankert. Kreisau wiederum und der deutsche Widerstand gegen die nationalsozialistische Diktatur haben in den vergangenen Jahren in Polen eine kontroverse Diskussion erfahren; der Ort ist heute nicht zuletzt durch seine deutsch-polnische Begegnungsstätte im öffentlichen Bewusstsein präsent. Karl Schlögel hat Kreisau als eine „Werkstatt für die Neuvermessung Europas" bezeichnet.

Der Erinnerungsort „Vertreibung" und seine polnischen Äquivalente „wypędzenie" [Vertreibung] und „wysiedlenie" [Aussiedlung] lassen sich topographisch schwer verorten. Für alle Betroffenen verbindet sich die Erinnerung an die verlorene Heimat mit dem eigenen Heimatort. Vielleicht noch am ehesten passt der Ort Kohlfurt/Węgliniec, der Eisenbahnknotenpunkt, den alle Züge passieren mussten, über die in der Zeit von Sommer 1945 bis Ende 1946 die Zwangsaussiedlung abgewickelt wurde. In Kohlfurt gibt es auch eine Gedenkstätte für polnische Sibirien-Deportierte. Nach einem geeigneten Ort für die polnische Neuansiedlung, die Landnahme- und Pionierzeit nach dem Krieg, suchen wir derzeit noch. Für das Fortleben galizischer Traditionen im neuen Schlesien und die Erinnerung an die Kresy soll das Ossolineum in Breslau stehen.[28] Den Abschluss bilden Erinnerungsorte des antikommunistischen Widerstands in den 1980er Jahren, die Breslauer Zwerge und die Oheim-Grube/Kopalnia Wujek bei Kattowitz, Schauplatz blutiger Auseinandersetzungen zwischen Bergarbeitern und der Miliz nach Ausrufung des Kriegsrechts im Dezember 1981.

Auch wenn die Vorbereitung der Ausstellung noch keineswegs abgeschlossen ist, will ich doch abschließend eine erste Zusammenfassung meiner Eindrücke aus der bisherigen Arbeit versuchen.

Das Bild, das die Gedächtnislandschaft Schlesiens zurzeit bietet, ist alles andere als statisch. Dies hat mit dem sich vollziehenden und schon weitgehend abgeschlossenen Generationswechsel zu tun: nämlich dem Abtreten der letzten in Schlesien aufgewachsenen Generation deutscher Schlesier einerseits, der noch vor oder während des Krieges außerhalb Schlesiens aufgewachsenen Generation polnischer Schlesier andererseits. Diese Generation und diejenige ihrer Eltern haben in den letzten Jahrzehnten das Bild von Schlesien in Deutschland und Polen bestimmt. Es war stark von den Erfahrungen des Krieges und des Heimatverlustes geprägt, aber auch noch von eigenen Vorkriegserinnerungen. Die scharfe Zäsur in der Geschichte

---

27 Vgl. Isabell Sprenger: Groß-Rosen. Ein Konzentrationslager in Schlesien. Köln 1996 (Neue Forschungen zur Schlesischen Geschichte 6); Barbara Sawicka: KZ Gross-Rosen – Geschichte und Erinnerung 2005. In: Czapliński, Hahn, Weger (Hg.): Schlesische Erinnerungsorte (wie Anm. 3), S. 249–264; Alfred Konieczny: KL Gross-Rosen. Hitlerowski obóz koncentracyjny na Dolnym Śląsku [KL Gross-Rosen. Ein nationalsozialistisches Konzentrationslager in Niederschlesien]. Wałbrzych 2007.

28 Vgl. Polens historische Schätze. Das Nationalinstitut Ossolineum zu Gast in Wien. Ausstellungskatalog [Prunksaal der Österreichischen Nationalbibliothek; 27. Februar–29. März 2009] Wien 2009; Adolf Juzwenko: Ossolineum we Wrocławiu [Das Ossolineum in Wrocław]. Wrocław 2007.

Schlesiens durch den Zweiten Weltkrieg, die Prozesse der Vertreibungen und Neuansiedlungen hatten eine zweigeteilte historische Erinnerung zur Folge. Das wirkt bis auf den heutigen Tag nach. Etwas anders liegen die Verhältnisse in Oberschlesien, wo es eine größere Kontinuität der Bevölkerung gab, mehr Austausch zwischen Deutschen und Polen, und der im Land selbst stattfindende Fluss der Erinnerungen von einer Generation zur nächsten nicht so vollständig abriss wie in Niederschlesien.

Die heute in beiden Ländern lebenden Menschen sind ganz überwiegend im Wissen aufgewachsen, dass Schlesien mit Polen verbunden ist und bleiben wird. Gleichzeitig wächst vor allem bei Jüngeren ein über Europa vermitteltes Empfinden für die Gemeinsamkeit des historischen Erbes. Während in Deutschland schlesische Erinnerungsorte verblassen und gänzlich zu erkalten drohen, erweitert und vertieft sich das historische Gedächtnis im polnischen Schlesien und nimmt „deutsche" Erinnerungsorte auf, die früher ignoriert oder verdrängt wurden. Dabei kommt es allerdings zu Veränderungen, Akzentverschiebungen oder Umwertungen. Die Neubildung oder Neuinterpretation schlesischer Erinnerungsorte ist nicht selten Gegenstand öffentlicher Auseinandersetzung und Kontroversen. Wo man von zwischen Deutschen und Polen geteilten Erinnerungsorten sprechen kann, ist diese Erinnerung selten konkurrierend oder gar antagonistisch, sondern eher komplementär. Insgesamt ist die Gedächtnislandschaft Schlesien in Bewegung geraten und von Umbrüchen geprägt. Es zeigt sich am Beispiel Schlesiens besonders deutlich, dass Erinnerungsorte keine dauerhaften Einrichtungen sind. Der Versuchung, sie zu kanonisieren, sollte man widerstehen. Die Erinnerungsgeschichte Schlesiens, lange wie erstarrt, geht weiter, ja, man hat den Eindruck, sie beschleunigt derzeit ihren Lauf.

Julita Zaprucka

Das Städtische Museum Gerhart-Hauptmann-Haus als Erinnerungsort[1]

Das Haus Wiesenstein

Das ehemalige Domizil Gerhart Hauptmanns liegt in Jelenia Góra–Jagniątkow (früher Agnetendorf), und es lässt sich zweifelsohne als ein Ort der Erinnerung, als Museum und zugleich als ein internationales Zentrum für Kulturdialog präsentieren.

Jagniątkow (bis 1945 Agnetendorf) gehört seit 1998 zum Stadtgebiet von Hirschberg/Jelenia Góra. Es hat den Charakter eines Urlaubsortes und ist ein günstiger Ausgangspunkt für Bergwanderer. Von 1901 bis zu seinem Tode am 6. Juni 1946 wohnte und arbeitete dort, im Schatten des Riesengebirges, der schlesische Schriftsteller und Nobelpreisträger Gerhart Hauptmann (1862–1946). In der ehemali-

Abb. 1: Haus Wiesenstein in Agnetendorf/Jagniątków. Foto: Tobias Weger, Mai 2009.

1 Ausgangspunkt der Ausführungen ist die seit Étienne François und Hagen Schulze tradierte Definition der Erinnerungsorte im Sinne „langlebiger, Generationen überdauernder Kristallisationspunkte kollektiver Erinnerung und Identität." Hierzu Étienne François, Hagen Schulze (Hg.): Deutsche Erinnerungsorte, 3 Bde., München 2001.

Abb. 2: Polnische und deutsche Gedenktafeln für Gerhart Hauptmann am Haus Wiesenstein. Foto: Tobias Weger, Mai 2009.

gen Residenz des Schriftstellers befindet sich heute das Städtische Museum Gerhart-Hauptmann-Haus (Muzeum Miejskie Dom Gerharta Hauptmanna). Die Villa, eine architektonische Mischung aus Historismus und Neorenaissance, wurde in den Jahren 1900–1901 nach einem Entwurf des Berliner Architekten Hans Grisebach (1848–1904) errichtet. Die auf einen Granitfels erbaute Residenz, die von dem Schriftsteller „Wiesenstein" genannt wurde und eine fantastische Aussicht auf das Riesengebirge gewährt, ist von einem 1,6 Hektar großen Park umgeben.

Der Schriftsteller wohnte hier von 1901 bis zu seinem Tode im Jahre 1946. Das Haus inmitten des Riesengebirges war für Hauptmann ein Zufluchtsort vor dem Lärm und dem gesellschaftlichen Trubel Berlins wie auch ein beliebter Aufenthaltsort und eine repräsentative Residenz. Der Schriftsteller, der viel Zeit in Italien und auf der Insel Hiddensee verbrachte, kehrte immer gerne ins Riesengebirge zurück, das seiner empfindsamen Seele Beruhigung gab. Gleichzeitig wurde die Villa, die dank ihrer prächtigen Architektur und wertvollen Kunstsammlungen eine einzigartige Atmosphäre biete, zu einem berühmten Begegnungsort von Intellektuellen, Schriftstellern, Malern und Künstlern aus dem Riesengebirge und aus Berlin.

Der markanteste Raum in der Villa ist die Paradieshalle. Sie ist ein repräsentativer Salon, der früher die Funktion eines Wohnzimmers erfüllte. Der Name des Raumes leitet sich von der Thematik der Wandmalereien ab, die seine besondere Atmosphäre schaffen. Die Wandmalereien waren ein Geschenk des berühmten schlesischen Kunstmäzens und Hauptmanns-Freundes Max Pinkus (1857–1934) zum 60. Geburtstag Hauptmanns. Ausgeführt wurden sie im Jahre 1922 von Johannes Maximilian Avenarius (1887–1954). Hauptmann als ihr Auftraggeber ließ dabei dem Künstler in Punkto Thematik freie Hand; sein einziger Wunsch war es, ein Werk zu schaffen, das sich auf unterschiedliche Weise interpretieren ließ. Die Wandmalereien nehmen thematisch Bezug auf biblische Elemente wie Adam und Eva; sie zeigen aber auch Motive aus dem Leben und Werk Hauptmanns.

Das geräumige Innere der Villa ermöglichte es dem Schriftsteller, seine Sammlerleidenschaft zu entwickeln. Mit der Zeit wurde das Haus „Wiesenstein" zu einem einzigartigen Museum. Hauptmann sammelte antike Münzen, Kunstwerke, Skulpturen und Gemälde. Sehr wichtig waren auch das „Observatorium" und das „Laboratorium", zwei Zimmer, die Orte der kreativen Arbeit des Künstlers waren. Hauptmann widmete sich seinen Überlegungen in der Stille des oberen Arbeitszimmers, dem „Observatorium". Jeden Tag nach dem Frühstück begab er sich auf einen „produktiven" Spaziergang, während dessen er Notizen anfertigte und Entwürfe seiner künftigen Werke skizzierte. Nach dem Mittagessen und einem starken Kaffee machte er sich im unteren Arbeitsraum, dem „Laboratorium", an die Arbeit. Er war es gewohnt, seine Werke einer Sekretärin oder einem Sekretär zu diktieren. Nachts notierte er manchmal seine wichtigsten Gedanken an der Wand neben seinem Bett.

Neben dem Musikzimmer und dem „Laboratorium" befand sich die Bibliothek, die ein integraler Bestandteil von Hauptmanns Arbeit war. Die in der Bibliothek gesammelten Bücher, wertvollen Kunstwerke und Andenken an zahlreiche Reisen bildeten eine zusätzliche Quelle schöpferischer Inspiration.

Aus der Paradieshalle und der Bibliothek gelangt man in das Musikzimmer, in dem früher regelmäßig Musikabende abgehalten wurden. Während der Begegnungen stellte Hauptmann selbst Fragmente seiner Werke vor, was zu den guten Traditionen des Hauses gehörte. Gegenwärtig werden dort Sonderausstellungen gezeigt. Nebenan befindet sich das ehemalige Esszimmer, in dem man eifrig über Themen der Kunst und Literatur diskutierte.

Nutzungen nach 1946 und 1989

Nach dem Tode Hauptmanns im Jahr 1946 gab es unterschiedliche Konzeptionen, wie das Haus weiterhin benutzt werden sollte. Letztendlich wurde das Haus zum Kindererholungsheim „Warszawianka" umfunktioniert und diente bis 1997 Kindern und Jugendlichen als Ferienlager und „grüne Schule". Direkt nach der politischen Wende in Polen, im November 1989, fassten der damalige Bundeskanzler Helmut Kohl und der polnische Regierungschef Tadeusz Mazowiecki den Entschluss, das frühere Wohnhaus Gerhart Hauptmanns zu einem Museum umzugestalten, das dem Nobelpreisträger gewidmet sein sollte. Nach den umfangreichen, von der deutschen Bundesregierung und der Stiftung für Deutsch-Polnische Zusammenarbeit geförderten Renovierungsarbeiten konnte am 1. September 2001 das Gerhart-Hauptmann-Haus als neue Kultureinrichtung der Stadt Jelenia Góra von Vertretern der polnischen und der deutschen Regierung eröffnet werden. Vier Jahre später gelang es der Kulturinstitution, den Status eines anerkannten Museums zu erlangen – seit 2005 funktioniert es als Städtisches Museum Gerhart-Hauptmann-Haus.

Das Museum fördert den multikulturellen Charakter des Kulturerbes Niederschlesiens und realisiert die in der Satzung vorgesehenen Museumsarbeiten: das Sammeln, Bewahren und Erschließen der Literatur Gerhart Hauptmanns, sowie schlesischer Literatur und Geschichte für die wissenschaftliche Bildung und Forschung. Im Rahmen der Forschungs- und Bildungstätigkeit werden internationale Workshops, wissenschaftliche Tagungen und Symposien von literarischem, kulturellem und historischem Charakter sowie andere kulturelle Veranstaltungen, Konzerte, Vorlesungen und Autorenabende organisiert.

Museale Präsentation und Bildungsarbeit

Das Museum stellt den Besuchern Räume zu Verfügung, die integral mit dem Schaffen Gerhart Hauptmanns verbunden waren. Die Dauerausstellung besteht vor allem aus Objekten, die eine Rolle im Leben des Schriftstellers spielten. Sie präsentiert darüber hinaus die hundertjährige Geschichte des Hauses in Bezug auf die starken Bindungen des Schriftstellers mit dem Riesengebirge. In dem ehemaligen Esszimmer wird gegenwärtig die multimediale, interaktive Präsentation „Gerhart Hauptmann im Wirbel der Geschichte" gezeigt, welche die Biographie des Nobelpreisträgers, historische Filme und Tonfilmdokumente, in denen Gerhart Hauptmann aus seinen Werken liest, enthält. Die Präsentation wird von den musikalischen Lieblingswerken des Schriftstellers begleitet. Im ehemaligen Musikzimmer werden Sonderausstellungen gezeigt. Die Tätigkeit des Museums wird auch durch seine Bibliothek mit Leseraum unterstützt, die zwischen interessanten Exemplaren Hauptmannscher Literatur auch ausgewählte deutsche und ausländische Literatur enthält. Die Bibliothek besitzt auch wertvolle Erstausgaben der Werke Gerhart Hauptmanns, verschiedene Fotografien, Archivmaterial, umfangreiche wissenschaftliche Arbeiten, Studien und Monographien zu Gerhart Hauptmann und seinem Werk.

Das Städtische Museum Gerhart-Hauptmann-Haus sieht die Schwerpunkte seiner Tätigkeit darin:

- die Villa Wiesenstein als ehemalige Wohn- und Wirkungsstätte des Schriftstellers Gerhart Hauptmann sowie die in ihr befindliche Sammlung einer breiten Öffentlichkeit zugänglich zu machen,
- sich der Bewahrung und Popularisierung des alten und neuen Schriftgutes der Region Schlesien zu widmen,
- als Begegnungsstätte den Austausch zwischen Kulturschaffenden aus dem Dreiländereck Polen – Deutschland – Tschechien anzuregen und zu fördern.

Das Städtische Museum wendet sich mit seinen Ausstellungen und Veranstaltungen an alle, die am Leben und Werk Hauptmanns, an der Literatur und Geschichte Schlesiens sowie an zeitgenössischen Werken polnischer, deutscher und tschechischer Autoren aus der Region interessiert sind. Nicht zuletzt sind auch Kinder und Jugendliche im Gerhart-Hauptmann-Haus dazu eingeladen, sich mit der Person Hauptmanns und seinem Werk oder mit Literatur im weitesten Sinne auseinanderzusetzen, um auf diesem Gebiet erste eigene Erfahrungen zu sammeln.

Ein reichhaltiges Veranstaltungsprogramm

Es werden unterschiedliche Veranstaltungen durchgeführt, die Gelegenheit geben, aktuelle Themen aus den Bereichen Literatur, Politik und Gesellschaft im multikulturellen Kontext aufzugreifen. Das geschieht in verschiedenen Formen, einige Beispiele könnte hier ein kurzer Rückblick auf Veranstaltungen der letzten Jahre darstellen.

Um das multikulturelle Erbe Schlesiens zu betonen, werden neben der musealen Tätigkeit im engeren Sinne auch regelmäßige Begegnungen mit großen Künstlern organisiert, die mit Niederschlesien verbunden sind. Die dem weltbekannten Breslauer Poeten Tadeusz Różewicz (* 1921) gewidmete Ausstellung und eine Autorenbegegnung mit ihm haben diese Reihe eingeleitet. Unter den weiteren großen niederschlesischen Kulturvertretern, die im Gerhart-Hauptmann-Haus auftraten, befand sich auch der Tänzer, Choreograph und Regisseur Henryk Tomaszewski (1919–2001), der Begründer des Pantomimetheaters in Breslau/Wrocław (Wrocławskie Teatr Pantomimu); ihm wurden drei Sonderausstellungen gewidmet. Ferner waren unter ihnen Träger des Kulturpreises Schlesiens wie die polnische Schriftstellerin Olga Tokarczuk (* 1962), der deutsche Bildhauer und Graphiker Siegbert Amler (* 1929) sowie der Breslauer Polonist und Sprachwissenschaftler Jan Miodek (* 1946).

Im Rahmen der alljährlich organisierten Autorentreffen und der Kamingespräche werden polnische und ausländische Literaten eingeladen, dem Publikum ihre Werke in der einzigartigen Atmosphäre des Hauses zu präsentieren. In den letzten Jahren waren dies unter anderen Henryk Bereska (1926–2005), Henryk Waniek (* 1942), Helga Hirsch (* 1948), Urszula Kozioł (* 1931), Feliks Przybylak (1933–2010), Stefan Chwin (* 1949), Jurij Ihorevyč Andruchowyč (* 1960) und Marek Krajewski (* 1966).

In jüngerer Zeit waren mehrere Kamingespräche zeitgeschichtlichen Themen gewidmet: dem Mauerfall und der politischen Wende in den ehemals sozialistischen Ländern. Während eines dieser Gespräche fand eine Diskussion statt, an der die Professoren Krzysztof Ruchniewicz (* 1967), Grzegorz Strauchold (* 1958) und Rainer Sachs (* 1954) als Vertreter des Generalkonsulats der Bundesrepublik Deutschland in Breslau teilgenommen haben. Sie erörterten die Entwicklung der deutsch-polnischen Beziehungen in den Jahren nach dem Mauerfall.

Die folgende, derselben geschichtlichen Phase gewidmete Veranstaltung war ein Treffen mit Marek Prawda (* 1956), dem damaligen Botschafter der Republik Polen in Berlin, der die polnisch-deutschen Beziehungen in den letzten Jahren Revue passieren ließ. Im Rahmen dieses Treffens wurde der Film *Tschüß DDR! Über Warschau in die Freiheit* in der Regie von Krzysztof Czajka (* 1949) gezeigt, der die Schicksale derjenigen DDR-Bürger zeigt, die angesichts der politischen und wirtschaftlichen Situation im Jahre 1989 die DDR über Polen verlassen konnten. Der Film erinnert an eine heute fast vergessene Episode der deutsch-polnischen und europäischen Geschichte sowie an Ereignisse, die einen großen Einfluss auf den Fall der Mauer und unsere heutige Zeit gehabt haben.

Das Museum versucht auf vielfältige Weise, an die positiven Aspekte der deutsch-polnischen Geschichte zu erinnern. Dieser Absicht diente auch die Sonderausstellung *Vom polnischen November bis zum deutschen Mai. Das Europa der Nationen 1830–1832*, die vom Berliner Museum Europäischer Kulturen (MEK) organisiert und einem breiten Publikum in Polen präsentiert wurde – zunächst im Königsschloss (Zamek Królewski) in Warschau und anschließend im Agnetendorfer Museum. Diese Ausstellung thematisierte die deutsch-polnische Solidarität und Freundschaft im 19. Jahrhundert, als nach dem gescheiterten Novemberaufstand von 1830/31 in den Westen fliehende Polen in Deutschland herzliche Aufnahme fanden und materiell unterstützt wurden.

Unter den vielen interessanten kulturellen Events, die den polnisch-deutschen Dialog im historischen, politischen und gesellschaftlichen Bereich gefördert haben, war auch ein Treffen mit dem Filmregisseur Robert Stando (* 1931), der seinen Dokumentarfilm *Gerhart Hauptmann und die Polen nach dem Zweiten Weltkrieg* vorstellte. Das Hauptziel des Projekts war die Darstellung unbekannter Fakten aus dem Leben Hauptmanns in den Jahren 1945–1946 anhand der Produktion des polnischen Dokumentarfilmers. Es wurde unter anderem gezeigt, wie Polen gleich nach dem Kriegsende Gerhart Hauptmann Hilfe leisteten. Das Treffen hat dazu beigetragen, positive Momente der deutsch-polnischen Geschichte herauszustreichen und an negativen Stereotypen zu rütteln. Ein Nebeneffekt des Projekts war die Verfilmung der

Begegnung, die dann der polnischen Version des Buches von Gerhart Pohl, *Bin ich noch in meinem Haus*[2], beigefügt wurde.

Im Rahmen seiner wissenschaftlich-didaktischen Tätigkeit organisiert das Museum Fachkonferenzen. 2007 fand hier eine internationale wissenschaftliche Tagung statt. Ihr Thema: *Schlesien als literarische Provinz. Im Spannungsfeld zwischen Regionalismus und Universalismus*[3] bot nur auf den ersten Blick einen eingeschränkten, in Wirklichkeit aber einen breiten Fächer an Forschungsgegenständen, die dazu beigetragen werden konnten. So haben die Veranstalter beinahe zwanzig Referenten aus Deutschland, Tschechien und Polen zur Mitwirkung eingeladen. Die Ergebnisse wurden Anfang 2008 in einem Sammelband veröffentlicht. Das Spektrum der Konferenz reichte von der Barockzeit bis in die Gegenwart, von geschichtlichen Analysen bis zu Anmerkungen zur Lyrik einzelner schlesischer Poeten – von allgemein bekannten wie Martin Opitz (1597–1639) und Gerhart Hauptmann zu heute der breiteren Öffentlichkeit nur wenig sagenden Namen wie Fedor Sommer (1864–1930), Johannes Maximilian Avenarius – als Dichter!, Monika Taubitz (* 1937) oder Walther Meckauer (1889–1966). An der Tagung nahmen bekannte Literaturwissenschaftler wie Hans-Gert Roloff, Jörg-Ulrich Fechner, Peter Sprengel und Wojciech Kunicki, aber auch Nachwuchswissenschaftler, unter ihnen Mitarbeiter deutscher, polnischer und tschechischer Universitäten, des Bundesinstituts für Kultur und Geschichte der Deutschen im östlichen Europa (BKGE) sowie polnischer Fachhochschulen aus Wrocław und Jelenia Góra teil. Die Veranstalter gingen davon aus, die bewährte Tradition fortzusetzen, die seit Jahrzehnten – insbesondere aber in den letzten 15 Jahren – gepflegt wird und darauf zielt, die „fremde Literatur in Schlesien" besser kennen zu lernen, Vorurteile zu überwinden und den historischen Tatsachen gerecht zu werden.

2009 fand im Gerhart-Hauptmann-Haus die internationale wissenschaftliche Konferenz zum Thema *Gerhart Hauptmann und die Medien* statt. Die Konferenz wurde nicht nur als wissenschaftliches, sondern auch als kulturelles Event konzipiert: Die wissenschaftlichen Beiträge wurden am Vormittag in Agnetendorf vorgetragen und diskutiert, am Nachmittag fanden im Cyprian-Kamil-Norwid-Theater (Teatr im. Cypriana Kamila Norwida) in Jelenia Góra eine Podiumsdiskussion und im Theaterkaffee eine literarisch-musikalische Performance statt, die von Studenten der Hochschule „Kolegium Karkonoskie" vorbereitet wurde.

Den ersten wissenschaftlichen, deutschsprachigen Teil der Konferenz moderierte Małgorzata Kęsicka von Kolegium Karkonoskie, die zum wissenschaftlichen Diskurs namhafte deutsche und polnische Germanisten eingeladen hatte: Anna Manko-Ma-

---

2 Gerhart Pohl: Czy jestem jeszcze w moim domu? Ostatnie dni Gerharta Hauptmanna [Bin ich noch in meinem Haus? Die letzten Tage Gerhart Hauptmanns]. Hg. und mit Vorwort zur polnischen Fassung von Janusz Skowroński. Warszawa 2010.

3 Marek Adamski, Wojciech Kunicki (Hg.): Schlesien als literarische Provinz. Literatur zwischen Regionalismus und Universalismus. Beiträge des Städtischen Museums Gerhart-Hauptmann-Haus, Leipzig 2008; Małgorzata Kęsicka, Józef Zaprucki (Hg.): Śląsk jako prowincja literacka. Literatura między regionalizmem i uniwersalizmem, Publikacje Muzeum miejskiego „Dom Gerharta Hauptmanna". Jelenia Góra 2009.

tysiak von der Universität Wrocław sprach zum Thema *Gerhart Hauptmann in polnischen Universalenzyklopädien und -lexika*, Gerald Diesener vom Leipziger Universitätsverlag erörterte das Problem *Gerhart Hauptmann – (nur) noch ein Gedächtnisort?* und Krzysztof Kuczyński von der Universität Łódź brachte dem zahlreich erschienenen Publikum die Kunst des Interviews Gerhart Hauptmanns nahe. Die wissenschaftlichen Auftritte begleiteten lebhafte Diskussionen und Fragen seitens der anwesenden Gäste. In den Pausen konnten sich die Gäste mit der Ausstellung *Gerhart Hauptmann und der Film*, die vom Gerhart-Hauptman-Museum in Erkner zur Verfügung gestellt worden war, vertraut machen. Der zweite Teil der Konferenz begann am Nachmittag im Cyprian-Kamil-Norwid-Theater in Jelenia Góra mit der Vernissage einer Sonderausstellung zu den Theaterstücken Hauptmanns in Inszenierungen des Cyprian-Kamil-Norwid-Theaters und der Breslauer Pantomime. Im Anschluss daran fand im großen Theatersaal eine Podiumsdiskussion statt, die von dem polnischen Germanisten und Diplomaten Sławomir Tryc moderiert wurde und an der Persönlichkeiten der deutschen und polnischen Theater- und Museumswelt teilnahmen: Urszula Liksztet, die literarische Leiterin des Cyprian-Kamil-Norwid-Theaters, Malgorzata Bruder, Kustodin der Abteilung für Theatergeschichte am Städtischen Museum Breslau (Muzeum Miejskie we Wrocławiu), Christian Schmidt, Intendant der Landesbühnen Sachsen, Radebeul, und Carsten Knödler, Intendant am Gerhart-Hauptmann-Theater in Zittau. Die während der Diskussion variierten Themenkreise, zum Beispiel die zeitgenössische Rezeption Hauptmanns in jugendlichen Kreisen, fanden ein reges Interesse beim Publikum, das sich in hohem Maße aus jungen Menschen und Studenten zusammensetzte. Der letzte und aus literarischer Sicht womöglich interessanteste Teil der Veranstaltung ereignete sich im Theaterkaffee, in dem Philologiestudenten vom Kolegium Karkonoskie ein musikalisch-literarisches Konzert vorführten, in dem sie Fragmente aus dem Drama *Die Weber* und etliche Dichtungen Gerhart Hauptmann darboten, was einen immensen Applaus, besonders von Seiten des deutschen Publikums hervorrief. Es ist hervorzuheben, dass im Publikum sowohl Gäste aus Deutschland, deutschstämmige Bewohner des Hirschberger Tals als auch Polen, darunter viele Jugendliche, waren.

Die Veranstaltung der internationalen wissenschaftlichen Konferenz *Schlesien als geistig-kulturelles Erbe. Landschaft – Dichter – Musen* wurde im Hohenhaus in Radebeul im Rahmen der Jubiläumsfeierlichkeiten zum 150. Geburtstag von Marie Thienemann (1860–1914) durchgeführt. Da die Organisation dieser Konferenz vom Gerhart-Hauptmann-Haus in Agnetendorf in Polen übernommen wurde und der Veranstaltungsort Radebeul war, hat dieses Event als ein gutes Beispiel der deutsch–polnischen aber auch tschechischen Zusammenarbeit zur Völkerverständigung beigetragen. Ziel der eintägigen, im Familienhaus der ersten Frau Hauptmanns organisierten Konferenz war, auf interkulturelle Komponenten bei der Bewahrung und Entwicklung des gemeinsamen Kulturerbes hinzuweisen. Zwar stand Schlesien und seine Kultur im Mittelpunkt, was insbesondere bei der Podiumsdiskussion zutage getreten ist, doch vermochten es die Veranstalter, den Zuhörern eine breitere Perspektive der Interkulturalität anzubieten, indem in den Referaten unter anderem auf deutsch-polnische bzw. deutsch-tschechische kulturelle Wechselbeziehungen als

Teilaspekte des gemeinsamen Kulturerbes hingewiesen wurde. Die im Titel der Konferenz genannten „Musen“ wurden dabei in einem weiten Sinn verstanden (etwa Architektur oder Landschaft), als Anlass zum kreativen Handeln, was im Schaffen der schlesischen Künstler besonders stark ausgeprägt ist und sie von anderen unterscheidet. Diese Thematik wurde dann eingehend auf einer Podiumsdiskussion erörtert. Zum Ausklang fand ein besonderes Konzert statt: ein polnisches Ensemble präsentierte die Lieder von Carl Hauptmann (1858–1921) in der Vertonung von Anna Teichmüller (1861–1940).

Das Ziel der vom Museum organisierten Konferenzen ist die Betonung der Bedeutung des niederschlesischen Erbes für die Pflege der gemeinsamen Kulturwerte. Dasselbe Ziel liegt der Organisation anderer Kulturevents und Sonderausstellungen zugrunde. Sehr großer Popularität erfreute sich die Wanderausstellung *Schwarze Maske*, die bereits in Kulturinstitutionen in Deutschland und Polen präsentiert wurde. Auch 2012 wurde die Ausstellung überall dort präsentiert, wo das Hirschberger Theater das gleichnamige Stück aufgeführt hat. Eine weitere, unlängst realisierte Wanderausstellung trug den Titel *Agnetendorf auf alten Ansichtskarten (Jagniątków na dawnych pocztówkach)*. Die Wanderausstellung wird von einer Buchpublikation[4] begleitet, die Kopien der alten Postkarten und einen geschichtlichen Abriss von Agnetendorf beinhaltet. Dieses Dorf ist ohne Zweifel ein geheimnisvoller Ort, der seit Jahren Künstler angelockt hat, die hier entweder ein Refugium oder den Leben spendenden Odem der unberührten Natur, und allem voran Inspiration suchten. Den meisten wurde dies auch zuteil, vor allem Gerhart Hauptmann. Die alten Postkarten dagegen werden heute von vielen als kleine Kunstwerke betrachtet; denn einerseits eröffnen sie einen Blick in eine vergangene Zeit, andererseits bieten sie ein Band der Verständigung zwischen der deutschen und polnischen Kultur. Man darf ebenfalls ihren ästhetischen Aspekt nicht außer Acht lassen, denn bei genauerer Betrachtung bekommt man den Eindruck, dass sie nicht nur eine Nachricht aus der Vergangenheit sind (sie beinhalten kurze, vor langer Zeit entstandene Texte in einer für die heutigen Bewohner fremden Sprache), sondern dass sie zugleich einen ästhetischen Wert übertragen, der für all jene wichtig ist, denen die Kunst etwas bedeutet. Man könnte sogar behaupten, dass diese Postkarten eine Art Boten der Vergangenheit darstellen, die eine Nachricht von der früheren Kultur bringen, die so einen Dialog mit der heutigen polnischen Kultur anknüpfen soll. Gerade deshalb fügt sich das vom Städtischen Museum Gerhart-Hauptmann-Haus initiierte Projekt *Agnetendorf auf alten Ansichtskarten* so gut in die Tätigkeit dieser Institution ein, deren Aufgabe nicht nur darin besteht, die Person und das Schaffen des berühmten Schriftstellers vor dem Vergessen zu bewahren, sondern ebenfalls darin, ein Symbol überall da zu sein, wo es um die Betonung des multikulturellen Charakters des regionalen Erbes und um die Verständigung zwischen Polen und Deutschen geht.

---

4 Julita Izabela Zaprucka (red.): Jagniątków na dawnych pocztówkach. Jelenia Góra 2011.

Zahlreiche weitere Ausstellungen sind dank einer sehr guten Zusammenarbeit mit Partnerinstitutionen in Deutschland gelungen, darunter mit den anderen Hauptmann-Häusern.

Dank der fruchtbaren Zusammenarbeit mit dem Museum Europäischer Kulturen in Berlin konnte das Gerhart-Hauptmann-Haus dem polnischen Publikum die Gestalt und das Werk der schlesischen Scherenschnittkünstlerin Marie Louise Kaempffe (1892–1963) nahe bringen. Im Werk der Künstlerin lässt sich ein deutlicher Zusammenhang zur Kunst und Kultur Niederschlesiens finden, so dass die Ausstellungsmacher in Berlin auf die Idee gekommen sind, Kaempffe in ihrer kulturgeschichtlichen Verbindung zum heutigen Polen zu präsentieren. Dieser Idee folgend, wird Kaempffe als „Bindeglied" zwischen Polen und Deutschland und als bekannte Figur der gemeinsamen schlesischen Tradition betrachtet.

Dank der Unterstützung seitens der Urenkelin des Schriftstellers, Harriet Hauptmann, organisierte das Museum bereits zwei Ausstellungen der Arbeiten des ältesten Sohns des Schriftstellers, Ivo Hauptmann (1886–1973), der als Maler und Professor an der Kunstakademie in Hamburg tätig war. In Zusammenarbeit mit dem Kleist-Museum in Frankfurt an der Oder wurde eine Ausstellung präsentiert, die den Wanderungen Heinrich von Kleists (1777–1811) im Riesengebirge gewidmet war. Im Rahmen der Zusammenarbeit mit dem Günter-Grass-Haus in Lübeck konnte man anlässlich des zwanzigsten Jahrestages der Verleihung des Nobelpreises eine Ausstellung von Grass' Graphiken organisieren, die das weniger bekannte, nicht literarische Werk dieses Schriftstellers präsentierte.

Besondere Events bilden die anlässlich des Geburtstags Gerhart Hauptmanns organisierten Veranstaltungen unter dem Titel *Gerhart Hauptmann und Freunde*. Die Reihe wurde mit einer Veranstaltung zu Max Pinkus initiiert, der unter anderem die Ausmalung der Paradieshalle in der Villa Wiesenstein finanzierte. Zu dem Treffen kam auch ein Enkel Pinkus', John Roy Peters, der in einem kurzen Vortrag das Schicksal der Familie Pinkus darstellte. Das Museum gab bei dieser Gelegenheit ein zweisprachiges Buch aus der Serie *Gerhart Hauptmann und Freunde* unter dem Titel *Max Pinkus in Erinnerungen*[5] heraus. Das Buch stellt die Persönlichkeit des großen Kunstmäzens nicht nur aufgrund wissenschaftlicher Forschungen, sondern auch auf der Grundlage seiner Tagebücher dar.

Das folgende Event aus dem Zyklus *Gerhart Hauptmann und Freunde* war eine Ausstellung mit Werken der Malerin und Graphikerin Charlotte E. Pauly (1886–1981), die den großen Schriftsteller in den letzten Monaten seines Lebens begleitet hatte. Die Ausstellung wurde in Zusammenarbeit mit dem Gerhart-Hauptmann-Museum in Erkner vorbereitet. Beide kooperierenden Kultureinrichtungen waren von der Absicht getragen, die Persönlichkeit und Kunst Paulys dem polnischen Publikum vorzustellen. Darüber hinaus besaß die Ausstellung auch eine symbolische Dimension, da durch sie die Künstlerin nach so vielen Jahren ihre Heimat und das ihr

---

5 Arkadiusz Baron, Julita Izabela Zaprucka (Hg.): Gerhart Hauptmann und Freunde. Max Pinkus in Erinnerungen. Jelenia Góra 2010.

so nahe stehende Haus geistig wieder besuchen konnte. Auch andere Künstler aus der Umgebung des großen Schriftstellers hatten durch die Tätigkeit des Museums Gerhart-Hauptmann-Haus die Gelegenheit, in Form einer Ausstellung oder einer Publikation aus dem Zyklus *Gerhart Hauptmann und Freunde* auf symbolische Art und Weise hierher zurückzukehren.

Eine andere Ausstellung, die nicht übersehen werden darf, ist die im Sommer 2012 in Berlin gezeigte Wanderausstellung *Gerhart Hauptmann und das Riesengebirge*, die in Zusammenarbeit mit der Filiale des Riesengebirgsmuseums (Muzeum Karkonoskie) in Jelenia Góra, dem Carl- und Gerhart-Hauptmann-Haus (Dom Carla i Gerharta Hauptmannów) in Schreiberhau/Szklarska Poręba vorbereitet wurde. Die erwähnte Ausstellung steht im Zusammenhang mit den geplanten Feierlichkeiten anlässlich des 150. Geburtstages des Schriftstellers und des 100. Jahrestages der Verleihung des Literaturnobelpreises an ihn. Die starke Bindung Hauptmanns an das Riesengebirge und an die niederschlesische Landschaft, die sowohl in seinem Werk als auch in seinem Leben einen mächtigen Widerhall gefunden hat, entschied über die Wahl der Thematik der durch das Museum im Hauptmann-Jahr vorbereiteten Ausstellung.

Die beiden Häuser des Schriftstellers werden heute als Museumseinrichtungen genutzt, deren Tätigkeit zum Ziel hat, Andenken zu Leben und Werk von Carl und Gerhart Hauptmann zu sammeln, sie zu bewahren und Interessierten zu erschließen, wodurch das multikulturelle Erbe der Region gefördert wird. Sie entfalten darüber hinaus rege kulturelle und wissenschaftliche Aktivitäten, die für deutsche und polnische Rezipienten gedacht sind. Das Städtische Museum Gerhart-Hauptmann-Haus in Agnetendorf bereitet jedes Jahr über zwanzig kulturelle Veranstaltungen unterschiedlichen Charakters vor. Der Beitrag des Museums zum deutsch-polnischen Dialog durch die Realisierung kultureller internationaler Veranstaltungen wurde 2008 mit dem renommierten Preis „Niederschlesischer Erfolgsschlüssel" (Dolnośląski Klucz Sukcesu) in der Kategorie „Herausragendste Kultureinrichtung bzw. Kulturinitiative Niederschlesiens" gekrönt. Im Jahr 2010 bekam das Museum das Zertifikat des besten touristischen Produkts (najlepszy produkt turystyczny) der Niederschlesischen Fremdenverkehrsorganisation (Dolnośląska Organizacja Turystyczna), was diese Institution in der ersten Liga der touristischen Objekte Niederschlesiens platziert.

VERLAGSGESCHICHTE

Detlef Haberland

Schlesische Bücherwelt(en): Zur Geschichte und Erforschung des schlesischen Buchwesens im 19. und 20. Jahrhundert[1]

Das vorliegende Thema könnte zunächst einmal gar nicht als eines erscheinen, über das es sich wirklich zu forschen lohnt. Während das Buchwesen in Schlesien in der Frühen Neuzeit weitgehend bekannt und zum Teil sogar sehr gut erforscht ist, macht die Verlagslandschaft in Schlesien ab 1800 geradezu den Eindruck einer „terra incognita".

Ein kurzer Blick auf die Geschichte des Buchdrucks in Breslau zeigt dessen historische Bedeutung. 1475 druckte der Kleriker Kaspar Elyan das erste Buch in Breslau. Konrad Baumgarten schuf hier 1504 seine großartige Hedwigslegende. Wichtig für die Verbreitung der Reformation und des Gedankenguts von Luther und Melanchthon sind die Drucker Adam Dyon und Kaspar Libisch. Der Rektor des Elisabeth-Gymnasiums Andreas Winkler war einer derjenigen, die die Kenntnis der Antike und der reformatorischen Theologie und Frömmigkeit durch Drucke in der Oderstadt verbreiteten. Wichtig sind im Folgenden die Druckerfamilien Scharffenberg und Baumann sowie die Offizin von Esaias Fellgiebel. Entscheidend für alle Drucker war, dass sie ihre Bestallung vom Rat der Stadt erhielten. Da dieser mehrheitlich protestantisch eingestellt war, ergab sich folgerichtig ein gewisses Spannungsverhältnis zum Klerus und zum Bischof. Im 18. Jahrhundert gelangte die Familie Korn zu beträchtlichem Einfluss im Bereich des Verlagswesens. Johann Gottlieb Korn gründete 1732 seinen Verlag, der sich schnell ausbreitete, bis nach Warschau handelte und so eine marktbeherrschende Stellung einnahm. Neben ihm war die Stadtbuchdruckerei Graß, Barth & Comp. aktiv. Bedingt durch die politische Entwicklung im 18. und den rasanten wirtschaftlichen und technischen Fortschritt im 19. Jahrhundert blieben die genannten Firmen jedoch nicht allein. Sehr schnell wurden zahlreiche Unternehmen gegründet, von denen allerdings viele naturgemäß den Charakter von Eintagsfliegen hatten.

Viele Offizinen sind mit ihrer Produktion mindestens teilweise bekannt und der gesamte Bereich ist, angefangen von der Papierherstellung über die Buchbindung bis hin zur Erhellung der Bedeutung von Bibliotheken und Archiven sowie der Lesersoziologie, durch vielfältige Untersuchungen von polnischer und deutscher Seite mindestens ein gutes Stück weit aufgearbeitet.[2] Natürlich gibt es noch zahlreiche Lücken in diesem Bild, aber die Bedeutung des Buchdrucks für die Kultur des frühneuzeitlichen Schlesien im Rahmen des Humanismus und Späthumanismus ist in Umrissen

1 Da die Publikation des Vortrags bereits vor der Einladung in einem größeren Kontext vorgesehen war, wird hier die Vortragsfassung mit einigen Ergänzungen geboten.

2 Siehe hierzu jetzt Verf.: Kommentierte Bibliographie zum Buch- und Bibliothekswesen in Schlesien bis 1800. München 2010 (Schriften des Bundesinstituts für Kultur und Geschichte der Deutschen im östlichen Europa, 39).

durchaus schon sehr gut zu erkennen. Dabei spielt auch eine Rolle, dass die Erforschung des frühen Buchdrucks interessanter erscheint wegen möglicher Entdeckungen, wegen teilweise schwieriger, aber lohnender Identifikationen einzelner Drucker und Werke sowie nicht zuletzt wegen des exklusiven Bereichs des Inkunabeldrucks.

Und nach 1800? Für diesen Zeitraum, so könnte man sagen, sind wir doch ebenfalls recht gut unterrichtet. Da ist Breslau mit einer Reihe bekannter Verlage, die sowohl für Schlesien selbst als auch für den gesamten deutschsprachigen Raum von Bedeutung waren: Das sind im Wesentlichen der Korn-Verlag, die wissenschaftlichen Verlage Hirt und Trewendt, oder ein so bekannter Verlag wie S. Schottländer, in dem etwa die erste Ausgabe des Romans *L'Adultera* von Theodor Fontane erschien.

Aber was weiß man über den „Gauverlag N.S. Schlesien", über seine personellen Hintergründe, über Einzelheiten seines Programms und seine Wirkung? Was ist über den Publikumsverlag Leopold Freund bekannt, der wohl von 1837 bis 1932 existierte? Was wissen wir über die Produktion des Gosohorsky-Verlages, der wohl von 1823 bis 1879 tätig war und vor allem Hochschulschriften verlegte? Was ist mit dem Verlag Graß & Barth, der eher aus der Zeit vor 1800 bekannt ist, aber noch bis 1936 existierte und von dem allein im GBV[3] 1.400 Titel nachgewiesen werden konnten? Und was ist mit der Schletterschen Verlagsbuchhandlung, die wohl von 1833 bis 1942 arbeitete und von der im GBV 1.000 Titel Rechtsliteratur aufgeführt sind? Die Aufzählung könnte fast beliebig fortgesetzt werden.

Es gibt also eine gewaltige Diskrepanz zwischen den Verlagsnamen und der Bekanntheit ihrer Programme. Wer „Verlage in Breslau" sagt, meint Korn, allenfalls noch Hirt und Trewendt, aber kaum mehr. Sowohl in Deutschland wie in Polen wird man nicht eben leicht fündig, wenn man nach vertiefenden Informationen über diese und andere Verlagshäuser sucht. Nimmt man einmal das Gesamt der Breslauer Verlage in den Blick, die zahlreichen wissenschaftlichen, allgemeinen, jüdischen, regionalen und nationalsozialistischen Unternehmungen, so wird man praktisch kaum detaillierte Untersuchungen finden, von einer Gesamtdarstellung ganz zu schweigen.

Spätestens an dieser Stelle könnte man fragen, ob es sich dann überhaupt um ein lohnenswertes Forschungsfeld handelt. Im Folgenden sollen die Umrisse eines deutsch-polnischen Projektes skizziert werden, das vom Beauftragten der Bundesregierung für Kultur und Medien gefördert und im Rahmen der Partnerschaft zwischen dem Germanistischen Institut der Universität Breslau und dem „Bundesinstitut für Kultur und Geschichte der Deutschen im östlichen Europa" durchgeführt wird.

Zunächst einige einleitende und erläuternde Sätze, die notwendig sind für die soziologische und kulturhistorische Einordnung Breslaus hinsichtlich des Verlagswesens in der Neuzeit. Die Landeshauptstadt der preußischen Provinz Schlesien gehörte bereits in der Frühen Neuzeit zu denjenigen Städten, deren kulturelle Bedeutung weit über die Grenzen des Heiligen Römischen Reiches hinausging. Das Patriziat der

3 Gemeinsamer Bibliotheksverbund der Länder Bremen, Hamburg, Mecklenburg-Vorpommern, Niedersachsen, Sachsen-Anhalt, Schleswig-Holstein, Thüringen und der Stiftung Preußischer Kulturbesitz.

Stadt hatte ein Klima toleranter Intellektualität geschaffen, das Gelehrte aus fast allen Teilen Europas anzog. Aber auch nach dem Untergang des alten Reiches behielt Breslau seine Bedeutung bei, nun aber unter veränderten Vorzeichen. In dem entstehenden Deutschen Reich unter der Führung Preußens waren Schlesien und Breslau wichtige Bezugspunkte für die preußische Regierung im Hinblick auf Politik, Wirtschaft und Kultur: Schlesien als traditionsreiche Provinz an der Grenze zu Polen und Böhmen und mit bedeutenden Industrien vor allem in Oberschlesien (Kohle, Erz, Eisen und Stahl). In Breslau bestand seit 1811 eine der wichtigen Universitäten Preußens mit allen Fakultäten und einem anerkannt hohen Standard in Lehre und Forschung sowie einer traditionsreichen Universitätsbibliothek.

Breslau war zugleich ein Ort mit einer alten buchgeschichtlichen Tradition und einer weiten Ausstrahlung. Eine solche war allerdings, im Zusammenhang mit der international vernetzten Universitäts- und Bildungslandschaft, für die Frühe Neuzeit durchaus normal. Erst im Laufe des 18. und zu Beginn des 19. Jahrhunderts ist im gesamten deutschsprachigen Raum zu beobachten, dass die Verlagsproduktionen starke Regionalisierungsentwicklungen erlebten. So entstanden in einer Zeit stürmischer Industrialisierung (auch auf dem Gebiet der Papierherstellung und -verarbeitung sowie in der Drucktechnik) zahlreiche kleinere Verlage, die sich zwar immer noch an den nach wie vor wichtigen Messen in Frankfurt und Leipzig orientierten, aber doch zunehmend für die Käuferschaft „vor Ort" produzierten. Diese Entwicklung wurde auch dadurch gefördert, dass der Leipziger Verleger Philipp Erasmus Reich 1760 den bis dahin bestehenden Tauschhandel von einem Tag auf den anderen abschaffte und den „Nettohandel" einführte, also den Erwerb von Büchern durch Buchhandlungen von den Verlagen gegen Barzahlung. Das ist neben dem „Konditionshandel" das normale Warengeschäft, wie es auch heute noch existiert.

Preußen war in puncto Buch eine der produktionsfreudigeren Provinzen des Deutschen Reiches. 1870 wurden hier mit über 4.000 Titeln 41,4 Prozent der Buchproduktion, also knapp die Hälfte der Produktion des Reiches, veröffentlicht (wobei die Masse der Bücher auf Leipzig und Berlin entfallen dürfte). 1908 waren es bereits 11.369 Titel, also fast dreimal so viel, aber Preußen erreichte damit nur noch 45,2 Prozent der Gesamtproduktion des Reichs, sank also leicht ab. Das ist die Konsequenz dessen, dass die anderen Staaten des Deutschen Reiches inzwischen ebenfalls mehr Bücher produzierten.[4]

Schlesien stand mit 293 Titeln (1870) an vierter Stelle im Ranking der Provinzen Preußens und hatte einen Anteil von 7 Prozent an der Gesamtproduktion nach Brandenburg, der Rheinprovinz und Sachsen. Dieser Anteil fiel 1908 auf 6,4 Prozent, und Schlesien kam damit nur noch auf den sechsten Platz.[5]

---

4 Daten, auch im Folgenden, Barbara Kastner: Statistik und Topographie des Verlagswesens. In: Georg Jäger (Hg.): Geschichte des Deutschen Buchhandels im 19. und 20. Jahrhundert. Teil 1: Das Kaiserreich 1870–1918. Frankfurt am Main 2001 (Geschichte des Deutschen Buchhandels im 19. und 20. Jahrhundert 1), S. 300–367, hier S. 353f.

5 Ebenda, S. 354.

Schlesiens Hauptstadt Breslau hatte, was das Verlagswesen betrifft, eine Bedeutung, die bislang vollständig unterschätzt worden ist. Im *Lexikon des gesamten Buchwesens* liest man in der zweiten Auflage von 1987 zu Breslau noch folgendes: „Zur Kornschen Verlagsbuchhandlung gesellten sich im 19. Jh. die Buchhandlungen von Joseph Max, Ferdinand Hirt, Siegmund Schletter, Johann Urban Kern und Eduard Trewendt."[6] Breslaus Verlage trugen jedoch, ganz gleich, ob sie nur wenige Jahre existierten oder viele Jahrzehnte, entscheidend zum kulturellen Profil Breslaus und Schlesiens bei. Dessen Besonderheit lag unter anderem in dem regional unterschiedlichen, zum Teil beträchtlichen Anteil polnischsprachiger Bevölkerung sowie in der Grenzlage zwischen Polen und Böhmen.

Breslau war im Jahre 1870 der sechstgrößte Verlagsstandort im Reich (nach Berlin, Leipzig, Stuttgart, München und Dresden). Zwar gab es in anderen schlesischen Städten ebenfalls alteingesessene Buchdruckereien, Verlage und Buchhandlungen, doch deren Radius war schon allein aufgrund der vor Ort verfügbaren Leser- und Käuferschaft äußerst beschränkt. Breslau hingegen zählte
1820 – 74.928 Einwohner,
1849 – 104.222 Einwohner,
1871 – 207.997 Einwohner und schließlich
1910 – 511.891 Einwohner
und war damit die sechstgrößte Stadt des Reiches.[7]

Die Verteilung der sozialen Schichten mit 11,5 Prozent gehobenem Bürgertum, 19,4 Prozent Kleinbürgertum, 60 Prozent Unterschicht und 9,1 Prozent Sonstige im Jahr 1876 blieb im Vergleich zum Jahr 1906 zunächst tendenziell konstant. Schließlich aber stieg der Anteil des gehobenen Bürgertums, also die Bildungsschicht, auf Kosten anderer Schichten um rund 9 auf 20,4 Prozent an.[8]

Wenn man diese Verhältnisse auf den Buchmarkt überträgt, so bedeutet dies, dass über lange Jahre dasjenige soziale Milieu, das an Kultur und damit also am Buchkauf interessiert war, etwa ein Zehntel der Bevölkerung Breslaus ausmachte. Erst im 20. Jahrhundert stellte das gehobene Bürgertum ca. 20 Prozent der Bevölkerung. Umfasste diese soziale Gruppe noch 1820 nur rund 7.400 Einwohner, so waren es 1910 schon rund 100.000 Personen. Die Einwicklung hin zu einer zahlenmäßig großen und auch kaufkräftigen Leserschaft aus gehobenem Beamtentum, Wissenschaft und Wirtschaft ist klar erkennbar. Hinzu kam die Nähe vor allem zu Polen, die, was interkulturellen Austausch, aber auch Propaganda während des Nationalsozialismus betrifft, sich wahrscheinlich auch auf die Buchproduktion, mindestens aber auf den

6 Lexikon des gesamten Buchwesens. 2., völlig neubearb. Aufl., Hg. v. Severin Corsten, Günther Pflug, Friedrich Adolf Schmidt-Künsemüller. Bd. I. Stuttgart 1987, S. 540f., hier S. 540.

7 Zahlen nach Manfred Hettling: Politische Bürgerlichkeit: Der Bürger zwischen Individualität und Vergesellschaftung in Deutschland und der Schweiz von 1860 bis 1918. Göttingen 1999 (Bürgertum. Beiträge zur europäischen Gesellschaftsgeschichte 13), S. 38. Es gibt, das sei nur am Rande angemerkt, leicht abweichende Bevölkerungszahlen in anderen Übersichten, die hier jedoch nicht diskutiert werden können.

8 Daten in ebenda, S. 39.

Buchhandel ausgewirkt haben dürfte. Nicht zu unterschätzen ist auch der Anteil des gebildeten jüdischen Bürgertums.

Bereits aus diesen wenigen Bemerkungen wird deutlich, dass Breslau als Standort einer beträchtlichen verlegerischen Aktivität im Osten des Reiches eine wichtige Position zukommt. Dem steht entgegen, dass die Verlagslandschaft Breslaus zwischen 1800 und 1945 – im Gegensatz zur Buch- und Druckgeschichte im Schlesien der Frühen Neuzeit – nur wenig und teilweise praktisch gar nicht erforscht ist. Außer einigen wenigen, meist älteren Publikationen zu Verlagen wie Korn, Aderholz, Hirth, Leuckart, Trewendt und zum nationalsozialistischen Wahlstattverlag existieren weder in Deutschland noch in Polen weder umfassende monographische Untersuchungen noch eine auch nur in Ansätzen angemessene Forschungsliteratur in unselbständiger Form zum Breslauer Verlagswesen. So enthält etwa die *Wolfenbütteler Bibliographie zur Geschichte des Buchwesens im deutschen Sprachgebiet 1840–1980* nur drei Seiten mit Titeln zu Breslau, zu denen überwiegend Titel zur Druck- und Bibliotheksgeschichte, zu Handschriften sowie zu Buchbindern und -händlern, auch in der Frühen Neuzeit, gehören.[9] Auch in Polen ist von buchhistorischer Seite bislang wenig getan worden, um diesen Bereich angemessen zu erhellen. Die maßgebliche *Bibliografia Historii Śląska* bietet für Breslau wie für andere schlesische Städte in dieser Hinsicht ein eher mageres Bild, obwohl doch, wie im seinerzeitigen deutschen Pendant, der *Schlesischen Bibliographie*, die Sparte „Buchdruck, -handel, Bibliotheken" in jedem Jahrgang mit einer Reihe von Titeln vertreten ist.

Hierin unterscheidet sich der Sektor Buch etwa von der Geschichte des Rundfunks, der Kunstsammlungen (hier sei nur die über Deutschland hinauswirkende Sammlung Minutolis genannt), der Bibliotheken und der regionalen Sozialgeschichte in Schlesien. Die bedeutende Position Breslaus als sechstgrößter deutscher Verlagsstandort (bereits im letzten Viertel des 19. Jahrhunderts!) wird nicht zur Kenntnis genommen. Selbst größere buchhandelsgeschichtliche Untersuchungen streifen Breslau und Schlesien lediglich mit wenigen Bemerkungen. Über das jüdische Verlagswesen ist kaum etwas Detailliertes bekannt. Das einzige Handbuch in dieser Hinsicht, Siegmund Kaznelsons *Juden im Deutschen Kulturbereich*, ist auch in der 3. Ausgabe von 1962 mit „Ergänzungen und Richtigstellungen" praktisch unergiebig.[10] Erst 2011 hat Jan Doktór vom Jüdischen Historischen Institut in Warschau (Żydowski Instytut Historyczny) auf einer Konferenz einen neuen Vorstoß zur Erschließung dieses Feldes gemacht.[11]

Zwischen 1800 und 1945 existierten aber etwa 320 Verlage, verlagsähnliche Unternehmungen und Verlagsbuchhandlungen in Breslau. Die Existenzphasen reichen, soweit bis jetzt festzustellen, von ein- bis zweijährigen Perioden bis hin zu jahrzehn-

---

9 Wolfenbütteler Bibliographie zur Geschichte des Buchwesens im deutschen Sprachgebiet 1840–1980. Bearb. v. Erdmann Weyrauch [...]. 12 Bde., München, New York, London [u. a.] 1990–1999; hier Band 11 (1999), S. 74–76.

10 Berlin 1962.

11 „Die jüdischen Druckereien und das jüdische Verlagswesen in Schlesien" auf der Tagung: Juden in Schlesien, 25.–28.9.2011 in Breslau.

telangen Produktions- und Wirkungszeiten. Die Buchproduktion reicht von nur wenigen Titeln bis hin zu vierstelligen Produktionsumfängen. Die Zahlen sind ermittelt nach Russells *Gesammt-Verlags-Katalog des Deutschen Buchhandels*[12] und dem GBV. Auch wenn es bei der Zahl der Verlage insgesamt sowie bei den Produktionszahlen der einzelnen Verlage noch zu kleineren Verschiebungen kommen kann, kann jedoch eine grundsätzlich zutreffende Größenordnung von Verlagen sowie eine tendenziell zutreffende Größe der Buchproduktion angenommen werden.

Zu diesen 320 Verlagen gehören mindestens acht Musik- und acht Zeitungsverlage, möglicherweise sieben jüdische Verlage, fünf nationalistische/nationalsozialistische Verlage, mindestens zwei Kunstverlage und mindestens zwei Verlage, die ein polnischsprachiges Programm enthalten. Allein diese Zahlen zeigen, dass das Verlagswesen in Breslau für die Stadt selbst, für die Provinz Schlesien sowie für ihre Nachbarregionen wie nicht zuletzt für das Deutsche Reich von erheblicher Bedeutung war; und zwar in folgender Hinsicht: als

- ökonomischer Faktor für Breslau und die Provinz Schlesien,
- soziologischer Faktor im Hinblick auf Wirtschafts- und Gesellschaftsentwicklung,
- Medienangebot im regionalen und nationalen Kontext,
- Multiplikator-Standort für Wissenschaft, Kunst, Unterhaltung,
- Zentrum im deutsch-polnischen Austausch in der preußischen Randprovinz.

Das eingangs erwähnte Projekt wird von elf Projektnehmern aus Polen und Deutschland getragen und durch die Kooperation von Leipzig (Lehrstuhl für Buchwissenschaft, Prof. Siegfried Lokatis), Breslau (Germanistisches Institut, Frau Prof. Urszula Bonter) und Oldenburg (Bundesinstitut für Kultur und Geschichte der Deutschen im östlichen Europa, Prof. Detlef Haberland) organisatorisch betreut.

Es werden zur Zeit folgende Verlage oder verlagsähnliche Unternehmungen untersucht: die Anfänge des Ferdinand Hirt-Verlages, die Verlagsbuchhandlung S. Schottländer, die kleineren jüdischen Verlage Brandeis, Münz, Hepner, Sklower und Heidenfeld, der Verlag von Eduard Trewendt, NS-Verlage und nazifizierte Verlagshäuser in Breslau (Gauverlag NS-Schlesien und Ferdinand Hirt & Sohn Verlag (1930–1945), der „Kulturbund Schlesien“ als Zeitschriftenverleger in der Weimarer Republik, der Korn-Verlag zwischen 1871 und 1945, insbesondere auch die Zeit des Dritten Reichs, die *Schlesische Zeitung* des Korn-Verlags zwischen 1741 und 1945 (exemplarisch), die Verlage M. & H. Marcus und Priebatsch, der Verlag Joseph Max & Co. (1809–1945) sowie konfessionelle Verlage in Breslau.

Damit ist ein sehr breit gespanntes Programm umrissen, innerhalb dessen mehr als 15 verlegerische Aktivitäten untersucht werden. Das gesamte Projekt wird in erster Linie von Nachwuchswissenschaftlern getragen. Die Unterschiedlichkeit der Einzelprojekte soll keineswegs verdeckt werden. Sie richtet sich einerseits nach den Ergebnissen der Recherchen vor Projektbeginn und andererseits nach den Interessen

12 Adolph Russell, Johannes Basch: Gesammt-Verlags-Katalog des Deutschen Buchhandels. Ein Bild deutscher Geistesarbeit und Cultur, vollständig bis Ende 1880 [...]. 21 Bde., Münster i. W. 1881–1893.

der Beteiligten sowie nach den vorhandenen Strukturen (einige Zeiträume und Verlage sind nicht von vordringlichem Interesse).

Es ist zu erwarten, dass die detaillierten und systematischen Untersuchungen zu genannten einzelnen Verlagen Breslaus erstmalig genauere Aufschlüsse über eine Reihe von konstitutiven Aspekten des Verlagswesens bringen, so etwa: zur personellen Zusammensetzung und Ausrichtung der Verlage, zur Programmentwicklung, zum Zusammenhang von Programm, Rentabilität und Leserschaft, zur Rezeption der Programme insgesamt (in Schlesien wie im Reich), zum Verhältnis des Verlagsstandortes zu Polen und ggf. zu Böhmen, zur Auswirkung dieser Grenzlage auf Programme, Autorenwahl und Rezeption.

Um wenigstens andeutungsweise zu zeigen, welches Spektrum in diesem Thema steckt, soll das Bild eines Verlags skizziert werden, der bislang gewiss nicht im Zentrum der Aufmerksamkeit stand. Schon das Breslauer Adressbuch von 1832 nennt J. und A. Gosohorsky als ansässige Buchhändler. Ein Adam Gosohorsky, dessen Tätigkeit zwischen 1825 und 1870 nachgewiesen ist, gründete den Verlag Gosohorsky. Dieser wurde zunächst von dem bekannten Breslauer Antiquar Ludwig Ferdinand Maske (1808–1871) übernommen. 1846 ging die Verlagsbuchhandlung in Konkurs. Adolf Kiepert, der Neffe des berühmten Kartographen, erwarb sie 1873 von dem Verwalter der Konkursmasse. Unter der Verlagsbezeichnung *A. Gosohorsky's Buchhandlung (Adolf Kiepert)*, seit mindestens 1876 auch mit dem Zusatz „Hofbuchhändler" zu seinem Namen, verlegte er in Breslau unter anderem Hochschulschriften – besonders hervorzuheben: die noch heute bedeutende Habilitationsschrift Richard Pischels über die Grammatiken der Prakrit-Sprachen (*De grammaticis prâcriticis*, 1874) –, Lehrbücher für den Griechisch-, Französisch- und Biologieunterricht und Schriften zu sozialen, kirchenpolitischen und naturwissenschaftlichen Fragen.

Diese trockene Aufzählung von Daten haucht dem Verlag jedoch noch kein Leben ein, der wahrscheinlich von 1823 bis 1879 arbeitete. Er war nicht nur der Verlag für zahlreiche Breslauer Wissenschaftler wie die Germanisten Felix Bobertag, August Kahlert, Alfred van der Velde oder Hermann Palm, sondern auch der für bekannte Mediziner wie den Professor für Geburtshilfe Julius Wilhelm Betschler, den dänischen Orientalisten Niels Ludvig Westergaard, den international renommierten Ophthalmologen Hugo Magnus oder den durch seine Gegnerschaft zur Deportation bekannten Juristen Felix Friedrich Bruck.

Betrachtet man nur diese wenigen Namen, tut sich eine Breite der disziplinären Anknüpfungspunkte auf, die an dieser Stelle weiter verfolgt werden können. Es sei nur erwähnt, dass das die Abhandlung von Westergaard über die Geschichte Indiens und das Todesjahr Buddhas zu den wenigen seiner Schriften gehören, die auf Deutsch verlegt wurden. Der Rest erschien auf Dänisch oder Latein.

Auch jüdische Studien und vor allem zahlreiche interessanter Regionalia erschienen im Gosohorsky-Verlag. Die Aufarbeitung des Verlagsprogramms in Verbindung mit der Entwicklung einiger Disziplinen ergäbe aufschlussreiche Ausblicke, nicht nur auf die Bedeutung des Verlags, sondern auch auf den Stellenwert der Hochschullehrer, die hier veröffentlichen ließen.

Leszek Dziemianko

Der Breslauer Verlag von Eduard Trewendt (1845–1903) Ein Beitrag zur Geschichte des schlesischen Verlagswesens im 19. Jahrhundert

I.

An der Schwelle zum 19. Jahrhundert fand in Deutschland – vor allem dank der rationalistischen Ideen der Aufklärung – ein soziokulturell und mentalitätsgeschichtlich signifikanter, tiefgreifender Wandel innerhalb der bürgerlichen Öffentlichkeit und ihrer Strukturen statt. Er war unter anderem durch den zunehmend fortschreitenden Sozialisierungsprozess der literarischen Kultur, eine erhebliche Steigerung der Buchproduktion, die zu einem mächtigen und zum Teil effizienten Wirtschaftszweig wurde, und die damit einhergehende Ausweitung des literarischen Marktes gekennzeichnet.[1] Während die sozialen Unterschichten und der untere Mittelstand nach wie vor einer nur langsam voranschreitenden kulturellen Assimilation unterlagen und noch weitgehend vom Analphabetismus betroffen waren, griff im Kreis der gebildeten und kulturellen Eliten sowie in den mittleren Gesellschaftsschichten die ‚Vielleserei', die scherzhaft als „Leselust"[2] oder entschieden abwertend als

1 Zu diesem Fragenkomplex vgl. allgemein Hans-Ulrich Wehler: Deutsche Gesellschaftsgeschichte, München 1996, Bd.1: Vom Feudalismus des Alten Reiches bis zur defensiven Modernisierung der Reformära. 1700–1815, S. 303–306, 313–321, Bd. 2: Von der Reformära bis zur industriellen und politischen ‚Deutschen Doppelrevolution'. 1815–1845/49, S. 141–143, 520–525, 532–533. Ferner vgl. u. a. Alberto Martino, Marlies Stützel-Prüsener: Publikumsschichten, Lesegesellschaften und Leihbibliotheken. In: Horst Albert Glaser (Hg.): Deutsche Literatur. Eine Sozialgeschichte. Reinbek bei Hamburg 1987, Bd. 5: Zwischen Revolution und Restauration: Klassik – Romantik. 1786–1815, S. 45–57; Peter Schmidt: Buchmarkt, Verlagswesen und Zeitschriften. In: Glaser (Hg.): Deutsche Literatur (s. o.), S. 74–92; Alberto Martino: Publikumsschichten und Leihbibliotheken. In: Glaser (Hg.): Deutsche Literatur (s. o.), Bd. 6: Vormärz: Biedermeier, Junges Deutschland, Demokraten. 1815–1848, S. 32–41; Sibylle Obenaus: Buchmarkt, Verlagswesen und Zeitschriften. In: Glaser (Hg.): Deutsche Literatur, Bd. 6 (s. o.), S. 44-62; Germaine Goetzinger: Die Situation der Autorinnen und Autoren. In: Gert Sautermeister, Ulrich Schmid (Hg.): Hansers Sozialgeschichte der deutschen Literatur vom 16. Jahrhundert bis zur Gegenwart, München, Wien 1998, Bd. 5: Zwischen Revolution und Restauration. 1815–1848, S. 38–59; Ulrich Schmid: Buchmarkt und Literaturvermittlung. In: Sautermeister, Schmid (Hg.): Hansers Sozialgeschichte (s. o.), S. 60–93; Eva D. Becker: Literaturverbreitung. In: Edward McInnes, Gerhard Plumpe (Hg.): Hansers Sozialgeschichte der deutschen Literatur vom 16. Jahrhundert bis zur Gegenwart, München, Wien 1996, Bd. 6: Bürgerlicher Realismus und Gründerzeit. 1848–1890, S. 108–137.

2 Friedrich Sengle: Biedermeierzeit. Deutsche Literatur im Spannungsfeld zwischen Restauration und Revolution. 1815–1848, Stuttgart 1972, Bd. 3: Die Formenwelt, S. 27; Martino, Stützel-Prüsener: Publikumsschichten (Anm. 1), S. 45.

„Lesesucht“[3] und „Lesewut“[4] bezeichnet wurde, wie ein Lauffeuer um sich. Dabei war eine Änderung der Bedürfnisse und Gewohnheiten der „als kommunikative Funktion des Literatursystems“[5] zu definierenden Leserschaft „von der intensiven zur extensiven Lektüre“[6] nicht zu übersehen.

Dank gesellschaftlicher Umstrukturierung, allmählicher Beschleunigung der Alphabetisierung und nicht zuletzt dank technischer Innovationen stiegen im Verlauf des 19. Jahrhunderts kontinuierlich die Masse und das Tempo der „Buch-, Zeitschriften- und Zeitungsherstellung“, die jetzt in relativ hohen Auflagen, „in rascher Zeit und [zudem] zu niedrigem Preis möglich“ wurde.[7] Diesen Aufschwung, der bei der bildungsgeschichtlichen Entwicklung des vorigen Jahrhunderts sowie bei den damaligen soziopolitischen, wirtschaftlichen und juristischen Gegebenheiten undenkbar gewesen wäre, lassen konkrete Tatsachen erkennen.

So überschritt die Zahl der Neuerscheinungen im Jahr 1843 die Rekordgrenze von 14.000 Titeln, die – nach einem merklichen, vor allem durch äußere Einflüsse verursachten Rückgang des Produktionsstandes – 1879 jedoch wieder erreicht werden konnte und sich in den kommenden Jahrzehnten sukzessiv erhöhte.[8] Die wachsende „Produktion, Verbreitung und Rezeption von Lektüre“[9] hing allerdings mit dem ständigen Ausbau der buchgewerblichen Infrastruktur zusammen. Das Netz an „buchhändlerischen Unternehmungen“, sowohl an Verlagen, Sortimenten als auch „sonstigen Formen des vertreibenden Buchhandels“, wurde bei allen regionalen Unterschieden immer dichter und differenzierter.[10] Die Zahl der Buchhandlungen in

---

3 Rudolf Schenda: Volk ohne Buch. Studien zur Sozialgeschichte der populären Lesestoffe. 1770–1910. Frankfurt am Main 1970, S. 37 (Studien zur Philosophie und Literatur des neunzehnten Jahrhunderts 5); Herbert G. Göpfert: Vom Autor zum Leser. Beiträge zur Geschichte des Buchwesens. München 1977, S. 42; Schmid: Buchmarkt (Anm. 1), S. 91.

4 Harro Segeberg: Die Französische Revolution und ihre Wirkungen. In: Victor Žmegač (Hg.): Geschichte der deutschen Literatur vom 18. Jahrhundert bis zur Gegenwart, Königstein/Ts. 1979, Bd. I/1, S. 331–348, hier S. 341; Ortwin Beisbart: Kinder- und Jugendliteratur. In: Sautermeister, Schmid (Hg.): Hansers Sozialgeschichte (Anm. 1), S. 339–365, hier S. 341; Gerhard Plumpe: Autor und Publikum. In: Helmut Brackert, Jörn Stückrath (Hg.): Literaturwissenschaft. Ein Grundkurs. Reinbeck bei Hamburg 1996, S. 377–391, hier S. 386.

5 Plumpe: Autor und Publikum (Anm. 4), S. 385.

6 Günther Fetzer: Wertungsprobleme in der Trivialliteraturforschung. München 1980, S. 17.

7 Göpfert: Vom Autor zum Leser (Anm. 3), S. 40. Zur allgemeinen Entwicklung des deutschen Buchhandels vgl. vor allem Reinhard Wittmann: Geschichte des deutschen Buchhandels. München 1991, S. 237–300; Monika Estermann, Georg Jäger: Voraussetzungen und Entwicklungstendenzen. In: Geschichte des deutschen Buchhandels im 19. und 20. Jahrhundert. Im Auftrag des Börsenvereins des Deutschen Buchhandels hg. v. der Historischen Kommission, Bd. 1: Das Kaiserreich 1870–1918, Teil 1. Im Auftrag der Historischen Kommission hg. v. Georg Jäger in Verbindung mit Dieter Langewiesche und Wolfram Siemann. Frankfurt am Main 2001, S. 17–37.

8 Vgl. Wolfgang v. Ungern-Sternberg: Medien. In: Karl-Ernst Jeismann, Peter Lundgreen (Hg.): Handbuch der deutschen Bildungsgeschichte. München 1987, Bd. III: 1800–1870. Von der Neuordnung Deutschlands bis zur Gründung des Deutschen Reiches, S. 380–418, hier S. 382.

9 Ungern-Sternberg: Medien (Anm. 8), S. 386.

10 Zitierte Textstellen und nachfolgende Angaben bei Herbert G. Göpfert: Buchhandel und Literaturwissenschaft. In: Friedrich Uhlig (Hg.): Buchhandel und Wissenschaft. Gütersloh 1965 (Schriften zur Buchmarkt-Forschung 5), S. 118–134, hier S. 131–132.

Deutschland, die zu Beginn des 19. Jahrhunderts bei ca. 500 gelegen haben soll, stieg binnen weniger Dezennien – wie aus einer, im ersten Jahrgang der Branchenzeitschrift *Börsenblatt für den Deutschen Buchhandel und die mit ihm verwandten Geschäftszweige* veröffentlichten Aufstellung hervorgeht – auf 859 im Jahr 1834.

Auch die schlesische Hauptstadt machte auf diesem Gebiet bemerkenswerte Fortschritte, indem sie 1831 angeblich 23 und zwei Jahre später sogar 29 Buch- und Antiquariatshandlungen besaß. Diese ansehnliche Zahl konnte jedoch höchstens bis zur Jahrhundertmitte erhalten bleiben, denn 1855 ging sie erneut auf 26 zurück.[11] Genauso viele Sortimentsbuchhandlungen gab es in Breslau, wohlgemerkt einem „Ort mit einer alten buchgeschichtlichen Tradition“[12], interessanterweise ebenfalls in der Folgezeit, und in concreto 1869. Damit rangierte es deutschlandweit auf Platz fünf, selbstverständlich nach Berlin, das mit seinen 99 Sortimenten unangefochten an der Spitze lag, Leipzig (88), Hamburg (36) und Wien (35), doch vor Dresden (24), Prag (24), Frankfurt am Main (22), München (20) und – was wohl besonders verwundern mag – auch vor Stuttgart (19).[13]

Eine starke Position der am weitesten im Osten gelegenen preußischen Großstadt in der damaligen buchhändlerischen Landschaft Deutschlands veranschaulichen außerdem die in dem schon erwähnten *Börsenblatt für den Deutschen Buchhandel* publizierten Mitgliederverzeichnisse des Unterstützungsvereins deutscher Buchhändler und Buchhandlungs-Gehilfen: So sind beispielsweise im Register der Mitglieder von 1870 an die 30 in der Odermetropole ansässige Firmen verzeichnet.[14] Dass Breslau im 19. Jahrhundert unverkennbar zu „den hervorragendsten der deutschen Buchhandelsplätze“ gehörte, ergibt sich schließlich aus der von Johann Goldfriedrich für die Periode 1837–1846 zusammengestellten Tabelle der gesamtdeutschen Verlagsproduktion, in der es mit 2205 Titeln den siebten Platz belegt.[15] Ihre führende Stellung in diesem Bereich behauptete die Stadt auch nach der Reichsgründung.

---

11 Vgl. Martino: Publikumsschichten (Anm. 1), S. 39. Maria Rotterowa: Księgarnia i Wydawnictwo Zygmunta Schlettera we Wrocławiu. 1833–1855 [Buchhandlung und Verlag von Siegmund Schletter in Breslau. 1833–1855]. Wrocław 1956, S. 9 (Śląskie Prace Bibliograficzne i Bibliotekoznawcze 3). Ein anonymer Autor schätzt deren Anzahl im Jahr 1800 auf sechs in Breslau und auf sieben in den übrigen schlesischen Städten. Ende der 1830er Jahre soll es in der Hauptstadt Schlesiens 19 Buchhandlungen gegeben haben. Vgl. [Julius Krebs]: Schlesische Zustände im ersten Jahrhunderte der preussischen Herrschaft. Ein Beitrag zur Cultur- und Sitten-Geschichte Schlesiens. In vertrauten Briefen eines dem Tode Entgegengehenden. Breslau 1840, S. 101.

12 Monika Estermann: Zur Problematik der Verlagsgeschichtsschreibung Breslaus für die Zeit von 1800 bis 1945. In: Berichte und Forschungen. Jahrbuch des Bundesinstituts für Kultur und Geschichte der Deutschen im östlichen Europa 18 (2010), S. 178–192, hier S. 180.

13 1869 gab es in Schlesien 44 Orte, die insgesamt 109 Sortimentsbuchhandlungen besassen. Vgl. o. Verf.: Zur Statistik des Buchhandels. In: Börsenblatt für den Deutschen Buchhandel und die mit ihm verwandten Geschäftszweige 36 (1869), Nr. 208, S. 2870 [im Folgenden zitiert als: Börsenblatt, unter Angabe von Band, Jahr, Nummer und Seite(n)].

14 Vgl. o. Verf.: Unterstützungsverein deutscher Buchhändler und Buchhandlungsgehilfen. In: Börsenblatt 37 (1870), Nr. 196, S. 2733–2754, hier S. 2737–2738.

15 Vgl. Johann Goldfriedrich: Geschichte des Deutschen Buchhandels. Leipzig 1913, Bd. 4: Vom Beginn der Fremdherrschaft bis zur Reform des Börsenvereins im neuen Deutschen Reiche (1805–1889), S. 455, Zitat S. 453.

II.

Der aktuelle Forschungsstand zum deutschen Verlagswesen des 19. Jahrhunderts weist in Bezug auf Schlesien und seine Hauptstadt zahlreiche offensichtliche Lücken auf. Abgesehen von recht wenigen lexikonartigen Beiträgen, kurzen Darstellungen in älteren und neueren Kompendien zur schlesischen Kulturgeschichte sowie den umfangarmen Arbeiten von Emil Wohlfahrt vom Anfang des 20. Jahrhunderts, die in der Hauptsache einen Überblickscharakter haben, mithin sowohl in methodischer als auch perspektivischer Hinsicht den modernen Forschungsansprüchen nicht mehr standhalten, sind zu diesem Thema so gut wie keine auf Quellenrecherchen aufgebauten Publikationen erschienen.[16] Nur in Umrissen ist heute die Tätigkeit der prominentesten Breslauer Verleger- und Buchhändlerpersönlichkeiten der damaligen Zeit wie etwa Johann August Barth (1765–1818), Johann Urban Kern (1811–1868) oder Siegmund Schletter (1803–1876) bekannt.[17]

Eine würdige Ausnahme stellt allerdings die in mehreren Büchern und Aufsätzen eingehend geschilderte und wissenschaftlich ausgewertete Geschichte von Wilhelm Gottlieb Korns (1739–1806) Verlag dar.[18] Erwähnenswert ist außerdem die Briefedition, die den Briefwechsel zwischen dem seinerzeit berühmten und erfolgreichen Verleger Josef Max (1787–1873) und einem seiner Autoren enthält.[19] Darüber hin-

---

16 Vgl. u. a. Hans Jessen: Von Buchdruckern und Verlegern im deutschen Osten. Würzburg o. J. (Der Göttinger Arbeitskreis. Schriftenreihe 41); Emil Wohlfarth: Von schlesischen Verlegern einst und jetzt. In: Schlesische Monatshefte 6 (1929), S. 469–474; Günter Elze: Von Druckern, Verlegern und Buchhändlern in Breslau. In: Buchhandelsgeschichte. Aufsätze, Rezensionen und Berichte zur Geschichte des Buchwesens 1993/3, S. B 81– B 93; Hans-Joachim Koppitz: Das Buch- und Bibliothekswesen. In: Geschichte Schlesiens. Hg. v. der Historischen Kommission für Schlesien. Bd. 3: Preußisch-Schlesien 1740–1945. Österreichisch-Schlesien 1740–1918/45. Hg. v. Josef Joachim Menzel. Stuttgart 1999, S. 477–489; Estermann: Zur Problematik der Verlagsgeschichtsschreibung Breslaus (Anm. 12).

17 Vgl. Karl Adolf Menzel: Johann August Barth. Ein biographisches Denkmal, o. O. [1818]; o. Verf.: Fortsetzung der Geschichte der seit 358 Jahren in Breslau befindlichen Stadtbuchdruckerei. Vom Jahre 1804–1862. Breslau 1863; Emil Wohlfarth: Die Breslauer Buchhändler Ferdinand Hirt, J. U. Kern und Eduard Trewendt, Breslau 1927 (Veröffentlichungen der Schlesischen Gesellschaft zur Förderung der buchhändlerischen Fachausbildung 3); Emil Wohlfarth: Die Breslauer Firmen Graß, Barth & Comp. und Schlettersche Buchhandlung. Breslau 1928 (Veröffentlichungen der Schlesischen Gesellschaft zur Förderung der buchhändlerischen Fachausbildung 4); Rotterowa: Księgarnia i Wydawnictwo (Anm. 11).

18 Vgl. u. a. Hans Jessen: 200 Jahre Wilhelm Gottlieb Korn. Breslau 1732–1932. Breslau 1932; Gerard Koziełek: Der Verlag W. G. Korn – Mittler zwischen Ost und West. In: Herbert G. Göpfert, Gerard Koziełek, Reinhard Wittmann (Hg.): Buch- und Verlagswesen im 18. und 19. Jahrhundert. Beiträge zur Geschichte der Kommunikation in Mittel- und Osteuropa. Berlin 1977, S. 174–200. Wiederabdruck in: Gerard Koziełek: Reformen, Revolutionen und Reisen. Deutsche Polenliteratur im 18. und 19. Jahrhundert. Wrocław 1990, S. 63–85; Aleksandra Mendykowa: Kornowie [Die Korns], Wrocław 1980; Ulrich Schmilewski: Verlegt bei Korn in Breslau. Kleine Geschichte eines bedeutenden Verlages von 1732 bis heute. Würzburg 1991.

19 Vgl. Unte Wolfhart (Hg.): Die Briefe des Breslauer Verlegers Josef Max an Karl Otfried Müller. St. Katharinen 2000 (Beihefte zum Jahrbuch der Schlesischen Friedrich-Wilhelms-Universität zu Breslau XI).

aus sei auf die neueren Beiträge zu Ferdinand Hirt (1810–1879) und Salo Schottländer (1844–1920) hingewiesen, die 2011 im *Jahrbuch des Bundesinstituts für Kultur und Geschichte der Deutschen im östlichen Europa* veröffentlicht wurden und in Kürze zu umfangreicheren monographischen Studien ausgebaut werden sollen.[20] Eine dringende Aufgabe der Forschung ist es auch, die Geschichte und das Profil des Verlages von Eduard Trewendt, einer der größten Breslauer Verlagsanstalten der zweiten Hälfte des 19. Jahrhunderts, wissenschaftlich zu erschließen.[21]

III.

Der Begründer des Verlages war der am 19. Juni 1817 in Breslau geborene langjährige Stadtrat Eduard Trewendt. Nachdem er im Zeitraum vom 1. November 1834 bis Ende des Jahres 1838 in der Breslauer Verlagsbuchhandlung Josef Max & Co. grundlegende buchhändlerische Qualifikationen und praktische Erfahrung erworben hatte, setzte er in den nächsten Jahren bei drei anderen erfolgreichen und angesehenen Verlagsbuchhändlern, bei denen er als Gehilfe tätig war, seine Ausbildung fort: zunächst bei Carl Jügel (1783–1869) in Frankfurt am Main (1838–1841), dann bei Alexander Duncker (1813–1897) in Berlin (1842) und abschließend in den Jahren 1843–1844 bei Carl Gerold (1783–1854) in Wien.

Der angehende Breslauer Verlagsbuchhändler wurde in den von seinen Vorgesetzten ausgestellten Arbeitszeugnissen, die zugleich als Referenz- oder Empfehlungsschreiben galten, ausschließlich in den höchsten Tönen gelobt, sowohl für seine Fachkenntnisse und bisherigen Leistungen als auch für seinen untadeligen Lebenswandel. Der für diese lobenden Beurteilungen charakteristische Tenor ist unter anderem dem am 13. Juli 1844 von Carl Gerold unterzeichneten Zeugnis zu entnehmen:

---

20 Vgl. Łukasz Bieniasz: Ferdinand Hirt und das Verlagswesen im Vormärz. In: Berichte und Forschungen. Jahrbuch des Bundesinstituts für Kultur und Geschichte der Deutschen im östlichen Europa 18 (2010), S. 204–212; Urszula Bonter: Die Gründungsstrategien des Verlegers Salo Schottländer. In: ebd., S. 213–220.

21 Der Forschungsstand zum Verlag von Eduard Trewendt beschränkt sich im Wesentlichen auf folgende Publikationen: o. Verf.: Eduard Trewendt. In Schlesische Zeitung Nr. 339 vom 23.07.1868, S. 4 (Morgenausgabe); o. Verf.: Eduard Trewendt. In: Börsenblatt 35 (1868), S. 2005f.; Ernst Trewendt: Verlagsgeschichte. In: o. Verf.: Verlagsverzeichnis von Eduard Trewendt in Breslau. Zum fünfzigjährigen Bestehen der Verlagsbuchhandlung 1845–1895. Breslau 1895, S. III–VIII; Karl Friedrich Pfau: Trewendt, Eduard. In: Allgemeine Deutsche Biographie. Leipzig 1908, Bd. 54, S. 712; Emil Wohlfarth: Geschichte des Hauses Trewendt & Granier. Sortiments- und Verlagsbuchhandlung. Breslau 1927 (Veröffentlichungen der Schlesischen Gesellschaft zur Förderung der buchhändlerischen Fachausbildung 2); Wohlfarth: Die Breslauer Buchhändler (Anm. 17), S. 13–19; Rudolf Schmidt: Deutsche Buchhändler. Deutsche Buchdrucker. Beiträge zu einer Firmengeschichte des deutschen Buchgewerbes, 6 Bände in 1 Band. Hildesheim, New York 1979, S. 952–955; Reinhard Würffel. Lexikon deutscher Verlage von A–Z. 1071 Verlage und 2800 Verlagssignete vom Anfang der Buchdruckerkunst bis 1945. Adressen – Daten – Fakten – Namen. Berlin 2000, S. 884–886.

„Herr Carl Eduard Trewendt hat im Geschäfte der Unterzeichneten anderthalb Jahre als Gehülfe gearbeitet und sich durch seine ausgezeichnete Thätigkeit, Ordnungsliebe und Geschäftskenntniß, sowie durch sein jederzeit angenehmes und gefälliges Betragen unsere vollkommene Zufriedenheit und Achtung erworben, so daß wir nicht umhin können, seine Trennung von uns, welche durch sein beabsichtigtes Selbstetablissement veranlaßt wird, aufrichtig zu bedauern.
Uebrigens freut es uns, ihn bei dieser Gelegenheit allen unsern Collegen als einen jungen Mann von vorzüglicher Geistesbildung und durchaus solidem Charakter empfehlen zu können, der alle Eigenschaften besitzt, um dem von ihm gewählten Stande Ehre zu machen.“[22]

So konnte der 27-jährige Trewendt, ausgestattet mit dem erforderlichen buchhändlerischen Wissen und mit hinreichenden finanziellen Mitteln, „von der Königl[ich] Preuß[ischen] Regierung zu Breslau die Concession zur Errichtung einer Buch- und Kunsthandlung“ gewiss problemlos erhalten, die er – seinem Rundschreiben vom 10. Oktober 1844 zufolge – am „1. Januar nächsten Jahres eröffnen“ sollte.[23] Diese Ankündigung erwies sich jedoch als voreilig und wurde bald revidiert. Wie er in zwei späteren Zirkularen mitteilte, musste die Eröffnung seines in der Albrechtstraße 39, also nicht weit vom Markt, gelegenen Sortiments, für dessen Einrichtung er keine Kosten gescheut haben will, „[d]urch nicht vorherzusehende Hindernisse“[24] um ein paar Monate – ursprünglich auf den 3. Februar, und letzten Endes auf den 19. Februar 1845 – verschoben werden.

In der Aufbauphase seiner Firma bemühte sich Eduard Trewendt vor allem darum, einen möglichst breiten Kreis von interessierten Kunden und Geschäftspartnern zu gewinnen. Mit einem öffentlichen Rundschreiben, in dem er sie auf seine gute, für das berufliche Fortkommen wichtige Vertrautheit mit buchhändlerischen Kommunikations- und Kooperationsstrukturen sowie auf sein reichhaltiges Sortimentsangebot aufmerksam machte, warb er um Aufträge für sein junges Unternehmen:

„Durch ausgebreitete, meist persönlich angeknüpfte Verbindungen mit den bedeutendsten Buch- und Kunsthandlungen des In- und Auslandes unterstützt, habe ich Sorge getragen, mein Lager ‚deutscher‘, ‚französischer‘ und ‚englischer Bücher‘ und ‚Kunstartikel‘, mit vorzüglicher Berücksichtigung des Neuesten, möglichst vollständig zu assortiren und wird dasselbe durch posttägliche Zusendungen stets mit allen ‚Neuigkeiten‘ der ‚Literatur‘ und ‚Kunst‘ bereichert; ‚Journale‘, ‚Subscriptionen‘ oder ‚Artikel, die nicht augenblicklich auf dem Lager‘ sind, besorge ich ohne Preiserhöhung in möglichst kürzester Zeit.“[25]

Die anfänglichen Schwierigkeiten, das Sortimentsgeschäft zum ursprünglich geplanten Zeitpunkt zu eröffnen, wurden offenbar rasch überwunden. Bereits im nächsten Jahr begann der junge Trewendt nach und nach eine immer reger werden-

---

22 Zeugnisse: Deutsche Nationalbibliothek Leipzig, Deutsches Buch- und Schriftmuseum (im Folgenden DNB Leipzig): Bö – GR/T/428.

23 Geschäftsrundschreiben vom 10. Oktober 1844: DNB Leipzig: Bö–GR/T/428a. Vgl. auch die einschlägige Anzeige in: Börsenblatt 11 (1844), Nr. 97, S. 3351.

24 Geschäftsrundschreiben vom 19. Februar 1845: DNB Leipzig: Bö–GR/T/431a.

25 Geschäftsrundschreiben (ohne Datum und Unterschrift): DNB Leipzig: Bö–GR/T/429a (Hervorhebungen im Original).

de verlegerische Tätigkeit zu entwickeln, indem er Mitte 1846 von dem Begründer der *Breslauer Morgenzeitung* Leopold Freund dessen Verlag erwarb.[26] Im gleichen Jahr heiratete er die aus Hirschberg stammende Auguste Gruner (1826–1894), die „bedeutende Kenntnisse und ein ansehnliches Vermögen besaß und ihn wirksam bei der Annahme und Ausführung weiterer Verlagswerke unterstützte".[27] Binnen kurzer Zeit etablierten sich sowohl das Sortiment als auch der Verlag zu einem florierenden Unternehmen und gewannen „einen ansehnlichen Kundenkreis unter Privaten und Behörden"[28], so dass Eduard Trewendt bald nicht mehr in der Lage war, seine Ausführungsgeschäfte selbständig abzuwickeln.

Unter diesen erfreulichen Umständen beschloss er, sich Anfang 1850 mit seinem Verwandten und langjährigen Freund Julius Granier († 1875), der bei Josef Max & Co. angemessene Berufserfahrung gewonnen hatte, zu assoziieren. Von nun an wurde die Verlagshandlung sieben Jahre lang „mit vereinten Kräften"[29] und unter dem geänderten Namen Trewendt & Granier weitergeführt. Wegen der rasch fortschreitenden „grössere[n] Ausdehnung" seines unter der Sozietätsfirma „debiti[e]rten Verlages" traf Trewendt die Entscheidung, die er im *Börsenblatt für den Deutschen Buchhandel* veröffentlichen ließ, „diesen" vom 1. Januar an „vom Sortiment getrennt zu verrechnen", wodurch der Verlag sieben Monate später wiederum unter seine eigene Ägide gebracht und die Leitung des Sortimentsgeschäfts seinem Sozius überlassen wurde.[30]

Eduard Trewendt, der am 22. Juli 1868, also dreiundzwanzig Jahre nach der Gründung des Verlages, „im kräftigsten Mannesalter" an einem Schlaganfall plötzlich verstarb, hinterließ seinen Erben zweifellos ein gut prosperierendes und aufstrebendes Verlagsgeschäft, das „laut testamentarischer Verfügung" in den alleinigen Besitz seiner Gattin überging und von ihr „unter derselben Firma und in der bisherigen Weise" bis 1874 mit Erfolg fortgeführt wurde.[31] Auch in den folgenden Jahren blieb die seit 1873 am Tauentzienplatz 7 befindliche Verlagsbuchhandlung im Eigentum der Familie und wurde zunächst von den beiden strebsamen Söhnen Eduard Trewendts, Ernst (1851–1908) und Hans (1852–1893) als Teilhaber, seit Oktober 1893 selbständig von Ernst Trewendt, geleitet, der Herrmann Andree als Sozius ins Geschäft aufnahm. Ein Ereignis von großer Tragweite, das von einem hohen Stellenwert der Firma in der Gründerzeit sowie von zukunftsorientiertem Denken und Handeln ihrer Inhaber Zeugnis ablegt, war die Gründung von zwei neuen Verlagszweigen: einer eigenen Buchdruckerei (1876) und des Eduard Trewendts Zeitungs-Verlags (1880), von dem die im Jahre 1820 von Karl Schall (1780–1833) gegründete *Breslauer Zeitung* übernommen wurde.

---

26 Vgl. die einschlägigen Anzeigen in: Börsenblatt 13 (1846), Nr. 82, S. 1038.

27 Trewendt: Verlagsgeschichte (Anm. 21), S. III.

28 Wohlfarth: Geschichte des Hauses Trewendt & Granier (Anm. 21), S. 1.

29 Anzeige vom 1. Januar 1850. In: Börsenblatt 17 (1850), Nr. 8, S. 101.

30 Zur gef. Beachtung! (Anzeige vom 1. Januar 1850). In: Börsenblatt 24 (1857), Nr. 2, S. 15. Vgl. auch Geschäftsrundschreiben vom 1. August 1857: DNB Leipzig: Bö–GR/T/439a.

31 O. Verf.: Eduard Trewendt. In: Börsenblatt 35 (1868), Nr. 173, S. 2005 (1. Zitat); Geschäftsrundschreiben vom 23. September 1868: DNB Leipzig: Bö–GR/T/433a (2. und 3. Zitat).

Dass die Bedeutung und der Ruf des Verlags von Eduard Trewendt über die Grenzen Schlesiens weit hinausreichten und dass er ausgedehnte Handelsbeziehungen pflegte, veranschaulicht unter anderem eine handschriftlich angefertigte, leider undatierte Geschäftsnotiz mit der Überschrift *Handlungen, welche Auflage-Reste u[nd] Partie-Artikel kaufen.*[32] In diesem Verzeichnis wurden insgesamt 50 über ganz Deutschland verstreute Buchhandlungen aufgeführt, von denen überraschenderweise nur zwei in der schlesischen Hauptstadt, die meisten hingegen in Leipzig (9), Berlin (6) und Hamburg (6) ihren Sitz hatten. Die erwähnte Liste registriert aber auch mehrere in von Breslau weit entfernten Orten ansässige Geschäfte, zum Beispiel in München, Stuttgart, Frankfurt am Main, Graz, Wien, Zürich, St. Gallen und nicht zuletzt in den niederländischen Städten Leiden und Den Haag. Die 50-jährige Erfolgsgeschichte des renommierten Verlags dokumentiert der 1895 veröffentlichte Verlagskatalog, in dem auf 110 Seiten alle bis zu dieser Zeit in ihm erschienenen Werke verzeichnet sind.[33]

Die mehr als ein halbes Jahrhundert währende Breslauer Etappe der unausgesetzten, breit angelegten Tätigkeit der Verlagsbuchhandlung Eduard Trewendt endete 1903. Am 1. Juli dieses Jahres siedelte die Firma, in die „mit dem gleichen Tage [Felix Bagel] als Teilhaber" eintrat, aus noch nicht ermittelten Gründen nach Berlin, Ritterstraße 85, über, worüber das letzte erhalten gebliebene, im Deutschen Buch- und Schriftmuseum in Leipzig aufbewahrte Rundschreiben Auskunft gibt.[34] In der Folgezeit begann offensichtlich ihr allmählicher Niedergang. Nachdem sie ihre Eigentümer und Standorte mehrmals gewechselt hatte, wurde sie in den 1950er Jahren unter bis dato unbekannten Umständen endgültig aufgelöst.[35]

IV.

Von Anfang an zeichnete sich das Jahr für Jahr immer reicher werdende Verlagsprogramm von Eduard Trewendt durch seine auffallende Heterogenität aus, was damals zum großen Teil auch auf andere Breslauer Verlage zutraf. Der an der weitgehenden Diversifikation der Bücherproduktion orientierten Strategie lag offensichtlich die kaufmännische Erwägung zugrunde, das durch die schwankende Konjunkturlage bedingte Risiko der Fehlspekulation auf ein Minimum zu reduzieren und somit eine anhaltende Absatzflaute zu verhindern. Dabei war das differenzierte Verlagsangebot freilich auf bestimmte, fest umrissene thematische Schwerpunkte und Veröffentlichungsformen ausgerichtet.

Einen maßgeblichen Stellenwert unter den bei Trewendt erschienenen Publikationen nahmen unverkennbar unterschiedliche, nicht selten großangelegte Werke

32 Undatierte Geschäftsnotiz mit der Überschrift: Handlungen, welche Auflage-Reste u[nd] Partie-Artikel kaufen: DNB Leipzig: 116/41.

33 Vgl. o. Verf.: Verlagsverzeichnis (Anm. 21), S. 1–110.

34 Geschäftsrundschreiben vom 1. Juli 1903: DNB Leipzig: Bö–GR/T/438a. Vgl. auch die einschlägige Anzeige in: Börsenblatt 70 (1903), Nr. 121, S. 4269.

35 Vgl. Würffel: Lexikon deutscher Verlage (Anm. 21), S. 885–886.

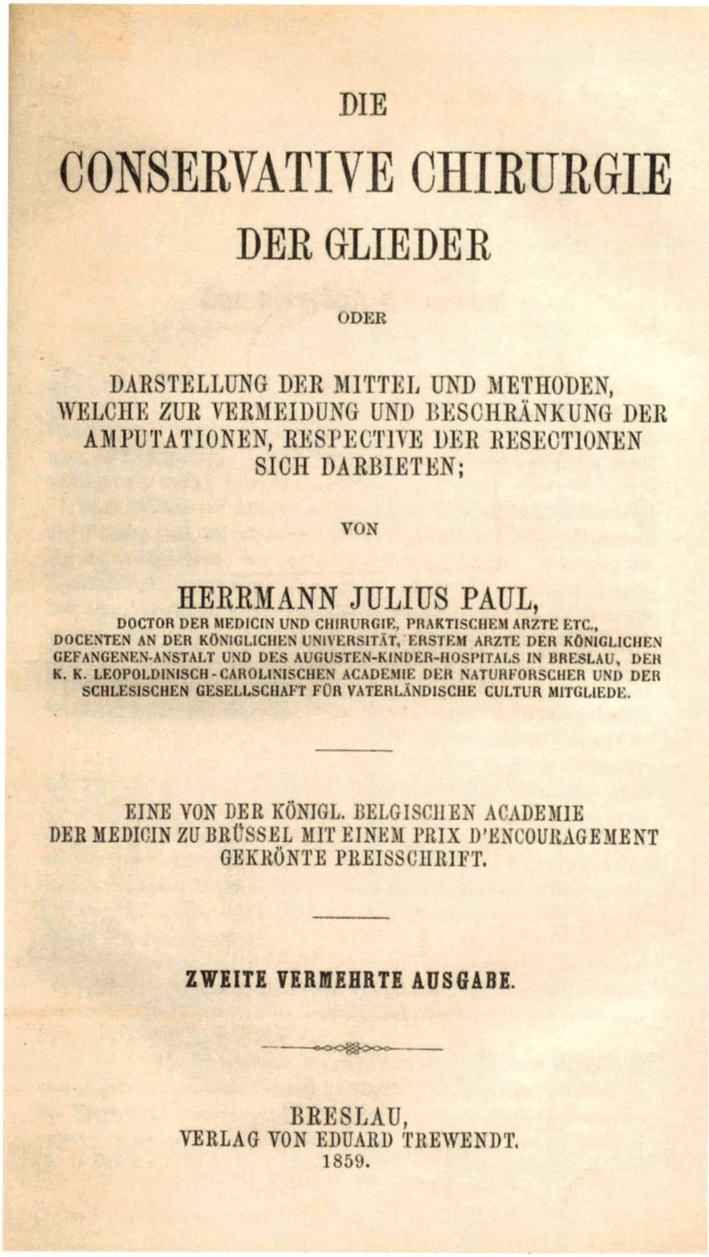

DIE

CONSERVATIVE CHIRURGIE

DER GLIEDER

ODER

DARSTELLUNG DER MITTEL UND METHODEN, WELCHE ZUR VERMEIDUNG UND BESCHRÄNKUNG DER AMPUTATIONEN, RESPECTIVE DER RESECTIONEN SICH DARBIETEN;

VON

HERRMANN JULIUS PAUL,

DOCTOR DER MEDICIN UND CHIRURGIE, PRAKTISCHEM ARZTE ETC., DOCENTEN AN DER KÖNIGLICHEN UNIVERSITÄT, ERSTEM ARZTE DER KÖNIGLICHEN GEFANGENEN-ANSTALT UND DES AUGUSTEN-KINDER-HOSPITALS IN BRESLAU, DER K. K. LEOPOLDINISCH-CAROLINISCHEN ACADEMIE DER NATURFORSCHER UND DER SCHLESISCHEN GESELLSCHAFT FÜR VATERLÄNDISCHE CULTUR MITGLIEDE.

EINE VON DER KÖNIGL. BELGISCHEN ACADEMIE DER MEDICIN ZU BRÜSSEL MIT EINEM PRIX D'ENCOURAGEMENT GEKRÖNTE PREISSCHRIFT.

ZWEITE VERMEHRTE AUSGABE.

BRESLAU,
VERLAG VON EDUARD TREWENDT.
1859.

Abb. 1: Herrmann Julius Paul: Die conservative Chirurgie der Glieder oder Darstellung der Mittel und Methoden, welche zur Vermeidung und Beschränkung der Amputationen, respective der Resektionen sich darbieten. Eine von der Königl. Belgischen Academie der Medicin zu Brüssel mit einem Prix d'encouragement gekrönte Preisschrift. Zweite vermehrte Auflage. Breslau 1859. – Herrmann Julius Paul (1824–1877) wirkte als Arzt in Breslau.

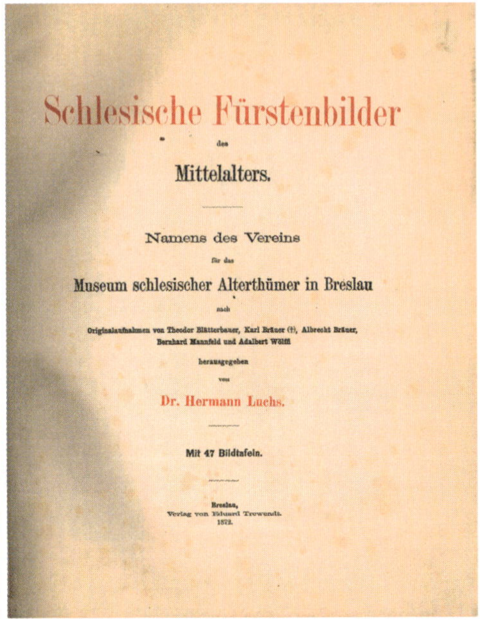
Schlesische Fürstenbilder
des
Mittelalters.

Namens des Vereins
für das
Museum schlesischer Alterthümer in Breslau
nach
Originalaufnahmen von Theodor Blätterbauer, Karl Bräuer (†), Albrecht Bräuer,
Bernhard Mannfeld und Adalbert Wölffl
herausgegeben
von
Dr. Hermann Luchs.

Mit 47 Bildtafeln.

Breslau,
Verlag von Eduard Trewendt.
1872.

Abb. 2a und b: Hermann Luchs (Hg.): Schlesische Fürstenbilder des Mittelalters. Namens des Vereins für das Museum schlesischer Alterthümer in Breslau nach Originalaufnahmen von Theodor Blätterbauer, Karl Bräuer (†), Albrecht Bräuer, Bernhard Mannfeld und Adalbert Wölffl. Mit 47 Bildtafeln. Breslau 1872. – Die graphische Darstellung des Hochgrabs Herzog Heinrichs VI. des Guten von Breslau (1294–1335) aus dem ehemaligen Klarissenkloster stammt von dem Breslauer Künstler Albrecht Peter Bräuer (1830–1897), der an der Akademie für Kunst und Kunstgewerbe unterrichtete.

wissenschaftlicher und populärwissenschaftlicher Art ein, was mit der allmählichen Etablierung einer modernen bürgerlichen Öffentlichkeit, mithin mit immer wieder wachsender gesellschaftlicher Informationsappetenz sowie Nachfrage nach Bildung zusammenhing. Hierbei ist aber selbstverständlich auch die Rolle der 1811 im Zuge der preußischen Reformen neu gegründeten Breslauer Universität hervorzuheben, dank derer sich an der Oder ein bisher nur rudimentär vorhandener, doch für neue Impulse aufnahmebereiter und erweiterungsfähiger wissenschaftlicher Interaktions- und Kommunikationsraum konstituieren konnte. So dokumentierte und verbreitete der Verlag die zumeist von den in Schlesien wirkenden Gelehrten erzielten Arbeitsergebnisse, bot jedoch zugleich ein Publikationsforum für externe Forscher.[36]

Es ist bemerkenswert, dass im wissenschaftlichen und populärwissenschaftlichen Verlagsprogramm von Eduard Trewendt grundsätzlich fast alle Forschungsdisziplinen vertreten waren und im Großen und Ganzen paritätisch behandelt wurden. Im

36 Der wissenschaftliche Sektor war „ein gewichtiger Teil der Bücherproduktion Breslaus" schlechthin. Estermann: Zur Problematik der Verlagsgeschichtsschreibung (Anm. 12), S. 185.

Breslauer Verlag erschienen nämlich zahlreiche Veröffentlichungen größeren oder kleineren Umfangs sowohl aus dem Bereich der Geistes- als auch Naturwissenschaften und – seltener – aus dem Fachgebiet der Industrietechnik, die vorzugsweise gezielt an bestimmte Fachkreise, aber auch an die bürgerliche, an der Wissensvermittlung interessierte Intelligenz adressiert wurden. Damit erwiesen sich Eduard Trewendt, der Ende 1865 zum Vorstandsmitglied der nach einzelnen Wissenschaftsgebieten strukturierten ‚Schlesischen Gesellschaft für Vaterländische Cultur' gewählt wurde,[37] und seine Söhne als Förderer und Multiplikatoren der Bildung, Wissenschaft und Forschung.

Das Verzeichnis der im Verlag von Eduard Trewendt herausgegebenen geisteswissenschaftlichen Veröffentlichungen enthält mehrere Titel aus dem Bereich der Musik, Philosophie und Geschichte, darunter auch der Zeitgeschichte, zum Beispiel:

Schlesisches Tonkünstler-Lexikon (1846–1847, herausgegeben von Karl Koßmaly [1812–1893]),
Ideen zu einem Versuch, die Grenzen der Wirksamkeit des Staates zu bestimmen (1851) von Wilhelm von Humboldt (1767–1835),
Die orientalische Frage in ihrer geschichtlichen Entwickelung (1854) von Richard Roepell (1808–1893),
Abhandlungen der historisch-politischen Gesellschaft in Breslau (1858),
die siebenbändige *Geschichte des preußischen Staats* (1867–1873) von Felix Eberty (1812–1884),
Die Geschichte der ersten socialpolitischen Arbeiterbewegung in Deutschland (1885) von Georg Adler (1863–1908), oder
Fürst Bismarck und die Parlamentarier (1894–1895) von Heinrich von Poschinger (1845–1911).

Einen bedeutenden Anteil am Verlagsangebot hatten auch theologische Studien sowie Schriften zur religiösen und kirchlichen Praxis und Lehre. Allein im ersten Jahr seines Bestehens brachte der Verlag nicht weniger als sechs Titel solcher Art auf den Markt, die im November 1845 im *Börsenblatt für den Deutschen Buchhandel* angezeigt wurden.[38]

Davon, welch große Bedeutung der Verlag der Entwicklung der Wissenschaft sowie der Popularisierung und praktischen Umsetzung der Forschungsergebnisse beimaß, zeugt die in den Jahren 1879–1902 in 48 Bänden erschienene *Encyklopädie der Naturwissenschaften*, die als „eines der hervorragendsten und wertvollsten [deutschen Nachschlage]werke"[39] der damaligen Zeit zu betrachten ist. An ihrer Erstellung beteiligten sich zahlreiche namhafte Gelehrte aus ganz Deutschland, was an sich schon eine gewaltige logistische Herausforderung gewesen sein muss. Die Heraus-

37 Vgl. Vierundvierzigster Jahres-Bericht der Schlesischen Gesellschaft für vaterländische Cultur, Breslau 1867, S. [3].

38 Vgl. Börsenblatt 12 (1845), Nr. 104, S. 1310.

39 Richard Fleischer an Eduard Trewendt, Dessau, 25. August 1876: DNB Leipzig: 113/115.

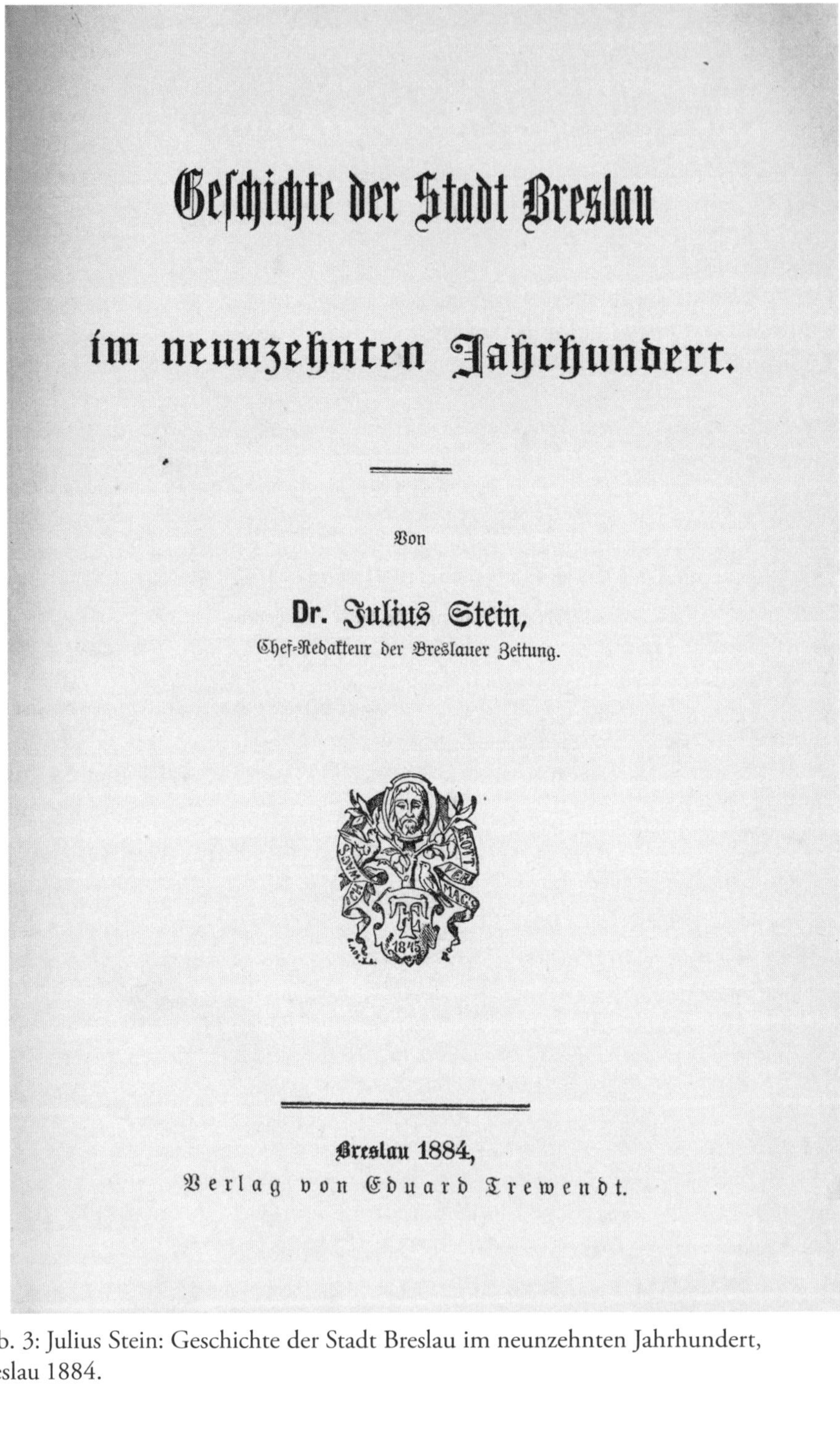

Geschichte der Stadt Breslau

im neunzehnten Jahrhundert.

Von

Dr. Julius Stein,

Chef-Redakteur der Breslauer Zeitung.

Breslau 1884,

Verlag von Eduard Trewendt.

Abb. 3: Julius Stein: Geschichte der Stadt Breslau im neunzehnten Jahrhundert, Breslau 1884.

geber der einzelnen, hochwertig gestalteten Handbücher und Handwörterbücher, die eine fundierte, umfassende Bestandsaufnahme des zeitgenössischen Forschungsstandes im Bereich der Astronomie, Physik, Mathematik, Chemie, Zoologie, Anthropologie, Botanik, Mineralogie, Geologie etc. boten, vertraten verschiedene wissenschaftliche Zentren: Berlin, Dresden, Jena, Karlsruhe, Kiel, Leipzig, München, Stuttgart und Zürich.

Außer diesem anspruchsvollen, langfristig angelegten und unverkennbar mit hohem Aufwand realisierten Verlagsprojekt waren Eduard Trewendt und seine Söhne bemüht, das im Laufe der Zeit fortschreitende Bildungs- und Informationsbedürfnis durch praxisbezogene Sachbücher und kompakte Ratgeber, unter anderem auf gewerblichem, medizinischem, juristischem, pädagogischem und nicht zuletzt auf haus- und landwirtschaftlichem Gebiet, zu befriedigen. Obwohl die Mehrheit von ihnen an Landwirte, Grundbesitzer und -verwalter adressiert wurde, fand das Kochbuch von Karoline Baumann mit dem Titel *Die Köchin aus eigener Erfahrung* die größte Verbreitung, indem es bis 1891 zehn Auflagen erfuhr.

Darüber hinaus spezialisierte sich der Verlag in der durch die nachhaltige touristische Entwicklung[40] bedingten Herstellung von viel gekauften Landkarten, Stadtplänen, Reiseführern und Beschreibungen sehenswerter, vor allem in Schlesien liegender Orte und Gegenden, wobei das Riesengebirge, die Grafschaft Glatz und die Provinzhauptstadt besonders stark vertreten waren. Beachtenswert ist auch die Tatsache, dass er seinen eigenen Kunstverlag besaß, in dem unter anderem eine Vielzahl von Ansichten schlesischer Persönlichkeiten, Landschaften und Sehenswürdigkeiten erschien. Für sein *Sudeten-Album* (1846–1862) wurde Trewendt vom preußischen König Friedrich Wilhelm IV. (1795–1861) mit der goldenen Medaille für Kunst und Wissenschaft ausgezeichnet.[41] Als die wertvollste, aus dem Kunstverlag stammende Erscheinung ist jedoch *Argo. Album für Kunst und Dichtung* (1857–1860) anzusehen. An der Gestaltung dieses Prachtwerks beteiligten sich hervorragende Schriftsteller wie Theodor Fontane (1819–1898), Paul Heyse (1830–1914), Theodor Storm (1817–1888), Künstler wie Theodor Hosemann (1807–1885), Adolph Menzel (1815–1905) und Carl Steffeck (1818–1890) sowie Kunsthistoriker, unter anderen Friedrich Eggers (1819–1872) und Franz Kugler (1808–1858).

Der Verlag von Eduard Trewendt zählte obendrein zu den wenigen Breslauer Verlagen, bei denen die schöne Literatur eine beachtliche Stellung einnahm. Der bekannteste und aus heutiger Sicht bedeutendste Vertreter der deutschen Literatur, der seine Werke bei Trewendt verlegte, war zweifelsohne Karl von Holtei (1798–1880). Aus der ersten Zusammenkunft Trewendts und Holteis im Jahre 1847 „entwickelte sich schon in den folgenden Jahren eine herzliche und lebenslange Freundschaft,

40 Vgl. z. B. Kazimierz Bobowski: Schlesien als Reiseziel der Berliner und Brandenburger. In: „Wach auf, mein Herz, und denke". Zur Geschichte der Beziehungen zwischen Schlesien und Berlin-Brandenburg von 1740 bis heute, hrsg. von der Gesellschaft für interregionalen Kulturaustausch e.V., Berlin und dem Verein Schlesisches Institut, Oppeln. Berlin, Opole 1995, S. 113–123.

41 Vgl. Wohlfarth: Geschichte des Hauses Trewendt & Granier (Anm. 21), S. 1.

wie sie zwischen Verleger und Autor nur vereinzelt anzutreffen ist."[42] Von 1850 an ließ Holtei alle seine späteren Werke, deren Gesamtzahl nicht weniger als 27 Titel umfasste, bei Trewendt erscheinen. Einige von ihnen, wie seine damals viel gelesenen und weit verbreiteten Romane *Die Vagabunden* (1852) und *Christian Lammfell* (1853), erlebten zudem mehrere Auflagen.[43]

Die enorme Popularität des Dichters veranschaulichen jedoch insbesondere seine *Schlesischen Gedichte*, die die künftige Rezeption seines gesamten Schaffens stark beeinflussten und das Bild Holteis als einer Inkarnation schlesischen Charakters, schlesischen Temperaments und schlesischer Seele auf lange Jahrzehnte festlegten. Diese zum ersten Mal 1830 in der Haude und Spener'schen Buchhandlung in Berlin herausgegebene, anfangs mit Zurückhaltung aufgenommene Sammlung schlesischer Mundartlyrik wurde von ihrer zweiten, 1850 von Eduard Trewendt besorgten Auflage bis zum Tod des Dichters 1880 durchschnittlich alle zwei Jahre neu aufgelegt, und zwar in unterschiedlicher Aufmachung, unter anderem als billige Miniatur- oder Volksausgabe sowie als viermal teurere Liebhaberausgabe in elegantem Kalbslederband oder reich illustrierte, mit einem Glossar von Karl Weinhold (1823–1901) versehene Prachtausgabe.

Am Schluss der Autobiographie *Vierzig Jahre*, die 1862 in der Reihe der 39 Bände umfassenden *Erzählenden Schriften* erschien, brachte Holtei seinem großzügigen Verleger und Freund in unverblümter Art und Weise seinen Dank zum Ausdruck:

> „Das ‚Ende' der *Vierzig Jahre* sei dem Manne gewidmet, dem ich den ‚Anfang' meiner jetzigen schriftstellerischen Tätigkeit, dem ich den glücklichen Erfolg meiner Bemühungen, dem ich ein sorgenfreies Alter verdanke: meinem Verleger und Landsmanne Herrn ‚Eduard Trewendt' in Breslau. [...] Ich wünsche jedem alten, armen, deutschen Schriftsteller meiner Gattung, daß er einen Buchhändler finde, wie ich ihn an Trewendt gefunden – dann ist uns Allen geholfen![44]

Als nächster Schriftsteller, der jahrzehntelang mit Trewendt verbunden war, soll der zeit seines Lebens in manchen Kreisen gern gelesene und noch heute in der germanistischen Literaturforschung präsente Rudolf von Gottschall (1823–1909) erwähnt werden. Im Verlagskatalog ist der gebürtige Breslauer mit 20 Titeln vertreten und rangiert damit direkt hinter Holtei auf Platz zwei. Neben Gottschalls zahlreichen literarischen Werken, darunter historischen Romanen, einer beliebten Gattung der damaligen Zeit, verlegte Trewendt ebenfalls dessen literargeschichtliche und li-

---

42 Alfons Perlick: Biographische Studien zur schlesischen Heimatforschung. Wechselbeziehungen zwischen Ost und West. Dortmund 1962, S. 94.

43 In den letzten Jahren ist das Interesse der Forschung an Holteis literarischem Spätwerk zu bemerken. Vgl. z. B. drei Beiträge aus dem folgenden Sammelband: Leszek Dziemianko, Marek Hałub (Hg.): Karl von Holtei (1798–1880). Leben und Werk. Fragestellungen – Differenzierungen – Auswertungen. Leipzig 2011 (Schlesische Grenzgänger 3): Günter Dammann: Roman und Autobiographie. Ein kontrastiver Versuch über Karl von Holteis *Die Vagabunden* und *Vierzig Jah*re, S. 18–47; Wojciech Kunicki: Liebe als Kommunikationscode im Roman *Die Vagabunden* Karl von Holteis, S. 48–63; Jürgen Joachimsthaler: Karl von Holtei aus neuer Sicht. Versuch einer „postmodernen" Lektüre am Beispiel seines Romans *Christian Lammfell*, S. 64–99.

44 Karl von Holtei: Vierzig Jahre. Breslau 1862, Bd. 6, S. 405 (Hervorhebungen im Original).

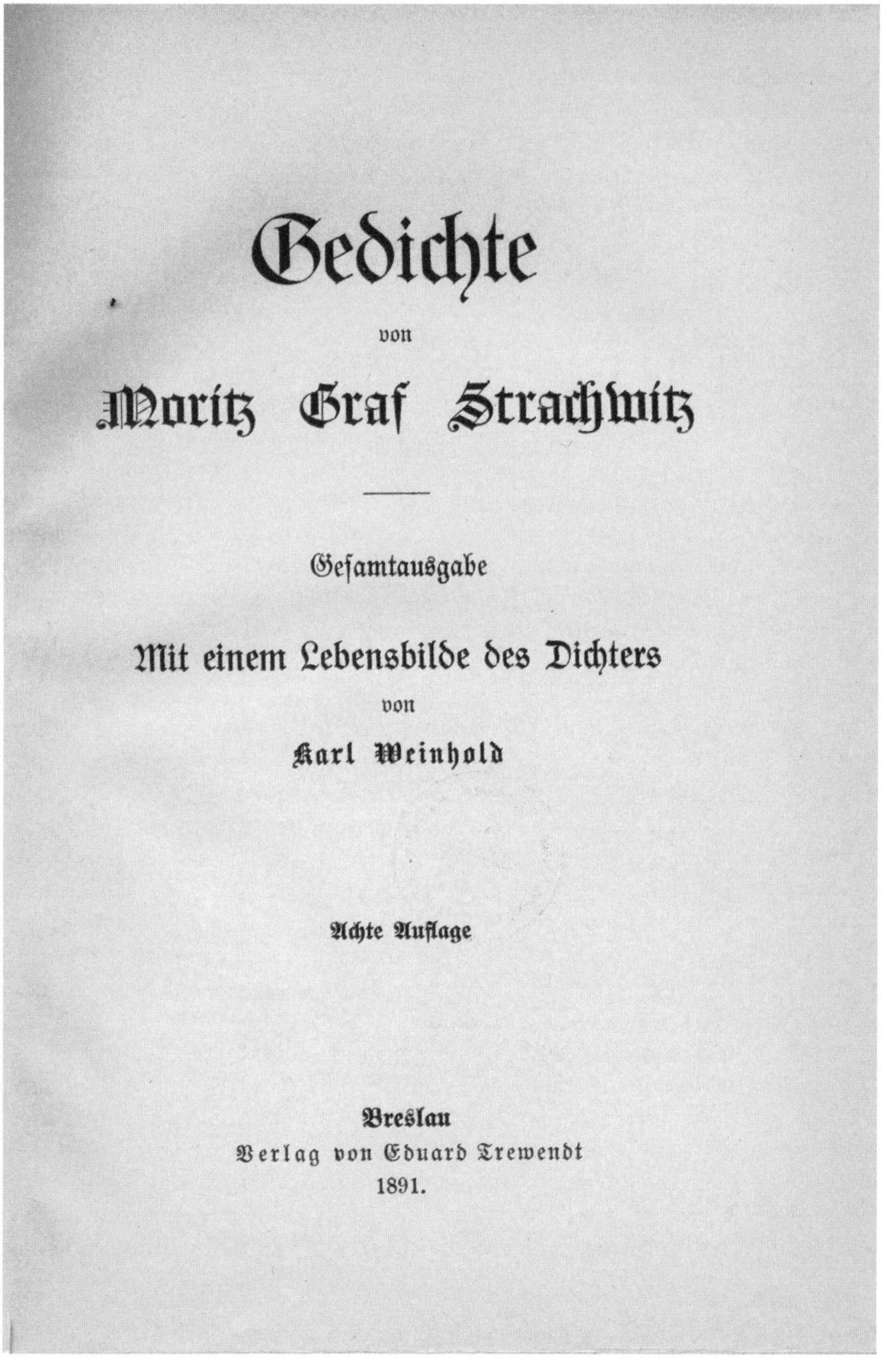

Gedichte

von

Moritz Graf Strachwitz

Gesamtausgabe

Mit einem Lebensbilde des Dichters

von

Karl Weinhold

Achte Auflage

Breslau

Verlag von Eduard Trewendt

1891.

Abb. 4: Gedichte von Moritz Graf Strachwitz. Gesamtausgabe. Mit einem Lebensbild des Dichters von Karl Weinhold. Achte Auflage. Breslau 1891.

terartheoretische Schriften. Es ist dabei bemerkenswert, dass sein wissenschaftliches Hauptwerk *Die deutsche Nationalliteratur des neunzehnten Jahrhunderts. Litterarhistorisch und kritisch dargestellt* (1855) und vor allem die elfmal neu aufgelegte Sammlung *Blütenkranz neuer deutscher Dichtung* (1856) weit größere Popularität erlangten als seine narrativen Werke, bei denen die erste Auflage meist auch die einzige blieb.

Viel besser bestellt war es dagegen um den Verkauf der *Gedichte* (1850) von Moritz Graf von Strachwitz (1822–1847), eines anderen, ebenfalls aus Schlesien stammenden, bedeutenderen Dichters des 19. Jahrhunderts. Da das Interesse an der Gesamtausgabe seiner Lyrik lange Zeit nicht nachließ, wurde sie innerhalb von 41 Jahren nicht weniger als achtmal aufgelegt. Es soll auch erwähnt werden, dass bei Trewendt mehrere Novellen und Romane von Emil Brachvogel (1824–1878) sowie *Gedichte in Prosa* des russischen Klassikers Iwan Turgenjew (1818–1883) erschienen, was hinsichtlich der Tatsache, „dass es in Breslau [...] keine Ausgaben der deutschen Klassiker gab“[45], besonders deutlich hervorzuheben ist.

Ansonsten ist es im Grunde vergebens, in den Verlagskatalogen Eduard Trewendts nach Autoren oder Titeln zu suchen, welche die harte Zeitprobe überstanden hätten. Obwohl eine Vielzahl von damals massenweise produzierten und gewöhnlich rasch vergriffenen Unterhaltungsromanen oder belehrend erbaulichen Alltagserzählungen eines Theodor Mügge (1802–1861) oder eines Gustav von Struensee (1803–1875) im 19. Jahrhundert dem ästhetischen Geschmack eines durchschnittlichen Lesers gänzlich Rechnung trugen, sind sie heute vollkommen vergessen. Dies lässt aber auf bestimmte, von Trewendt und seinen Söhnen ergriffene Marketing-Strategien schließen. Da sie sich als Verleger einerseits als Kulturvermittler und andererseits als Unternehmer und Kaufleute betrachteten, mussten sie beides bedenken: sowohl die Qualität des Verlagsangebots als auch den finanziellen Gewinn.

Das kommerzielle Kalkulationsdenken ist aus dem Buchhändlerberuf bekanntermaßen nicht wegzudenken. Als ein weiteres Beispiel dafür kann der Breslauer Verleger Joseph Max erwähnt werden, der jahrelang neben einer Reihe von wertvollen wissenschaftlichen Abhandlungen und in ästhetischer Hinsicht anspruchsvollen belletristischen Büchern, darunter mehrere, damals viel gelesene und aufsehenerregende Romane der heute längst der Vergessenheit anheimgefallenen Schriftstellerin Henriette von Paalzow (1788–1847) herausbrachte.[46]

Besonders große Erfolge erzielte der Verlag unverkennbar mit seiner umfangreichen, weit über 100 Bände umfassenden Reihe von Kinder- und Jugendbüchern, die seit 1850 unter dem Titel *Trewendts Jugendbibliothek* herausgegeben wurde und bereits am Anfang einen aufnahmebereiten Markt gefunden hat. Bezeichnend für diese in den ersten drei Jahrzehnten ausschließlich in kartonierter, und erst später auch in ein wenig billigerer gehefteter oder in teurerer, in Leinwand gebundener Ausgabe verkauften Erzählungen war in erster Linie ein auffallender Konnex von Bildung

45 Estermann: Zur Problematik der Verlagsgeschichtsschreibung (Anm. 12), S. 185.

46 Vgl. Emil Wohlfarth: Der Buchhändler Joseph Max und seine Autoren. Breslau 1925, S. 10–11 (Veröffentlichungen der Schlesischen Gesellschaft zur Förderung der buchhändlerischen Fachbildung 1).

und spannender Unterhaltung. Damit bemühte sich Trewendt offensichtlich, den „traditionelle[n] liberale[n] Bildungsbegriff [...] mit dem kapitalistischen Prinzip der [...] Profitmehrung [zu] vereinbaren".[47]

Für seine *Jugendbibliothek* gewann er mehrere namhafte Autoren, von denen zumindest einer, und zwar Franz Hoffmann (1814–1882), „ein gescheiterter Buchhändler" aus „sozial niederen Schichten", zur ersten Garnitur der damaligen Jugendschriftsteller gehörte.[48] In den 1830er und 1840er Jahren machten seine unterhaltsamen, oft den kleinbürgerlichen Alltag schildernden und bestimmte Charaktereigenschaften der bürgerlichen Persönlichkeit fördernden Erzählungen, zusammen mit den Werken von Gustav Nieritz (1795–1876), „einen Hauptanteil" an der in diesem Zeitraum „verbreiteten Kinder- und Jugendliteratur" aus.[49]

Im Verlagsverzeichnis *Empfehlenswerthe Jugendschriften aus dem Verlage von Eduard Trewendt in Breslau* aus dem Jahre 1865 hat der Verleger die Zielsetzung seines Unternehmens, mit dem er im Bereich der in Schlesien herausgegebenen Jugendliteratur eine Monopolstellung einnahm, mit folgenden Worten umrissen:

> „Für die Jugend in der Mitte zwischen Kindheit und Jünglingsalter bestimmt, soll es für diese ein Belebungs- und Förderungsmittel echter Geistes- und Gemüthsbildung sein, und diesen Zweck sucht es ebenso durch ernste Belehrung, wie durch anregende und fesselnde Unterhaltung zu erreichen. Man wird in unsern Erzählungen durchweg edle Stoffe aus Geschichte, Natur- und Menschenleben finden, durchweg edle Charaktere im siegreichen Kampfe mit entgegenstehenden Hindernissen und Schwierigkeiten, an welchen sich die jugendlichen Gemüther erfahren, erheben und kräftigen können. Ueberall liegt das christliche Element zu Grunde, nicht in irgend einer confessionellen Färbung, sondern, wie es der Jugend frommt, in der Unmittelbarkeit des christlichen Geistes, welcher in der heiligen Schrift selbst seinen reinsten Ausdruck findet."[50]

Viele Jugendschriften kamen auch außerhalb der *Jugendbibliothek* zur Ausgabe wie etwa die von Oskar Höcker (1840–1894) angefertigten Bearbeitungen der Meisterwerke gefeierter ausländischer Jugendautoren, vor allem Charles Dickens (1812–1870), oder die hauptsächlich an „erwachsene Mädchen" gerichteten Bücher von Hedwig Prohl (1823–1886), wie man dem Untertitel einer ihrer Erzählungen entnehmen kann. An „die reifere Jugend gebildeter Stände"[51] dagegen wurden zahlreiche Abenteuerromane von Karl Müller (1819–1889) adressiert, beispielsweise *Die jungen Büffeljäger auf den Prairieen des fernen Westens von Nord-Amerika* (1857) oder *Die jungen Boers im Binnenlande des Kaps der guten Hoffnung* (1862). Ihnen lag das doppelte pädagogische Anliegen zugrunde: einerseits mithilfe realistisch wirken-

---

47 Peter Uwe Hohendahl: Literarische Kultur im Zeitalter des Liberalismus. 1830–1870. München 1985, S. 398.

48 Andrea Kuhn, Johannes Merkel: Sentimentalität und Geschäft. Zur Sozialisation durch Kinder- und Jugendliteratur im 19. Jh., Berlin 1977, S. 111 (Basis Theorie 6).

49 Kuhn, Merkel: Sentimentalität und Geschäft (Anm. 48).

50 Empfehlenswerthe Jugendschriften aus dem Verlage von Eduard Trewendt in Breslau. Zu beziehen durch alle Buchhandlungen. Breslau 1865. DNB Leipzig: Bö–GR/T/435a.

51 Die mit diesen Worten festgelegte Zielgruppe wird in Untertiteln aller Bücher von Karl Müller genannt. Vgl. o. Verf.: Verlagsverzeichnis (Anm. 21), S. 84.

der Detailschilderungen das geographische, natur- und völkerkundliche Wissen zu vermitteln, andererseits die „Verhaltensweisen und Denkvorstellungen" der zu „moralisch-sittlichen" Vorbildern stilisierten Helden zu veranschaulichen.[52] Insbesondere bei den Abenteuerbüchern, die seit der Jahrhundertmitte zur immer beliebteren Lektüre von Jugendlichen gehörten, wurden „die Möglichkeiten der modernen Illustrationstechniken stark eingesetzt"[53], was ihre Attraktivität und somit ihre Absatzchancen erhöhen sollte.

Das an die jüngsten Leser gerichtete Verlagsangebot wurde durch eine Vielzahl von diversen, auf eine effektive und breit gefächerte Wissensvermittlung fokussierten Schul-, Lehr- und Lesebüchern ergänzt, die der zeitimmanenten Anforderung an moderne Unterrichts- und Bildungsmedien Rechnung trugen. Sie waren unter anderem zum Gebrauch für den Biologie-, Erdkunde- und Fremdsprachenunterricht in englischer und französischer Sprache bestimmt. Besonderer Popularität erfreute sich jedoch die Schulausgabe der *Achtzig Kirchenlieder* von Pastor Carl A. Kolde (1816–1886), für die der Verleger im Prinzip alljährlich für eine Neuauflage sorgen musste.[54]

Einen wesentlichen Sektor der Tätigkeit des Verlags von Eduard Trewendt bildeten, ähnlich wie bei vielen anderen in Breslau ansässigen Verlagsanstalten, die bei ihm herausgegebenen Periodika, von deren Absatz er zusätzliche Profite zu ziehen hoffte. Die wichtigsten von ihnen waren die auflagenstarken, heimatkundlich orientierten *Schlesischen Provinzialblätter*, deren Anfänge auf das Zeitalter der Aufklärung zurückreichen, sowie die 1820 von Karl Schall gegründete *Breslauer Zeitung*.[55] Die Besonderheit der zweitgrößten Tageszeitung der preußischen Provinz Schlesien, die „in den wohlhabenden, namentlich industriellen Kreisen, nicht nur in Breslau und Schlesien, sondern auch in den benachbarten Provinzen"[56] große Verbreitung fand – 1871 erreichte sie eine ansehnliche Auflage von 800 Exemplaren –, beruhte darauf, dass sie einen stark ausgebauten Kultur- und Feuilletonteil besaß und sich dadurch von den meisten täglich erscheinenden Informationsblättern explizit unterschied.

Ein ganz anderer Charakter haftete dem auf den Geschmack breiter Leserschichten zugeschnittenen Periodikum mit dem Titel *Der Feierabend. Jahrbuch für Ernst und Scherz, Belehrung und Unterhaltung* (1846–1876) an, dessen Aufgabe darin bestand, auf die Leser aufklärend einzuwirken und ihnen einen abwechslungsreichen und angenehmen Zeitvertreib anzubieten. Das erwähnte Jahrbuch enthielt die gleichen Beiträge und Stahlstiche, die ursprünglich in dem auch bei Trewendt erscheinenden *Volkskalender* veröffentlicht worden waren. Unter ihnen gab es kurze literari-

---

52 Kuhn, Merkel: Sentimentalität und Geschäft (Anm. 48), S. 133.

53 Wolfgang v. Ungern-Sternberg: Medien. In: Karl-Ernst Jeismann, Peter Lundgreen (Hg.): Handbuch der deutschen Bildungsgeschichte. München 1987, Bd. 3: 1800–1870: Von der Neuordnung Deutschlands bis zur Gründung des Deutschen Reiches, S. 392.

54 Vgl. o. Verf.: Verlagsverzeichnis (Anm. 21), S. 74–75.

55 Vgl. allgemein folgende Monographien: Alfred Oehlke: 100 Jahre Breslauer Zeitung. 1820–1920, Breslau 1919; Michael Rüdiger Gerber: Die Schlesischen Provinzialblätter. 1785–1849. Sigmaringen 1995.

56 Vgl. u. a. Börsenblatt 37 (1870), Nr. 227, S. 3092.

sche Prosatexte, Gedichte (hauptsächlich Gelegenheits- und Mundartgedichte, von denen die meisten von Karl von Holtei verfasst wurden), Erinnerungen an bestimmte historische Ereignisse, Reflexionen über aktuelle Alltagsthemen, Anekdoten, Rätsel und Denksprüche, Jahrmarktsverzeichnisse sowie eine Vielzahl praktischer Ratschläge, zum Beispiel zur Haus- und Landwirtschaft oder zur Gesundheitspflege. Trewendts Kalender, das heißt der oben erwähnte *Volkskalender* und sein *Hauskalender*, deren Auflagen im Jahre 1871 entsprechend 25.000 und 60.000 Exemplare betrugen, erwiesen sich als marktgängige und bestimmt gewinnträchtige Verlagsartikel, die auch außerhalb Schlesiens, und zwar in den Provinzen Posen, West- und Ostpreußen, vertrieben wurden.[57]

Neben Zeitungen und Zeitschriften allgemeinen Inhalts, Kalendern sowie auf belehrende Unterhaltung abzielenden Journalen gelangten im Verlauf des 19. Jahrhunderts auch Periodika von explizit herausgebildetem Profil zur Entfaltung. Es ist daher nicht verwunderlich, dass derartige, im Prinzip an einen engen, elitären Kreis der Gelehrten und Sachkundigen gerichtete Fachzeitschriften auch im Verlagsprogramm von Eduard Trewendt nicht fehlten. Zu ihnen gehörten vor allem solche Titel wie die *Zeitschrift des Vereins für Geschichte Schlesiens*, die *Wochenschrift des Schlesischen Vereins für Berg- und Hüttenwesen*, das *Jahrbuch der deutschen Viehzucht*, die *Schlesische Landwirtschaftliche Zeitung*, der *Janus. Zeitschrift für Geschichte und Literatur der Medizin* sowie die *Zeitschrift für klinische Medizin*. Ihr thematisches Spektrum reichte also von geschichtlichen Fragestellungen, über wirtschaftliche und insbesondere landwirtschaftliche Angelegenheiten bis hin zur medizinischen Problematik. Wenngleich diese Periodika keine Breitenwirkung erreichen konnten, trugen sie doch gewiss zur Entwicklung der wissenschaftlichen Medienkultur und zur Erweiterung des Fachwissens innerhalb bestimmter Gesellschafts- und Berufsschichten bei.

V.

Die Geschichte des Breslauer Verlags von Eduard Trewendt ist angesichts der sich im Verlauf des 19. Jahrhunderts vollziehenden Strukturveränderungen im Organisationsgefüge des politischen, gesellschaftlichen und kulturellen Lebens zweifellos als eine Erfolgsgeschichte anzusehen. Ausschlaggebend dafür war in erster Linie – abgesehen von der soliden beruflichen Vorbereitung, der vortrefflichen Kenntnis der buchhändlerischen Geschäftsbeziehungen und dem unverkennbaren finanziellen Startkapital des Verlagsgründers (auch wenn es sich beim heutigen Forschungsstand nicht konkret bestimmen lässt) – die bereits am Anfang seiner Tätigkeit auffallende universale Profilierung des angebotenen Verlagsprogramms, an der auch in den nächsten Jahrzehnten konsequent festgehalten wurde. Die vom Verlag entwickelte, dem modernen Marketingkonzept entsprechende Strategie der Marktsegmentierung, die sich unter anderem darin äußerte, ein- und dasselbe Buch eines Verfassers

57 Außerdem erschienen bei Trewendt folgende Kalender: Brieftaschen-, Bureau-, Etui-, Kontor- und Portemonnaiekalender. Vgl. o. Verf.: Verlagsverzeichnis (Anm. 21), S. 72.

in verschiedener Aufmachung und Ausstattung (Schrift, Typographie, Illustrationen, Papier, Format und Einband) und zu unterschiedlichen, der Buchgestaltung angepassten Preisen zu verlegen, ermöglichte ihm, dem Geschmack und den Erwartungen des breiten Lesepublikums entgegenzukommen und somit verschiedene Käuferschichten erfolgreich anzusprechen. Bei der Festlegung der Auflagenhöhe orientierte sich der Verlag bestimmt an der jeweiligen Konjunkturlage und Aufnahmefähigkeit des Marktes. Die von ihm betriebene Preis- und Rabattpolitik, dank derer er im Zeitalter der harten Konkurrenz durch kreative Bedienung bestimmter Marktsegmente seinen Vorteil ziehen konnte, bedarf noch einer eingehenden Untersuchung.

EDITIONEN UND ENTDECKUNGEN

Mariusz Dzieweczyński

Von Breslau nach Mecklenburg. Heinrich Hoffmann von Fallersleben im Briefwechsel mit Rudolf Müller. Ein Breslauer Dissertationsprojekt

1. Forschungsstand

In der breiten Öffentlichkeit weitgehend unbekannt oder auf seine angeblich chauvinistische Reputation als Dichter des *Deutschlandliedes* reduziert, fristete August Heinrich Hoffmann von Fallersleben (1798–1874) auch in der Forschung jahrzehntelang ein Schattendasein. Seine unbequeme Gedankenwelt[1] und seine Ansichten, die auch heute noch Kontroversen hervorrufen, stellen eine Herausforderung für die Forschung dar. Der Nachlass Hoffmanns wurde zudem „durch verschiedene Umstände, […] rigoros auseinandergerissen. […] Zugang zu diesem Material findet man gegenwärtig in Belgien, Deutschland, Dänemark, England, Frankreich, Österreich, Polen, Tschechien sowie in den Niederlanden."[2]

Abb. 1: Helgoland, Büste Heinrich Hoffmanns von Fallersleben an der Landebrücke. Foto: Tobias Weger, August 2007.

Die Zusammenarbeit der Hoffmann-von-Fallersleben-Gesellschaft mit dem Institut für Germanistik der TU Braunschweig, die bereits im Jahre 1986 mit Vorträgen im Rahmen germanistischer Seminare mit stets besonderem Hoffmann-Schwerpunkt begann,

1 Vgl. Marek Hałub: Ein Unbequemer. Zum gegenwärtigen Stand der Hoffmann-von-Fallersleben-Forschung. In: Marek Hałub, Kurt G. P. Schuster (Hg.): Hoffmann von Fallersleben. Internationales Symposion Wrocław/Breslau 2003. Bielefeld 2005, S. 14 (Braunschweiger Beiträge zur deutschen Sprache und Literatur 8).

2 Erika Poettgens: Die Splitternachlässe und die Aktien zur Person Hoffmann von Fallersleben. In: Hans Joachim Behr, Herbert Blume, Eberhard Rohse (Hg.): August Heinrich Hoffmann von Fallersleben 1798–1998. Festschrift zum 200. Geburtstag. Bielefeld 1999, S. 261 (Braunschweiger Beiträge zur deutschen Sprache und Literatur 1).

markierte den Anfang der wissenschaftlichen Erschließung des Lebens und Werks des Dichters. Sie mündete in das erste wissenschaftliche Hoffmann-von-Fallersleben-Symposion vom 1. bis 4. April 1998 (zum 200. Geburtstag des Dichters) als Gemeinschaftsveranstaltung. Gleichzeitig wurden erste Versuche unternommen, das umfangreiche Werk Hoffmanns dem breiteren Publikum zugänglich zu machen.

In den Jahren 2003 (Breslau) und 2008 (Corvey) wurden von der Hoffmann-von-Fallersleben-Gesellschaft in Zusammenarbeit mit dem Institut für Germanistik der Universität Wrocław und der Universität Paderborn die nächsten Hoffmann-Tagungen organisiert. Die zum Teil von deutschen, zum Teil von polnischen Wissenschaftlern verfassten Beiträge tragen den vielfältigen Interessenskreisen Hoffmanns Rechnung und umfassen ein breites Spektrum seiner Tätigkeit. Im Mittelpunkt standen neben den biographischen Essays die politische Standortbestimmung Hoffmanns, seine Pionierleistungen im Bereich der Liedforschung, seiner Rolle in der Geschichte der Germanistik und Niederlandistik und seine Kinderlieder als Forschungsprojekt. Den Artikeln über die zahlreichen Liedvertonungen von Hoffmanns Dichtungen folgten Überlegungen zur *Deutschlandlied*-Rezeption und Studien zu weiteren einzelnen Texten Hoffmanns.[3]

Die von Marek Hałub verfasste Monographie *Im schlesischen Mikrokosmos. August Heinrich Hoffmann von Fallersleben. Eine kulturgeschichtliche Studie* stellt den ersten Versuch dar, die bis dahin weitgehend unerforschten 20 Jahre Hoffmanns in Schlesien zu beleuchten und den Dichter als Wissenschaftler und Persönlichkeit des Breslauer Kulturlebens in den Komplex der schlesischen Kulturlandschaft einzugliedern. Hoffmann wird attestiert, im „Hinblick auf die Erschließung, Revitalisierung und Popularisierung der Kultur des Oderlandes eine enorme Arbeitsleistung“[4] vollbracht zu haben. Er wird in die Reihe der Mitbegründer der schlesischen Kulturgeschichte gestellt. Von Marek Hałub stammt auch der Aufsatz *Hoffmann von Fallersleben und seine unpreußische Haltung gegenüber Polen.*[5] Darin wird der mutige Angriff gegen die Teilungen Polens im Lied *Großhandel* aus Hoffmanns Sammlung *Unpolitische Lieder, Theil 2*[6] als ein Argument gegen die Versuche seiner nationalistischen Einordnung angeführt.

Die vielseitigen Facetten Hoffmanns werden auch in den Beiträgen der seit fast 60 Jahren herausgegebenen *Mitteilungen der Hoffmann-von-Fallersleben-Gesellschaft* erforscht. Im Laufe der Zeit wurden in den Heften neben aktuellen Berichten aus

---

3 Vgl. Hałub, Schuster (Hg.): Hoffmann von Fallersleben (wie Anm. 1). Norbert Otto Ekke, Kurt G. P. Schuster, Günter Tiggesbäumker (Hg.): Hoffmann von Fallersleben. Internationales Symposion. Corvey/Höxter 2008. Bielefeld 2009 (Braunschweiger Beiträge zur deutschen Sprache und Literatur 11).

4 Marek Hałub: Im schlesischen Mikrokosmos. August Heinrich Hoffmann von Fallersleben. Eine Kulturgeschichtliche Studie. Wrocław 2005, S. 334.

5 Vgl. Marek Hałub: Hoffmann von Fallersleben und seine unpreußische Haltung gegenüber Polen. In: Bernd Balzer, Marek Hałub (Hg.): Wrocław–Berlin. Germanistischer Brückenschlag im deutsch-polnischen Dialog. II. Kongress der Breslauer Germanistik, Bd. 4. Wrocław – Dresden 2006, S. 223–235.

6 Hoffmann von Fallersleben: Unpolitische Lieder. Zweiter Theil. Hamburg, 1841.

dem Leben der Gesellschaft auch zahlreiche wissenschaftlich fundierte Aufsätze abgedruckt, die eine wesentliche Bereicherung des Forschungsstands ermöglichten. Thematisiert wurden bis dato die als kontrovers geltenden Ansichten Hoffmanns in Bezug auf den Antisemitismus,[7] die Einstellung des Dichters zu Kirche und Religion[8] und seine Rolle in dem Revolutionsjahr 1848 in seiner Heimat Fallersleben.[9] Eine von Bernt Ture von zur Mühlen verfasste, umfangreiche Hoffmann-Biographie (2010), verdeutlicht das gestiegene Interesse an Hoffmanns Leben und Werk.

In keiner der erwähnten Publikationen spielen die Jahre Hoffmanns in Mecklenburg (1844–1849), wo er nach seiner Entlassung von der Breslauer Universität als politisch Verfolgter Aufnahme fand, eine zentrale Rolle. Es erschienen meist kurze Aufsätze zu diesem Thema, eine grundlegende Aufarbeitung hat diese Zeit allerdings bisher nicht erfahren.

Eine kompakte Übersicht über die Jahre des Dichters in Mecklenburg bietet der Aufsatz von Jürgen Borchert und Wilhelm von Wintzingerode-Knorr, *Hoffmann von Fallersleben als politischer Asylant in Mecklenburg.*[10] Aus der Feder des erwähnten mecklenburgischen Schriftstellers und Publizisten Jürgen Borchert stammen weitere kurze Texte, meist anekdotischer Natur, wie *Hoffmann von Fallersleben in Mecklenburg. Authentisches und Anekdotisches von Jürgen Borchert.* Vier (gekürzte) Briefe von einer der führenden Persönlichkeiten der liberalen Bewegung in Mecklenburg, dem Juristen Samuel Schnelle (1803–1877), an Hoffmann, von Borchert ediert und mit Kommentaren versehen, erweisen sich als äußerst ergiebig.[11] Weitere vier Briefe an den Dichter von Wilhelm Raabe (1808–1858), Kanzleiadvokat und Redakteur der Zeitschrift *Mecklenburg. Ein Jahrbuch für alle Stände*, gewähren kurze Einblicke in diese Lebensperiode des Dichters und die politisch-gesellschaftlichen Entwicklungen in Mecklenburg dieser Zeit.[12]

Den ausführlichsten Versuch, Hoffmanns Bedeutung für die Herausbildung einer bürgerlichen Opposition in Mecklenburg zu untersuchen, unternahm Egon Schmidt

---

7 Vgl. Karl-Wilhelm Frhr. v. Wintzingerode-Knorr: Darf man Hoffmann von Fallersleben einen Antisemiten nennen? In: Mitteilungen der Hoffmann-von-Fallersleben-Gesellschaft e.V. 58 (2011), Nr. 86/Februar 2011, S. 4–26.

8 Vgl. Kurt G. P. Schuster: Wie stand Hoffmann von Fallersleben zu Kirche, Theologie, Glaube und Frömmigkeit? In: Mitteilungen der Hoffmann-von-Fallersleben-Gesellschaft e. V. 58 (2011), Nr. 86/Februar 2011, S. 27–42.

9 Vgl. Kurt G. P. Schuster: Neues aus dem Archiv: Fallersleben im Revolutionsjahr 1848. In: Mitteilungen der Hoffmann-von-Fallersleben-Gesellschaft e. V. 59 (2012), Nr. 87/Februar 2012, S. 4–17.

10 Vgl. Karl Wilhelm von Wintzingerode-Knorr, Jürgen Borchert: Hoffmann von Fallersleben als politischer Asylant in Mecklenburg. In: Michael Heinrichs, Klaus Lüders (Hg.): Modernisierung und Freiheit. Beiträge zur Demokratiegeschichte in Mecklenburg-Vorpommern. Schwerin [1]1995, S. 334–339.

11 Vgl. Jürgen Borchert: Vier Briefe von Samuel Schnelle an Hoffmann von Fallersleben. In: Stier und Greif. Blätter zur Kultur- und Landesgeschichte in Mecklenburg-Vorpommern, 4. Jg., Schwerin 1994, S. 10–14.

12 Vgl. Jürgen Borchert: Vier Briefe von Wilhelm Raabe an Hoffmann von Fallersleben. In: Schweriner Blätter. Beiträge zur Heimatgeschichte des Bezirkes Schwerin 8 (1988), S. 59–62.

in seinem 1968 herausgegebenen Aufsatz *Hoffmann von Fallersleben in Mecklenburg*. Einen der Schwerpunkte bildet dabei die Antwort auf die Frage, inwieweit Hoffmann auf die Vertreter der mecklenburgischen oppositionellen Literatur und Publizistik, wie Fritz Reuter (1810–1874), John Brinckman (1814–1870), Ludwig Reinhard (1805–1877) oder Adolf Glaßbrenner (1810–1876), Einfluss nahm.[13]

In der umfangreichen Literatur zum Themenspektrum ‚Liberalismus in Mecklenburg in den Jahren vor und nach der Revolution 1848' wird Hoffmann, wenn überhaupt, nur vereinzelt erwähnt. Meistens wird er als aufmerksamer Beobachter der mecklenburgischen politischen und kulturellen Landschaft dargestellt, als Basis dienen dabei die Kommentare aus seiner Autobiographie *Mein Leben*. In Erscheinung tritt Hoffmann vor allem auch als Verfasser der *20 Forderungen des mecklenburgischen Volkes* und der *Petition der nicht vertretenen Mecklenburger*[14] und im Zusammenhang mit dem Gutsbesitzer Samuel Schnelle.[15]

Die Gründe für die Unterpräsenz jener Lebensperiode des Autors des *Deutschlandliedes* in der neusten Forschungsliteratur könnten vielschichtiger Natur sein. Die Zeit im Leben des Dichters ist sehr unübersichtlich, er ist oft auf Reisen, wird unzählige Male ausgewiesen und verfolgt. „Sieben Jahre lang betrug seine durchschnittliche Verweildauer an einem Ort nicht einmal eine Woche. [...] In den Jahren 1843–1849 gibt seine Aufzeichnung durchschnittlich jedes Jahr 68 Aufenthaltsorte."[16] Zum anderen blieb Mecklenburg, um mit Hoffmann zu sprechen, „überhaupt wie wohl den meisten Deutschen [...] ziemlich unbekannt".[17]

2. Forschungsvorhaben

Die Edition der sehr umfangreichen Korrespondenz Hoffmanns stellt eine der größten Aufgaben für die gegenwärtige Hoffmann-Forschung dar. Daraus entstand das Forschungsdesiderat, im Rahmen einer Dissertation die Korrespondenz des Dichters mit einem liberal gesinnten bürgerlichen Gutsbesitzer aus Mecklenburg zu edieren.

---

13 Vgl. Egon Schmidt: Hoffmann von Fallersleben in Mecklenburg [gekürztes Kapitel aus der Dissertation: Untersuchungen zur oppositionellen Literatur und Publizistik in Mecklenburg von 1830 bis 1850, Rostock 1966]. In: Wissenschaftliche Zeitschrift des Pädagogischen Instituts Güstrow 6 (1967/68), S. 9–22.

14 Vgl. Martin Stammer: Die Anfänge des mecklenburgischen Liberalismus bis zum Jahr 1848, Schriften zur Mecklenburgischen Geschichte, Kultur und Landeskunde. Im Auftrage der Stiftung Mecklenburg herausgegeben von Helge Bei der Wieden. Köln, Wien 1980, S. 41, 50.

15 Vgl. Klaus Lüders: Staat und Demokratie sind Eins; sie müssen es sein. Mecklenburgische Freiheitsbestrebungen im Vormärz. In: Ilona Buchsteiner (Hg.): Die mecklenburgischen Großherzogtümer im deutschen und europäischen Zusammenhang 1815–1871. Rostock 2002, S. 80, 83, 93 (Rostocker Beiträge zur Deutschen und Europäischen Geschichte 11); Karl Pegel: Mecklenburg. Biographie eines deutschen Landes. Göttingen, 1969, S. 229–230.

16 Kurt G. P. Schuster: Poesie des Grimms. Wie politisch war der Dichter der Unpolitischen Lieder? In: Behr, Blume, Rohse (Hg.): August Heinrich Hoffmann von Fallersleben 1798–1998 (wie Anm. 2), S. 125.

17 Hoffmann von Fallersleben an Rudolf Müller, Archiv der Hoffmann-Gesellschaft, Brief Nr. 5, SIGN. Nr. 02.061.

Hoffmann stand auch mit anderen Mecklenburgern in Briefkontakt[18], der Briefwechsel zwischen ihm und Rudolf Karl Müller (1813–1891), Gutspächter auf Gut Holdorf in Mecklenburg-Schwerin, bot sich nicht nur deswegen an, weil Müller als Gastgeber des Dichters fungierte. Der förmliche Charakter des Briefverkehrs weicht schnell einem eng freundschaftlichen, oft werden Intimitäten und Privates ausgetauscht. Die umfangreiche Korrespondenz deckt die wohl interessanteste Periode in Hoffmanns Leben im Umfeld der Revolution von 1848 ab. Darüber hinaus hielt der Kontakt zwischen den Briefpartnern noch lange, nachdem Hoffmann von Fallersleben Mecklenburg verlassen hatte.

Der vollständige Briefwechsel zwischen Hoffmann und Müller umfasst 124 Briefe und erstreckt sich von 1843 bis 1864. Die Hälfte der Korrespondenz befindet sich im Hoffmann-von-Fallersleben-Archiv in Wolfsburg-Fallersleben und trägt die Signaturnummern 02.060 bis 02.122. Die zweite Hälfte des Briefwechsels, die Briefe von Rudolf Müller an Hoffmann, befindet sich in der Berliner Staatsbibliothek Preußischer Kulturbesitz, in der Mappe 38 im Nachlass des Dichters. Um das Blickfeld zu erweitern, wird die Korrespondenz um die Briefe Ida Hoffmanns (die meistens in den gleichen Umschlägen mit den Briefen ihres Mannes versandt wurden) an Rudolf Müller ergänzt. Darüber hinaus werden weitere Briefe aus dem Familien- und Bekanntenkreis, sowie Rechnungen, Quittungen und Listen aus Fallersleben und Berlin bei der Erstellung der Kommentare mit berücksichtigt.

In der von Heinrich Gerstenberg herausgegebenen Sammlung *An meine Freunde. Briefe von Hoffmann von Fallersleben*[19] wurden 16 Briefe von Hoffmann an Rudolf Müller (14 gekürzte und 2 ungekürzte, mit Ausnahme von 9 Fußnoten unkommentiert) abgedruckt. Die Briefe von Rudolf Müller an Hoffmann sind im Ganzen bisher unveröffentlicht, ein kurzes Fragment eines Briefes ist von Irina Kaminiarz zitiert worden.[20]

3. Von Breslau nach Mecklenburg. Zum Leben und Werk Hoffmanns von Fallersleben, besonders zu seinen mecklenburgischen Jahren

Am 2. April 1798 wurde August Heinrich Hoffmann in Fallersleben, einem Flecken im Kurfürstentum und späteren Königreich Hannover (heute einem Stadtteil von Wolfsburg), geboren. Nach diesem Ort hat sich Hoffmann in seiner Studienzeit benannt, um seiner Heimatverbundenheit Ausdruck zu verleihen und sich von anderen Autoren namens Hoffmann abzuheben. Nach seiner Schulausbildung zog es ihn

18 Vor allem der Briefwechsel zwischen Hoffmann von Fallersleben und dem bereits erwähnten Juristen und Vorsitzenden der liberalen Fraktion im mecklenburgischen Parlament Samuel Schnelle verspricht neue Erkenntnisse.

19 Vgl. Heinrich Gerstenberg (Hg.): An meine Freunde. Briefe von Hoffmann von Fallersleben. Berlin o. J. [1907].

20 Vgl. Irina Kaminiarz: August Heinrich Hoffmann von Fallersleben in Weimar 1854 bis 1860. Weimar 1988, S. 11; Irina Lucke-Kaminiarz, Hans Lucke: August Heinrich Hoffmann von Fallersleben. Alles Schöne lebt in Tönen. Weimar 2006, S. 56.

1816, zunächst in der Absicht (auf ausdrücklichen Wunsch seiner Eltern) Theologie zu studieren, nach Göttingen. Doch viel lieber beschäftigte er sich mit der Kunstgeschichte und – seiner Leidenschaft für Poesie folgend – der klassischen Philologie.

Die erste Wende in seinem Leben trat nach einer denkwürdigen Begegnung mit dem damals in der germanistischen Fachwelt bereits bekannten Jacob Grimm (1785–1863) in Kassel ein. Hoffmann erzählte ihm, „[...] daß er nach Italien und Griechenland zu reisen beabsichtige, um dort an Ort und Stelle die Überbleibsel alter Kunst zu studieren. ‚Liegt Ihnen Ihr Vaterland nicht näher?' fragte Jacob darauf in einem herzlichen, liebevollen Tone. Ich höre die Worte noch heute, die Worte vom 5. September 1818. Noch auf der Reise entschied ich mich für die vaterländischen Studien: deutsche Sprache, Litteratur- und Culturgeschichte, und bin ihnen bis auf diesen Augenblick treu geblieben"[21], schrieb Hoffmann in seinen 1868 herausgegebenen Erinnerungen.

An der 1818 gegründeten Friedrich-Wilhelms-Universität in Bonn begann Hoffmann 1819 sein Studium der deutschen Philologie. Bald darauf erschien seine erste Publikation, eine Edition des *Evangelionbuchs* von Ottfried, die er sofort drucken ließ. Gleichzeitig unternahm Hoffmann seine erste wissenschaftliche Reise nach Flandern und in die Niederlande, viele in seinem Leben sollten noch folgen.

Anfang Dezember 1821 siedelte Hoffmann nach Berlin zu seinem im preußischen Finanzministerium angestellten Bruder Daniel (1790–1842) über, mit dem Ziel, Bibliothekar zu werden. Dort lernte er die geistige Elite Berlins kennen, doch seine fünfzehn Monate langen Bemühungen um einen Arbeitsplatz schlugen fehl. 1823 bewarb er sich erneut und wurde im März des gleichen Jahres von preußischem Staatsminister der geistlichen Unterrichts- und Medizinalangelegenheiten, Karl Freiherrn vom Stein zum Altenstein (1770–1840), als Kustos auf Probe für ein Jahr in der Königlichen und Universitäts-Bibliothek in Breslau/Wrocław angestellt.

Schlesien war Hoffmann fast völlig unbekannt. Der Schritt in die weit entfernte Provinzstadt fiel ihm nicht leicht. „Schlesien kannte ich gar nicht. Was ich davon wusste, hatte ich aus Büchern erfahren und aus den Erzählungen meiner Freunde. Es war mir eigentlich von Deutschland zu fern und nun von Holland, mit dem ich noch immer in lebhaften freundschaftlichen Verkehr stand, erst recht fern. Meine Mutter weinte, als ich nach Bonn ging; wie sie hörte, ich müsse nach Breslau, weinte sie nicht mehr, das lag ihr außer der Welt."[22]

Bereits 1823 hatte Hoffmann den ersten Band seiner zum Schluss auf 12 Bände angewachsenen *Horae Belgicae* vollendet, einer Übersicht über die niederländischen Sprachdenkmäler, die zu seinem wissenschaftlichen Hauptwerk werden sollte. Den ersten Band hatte Hoffmann an die Universität Leiden geschickt, die ihm dafür noch im Jahr 1823 die Ehrendoktor-Würde verlieh, die er sich 1835 im Breslau anerkennen ließ.

---

21 Hoffmann von Fallersleben: Mein Leben. Aufzeichnungen und Erinnerungen von Hoffmann von Fallersleben. Hannover 1968, Bd.1, S. 125.

22 Hoffmann von Fallersleben: Mein Leben (wie Anm. 21), Bd. 1, S. 337.

Trotz des erbitterten Widerstandes der Breslauer philosophischen Fakultät, welche nicht allein seiner heftigen Kritik an den Verhältnissen an der angeblich provinziellen Breslauer Universitätsbibliothek geschuldet war, wurde Hoffmann 1830 dank des ihm gewogen Ministers v. Altenstein zum außerordentlichen Professor für deutsche Sprache und Literatur ernannt. 1835 folgte Hoffmanns Ernennung zum ordentlichen Professor.

Zu seinen herausragenden Veröffentlichungen in der Breslauer Zeit gehören neben den *Horae Belgicae*, die *Fundgruben für Geschichte der deutschen Sprache und Literatur*, die *Handschriftenkunde für Deutschland* (1831), die für die Liedforschung bahnbrechende *Geschichte des deutschen Kirchenliedes bis auf Luthers Zeit* (1832), in der Hoffmann den bis dahin selten gebrauchten Begriff ‚Hymnologie' zu etablieren wusste, und *Die deutsche Philologie im Grundriss* (1836), die erste bibliographische Auflistung in der jungen Germanistik, die einen großen Beitrag zur Etablierung dieser Wissenschaftsdisziplin beisteuerte.

Hoffmanns Interesse galt der Erforschung der schlesischen Kultur. Im Februar 1824 trat er unter anderem der Schlesischen Gesellschaft für vaterländische Cultur bei, die als eine Art Schlesische Akademie der Wissenschaften galt. Darüber hinaus war er Mitbegründer der Schlesischen Bibliothek, die alles in Bezug auf schlesische Geschichte, Literatur und Naturgeschichte umfassen sollte, und Chefredakteur der *Monatsschrift von und für Schlesien*, die Hoffmann in Eigenfinanzierung ins Leben rief und die ein neues Publikationsforum für die Erforschung der schlesischen Kulturgeschichte werden sollte.

Die in Zusammenarbeit mit Ernst Richter (1805–1876) im Jahre 1842 herausgegebenen *Schlesischen Volkslieder mit Melodien* ist die älteste wissenschaftliche Sammlung in Schlesien gesungener Lieder und ein Vorläufer der schlesischen Volksliedddokumentationen. Der erfolgreichen Zusammenarbeit mit Julius Roger (1819–1865) bei dessen *Pieśni Ludu Polskiego w Górnym Szląsku z muzyką* [Lieder des polnischen Volkes in Oberschlesien, mit Musik] 1863, folgte zwei Jahre später die Anthologie *Ruda. Polnische Volkslieder der Oberschlesier.* Hoffmann wird somit zu Recht als Begründer der wissenschaftlichen Erschließung des schlesischen Volksliedgutes anerkannt. Parallel dazu verfasste Hoffmann Gelegenheitsgedichte, Balladen und Liebesgedichte. Während seines Aufenthalts auf Helgoland im Jahre 1841, wo Hoffmann mehrmals zur Kur weilte, entstand das *Lied der Deutschen.*[23]

Die zweite Wende in Hoffmanns Leben verursachte eine Publikation, die voll mit Angriffen gegen die Willkür der deutschen Fürsten, den Adel, gegen Zensur, Militär und die Polizei mitsamt ihren Spitzeln, und gegen die verhassten Philister war. „Zunächst studierte ich allerlei geschichtliche, politische, sogar statistische Schriften, um klar zu werden über unsere Zustände, wie sie waren, sind, sein sollten und könnten".[24]

---

23 Zum Deutschlandlied vgl. ausführlich Eberhard Rohse: Das Lied der Deutschen in seiner politischen, literarischen und literaturwissenschaftlichen Rezeption. In: Behr, Blume, Rohse (Hg.): August Heinrich Hoffmann von Fallersleben 1798–1998 (wie Anm. 2), S. 51–100.

24 Hoffmann von Fallersleben: Mein Leben (wie Anm. 21), Bd. 3, S. 115.

Hoffmann gab der 1840 herausgegebenen Sammlung den ironischen Titel *Unpolitische Lieder.*[25] Der bewusst gewählte einfache Volkston und die Tatsache, dass sie leicht zu singen waren, verhalfen zusammen mit der Brisanz der Themen den *Unpolitischen Liedern* zu einem enormen Erfolg, sie wurden zum Bestseller. Davon überrascht stachelte der Verleger Julius Campe (1792–1867), der schon Heinrich Heine (1797–1856), Karl Gutzkow (1811–1878), Ludwig Börne (1786–1837) und Werke anderer ‚Jungdeutscher' verlegte, Hoffmann an, weitere Lieder nachzuliefern.[26] Im zweiten Teil der *Unpolitischen Lieder* muss man die tatsächlich ‚unpolitischen' mit der Lupe suchen.[27] Hoffmann hat die Stimmung des Volkes in Worte gefasst und damit den Nerv der Zeit perfekt getroffen. Noch vor dem Erscheinen des zweiten Teils der Lieder verbot das Königreich Hannover den ersten Teil der Sammlung. Preußen, der große Militärstaat, reagierte noch drastischer, indem es ein Generalverbot aller Druckerzeugnisse des Hamburger Verlages Campe, ganz besonders des zweiten Teils der *Unpolitischen Lieder*, aussprach. Anfang Dezember 1842 beschloss das zuständige Königliche Staatsministerium die definitive Absetzung Hoffmanns, welche am 20. desselben Monats vom preußischen König bestätigt wurde.[28] „Als Begründung wurde ihm mitgeteilt, er habe die studentische Jugend zum Hass gegen Landesherrn und Obrigkeit aufgestachelt".[29] Nach 20 Jahren musste Hoffmann Schlesien verlassen.

Die Zeitungen waren voller Artikel über die Amtsenthebung des Professors aus Breslau. Ruhm und erzwungene Wanderschaft waren die Folge. Hoffmann war darauf angewiesen, als Gast von Freunden aufgenommen zu werden. Seine Rettung kam aus Mecklenburg-Schwerin, wo er eine Unterkunft bei dem liberal gesonnenen bürgerlichen Gutsbesitzer Dr. Samuel Schnelle (1803–1877) auf Buchholz und dem Gutspächter Rudolf Müller (1813–1890) auf Holdorf fand. Aus dem schlesischen Mikrokosmos geriet Hoffmann von Fallersleben in den mecklenburgischen.

Um sich ein Bild von den gesellschaftspolitischen, sozialen und wirtschaftlichen Verhältnissen in Mecklenburg zu verschaffen, muss man bis in die Mitte des 18. Jahrhunderts zurückblicken. Die Grundlage des mecklenburgischen Staatslebens bildete der zwischen dem Schweriner Herzog und den Landständen abgeschlossene Landesgrundgesetzliche Erbvergleich von 1755, auf den alle verfassungsrechtlichen Zustände Mecklenburgs bis 1918 zurückgingen, mit einem kurzen Intermezzo 1849/1850, als die Revolution Erfolge feiern konnte. „Der zwischen den Landesherren, der Ritterschaft und den Bürgermeistern der Städte abgeschlossene Erbvergleich beendete die Versuche der mecklenburgischen Herzöge, das Land absolutistisch zu regieren. Mit dem Erbvergleich war der gegebene macht- und verfassungspolitische

25 Hoffmann von Fallersleben: Unpolitische Lieder, Erster Theil. Hamburg 1840.

26 Vgl. Gert Ueding: Hoffmann und Campe – ein deutscher Verlag. Hamburg 1981.

27 Hoffmann von Fallersleben: Unpolitische Lieder. Zweiter Theil. Hamburg 1841.

28 Vgl. Zehn Actenstücke über die Amtsentsetzung des Professors Hoffmann von Fallersleben. Mannheim 1843.

29 Karl-Wilhelm Frhr. v. Wintzingerode-Knorr: Hoffmann von Fallersleben. Ein Leben im 19. Jahrhundert. In: Behr, Blume, Rohse (Hg.): August Heinrich Hoffmann von Fallersleben 1798–1998 (wie Anm. 2), S. 31.

Status quo seit dem 17. Jahrhundert geregelt worden. Er band die staatsbürgerlichen Rechte an den Besitz von Grund und Boden."[30] Das Land ist nach dem Erbvergleich in drei verschiedene und ganz voneinander gesonderte Teile zerfallen – das ‚Domanium', die ‚Ritterschaft' und die ‚Landschaft' (die Städte). Nur im Domanium war der Herzog der regierende Landesherr, die Ritter und die Städte behielten in ihren Gebieten nahezu völlige Unabhängigkeit. Der jährlich (abwechselnd in Malchin und Sternberg) tagende Landtag, bei dem sich die Rittergutsbesitzer und die Bürgermeister der Städte mit den Abgesandten des Herzogs trafen, garantierte den Zusammenhalt der drei Landesteile. „Eine Vertretung des Volkes gab es nicht, wenn man von den sogenannten Bürgerausschüssen in den Städten absieht."[31] Faktisch „[...] erkannte [der Erbvergleich] die Privilegien der Stände nicht nur an, sondern erklärte sie auch in alle Zukunft für unantastbar."[32]

Der entscheidende Unterschied zur liberalen Bewegung in den anderen deutschen Ländern ging auf den Erbvergleich zurück. Im Unterschied zu Preußen hat sich die Verfassungsreformbewegung nicht gegen den absolutistischen König, sondern gegen den Adel gewandt und hoffte auf eine Zusammenarbeit mit dem Schweriner Großherzog.[33] „Die sich formierende liberale Bewegung wurde, da sich in den mecklenburgischen Städten kaum ein starkes Bürgertum hatte entwickeln können, hauptsächlich durch die wirtschaftlich erstarkten bürgerlichen Gutsbesitzer getragen. Im Unterschied zu den preußischen wandten sich die mecklenburgischen Liberalen nicht gegen die Herrschaft des Landesherrn, sondern suchten ein Bündnis mit diesem im Kampf gegen den Adel."[34] Bis kurz vor dem Ausbruch der Revolution 1848 prägten die Auseinandersetzungen zwischen den bürgerlichen und den adligen Gutsbesitzern in Mecklenburg das Bild auf den mecklenburgischen Landtagen. Das zahlenmäßige Verhältnis verschob sich immer weiter in Richtung der bürgerlichen Gutsbesitzer. Mit der Überlegenheit verschob sich das politische Gewicht. Die Wahl in den ‚Engeren Ausschuss', ein zwischen den Landtagen tätiges ständisches Exekutivorgan, war eines der Zugeständnisse vonseiten des Adels, denen er sich nicht mehr entziehen konnte.[35]

1843 bekam Hoffmann, der wie erwähnt nach der Veröffentlichung der *Unpolitischen Lieder* und seiner in der Presse ausführlich kommentierten Absetzung einen

---

30 Ilona Buchsteiner: Aspekte von Gesellschaft, Wirtschaft und Politik in Mecklenburg in der ersten Hälfte des 19. Jahrhunderts. In: Buchsteiner (Hg.): Die mecklenburgischen Großherzogtümer (wie Anm. 15), S. 63–73, hier S. 63.

31 Gertrud Schröder-Lembke: Wirtschaftliche und politische Reformbestrebungen in Mecklenburg vor 1848. In: Helge bei der Wieden (Hg.): Mecklenburgische Jahrbücher 107 (1989), S. 33–45, hier S. 33.

32 Stammer: Die Anfänge des mecklenburgischen Liberalismus (wie Anm. 14), S. 1.

33 Vgl. Hartmut Pogge von Strandmann: Revolution in Mecklenburg. Die liberale Verfassungsbewegung vom Vormärz bis zum ‚Sieg der Reaktion' im Jahre 1850. In: Heinrichs (Hg.): Modernisierung und Freiheit (wie Anm. 10), S. 165–185, hier S. 166.

34 Buchsteiner: Aspekte von Gesellschaft, Wirtschaft und Politik (wie Anm. 15), S. 70.

35 Vgl. Schröder-Lembke: Wirtschaftliche und politische Reformbestrebungen (wie Anm. 31), S. 39, Buchsteiner: Aspekte von Gesellschaft, Wirtschaft und Politik (wie Anm. 15), S. 71f.

sehr hohen Bekanntheitsgrad erlangt hatte und wegen ständiger Ausweisungen quer durch die Staaten des Deutschen Bundes umherziehen musste, eine Einladung aus Mecklenburg. Die Einladung sprach Rudolf Müller, Pächter auf Gut Holdorf, in einem Brief vom 17. März 1843 an den Dichter aus. Als Gründe nannte Müller die für Hoffmann „gefaßte wahrhaft große Verehrung" und „den leidigen Egoismus"[36], doch es kann vermutet werden, dass er und sein Umkreis sich von der Anwesenheit eines der bekanntesten Vormärzdichter in Mecklenburg einiges versprochen haben. Hoffmanns agitatorische Auftritte bei seinen Freunden in Baden waren deutschlandweit bekannt, seine Lieder wurden viel gelesen. Natürlich wird die ehrliche „Theilnahme an meinem Leben und Schicksal"[37], wie Hoffmann es formuliert, auch eine große Rolle gespielt haben. Der Dichter nahm die Einladung an und kam 1844 in dem, wie erwähnt, für ihn völlig unbekanntem Mecklenburg an.

Die ersten Wochen waren für ihn von ungezählten Besuchen bei den führenden Köpfen der liberalen Opposition in Mecklenburg bestimmt, es fallen viele Namen, die Hoffmann in seiner Autobiographie erwähnt. Überall erwarteten ihn „Aufmerksamkeiten und Ehren".[38] Dabei ist es nicht geblieben: nach einem Spendenaufruf bekam der politisch Verfolgte eine beträchtliche finanzielle Unterstützung. Er wurde in das sich langsam formierende ‚Netzwerk' der bürgerlichen Gutsbesitzer eingeweiht und half bei dessen Konsolidierung. Eine politische und literarische Öffentlichkeit fehlte in Mecklenburg bis dahin fast vollständig und so mussten Treffen und persönliche Gespräche einen Ersatz dafür bilden. „Hoffmann von Fallersleben [...] kam zu einem Zeitpunkt nach Mecklenburg, als es galt, die Diskussion über die ritterschaftlichen Differenzen in eine allgemeine liberale Agitation hinüberzuführen."[39] Vor allem Hoffmanns Agitationskünste wurden anfänglich hoch geschätzt, denn er „[...] empfand ganz genau, welche Hilfe die bürgerliche Opposition benötigte, und er reagierte mit seiner Agitations-Kunst schnell auf Beobachtungen, Erlebnisse und Mitteilungen."[40]

In Mecklenburg besaßen die Gutsherren noch die Gerichtsbarkeit, und so konnte der bürgerliche Gutsbesitzer Samuel Schnelle Hoffmann, der in mehreren Städten vergeblich Anträge auf Bürgerrecht gestellt hatte, das so genannte ‚Heimatrecht' verleihen. Offiziell wurde des Dichters Tätigkeit als Kuhhirt angegeben. Tatsächlich wohnte er zwischen seinen Reisen jedoch bei Rudolf Müller auf Holdorf, der allerdings das Heimatrecht als Pächter und nicht Besitzer seines Gutes, nicht aussprechen durfte. Mit dem 15 Jahre jüngeren Müller sollte Hoffmann in der Zukunft eine enge Freundschaft verbinden.

---

36 Rudolf Müller: 51 Briefe an Hoffmann von Fallersleben 1843–1864. 2 Briefe mit je einem Zusatz von Henriette Müller. 1 Brief an Hoffmann von Fallersleben, o. O. o. D. Nachlass Hoffmann von Fallersleben. Mappe 38. Staatsbibliothek Berlin – Preußischer Kulturbesitz. Brief Nr. 1.

37 Hoffmann von Fallersleben: Mein Leben (wie Anm. 21), Bd. 4, S. 142.

38 Hoffmann von Fallersleben: Mein Leben (wie Anm. 21), Bd. 4, S. 142.

39 Hans Heinrich Leopoldi: Männer des Vormärz in Mecklenburg. In: Heute und Morgen. Literarische Monatszeitschrift, Heft 2, Schwerin 1948, S. 79.

40 Schmidt: Hoffmann von Fallersleben in Mecklenburg (wie Anm. 13), S. 16.

Man kann Mecklenburg attestieren, in Bezug auf die Jahre vor und während der Revolution von 1848 eine Sonderrolle unter den deutschen Ländern eingenommen zu haben:

> „[Es] lassen sich nur sehr wenige Registrierungen mecklenburgischer politischer Vorkommnisse der Jahre vor 1848 und während der Jahre 1848/1849 außerhalb Mecklenburgs in anderen deutschen Ländern feststellen. Die geistigen und politischen Träger des Liberalismus in Mecklenburg – etwa die Rostocker Professoren Karl Türk und Julius Wiggers oder der Schweriner Landtagsabgeordnete Johann Pogge bleiben politisch außerhalb Mecklenburgs weitgehend unbekannt und nehmen keinen Anteil an der Gesamtentwicklung des politischen Liberalismus in Deutschland. Der politische Liberalismus in Mecklenburg bleibt [...] innerhalb des deutschen Liberalismus im Ganzen absolut isoliert."[41]

Hoffmanns Aufgabe bestand darin, den Blick der Opposition im isolierten Mecklenburg auf politische Vorgänge und Ereignisse in den restlichen deutschen Ländern zu lenken. So schreibt Samuel Schnelle, der die Geschäftsordnungen der anderen deutschen Länder sammelte, um Erkenntnisse für eine Erneuerung der Geschäftsordnung des mecklenburgischen Landtags zu gewinnen, in einem Brief an Hoffmann: „Meinen herzlichsten Dank für die badische Geschäftsordnung, die als eine Reliquie von Itzstein[42] noch ihren eigenthümlichen Werth hat uns deshalb sofort von mir bei meinen Pretiosen aufbewahrt ist."[43]

Die Versuche der mecklenburgischen Liberalen, Hoffmann im Namen ihrer Sache quasi ‚einzuspannen', werden auch auf der publizistischen Ebene deutlich, „[...] so darf doch vermutet werden, dass seine Kenntnis der deutschen Verhältnisse, seine journalistischen Erfahrungen, seine ermutigenden Gespräche und sein persönliches Auftreten während seines Mecklenburg-Aufenthaltes besonders in den Jahren 1845 und 1846 zu einer Belebung der bürgerlich-oppositionellen Presse beigetragen haben".[44] Nachweisen lassen sich Hoffmanns Beiträge in dem vom Parchimer Advokaten Wilhelm Raabe (1831–1910) herausgegebenen *Mecklenburg. Ein Jahrbuch für alle Stände* (1844–1848). Hoffmann fungierte seit 1845 als Mitarbeiter und steuerte nicht nur Gedichte bei (er veröffentlichte 1847 seine zwölf *Neuen Lieder* und 1848 *Acht neue Lieder* in diesem Jahrbuch), sondern auch Aufsätze, zum Beispiel über Erasmus Alberus. Das Ziel war mitunter die Ermutigung der Leser zur politischen Aktivität. Seine Artikel und Gedichte erschienen auch verstreut, teilweise anonym, in der mecklenburgischen Presse. Seine in Holdorf entstandene Poesiesammlung *Maitrank* (1844) erfreute sich in Mecklenburg großer Beliebtheit. Es darf zudem

41 Friedrich Henning: Nachwort. In: Stammer: Die Anfänge des mecklenburgischen Liberalismus (wie Anm. 14), S. 125.

42 Johann Adam von Itzstein (1775–1855) – einer der führenden deutschen liberalen Politiker.

43 Samuel Schnelle an Hoffmann von Fallersleben, Brief vom 28. Juli 1844, Staatsbibliothek – Preußischer Kulturbesitz, Nachlass Hoffmann von Fallersleben, Mappe 1. Vgl. auch Jürgen Borchert: Vier Briefe von Samuel Schnelle an Hoffmann von Fallersleben (wie Anm. 11), S. 12f.

44 Schmidt: Hoffmann von Fallersleben in Mecklenburg (wie Anm. 13), S. 15.

von Hoffmanns Einfluss auf führende Vertreter der Literatur und Publizistik gesprochen werden.[45]

Am 10. Oktober 1848 wurde in Mecklenburg ein Staatsgrundgesetz bekanntgegeben. Die Liberalen waren damit am Ziel ihrer Bestrebungen angelangt. Bis zu jenem Zeitpunkt nahm Hoffmann wie erwähnt durch persönliche Einflussnahme und die Unterstützung der literarisch-publizistischen Opposition an den politischen Ereignissen in Mecklenburg teil. In den ersten Tagen der Revolution griff er allerdings aktiv in die Politik ein. Zusammen mit Samuel Schnelle entwarf Hoffmann am 8. März 1848 eine Tagelöhner-Petition, zwei Tage später mit Rudolf Müller die liberalen *20 Forderungen des mecklenburgischen Volkes*, die, zu 17 Forderungen zusammengezogen, auf einer Güstrower Volksversammlung auch angenommen worden sind. Die Forderungen bleiben bis heute „eine der bedeutendsten Annäherungen Hoffmanns an die praktische Politik.“[46] Der Dichter wurde 1848 zwar rehabilitiert, aber seine Anstrengungen, wieder angestellt zu werden, schlugen fehl, nur ein Wartegeld von 375 Talern bekam er vom König zugesprochen.

Nachdem die Frankfurter Nationalversammlung gescheitert war, griff die Reaktion auch auf Mecklenburg über. Der Adel protestierte formell gegen die neue Verfassung, die seine Entmachtung bedeutete, und wollte den neuen Landtag nicht anerkennen. Der trat zwar wie geplant Anfang 1850 zusammen, wurde aber im Mai des gleichen Jahres vertagt, die liberalen Minister traten aus Protest zurück. Unter dem Druck Preußens berief der Mecklenburgische Großherzog ein Schiedsgericht, das den Verfassungsstreit beilegen sollte. Das von Preußen und Hannover gebildete Schiedsgericht verurteilte den Großherzog, das Staatsgrundgesetz wieder aufzuheben. Der Landesgrundgesetzliche Erbvergleich wurde wieder eingeführt, genau wie der alte Ständelandtag. Die politischen Verhältnisse wurden auf den Stand von 1755 zurückversetzt. Die alten Verhältnisse blieben in Mecklenburg noch bis 1918 erhalten.

Hoffmann verließ 1849 sein Mecklenburger Exil, nachdem er seine Nichte Ida zum Berge geheiratet und endlich sein Familienglück gefunden hatte. Wie so oft hat er sich mit einem Lied bedankt:

„Leb wohl, du Land der guten Herzen!
Du Wiege deutscher Gastlichkeit!
Du hießest freundlich mich willkommen
In jener trüben bangen Zeit.

---

45 Schmidt geht in seinen marxistisch gegründeten Überlegungen noch weiter: „So ergibt sich, daß der literarhistorisch weniger bedeutungsvolle Hoffmann von Fallersleben auf die bürgerliche Opposition in Mecklenburg und ihre Literatur und Publizistik einen größeren Einfluß ausübte als die hervorragenden Heine und Börne. Das erklärt sich nicht nur aus dem Aufenthalt Hoffmanns in Mecklenburg und dem unmittelbaren Einfluß seiner Persönlichkeit. Eine andere wesentliche Ursache dürfte der Liberalismus Hoffmanns sein, der bis 1846 Grundlage für eine Koordinierung aller bürgerlichen Emanzipationsbewegungen und aller antifeudalen Strömungen abgeben konnte.“(Schmidt: Hoffmann von Fallersleben in Mecklenburg [wie Anm. 13], S. 22).

46 Schuster: Poesie des Grimms (wie Anm. 16), S. 133

Verfolgt im ganzen deutschen Reiche,
Aus meiner Heimat gar verbannt,
Fand ich in dir was ich verloren,
Fand ich in dir mein Vaterland.
[...]
Leb wohl, du Land der blauen Seen,
Und bist du auch dem Blick entschwunden –
In meinem Herzen bleibst du stehn!"[47]

Das Wanderleben des Dichters ging damit zu Ende, er zog mit seiner Familie nach Bingerbrück und später nach Neuwied. Ab 1854 lebte die Familie in Weimar, und 1860 wurde Hoffmann, dank der Vermittlung von Prinzessin Marie zu Hohenlohe-Schillingsfürst (1837–1920), in Corvey als Bibliothekar des Herzogs von Ratibor und Fürsten von Corvey eingestellt, wo er sich der Neuordnung der fürstlichen Bibliothek widmete. Hier kam sein Sohn Franz (1855–1927) zur Welt, seine Frau Ida (1831–1860) starb jedoch, als der Sohn fünf Jahre alt war. Hoffmann selbst starb am 19. Januar 1874 in Corvey, wo er neben seiner Frau beigesetzt wurde.

4. Editionsgrundsätze

Über die Methodik der Briefedition in der Editionswissenschaft wird eine permanente Diskussion geführt. Die Publikationen von Winfried Woesler, der das Verhältnis zwischen dem unmittelbaren Eindruck des Originals und der entsprechenden Form seiner Wiedergabe in der Edition untersuchte, erwiesen sich als ein wichtiger Beitrag bei der Erstellung von Briefeditionen.

Woesler erörtert die wichtigsten im Zusammenhang mit Editionen verwendeten Begriffe, wie ‚Autor', ‚Editor', ‚Brieftext' und ‚Editortext', geht dabei auch auf das genaue Vorgehen bei der Anordnung der Briefe und ihre Einrichtung ein und charakterisiert das Wesen der Erläuterungen. Sein Vorschlag lautet, den Brieftext recte und den Herausgebertext *kursiv* zu setzen. Vom Autor gestrichene Stellen werden aus dem Brief gelöst und im Apparat wiedergegeben. Abkürzungen seien aufzulösen, die Zeilen nicht zeilentreu nachzubilden, der Seitenwechsel mit einem schrägen Strich zu kennzeichnen.[48] „Die auf Woesler zurückgehende strenge Formalisierung, die die Aufgabe des Editors, den Schreibprozess erfahrbar zu machen, in die Mittei-

47 Hoffmann von Fallersleben: Scheidegruß an Mecklenburg. In: Hoffmann von Fallersleben: Mein Leben (wie Anm. 21), Bd. 5, S. 45f.

48 Ausführlich zur dieser Methodik vgl. Winfried Woesler: Der Brief als Dokument. In: Wolfgang Frühwald, Hans-Joachim Mähl, Walter Müller-Seidel (Hg.): Probleme der Briefedition. Kolloquium der Deutschen Forschungsgemeinschaft Schloß Tutzing am Starnberger See. Bonn-Bad Godesberg 1977; Vorschläge für eine Normierung von Briefeditionen. In: editio 2 (1988); Richtlinienvorschläge für Briefkommentare. In: Hans-Gert Roloff (Hg.): Wissenschaftliche Briefeditionen und ihre Probleme. Editionswissenschaftliches Symposion. Berlin 1998.

lungen zum Text verlegt, führe dazu, dass der Autorentext ‚atomisiert‘ werde und die Beschreibungen des Herausgebers ‚unwichtig und zusammenhanglos‘ erscheinen.“[49]

Aus diesem Grund wurde von Hans Zeller eine andere Konzeption bei der Briefedition herausgearbeitet. Der Authentizität, also der Bedeutung des Originals im Editionsprozess, wird dabei ein besonders großer Wert beigemessen, was auch in der Edition der Korrespondenz zwischen Hoffmann von Fallersleben und Rudolf Müller beachtet worden ist. Nach Hans Zeller soll der Brief „dem Leser so viel von den im Original enthaltenen relevanten Informationen vermitteln, als ohne wesentliche Beeinträchtigung der Lesbarkeit möglich ist“.[50] Zeller strebt eine „integrale Wiedergabe der Briefe an, in der sich [die vom Verfasser des Briefes vorgenommenen] Änderungen und ihr Zusammenhang dem Leser von selbst in ihren Kontext stellen.“[51]Autorkorrekturen sollen grundsätzlich im Brieftext dargestellt werden, um den Schreibprozess erfahrbar zu machen. Um den ursprünglichen Leseeindruck des Adressaten möglichst genau nachzuvollziehen, folgt die geplante Edition den Vorschlägen Zellers.

Die Anordnung und Datierung der 124 Briefe umfassenden Korrespondenz erfolgt chronologisch. Zwei undatierte Briefe, je einer von Müller und einer von Hoffmann, ließen sich anhand des Inhalts relativ sicher in das Gefüge einordnen. Die Briefe werden nummeriert, nach der Briefnummer erscheinen zur besseren Orientierung Informationen zu Verfasser, Empfänger, Datum und Ort.

Die Wiedergabe des Brieftextes erfolgt vollständig nach der Handschrift, im konkreten Falle der bis in die Mitte des 20. Jahrhunderts gebräuchlichen Kurrentschrift. Die ursprüngliche Rechtschreibung und Grammatik der Originale werden beibehalten. In der Dissertation werden Zeilen zeilentreu nachgebildet, um dem Leser einen besseren Eindruck vom Originalbrief zu vermitteln.[52] Absätze werden eingehalten, Unterstreichungen, einfach oder doppelt, werden graphisch angezeigt, genau wie der obere und untere Index. Laut Zeller „gibt das […] Verfahren dem Leser die Bedeutung, bzw. Belanglosigkeit der Änderung [z. B. Streichung] rasch zu erkennen. Grundsatz dieses Verfahrens ist nämlich […], alle Änderungen im Text zu verzeichnen, auch bloße Ansätze und überschriebene unentzifferte Buchstaben, weil auch sie das Gesamtbild des Originals bestimmen.“[53] Eine dreifache Unterstreichung wird in eckigen Klammern vermerkt. Die damals typische Verdopplung der Konsonanten ‚m‘ und ‚n‘, die in den Briefen durch Überstrich gekennzeichnet ist, wird als ‚mm‘ bzw. ‚nn‘ ausgeschrieben. Eventuelle Schreibfehler der Briefautoren werden nicht korrigiert. Die erhaltenen Umschläge werden mit transkribiert, Informationen zum

---

49 Gerd-Hermann Susen (Hg.): Wilhelm Bölsche: Briefwechsel mit Autoren der Freien Bühne. Werke und Briefe. Wissenschaftliche Ausgabe. Werke. Briefe I. Berlin 2010, S. 13. Susen entscheidet sich jedoch in seiner Edition der Bölsche-Briefe letztlich für die Methodik Woeslers.

50 Hans Zeller: Authentizität in der Briefedition. Integrale Darstellung nichtsprachlicher Information des Originals.“ In: editio. Internationales Jahrbuch für Editionswissenschaft 16 (2002), S. 38.

51 Zeller: Authentizität (wie Anm. 50)

52 Bei der geplanten Veröffentlichung der Dissertation wird auf die zeilentreue Nachbildung verzichtet, stattdessen wird das Zeilenende durch einen senkrechten Strich markiert.

53 Zeller: Authentizität in der Briefedition (wie Anm. 51), S. 47.

Siegel, wenn erhalten, angegeben, mit Verzicht auf die vorhandenen Postvermerke und Stempel, solange sie nicht zum Informationsgehalt beitragen.

Bemerkungen des Autors der Arbeit und unsichere Stellen in der Transkription erscheinen in eckigen Klammern. Nicht lesbare Stellen werden in eckigen Klammern mit [unles.] gekennzeichnet – Abkürzungen und Schreibverkürzungen bleiben erhalten und werden, wenn sie das Verständnis beeinträchtigen können, im Apparat ausgeschrieben. Die Kürzung ‚u.' für ‚und' bleibt unaufgelöst.

Die Kommentare zu den einzelnen Briefen erscheinen im Anmerkungsapparat in den Fußnoten. In den Erläuterungen werden Personen- und Ortsnamen nach Möglichkeit identifiziert, bei Ersterwähnung – soweit es möglich ist – mit einer Information in den Fußnoten. Zusammenhänge und historische Ereignisse werden vor dem Hintergrund der Epoche erklärt. Es ist versucht worden, Titel von Werken zu ermitteln und auf Vorgänge, Sachverhalte und persönliche Angelegenheiten einzugehen. Zitate sind, soweit möglich, überprüft und nachgewiesen. Die wahrscheinlich von Mitarbeitern der Staatsbibliothek Preußischer Kulturbesitz bei der Sichtung des Materials mit Bleistift vorgenommene Nummerierung der Seiten an den Briefen Müllers bleibt unberücksichtigt.

Die Richtlinien für die Edition wurden in Vereinbarung und in enger Zusammenarbeit mit der Hoffmann-von-Fallersleben-Gesellschaft e. V. mit Sitz in Wolfsburg-Fallersleben und den Herausgebern der wissenschaftlichen Reihe *Braunschweiger Beiträge zur deutschen Sprache und Literatur* erstellt.

5. Briefedition – Beispielbriefe

1 [Rudolf Müller an Hoffmann von Fallersleben][54] [Holdorf bei Brüel, 17. März 1843]

Sehr geehrter Herr,

Aus den Zeitungen ersehe ich, daß Sie augenblicklich in Ber=
lin sind[55], wo diese Zeilen Sie hoffentlich noch treffen werden.
Könnte ich Ihnen doch nur mündlich mit dargebo=
tener Rechter sagen, was ich jetzt nur schriftlich aus=
sprechen kann, ich glaubte es ginge besser, u. Sie wür=
den mich dann vielleicht nicht so leicht verlachen
oder gar verspotten, wie jetzt, aber dennoch
wage ich es [selbst] auf die Gefahr hin das beschlossene
auszuführen.

---

54 Rudolf Müller: 51 Briefe an Hoffmann von Fallersleben 1843–1864 (wie Anm. 36). Brief Nr. 1.

55 Müllers Brief erreicht Hoffmann tatsächlich noch in Berlin, wo der Dichter vom 16. bis zum 22. März verweilte und Jacob Grimm besuchte. Vgl. Hoffmann von Fallersleben: Reisetagebuch, Archiv der Hoffmann-Gesellschaft, SIGN. Nr. 50.004.2. Von Müllers Brief gibt Hoffmann in seinem Tagebuch keinen Bericht. Vgl. Hoffmann von Fallersleben. Tagebuch 1843–1873, im Nachlass Hoffmanns von Fallersleben, Staatsbibliothek Berlin-Preußischer Kulturbesitz, zurzeit im Bestand ‚Berlinka' der Biblioteka Jagiellońska in Krakau/Kraków.

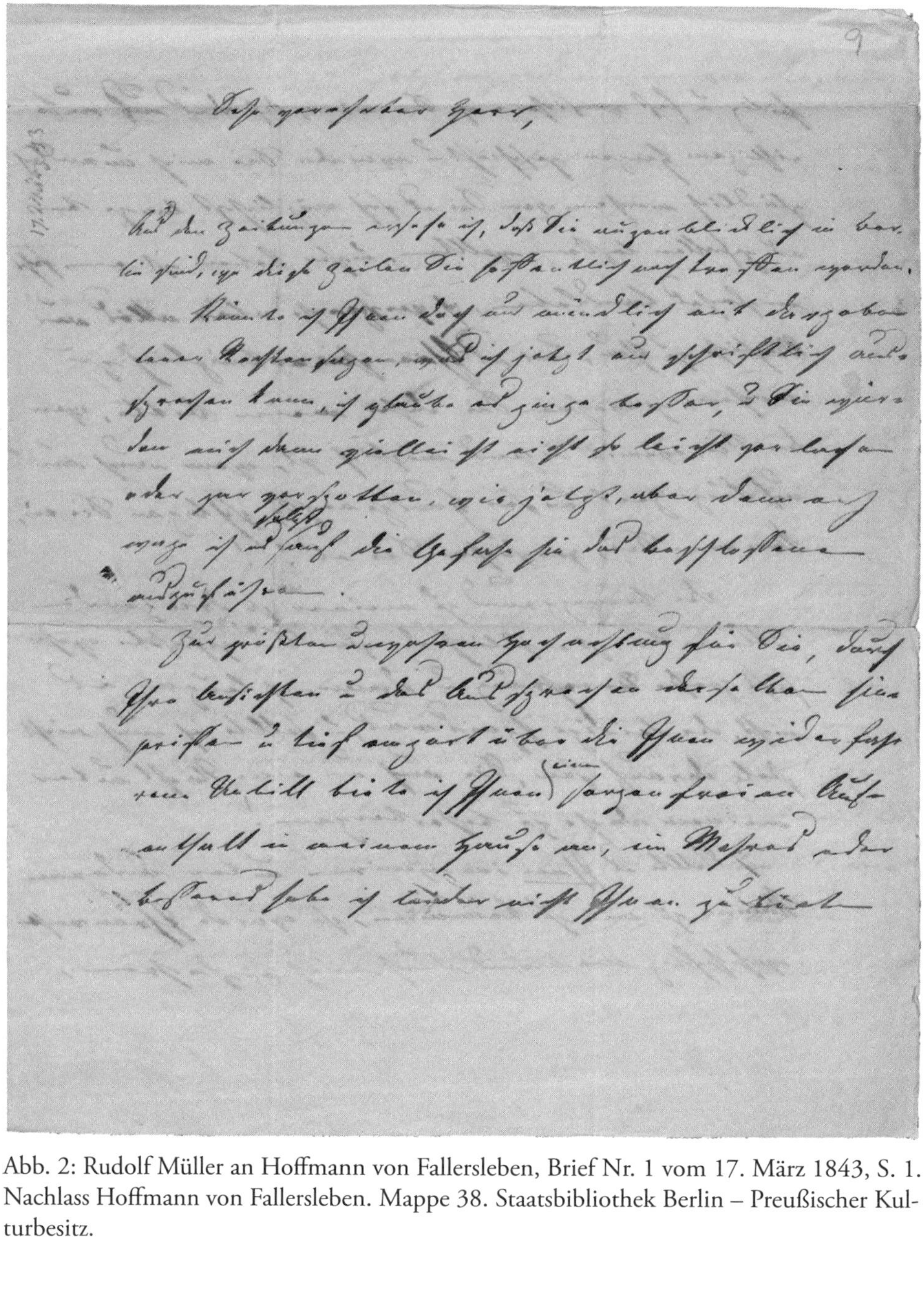

Abb. 2: Rudolf Müller an Hoffmann von Fallersleben, Brief Nr. 1 vom 17. März 1843, S. 1. Nachlass Hoffmann von Fallersleben. Mappe 38. Staatsbibliothek Berlin – Preußischer Kulturbesitz.

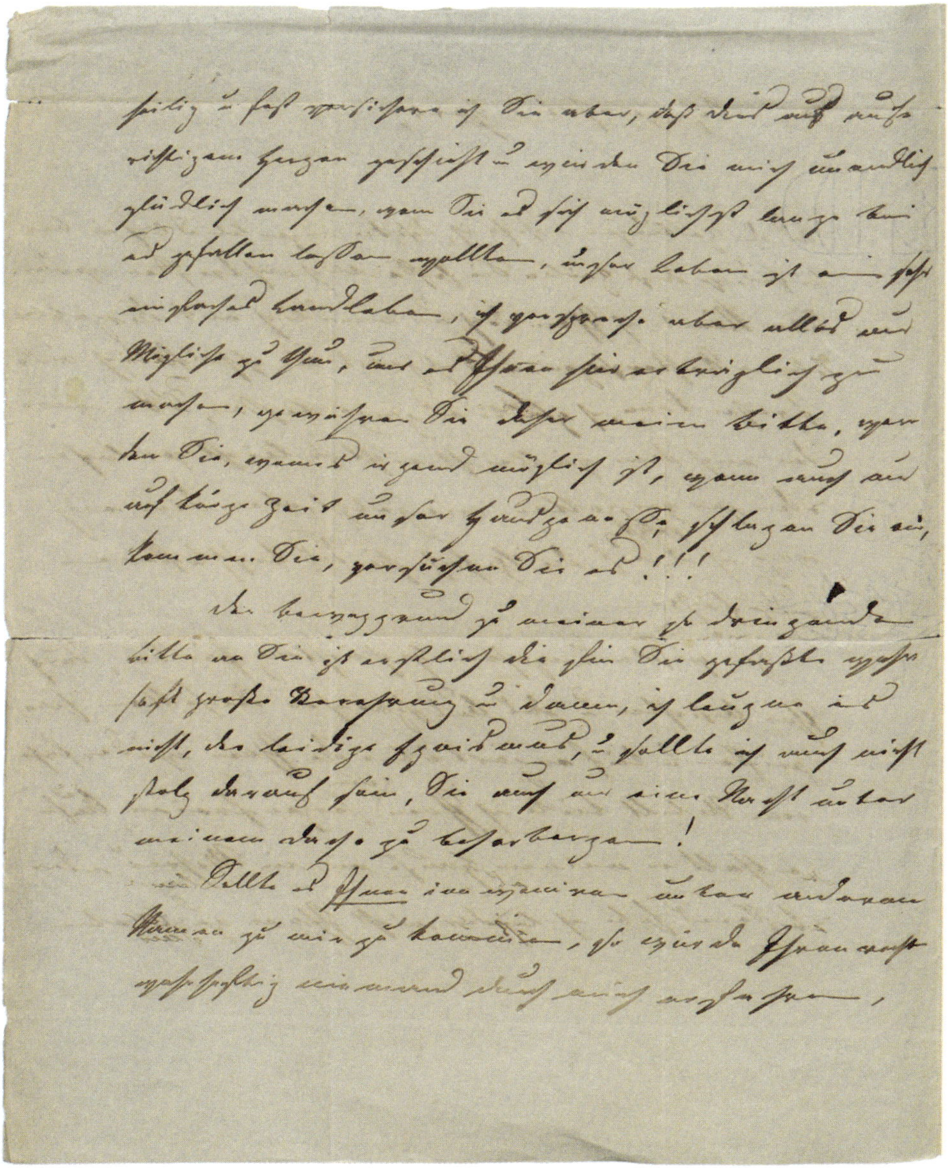

Abb. 3: Rudolf Müller an Hoffmann von Fallersleben, Brief Nr. 1 vom 17. März 1843, S. 2. Nachlass Hoffmann von Fallersleben. Mappe 38. Staatsbibliothek Berlin – Preußischer Kulturbesitz.

Zur größten u. wahren Hochachtung für Sie, durch
Ihre Ansichten u. das Aussprechen derselben hin=
gerissen u. tief empört über die Ihnen widerfah=
rene Unbill[56] biete ich Ihnen einen sorgenfreien Auf=
enthalt in meinem Hause an, ein Mehres oder
Besseres habe ich leider nicht Ihnen zu bieten,

-2-

heilig und fest versichere ich Sie aber, daß dies aus auf=
richtigem Herzen geschieht u. würden Sie mich unendlich
glücklich machen, wenn Sie es sich möglichst lange bei
uns gefallen lassen wollten, unser Leben ist ein sehr
einfaches Landleben, ich verspreche aber alles nur
Mögliche zu thun, um es Ihnen hier erträglich zu
machen, gewähren Sie daher meine Bitte, wer=
den Sie, wenn es irgend möglich ist, wenn auch
nur auf kurze Zeit unser Hausgenosse, schlagen Sie ein,
kommen Sie, versuchen Sie es!!!
Der Beweggrund zu meiner so dringenden
Bitte an Sie ist erstlich die für Sie gefaßte wahr=
haft große Verehrung u. dann, ich leugne es
nicht, der leidige Egoismus, u. sollte ich auch nicht
stolz darauf sein, Sie auf eine Nacht unter
meinem Dache zu beherbergen!
Sollte es Ihnen [unles. conveniren] unter anderem
Namen zu mir zu kommen, so würde Ihren recht
wahrhaftig niemand durch mich erfahren […].

---

56 Unrecht. Entlassung Hoffmanns als Professor in Breslau nach der Veröffentlichung der Unpolitischen Lieder. Anfang Dezember 1842 beschloss das zuständige Königliche Staatsministerium die definitive Absetzung Hoffmanns, welche am 20. desselben Monats vom preußischen König bestätigt wurde. Vgl. Zehn Actenstücke über die Amtsentsetzung des Professors Hoffmann von Fallersleben. Mannheim 1843.

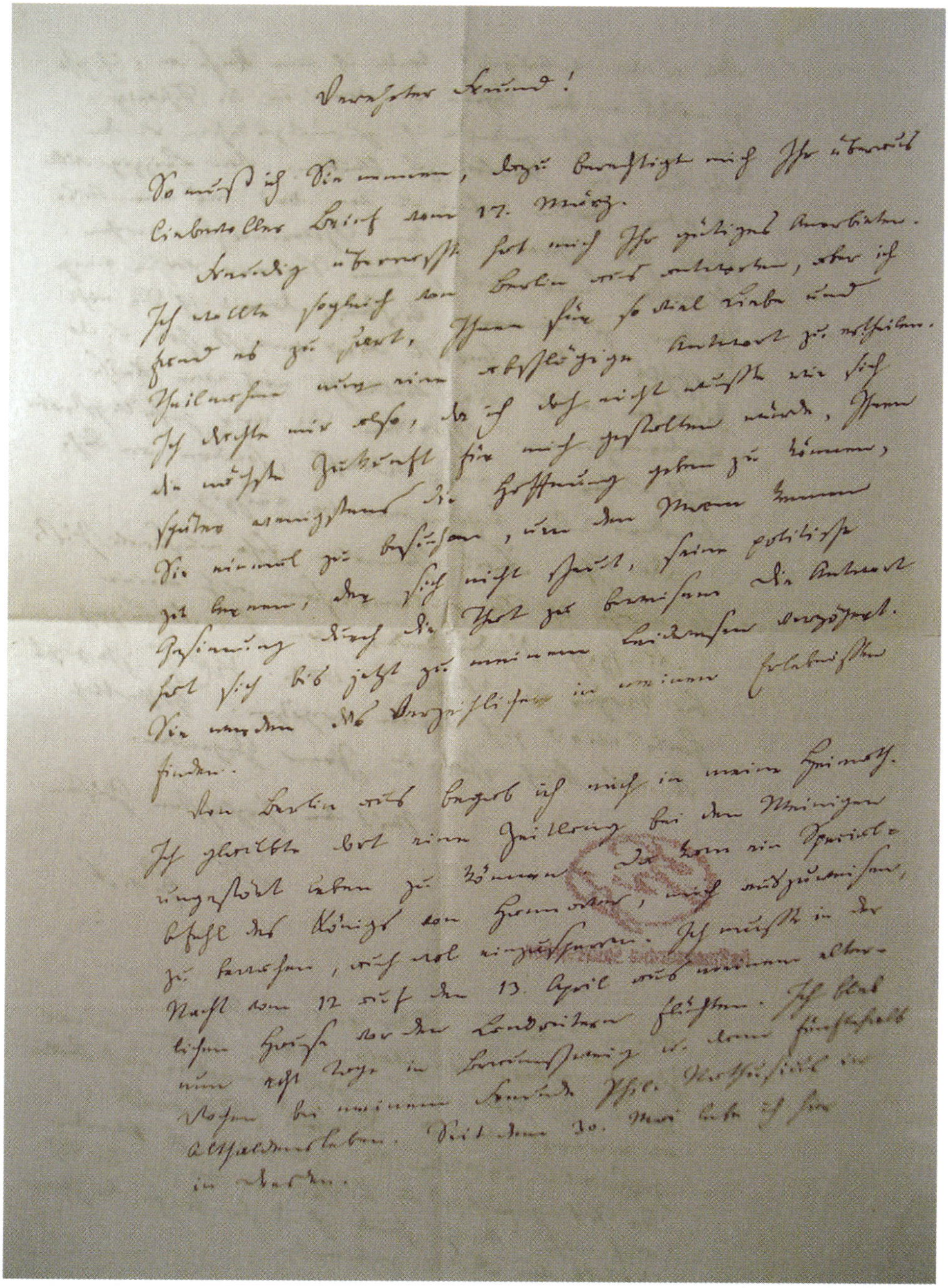

Abb. 4: Hoffmann von Fallersleben an Rudolf Müller, Brief Nr. 2 vom 29. Juli 1843, S. 1. Archiv der Hoffmann-Gesellschaft, SIGN Nr. 02.060

[Hoffmann von Fallersleben an Rudolf Müller] [Dresden, 29. Juli 1843]
SIGN. Nr. 02.060[57]

[Umschlag]
Herrn Gutsbesitzer R. C. Müller
Holldorf
bei Brüel
(Mecklenburg-Schwerin)
[diverse Postvermerke und Stempel]
[Siegel erhalten mit der Umschrift: unles.]

Dresden 29. Juli 1843.

Verehrter Freund!

So muß ich Sie nennen, dazu berechtigt mich Ihr überaus
liebevoller Brief vom 17. März.
Freudig überrascht hat mich Ihr gütiges Anerbieten.
Ich wollte sogleich von Berlin aus antworten, aber ich
fand es zu hart, Ihnen für so viel Liebe und
Theilnahme nur eine abschlägige Antwort zu ertheilen.
Ich dachte mir also, da ich doch nicht wußte wie sich
die nächste Zukunft für mich gestalten würde, Ihnen
später wenigstens die Hoffnung geben zu können,
Sie einmal zu besuchen, um den Mann kennen
zu lernen, der sich nicht scheut, seine politische
Gesinnung durch die That zu beweisen.[58] Die Antwort
hat sich bis jetzt zu meinem Leidwesen verzögert.
Sie werden das Verzeihliche in meinen Erlebnissen
finden.
Von Berlin aus begab ich mich in meine Heimath.[59]
Ich glaubte dort eine Zeitlang bei den Meinigen

---

57 Hoffmann von Fallersleben: Briefe an Rudolf Müller. Archiv der Hoffmann-Gesellschaft. SIGN. Nr. 02.060.

58 Die politische Gesinnung Müllers schien Hoffmann aus dessen Aussagen aus dem ersten Brief und der Tatsache abzuleiten, dass er einen politisch Verfolgten zu sich nach Hause eingeladen hatte, später konstatiert er nämlich, dass ihm Mecklenburg völlig unbekannt sei, vgl. Brief Nr. 5 vom 1. März 1844. Dazu Hoffmann später: „An Politik nahm er großen Anteil, und es gab für uns täglich Gelegenheit zu politisieren, da ja nun endlich auch das patriarchalische Mecklenburg in die politische Bewegung mit hineingeraten war. Er hatte zwar nicht Gelegenheit, wie andere, seine politischen Ansichten auf den Landtagen zu vertreten – er war nur Pächter seines Schwiegervaters [nur dem Besitzer eines Gutes war es erlaubt, an den Landtagen teilzunehmen] –, aber er nahm an allen Bestrebungen der bürgerlichen Ritter lebendigen Anteil." (Hoffmann von Fallersleben: Mein Leben [wie Anm. 21], Bd. 4, S. 140).

59 Hoffmann wohnte vom 26. März bis zum 12. April bei seiner Schwester in Fallersleben und wollte vergeblich das Domicilrecht (Wohnrecht) erlangen, eine Milderung des königlichen Befehls, auf den Hoffmann am 12. Dezember 1842 aus dem Königreich Hannover ausgewiesen wurde. Vgl. Hoffmann von Fallersleben: Mein Leben (wie Anm. 21), Bd. 4, S. 47.

ungestört leben zu können. Da kam ein Spezial=
befehl des Königs von Hannover, mich auszuweisen,
zu bewachen, auch wol einzusperren. Ich mußte in der
Nacht vom 12. auf den 13. April aus meinem elter=
lichen Hause vor den Landreitern[60] flüchten.[61] Ich blieb
nun recht lange in Braunschweig und dann fünfeinhalb
Wochen bei meinem Freund Phil. Nathusius[62] in
Althaldensleben. Seit dem 30. Mai lebe ich hier
in Dresden.[63] [...]

6. Fazit

Die kommentierte Ausgabe der Korrespondenz zwischen Hoffmann von Fallersleben und Rudolf Müller stellt einen Versuch dar, einen kleinen Teil zur Aufarbeitung dieser Periode in Hoffmanns Leben beizutragen und ein wenig Licht auf seine Rolle im Netzwerk der bürgerlichen Gutsbesitzer in Mecklenburg zu werfen. Somit könnte zusätzlich ein kleiner Beitrag zur Bewertung der Zeit vor und nach der Revolution von 1848 in Mecklenburg geleistet werden.

---

60 Seit 1809 wurden in Preußen wie in Bayern, Sachsen und den meisten anderen deutschen Staaten Gendarmerien zu Pferde und zu Fuß gebildet, die unter verschiedener Benennung (Landgendarmen, Feldjäger, Landdragoner, Polizeihusaren etc.) vorzugsweise den Polizeidienst auf dem flachen Land zu versehen hatten.

61 Ausweisung aus Fallersleben auf Gerichtsbefehl des Königs von Hannover. Vgl. Hoffmann von Fallersleben: Mein Leben (wie Anm. 21), Bd. 4, S. 49.

62 Philipp Engelhard Nathusius (1815–1872) – Publizist und Gründer der Neinstedter Anstalten, wo man sich um behinderte und psychisch kranke Menschen kümmerte. Nathusius unterhielt einen engen Briefkontakt mit der Schriftstellerin Bettine von Arnim (1785–1859). Vgl. Brief Nr. 38 vom 10. November 1846.

63 Am 29. Mai fuhr Hoffmann, nach einem Besuch u. a bei Julius Campe in Leipzig, mit der Eisenbahn, in der er Ludwig Uhland getroffen hat, nach Dresden, wo er bis zum 3. August blieb. Der Dichter schien von Dresden wenig überzeugt zu sein, so nutzte er die Zeit, um zu arbeiten: „Schon in den ersten Tagen vollendete ich ein Heft Lieder: ‚Fliegende Blätter'. Es erschien schon Mitte Junis unter dem von Fröbel [Julius Fröbel, Schriftsteller und Politiker] gewählten Titel: *Deutsche Gassenlieder von Hoffmann von Fallersleben. Zürich und Winterthur, Verlag des Literarischen Comptoirs, 1843. kl. 80, 26 Lieder*. Hoffmann von Fallersleben: Mein Leben (wie Anm. 21), Bd. 4, S. 58. Über den am 29. Juli verfassten ersten Brief an Rudolf Müller äußert sich Hoffmann weder in seiner Autobiographie, noch in seinem Tagebuch.

Gerd-Hermann Susen und Edith Wack

Spurensuche
Zu den Briefausgaben von Wilhelm Bölsche und Carl Hauptmann

I.

In seinem Aufsatz *Wie ich Schlesier wurde* gibt der Schriftsteller Wilhelm Bölsche (1861–1939) im Mai 1931 eine unmittelbar einleuchtende Deutung des „anheimelnden“ Ortsnamens Schreiberhau/Szklarska Poręba: Dort könne der ‚Schreiber‘ „frei“ – also unentgeltlich – Holz ‚hauen‘.[1] Etymologisch mag dies fragwürdig sein, denn das Holz wurde von den früheren Bewohnern zur Befeuerung der Glashütten geschlagen,[2] literarhistorisch kann die Erklärung, die Bölsche wohl von einem der Hauptmann-Brüder zugetragen wurde, jedoch einige Plausibilität für sich beanspruchen. Zu Beginn des 20. Jahrhunderts wurde Schreiberhau zu einem Zentrum von Schriftstellern, Malern und Wissenschaftlern, die in dem schlesischen Ort beste Arbeits- und Lebensbedingungen fanden.

Den Anfang machten die Brüder Carl (1858–1921) und Gerhart Hauptmann (1862–1946), die im Jahre 1890 ein Bauernhaus erwarben und für ihre eigenen Zwecke umbauen ließen. Anfangs waren es lediglich Freunde und Bekannte der Brüder, die für ein paar Tage zu Besuch kamen, wie der Regisseur Otto Brahm (1856–1912), der Maler Hugo Ernst Schmidt (1863–1899), der Dramaturg und Publizist Felix Hollaender (1867–1931), der Komponist Max Marschalk (1863–1940) oder die Schriftsteller Bruno Wille (1860–1928) und Georg Hirschfeld (1873–1942). Später, Gerhart Hauptmann bewohnte zu diesem Zeitpunkt bereits sein neu erbautes Haus Wiesenstein im nahegelegenen Agnetendorf/Jagniątków, siedelten sich viele Gleichgesinnte aus dem Berliner und Breslauer Freundeskreis in Schreiberhau an. Sie erwarben Grundstücke, bauten Häuser und verbrachten zumeist die Sommermonate in dem schlesischen Gebirgsort nahe der böhmischen Grenze.

Einer der ersten war Wilhelm Bölsche. Im Oktober 1900 unternahm er mit Bruno Wille eine Wanderung durch das Riesengebirge, um „noch ein bischen Herbstgold zu genießen“.[3] Es muss ein eindrucksvolles Erlebnis gewesen sein, denn bereits im nächsten Jahr verbrachte Bölsche mehrere Monate mit Frau und Kindern in

---

1 Wilhelm Bölsche: Wie ich Schlesier wurde. In: Schlesische Monatshefte, H. 5/Mai 1931, S. 189–196, hier S. 193.

2 Wie ein Reiseführer aus dem Jahr 1928 mitteilt, verweisen die urkundlich nachweisbaren früheren Namensformen ‚Schriebirshau‘ bzw. ‚Schreibershow‘ vermutlich auf den „Hof des Hütten- und Forstschreibers“; vgl. Albert Goldschmidt (Hg.): Schreiberhau und Umgebung, Griebens Reiseführer. Berlin 1928, S. 10.

3 Brief an Gerhart Hauptmann vom 3. Oktober 1900; die Korrespondenz Bölsches mit Carl und Gerhart Hauptmann, herausgegeben von Edith Wack, wird voraussichtlich 2013 als Bd. VIII der wissenschaftlichen Edition der Briefe Wilhelm Bölsches bei Weidler in Berlin erscheinen.

Schreiberhau. Als die Familie Mitte September nach Friedrichshagen zurückkehrte, waren sie glückliche Besitzer „von 3 Morgen Kartoffelacker und einem alten Bauernhaus auf altem Gletscherschutt der Eiszeit“.[4]

Der Weg nach Schreiberhau war zu diesem Zeitpunkt, zumal mit zwei kleinen Kindern, noch etwas beschwerlich: Zwar kam man mit dem Zug von Berlin direkt bis nach Hirschberg/Jelenia Góra, wo man in die Bahn nach Petersdorf/Piechowice umsteigen konnte. Doch von dort aus ging es nur noch zu Fuß oder mit einem gemieteten Wagen weiter. Das änderte sich jedoch bereits ein Jahr später, als die Eisenbahnstrecke bis nach Schreiberhau verlängert wurde. Dieser Umstand, den Bruno Wille sogleich in einem Beitrag für den *Tag* würdigte,[5] dürfte wesentlich zu der Attraktivität Schreiberhaus als Sommerwohnsitz beigetragen haben: Neben Carl Hauptmann und Wilhelm Bölsche gehörten bald auch die Schriftsteller Bruno Wille und John Henry Mackay (1864–1933), die Maler Hanns Fechner (1860–1931) und Hermann Hendrich (1854–1931), der Berliner Bürgermeister Georg Reicke (1863–1923) mit seiner Ehefrau, der Malerin Sabine Reicke (1865–1945), der Nationalökonom Werner Sombart (1863–1941), die Komponistin Anna Teichmüller (1861–1940) sowie die Kunsthistoriker Alfred Koeppen (1869–1940) und Joachim Zimmermann (1875–1947) zu jener Kolonie, „die die verschiedenen Künstlernaturen vereinigt, mehr eine Sammelstätte von feinsinnigen Aestheten, die jeder ihrer Kunst leben, aber in gegenseitiger Wertschätzung Gedanken tauschen, sich einer an der Kunst und dem Können des andern freuen, und sich gegenseitig bereichern“.[6]

Bot der Ort den Neuankömmlingen die für sie förderlichen Lebens- und Arbeitsbedingungen, so trugen jene sicher auch ihren Teil bei zu den stetig steigenden Besucherzahlen. Zählte Schreiberhau 1885 lediglich 1.627 Sommergäste, so waren es 1895 bereits 5.417, und 1905 konnten zusätzlich zu den 9.806 Sommer- auch schon 2.602 Wintergäste verzeichnet werden – eine Tendenz, die sich in den folgenden Jahren fortsetzte.[7] Die Künstler bildeten bald einen wichtigen Anziehungspunkt, über den in Zeitungen und Zeitschriften berichtet wurde. Selbst die Reiseführer wiesen auf sie hin; noch 1928 gedachte man der mittlerweile nicht mehr existierenden „Künstlerkolonie“:

> „Sehenswert ist die Sagenhalle (tgl. geöffnet; Eintr. 50, Schüler 20 Pf.), unmittelbar am Bhf. in dichtem Gebüsch gelegen, auf Anregung von Bruno Wille und Hendrich von P. Engler (Berlin-Karlshorst) erbaut. [...] In der Hüttstadt befindet sich Carl Hauptmanns Landhaus. Die Künstlerkolonie unterhalb der Hüttstatt im flachen, muldenförmigen Wiesental der Böhmischen Furt ist durch Tod und Wegzug fast ganz aufgelöst. In Schreiberhau wohnen noch ständig der erblindete Maler und Dichter Hanns Fechner, Wilhelm Bölsche und mehrere Monate im Jahre der Maler Hermann Hendrich.“[8]

---

4 Brief an Ernst Haeckel vom 25. Dezember 1901. In: Rosemarie Nöthlich (Hg.): Ernst Haeckel – Wilhelm Bölsche. Briefwechsel 1887–1919. Berlin 2002, S. 133.

5 Bruno Wille: Die neue Bahn nach Schreiberhau. In: Der Tag, 24.08.1902.

6 Alfred Koeppen: Schreiberhau und seine Künstlerkolonie. In: Schlesien 2 (1908/09), S. 465–471, hier S. 465.

7 Griebens Reiseführer 1928 (Anm. 2), S. 11.

8 Ebd., S. 29f.; die für einen Reiseführer typischen Hervorhebungen im Schriftbild wurden nicht übernommen.

Der Prozess der Auflösung war mit dem Tod Carl Hauptmanns 1921 eingeleitet worden. Persönliche Schicksale, berufliche Veränderungen und nicht zuletzt die Inflation der Jahre 1922 und 1923 bewirkten, dass viele der Sommerhäuser verkauft wurden. Auch das von Carl Hauptmann bis zuletzt bewohnte Haus hatte mittlerweile neue Besitzer gefunden. Die Gemeinde hatte sich jedoch das Recht ausbedungen, Erinnerungstafeln für die ehemaligen Bewohner anbringen zu können. 1924 wurde eine schlichte Gedenktafel für Carl Hauptmann angebracht, 1928 folgte eine aufwendiger gestaltete für Gerhart Hauptmann, die alle die Werke aufzählt, an denen der Dichter in Schreiberhau gearbeitet hat.

Unverkennbar ist der Versuch der Gemeinde Schreiberhau, an die für die Attraktivität des Ortes so bedeutsame Vergangenheit anzuknüpfen. Seit 1922 veranstaltete sie alljährliche Johanniswochen, damit auf eine Tradition zurückgreifend, die zunächst von den Künstlern wiederbelebt worden war, „die auf dem Gelände der Sagenhalle Hermann Hendrichs zur Sommersonnenwende" sogenannte „Asenfeste" feierten.[9] 1925 bildete die Gedenkfeier, die die Einweihung des Grabmals für Carl Hauptmann begleitete, einen der Programmpunkte der Johanniswoche, und auch die für Gerhart Hauptmann am ehemaligen Wohnhaus der Brüder angebrachte Gedenktafel erfolgte 1928 im Rahmen der Johannisfeiern. Auf dem Programm standen jeweils Dichterlesungen,[10] Aufführungen des Kurtheaters,[11] musikalische Darbietungen und eine Kunstgewerbeschau,[12] die das regionale Kunsthandwerk vorstellte. Die Außenwirkung dieser Veranstaltungen lässt sich etwa daran erkennen, dass auch in den Berliner Zeitungen darüber berichtet wurde.[13]

Im Juni 1936 wurde im ehemaligen Wohnhaus Carl Hauptmanns ein Museum eröffnet, das ein ähnliches Konzept erkennen ließ. Das sogenannte Haus der Heimat präsentierte im Erdgeschoss „ein schlesisches Bauernzimmer, das mit seinen buntbemalten Möbeln allen Hausrat aufweist, der zur Behaglichkeit einer Familie gehörte", im ersten Stock wurden die bildenden Künstler und das Kunstgewerbe vorgestellt, während das zweite Stockwerk in das große „Reich des Gedanken- und Geisteslebens, des Wirkens und Schaffens der Dichter und Denker von Schreiberhau [einführte], die zugleich die Großen von Deutschland bedeuten." Carl Hauptmann und Will-Erich Peuckert (1895–1969), Gerhart Hauptmann und Hermann Stehr (1864–1940), Wilhelm Bölsche und Bruno Wille wurden jeweils gemeinsam in einem Raum mit ihren Werken präsentiert. Im Mittelpunkt des Ganzen jedoch stand das Arbeitszimmer Carl Hauptmanns,

> „das uns in seiner Echtheit so wundervoll erhalten ist, daß man meint, es brauche nur die Tür sich öffnen – und der Dichter müsse eintreten, um auf dem altmodischen, bequemen

---

9 Hannah Fechner: Schreiberhau als Kulturstätte. In: Der Türmer 35 (1933), H. 8, S. 129–136, hier S. 129.

10 1925 etwa las Friedrich Castelle aus den Werken Hermann Stehrs sowie Carl und Gerhart Hauptmanns.

11 1925 wurde Gerhart Hauptmanns Lustspiel *Die Jungfern vom Bischofsberg* aufgeführt.

12 1924 standen schlesische Glaskunst und Keramik im Vordergrund, 1925 die Textilkunst.

13 So brachte etwa die Vossische Zeitung eine kurze Ankündigung in ihrer Ausgabe vom 4. Juni 1924.

Sessel vor seinem Schreibtisch Platz zu nehmen und seine Gedanken niederzuschreiben. Hier, in diesem Raume hat er zu innerst geschaut und geschafft – hier hat er sein eigenstes Leben gelebt. Auf dem Tisch noch die Lampe, die er stets entzündete, wenn er arbeiten wollte, an den Fenstern die dichten Gardinen, die er dann zuzog, um abgeschlossen vom Draußen, allein zu sein mit sich und seiner reichen Gedankenwelt.“[14]

1941 kehrte Maria (1881–1961), die Witwe Carl Hauptmanns, nach Schreiberhau zurück. Nach jahrelang währender Rechtsunsicherheit war sie nun die alleinige Eigentümerin des Hauses. Als Gegenleistung hatte sie zur Abgeltung der angesammelten Steuerschulden den literarischen Nachlass Carl Hauptmanns dem Provinzialverband Niederschlesien übereignet. In dessen Auftrag war Maria Hauptmann seit Beginn des Jahres 1945 für die Erschließung des Nachlasses verantwortlich. Das Arbeitszimmer Carl Hauptmanns sollte wie auch das Carl-Hauptmann-Archiv interessierten Forschern zugänglich gemacht werden.[15]

An diese hier nur skizzierte Vorkriegsgeschichte knüpft das Carl-Hauptmann-Haus im heute polnischen Szklarska Poręba seit 1995 an. Als Außenstelle des Riesengebirgsmuseums in Jelenia Góra/Hirschberg zeigt es (neben einer Ausstellung über den Berggeist Rübezahl) Material, das die Arbeit der ehemals in Schreiberhau tätigen Künstler dokumentiert. Einen deutlichen Schwerpunkt bilden dabei die Brüder Carl und Gerhart Hauptmann. Aufgezeigt wird zudem, dass die Tradition der Künstlerkolonie bis heute in dem Ort lebendig geblieben ist.

All diesen Unternehmungen gemeinsam war und ist der Versuch, Vergangenem nachzuspüren und der Gegenwart zugänglich zu machen. Besondere Aufmerksamkeit verdienen heute die Versuche, die Kultur Schlesiens vor 1945 auch als Teil der polnischen Geschichte zu verstehen. Die Künstler, die sich heute in Szklarska Poręba niederlassen und bewusst an die Tradition des Ortes anknüpfen,[16] zählen dazu ebenso wie die Studenten der Universität Wrocław, die sich durch die Beschäftigung mit den autobiographischen Spuren in den Werken Carl und Gerhart Hauptmanns ihrer eigenen Identität als Schlesier vergewissern.[17]

Zu dieser Art einer produktiven Aneignung von Geschichte gehören auch die beiden Editionsprojekte, die im Folgenden vorgestellt werden sollen. Die wissenschaft-

---

14 L. Priesemuth: Weimar des Ostens. In: Tägliche Rundschau für Mittelschlesien (ohne Datumsangabe; Dok Z: Hauptmann, Carl; DLA Marbach).

15 Die komplizierte Geschichte des Carl-Hauptmann-Hauses ist bisher nur für die Spätphase aufgearbeitet worden, vgl. Wojciech Kunicki: Vom „Haus der Heimat“ zum „Haus der Kulturarbeit des Provinzialverbandes“. Kulturpolitische Aspekte der Auseinandersetzung um das Carl-Hauptmann-Haus in Mittelschreiberhau vom Frühjahr 1936 bis zum Frühjahr 1945. Mit einem dokumentarischen Anhang. In: Orbis Linguarum 19 (2002), S. 185–228.

16 Vgl. hierzu Janina Hobgarska, Joanna Kozioł: Die späten 80er und die 90er Jahre. Die „Rückkehr“ der Künstler ins Riesengebirge. In: Die imposante Landschaft. Künstler und Künstlerkolonien im Riesengebirge im 20. Jahrhundert. Hrsg. von der Gesellschaft für interregionalen Kulturaustausch und dem Muzeum Okręgowe w Jeleniej Górze. Berlin, Hirschberg 1999, S. 347–379.

17 Vgl. hierzu Mirosława Czarnecka: Zwischen regionaler Vereinnahmung und europäischer Perspektivierung, oder wie kann Gerhart Hauptmann heute in Polen gelesen werden? In: Edward Białek, Mirosława Czarnecka (Hg.): Carl und Gerhart Hauptmann. Zwischen regionaler Vereinnahmung und europäischer Perspektivierung, Wrocław. Dresden 2006, S. 427–434.

lichen Ausgaben der Werke und Briefe Wilhelm Bölsches und Carl Hauptmanns zeugen von dem Bestreben deutscher und polnischer Wissenschaftler – und zwar bereits vor 1989 –, Formen der Kooperation zu finden, um Leben und Wirken dieser beiden Autoren der literaturwissenschaftlichen Forschung nahe zu bringen.

II.

Anders als Carl Hauptmann war Bölsche kein gebürtiger Schlesier. 1861 in Köln geboren, kam er nach einem nicht abgeschlossenen Studium in Bonn, Wandermonaten in Italien, einem Jahr in Paris und einigen eher erfolglosen schriftstellerischen und journalistischen Versuchen im Herbst 1886 zunächst nach Berlin, wo er bald Anschluss an den Kreis der naturalistischen Dichter um die Brüder Hart finden sollte.[18] Im Juli 1890 zog er zusammen mit Bruno Wille nach Friedrichshagen vor die Tore Berlins, und nur kurze Zeit später, im August 1890, wurde er Redakteur der *Freien Bühne*, der für die Durchsetzung des Naturalismus in Deutschland wohl bedeutsamsten Zeitschrift. Nachdem er diese Position aus privaten Gründen aufgegeben hatte, ging er im Herbst 1893 für ein Jahr nach Zürich, wo er sein erstes populärwissenschaftliches Werk, die *Entwickelungsgeschichte der Natur*, vollendete.

Waren es berufliche Gründe, die ihn nach Berlin brachten, so war es die „Naturschöne" Schreiberhaus, die dazu führte, dass er schließlich „Schlesier wurde".[19] Er erlebte sie erstmals im Herbst 1893, nachdem er „etwas Schiffbruch des Lebens" erlitten hatte und dem Rat Gerhart Hauptmanns gefolgt war: „Geh nach Schreiberhau, dort wird man gesund!"[20] Schon damals hatte ihn das „Herbstgold" begeistert,[21] doch sollte es noch einmal sieben Jahre dauern, ehe er diesen Natureindruck erneut auf sich wirken ließ.[22] Ein Jahr später erwarb er dort ein altes Bauernhaus, in dem er mit seiner Familie von nun an die Sommermonate verbrachte, ehe er 1918 in Schreiberhau sesshaft wurde.

Wie verbunden sich Bölsche seiner schlesischen Heimat fühlte, kommt darin zum Ausdruck, dass er bereits zu Lebzeiten seinen Briefnachlass der Universitätsbibliothek Breslau/Wrocław übergeben hat. Nach seinem Tod im August 1939 gelangten durch Bölsches Sohn Karl weitere Autographe nach Breslau; Bölsches Arbeitszimmer, seine Bibliothek sowie die umfangreiche naturkundliche Sammlung blieben als „Erinnerungsstätte in Mittel-Schreiberhau im Hendrichhaus".[23]

---

18 Ausführlich zu den frühen Jahren Wilhelm Bölsches vgl. Edith Wack: Vom Rhein an die Spree. Wilhelm Bölsches literarische Anfänge. In: Gerd-Hermann Susen, Edith Wack (Hg.): „Was wir im Verstande ausjäten, kommt im Traume wieder". Wilhelm Bölsche 1861–1939. Würzburg 2012, S. 17–54.

19 Vgl. Bölsche: Wie ich Schlesier wurde (Anm. 1) und Zitat S. 194.

20 Bölsche: Wie ich Schlesier wurde (Anm. 1), S. 193.

21 Bölsche: Wie ich Schlesier wurde (Anm. 1), S. 194.

22 Vgl. Anm. 3.

23 Brief Karl Bölsches an Werner Sombart vom 2. November 1939, Berlin, Geheimes Staatsarchiv PK, NL Sombart 2 o 264.

Der in Schreiberhau verbliebene Teil von Bölsches Nachlass muss heute als verschollen gelten; die an ihn gerichteten Briefe gehören heute noch immer bzw. wieder zum Bestand der Handschriftenabteilung der Universitätsbibliothek in Wrocław. Zu beklagen ist jedoch der Verlust der von Karl Bölsche veranlassten Nachlieferung, die neben den Tagebüchern und einer Vielzahl von Manuskripten auch die seit 1937 angesammelte Korrespondenz umfasste. Diese wurden vermutlich während des Krieges zerstört. Der überlieferte Teil des Nachlasses wurde vom sowjetischen Militär beschlagnahmt und für mehr als zehn Jahre in der Leninbibliothek (der damaligen Nationalbibliothek der UdSSR) in Moskau/Moskva aufbewahrt. 1958 kam er in sorgfältig geordnetem Zustand zurück nach Breslau, das nunmehr Wrocław hieß. Der dortige Bestand umfasst an die 6.000 Briefe von 840 verschiedenen Verfassern.

Die Überlegungen zu einer wissenschaftlichen Edition der Werke und Briefe Wilhelm Bölsches gehen bis in die Mitte der 1980-er Jahre zurück. Persönliche Kontakte zwischen Andrzej Ładomirski, dem damaligen Leiter der Universitätsbibliothek Wrocław und Hans-Gert Roloff, Professor an der Freien Universität Berlin, ermöglichten die Vereinbarung einer Kooperation bei der Auswertung des Briefnachlasses. Unter den damals möglichen Bedingungen sah diese so aus, dass die Universitätsbibliothek den Briefbestand als Mikrofiche zur Verfügung stellen und Wissenschaftler der (West-)Berliner Universität die Briefedition erarbeiten sollten. Im Kontext der geplanten Edition der Sämtlichen Werke Carl Hauptmanns (siehe unten) kam es im Frühjahr 1988 zu einer neuerlichen Vereinbarung, die nun auch das Germanistische Institut der Universität Wrocław mit einschloss.

Im Rahmen der wissenschaftlichen Ausgabe der Werke und Briefe Wilhelm Bölsches ist mittlerweile der erste Briefband erschienen. Er beinhaltet die Korrespondenz Bölsches mit den Autoren der Zeitschrift *Freie Bühne*, dazu zählen etwa Lou Andreas-Salomé (1861–1937), Richard Dehmel (1863–1920), Detlev von Liliencron (1844–1909), Otto Brahm (1856–1912), Paul Schlenther (1854–1916), Hermann Bahr (1863–1934), Arthur Schnitzler (1862–1931), Hugo von Hofmannsthal (1874–1929), Georg Brandes (1842–1927), Arne Garborg (1851–1924), Ola Hansson (1860–1925), Laura Marholm (1854–1928), August Strindberg (1849–1912), Leo Berg (1862–1908), Michael Georg Conrad (1846–1927), Auguste Forel (1848–1931) und Karl Vogt (1817–1895).[24] Ein zweiter Band, Bölsches Korrespondenz mit Carl und Gerhart Hauptmann (einschließlich einiger anderer Familienmitglieder), ist kurz vor seiner Fertigstellung.[25]

Diese knappen Angaben lassen bereits eine Besonderheit erkennen: Die Briefbände sind jeweils thematisch konzipiert. Grund dafür ist zum einen die Vielzahl der Korrespondenzpartner, von denen einige mit recht vielen, andere nur mit einem einzigen Brief vertreten sind, zum anderen die Auflage, dass ausnahmslos alle im Briefnachlass überlieferten Briefe an Bölsche sowie alle noch auffindbaren von ihm geschriebenen im Rahmen der Edition publiziert werden sollen. Dem Stellenkom-

24 Gerd-Hermann Susen (Hg.): Wilhelm Bölsche, Werke und Briefe I. Briefwechsel mit Autoren der Freien Bühne. Berlin 2010.

25 Vgl. Anm. 3.

mentar erwächst daraus die Aufgabe, den durch den Schwerpunkt des jeweiligen Bandes gegebenen Zusammenhang zu verdeutlichen, in dem etwa die Beziehungen der Korrespondenzpartner untereinander aufgezeigt und Anspielungen auf Werke oder Zeitumstände für heutige Leser verdeutlicht werden.[26]

Der *Freie-Bühnen*-Band, der mehr als 600 Briefe von insgesamt 70 Briefpartnern vereinigt, wird dieser Aufgabe gerecht, indem er neben der *Freien Bühne* auch andere literarische Zeitschriften aus der Zeit des Naturalismus ausgewertet hat. Sichtbar wird dadurch die starke Vernetzung der Autoren bzw. der verschiedenen literarischen Gruppierungen untereinander. Im Zentrum steht natürlich Wilhelm Bölsche als Redakteur der *Freien Bühne*, dessen programmatische Neuerungen hier erstmals detailliert vorgestellt werden. Relativiert wird dadurch zugleich die Bedeutung Otto Brahms, dessen Einfluss auf die Zeitschrift wesentlich geringer war, als die Forschung bisher angenommen hat.

Bölsches brieflicher Austausch mit Carl und Gerhart Hauptmann erfordert eine gänzlich andere Materialauswahl für den Stellenkommentar. Die in beider Nachlässe überlieferten Familienbriefe bieten sich an, um einerseits bislang unbekannte biographische Details, andererseits Einzelheiten über die innerfamiliären Beziehungen aufzuspüren, wodurch unter anderem Aufschlüsse über das ja nicht gerade konfliktfreie Verhältnis der beiden Brüder gewonnen werden können. Einen breiten Raum nehmen in den Briefen auch Lektüreerfahrungen ein, die der Kommentar an den jeweiligen Werken zu konkretisieren hat. Dies betrifft die Werke der Korrespondenzpartner ebenso wie den Austausch über die Schriften Dritter; auch die zeitgenössische Rezeption der Werke wird, sofern es die Ausführungen des Briefschreibers nahelegen, berücksichtigt. Da die Korrespondenz einen Zeitraum von 50 Jahren umspannt, müssen von Fall zu Fall auch historische Entwicklungen aufgezeigt und einzelne Phänomene näher beleuchtet werden. Vergleichbares gilt für die Lebensverhältnisse in Berlin bzw. in Schreiberhau.

Um sicherzustellen, dass die Wahl der Korrespondenzpartner für die hier etwas näher vorgestellten Bände einer sinnvollen Fortführung des Editionsprojekts nicht die Grundlage entziehen würde, wurden bereits in der Vorbereitungsphase die thematischen Schwerpunkte der weiteren Bände sowie die dafür in Frage kommenden Briefpartner festgelegt. Der Editionsplan sieht insgesamt 10 Bände vor:

1. Redakteur der *Freien Bühne* (bereits erschienen)
2. Briefwechsel mit Verlegern
3. Briefwechsel mit Schriftstellern
4. Briefwechsel mit Wissenschaftlern
5. Der Berliner Freundeskreis
6. Schlesische Verbindungen
7. Lebensfreunde
8. Carl und Gerhart Hauptmann (erscheint demnächst)

---

26 Ausführlich vgl. hierzu Gerd-Hermann Susen, Edith Wack: Arbeitsbericht zur Edition der Korrespondenz Wilhelm Bölsches. In: Editio 24 (2010), S. 241–247.

9. Ernst und Walter Haeckel
10. Wilhelm Bölsche als öffentliche Person

Die Kooperation zwischen Berlin und Wrocław ist bis heute beschränkt auf die einst getroffene Vereinbarung – doch wäre eine auch inhaltliche Zusammenarbeit nicht nur möglich und wünschenswert, sie ist in einem Fall auch geradezu notwendig, nämlich für die Kommentierung von Band 6: Wilhelm Bölsches schlesische Verbindungen. Er steht für den einen der beiden Lebensmittelpunkte Bölsches und bildet somit das Gegenstück zu dessen Berliner Freundeskreis (Band 5). Zu den in Frage kommenden Personen gehören etwa Hans von Hülsen (1890–1968), Georg Reicke, Werner Sombart, Hermann Stehr, Anna Teichmüller und Hans-Emil Oberländer (1885–1945) aus dem Schreiberhauer Umfeld, der Schriftsteller Paul Barsch und seine Frau Marie aus Breslau, der in Warmbrunn/Cieplice-Zdrój ansässige Holzschnitzer Cirillo dell'Antonio (1876–1971), aber auch Personen des öffentlichen Lebens wie der langjährige Schreiberhauer Bürgermeister Artur Staeckel (1888–1961), der Liegnitzer Regierungspräsident Robert Büchting (1861–1925) oder der Hirschberger Landrat Rudolf von Bitter (1880–1957).

Bei der Erarbeitung des Kommentars ist mit ähnlichen Schwierigkeiten zu rechnen wie bei dem *Freien-Bühnen*-Band: Die Gruppe der Korrespondenzpartner ist sehr heterogen zusammengesetzt, die Anzahl der überlieferten Briefe recht unterschiedlich, und in vielen Fällen werden sich wohl keine Gegenbriefe ausfindig machen lassen. Aufgabe des Stellenkommentars wird es sein, den Bezug zu Schlesien als das Allen Gemeinsame in den Vordergrund zu stellen. Die Recherche wird sich in erster Linie auf gedrucktes Quellenmaterial wie Zeitungen und Adressbücher erstrecken, in einigen Fällen auch auf Aktenmaterial. Vieles davon ist heute nur noch in schlesischen Bibliotheken oder Archiven einsehbar. Wie fruchtbar eine solche Recherche sein kann, hat, um nur ein Beispiel im Kontext Schreiberhaus anzuführen, Wojciech Kunicki mit seiner Untersuchung über die widerstreitenden kulturpolitischen Interessen in Fragen der Nutzung des Carl-Hauptmann-Hauses aufgezeigt.[27]

Als gemeinsames Forschungsprojekt könnte die Edition von Bölsches Briefwechsel mit den in Schlesien lebenden Freunden und Bekannten von Wissenschaftlern und/oder Studenten der beiden Universitäten in Berlin und Wrocław erarbeitet werden. Welche konkreten Schritte bei der Erarbeitung des Stellenkommentars unternommen werden müssen, soll im Folgenden an zwei Briefen beispielhaft aufgezeigt werden. Die zu kommentierenden Stellen sind jeweils kursiv wiedergegeben. Der erste Brief, vom 9. Februar 1925, hat als Verfasser Artur Staeckel, den Gemeindevorsteher von Schreiberhau:

„Hochgeehrter Herr Bölsche!

Ich erlaube mir, Ihnen für Ihre Unterstützung bei unserer *Hermann-Hendrich-Feier* im Namen der Gemeinde verbindlichsten Dank zu sagen.

Wenn diese Feier bei den einzelnen *Besuchern auch von ausserhalb*, selbst von unserem

---

27 Vgl. Anm. 15; hingewiesen sei auch auf die Beiträge von Detlef Haberland, Leszek Dziemianko und Marcin Miodek im vorliegenden Band.

> *Konkurrenzorte Krummhübel*, einen *schönen und vornehmen Eindruck* gemacht hat, so ist dies zweifelsohne zum überwiegenden Teile gerade *Ihrer Mitwirkung* zu danken."[28]

Anlass und Programm der *Hermann-Hendrich-Feier* wären durch Sichtung der regionalen Presse zu ermitteln; mit Zitaten aus den aufgefundenen Zeitungsberichten könnten zugleich die allgemeine Resonanz – *schönen und vornehmen Eindruck* – sowie die Art von Bölsches *Mitwirkung* ermittelt werden. Sollten einzelne *Besucher* namentlich genannt werden, müssten diese mit kurzen biographischen Angaben aufgezählt, solche *von ausserhalb* möglichst auch mit Nennung ihres Wohnortes versehen werden. Vermutlich gäben die Zeitungsartikel auch Auskunft darüber, weshalb Krummhübel/Karpacz als *Konkurrenzort* bezeichnet wird. Falls der Ort, wie anzunehmen ist, eine eigene Hendrich-Feier veranstaltet hat, wären zum einen die Gründe dafür zu nennen, zum anderen auch über die dortige Veranstaltung zu berichten. In jedem Fall aber müsste der Ort (Lage, Entfernung zu Schreiberhau) kurz vorgestellt werden. Wünschenswert wäre, mehrere Berichte auszuwerten: neben dem *Schreiberhauer Wochenblatt* auch eine für Krummhübel repräsentative Zeitung, möglicherweise auch andere Presseorgane der Region.

Der zweite Brief erfordert einen größeren Aufwand für den Kommentar. Er wurde von Günther Grundmann (1892–1976) und Theodor Marcus (1894–?) unterzeichnet und ist auf den 21. Oktober 1932 datiert. Grundmann war seit 1932 Provinzialkonservator von Niederschlesien; da von ihm und seiner Frau insgesamt fünf Briefe an Bölsche vorliegen, müsste er im Kommentar nicht eigens vorgestellt werden, sein Mitunterzeichner Theodor Marcus aber schon, zumal dieser auch im Brief selbst erwähnt wird. Erklärt werden müssten zudem die *Provinzen Nieder- und Oberschlesien*.

> „Sehr geehrter Herr Schriftsteller!
>
> Als Abschluss der *Schlesischen Tage 1932* findet vom 13. bis 19. November 1932 eine *»Schlesische Buch-Woche«* statt, die sich auf beide *Provinzen Nieder- und Oberschlesien* erstreckt. Sinn und Zweck der Buch-Woche ist die Werbung für die schlesischen Dichter und Schriftsteller und damit für das schlesische Buch *auf allen Gebieten des Schrifttums*.
> Die Schlesische Buch-Woche wird *unter Mitwirkung der Presse*, des *Rundfunks*, der *Schulen* und des *schlesischen Buchhandels* durchgeführt.
> Für die beabsichtigte Presse-Propaganda benötigen wir von einer Anzahl *führender Persönlichkeiten des schlesischen Geisteslebens* kurze, höchstens 100 Zeilen lange Aufsätze, die die Stellung des Einzelnen zu den *uns alle bewegenden Kulturfragen* behandeln. Würden Sie die grosse Güte haben, uns einen Beitrag bis zum 31. Oktober 1932 kostenlos für den *Abdruck in der schlesischen Presse* zur Verfügung zu stellen. Wir überlassen es Ihnen selbstverständlich, ob Sie einen Aufsatz aus Ihrem eigenen Arbeitsgebiet wählen, oder ob Sie ein weitgefasstes Thema behandeln wollen. Die Einsendung des Aufsatzes bitten wir an die Geschäftsstelle für die Schlesische Buch-Woche 1932, Herrn *T h e o d o r M a r c u s*, B r e s l a u, K a i s e r W i l h e l m s t r. 8, vorzunehmen.
> Wir hoffen, keine Fehlbitte getan zu haben und danken Ihnen im voraus vielmals."[29]

---

28 Biblioteka Uniwersytecka Wrocławski (BUWr) Böl. Wsp 330.

29 BUWr Böl. Art 139. Für die Abdruckgenehmigung der beiden Briefe danken wir der Handschriftenabteilung der Universitätsbibliothek Wrocław.

Auch hier wird sich die Recherche im Wesentlichen auf die Auswertung von Tageszeitungen aus Breslau bzw. aus Schlesien konzentrieren. Die *»Schlesische Buch-Woche«* als Teil der *Schlesischen Tage 1932* müsste vorgestellt werden. Zu ermitteln wäre darüber hinaus, in welchen Organen der *schlesischen Presse* die Beiträge *führender Persönlichkeiten des schlesischen Geisteslebens* abgedruckt wurden, und ob darunter auch der von Bölsche erbetene Text zu finden ist. In diesem Zusammenhang sollte auch deutlich gemacht werden, welches Spektrum die Formulierung *auf allen Gebieten des Schrifttums* umfasst. Der Inhalt von Bölsches Text müsste mitgeteilt werden, vor allem inwieweit darin die *uns alle bewegenden Kulturfragen* berücksichtigt sind. Ganz allgemein wäre hier auch zu fragen, in welchem (kultur-)politischen Umfeld sich diese *Kulturfragen* stellen. Gegebenenfalls müsste auf verwandte zeitnahe Äußerungen Bölsches verwiesen werden. Hinweise auf die Aktivitäten nicht nur der *Presse*, sondern auch des *Rundfunks*, der *Schulen* und des *schlesischen Buchhandels* wären wohl ebenfalls in den in Frage kommenden Tageszeitungen zu finden.

Nach den bisherigen Planungen wird der Briefband zu Schlesien mehr als 300 Briefe von etwa 60 Korrespondenzpartnern umfassen. Wenn der Kommentar leistet, was hier am Beispiel von zwei Briefen angedeutet wurde, dann darf als Ergebnis des gesamten Bandes ein facettenreiches Bild des Vorkriegs-Schlesiens erwartet werden, seiner politischen Bedingtheiten, seiner kulturellen Hervorbringungen und seiner mehr oder minder bekannten Einwohner. Nicht zuletzt wird die Wertschätzung Wilhelm Bölsches in und seine vielfachen Verbindungen mit seiner Wahlheimat Schlesien deutlich werden.

III.

Was im Falle Bölsches gegenwärtig nur als Wunsch formuliert werden kann, ist für die Edition der Sämtlichen Werke Carl Hauptmanns bereits Realität geworden: Sie wird gemeinsam von polnischen und deutschen Wissenschaftlern erarbeitet. Das ist nicht nur wegen der unübersichtlichen Nachlass-Situation geboten – es kommt darin auch der denkwürdige Umstand zum Ausdruck, dass das wissenschaftliche Interesse an Carl Hauptmann heute in Polen stärker vorhanden ist als in Deutschland.

Carl Hauptmann, 1858 im schlesischen Salzbrunn geboren, hat erst vergleichsweise spät zur Dichtung gefunden. Ausgestattet mit einer starken analytischen Begabung, hatte er sich zunächst für ein naturwissenschaftliches Studium bei Ernst Haeckel (1834–1919) in Jena entschieden, musste aber schon bald feststellen, dass viele der ihn bedrängenden Fragen dabei ohne Antwort blieben. Nach erfolgreicher Promotion ging er daher 1884 nach Zürich, wo er bei Richard Avenarius (1843–1896) Philosophie studierte. Als er im Sommer 1889 seinen Wohnsitz nach Berlin verlegte, saß er bereits seit fast drei Jahren an einer Arbeit, mit der er sich in der akademischen Welt einen Namen zu machen hoffte. Doch während er mit jener nur quälend langsam vorankam, hatte er aus nächster Nähe Gelegenheit, nach der Uraufführung von *Vor Sonnenaufgang* den raschen Aufstieg des jüngeren Bruders zu verfolgen. Ende 1892 legte Carl Hauptmann schließlich mit der *Metaphysik in der modernen Physiologie* eine methodenkritische Untersuchung vor, die der physiologischen Forschung das Festhalten an metaphysischen Vorstellungen minutiös nachweist.[30] Für den Beginn einer akademischen Karriere war diese Arbeit freilich denkbar ungeeignet: Naturwissenschaftler betonten ihren philosophischen Gehalt, während sie seitens der Philosophie als eine bedeutende naturwissenschaftliche Untersuchung aufgefasst wurde.

Doch Carl Hauptmann hatte sich, wohl ohne es sich selbst einzugestehen, innerlich längst für einen anderen Weg entschieden; während er nach außen noch immer vorgab, eine Professur anzustreben, fand er mehr und mehr Gefallen daran, sich dichterisch zu betätigen. Zwei kleinere Erzählungen waren bereits von ihm (unter dem Pseudonym Ferdinand Klar) in der *Freien Bühne* erschienen; im Frühjahr 1893, also kurz nach Fertigstellung seiner *Metaphysik*, trug er sich mit dem Gedanken an ein Drama, das er schreiben wollte, bevor er sich wieder der wissenschaftlichen Arbeit widmen würde. Auch die folgenden Jahre waren von diesem Nebeneinander geprägt, das erst durch den Tod von Richard Avenarius einen äußeren Abschluss fand. Obwohl er, wie Freunde ihm später bestätigten, die Nachfolge von Avenarius in Zürich (offenbar auch ohne Habilitation) hätte antreten können, stand für ihn nun sein zukünftiger Weg fest – mit zweifelhaftem Erfolg. Denn als Dichter blieb Carl Hauptmann Zeit seines Lebens die breite Anerkennung verwehrt. Von der Kritik wurde er stets an den Leistungen des Bruders gemessen, als eigenständige Begabung nur von wenigen wahrgenommen.

Daran hat sich bis heute nicht viel geändert. Im Vorwort des ersten Bandes der Sämtlichen Werke wird auf diesen Umstand verwiesen, wenn eingangs betont wird, dem Dichter sei

> „das harte Schicksal beschieden worden, durch die groben Maschen der Literarhistorie gefallen zu sein. Die jüngsten allgemeinen Darstellungen zur deutschen Literatur der Jahrhundertwende kennen Carl Hauptmann kaum noch, und die Literaturlexika registrieren Autor und Werk knapp, meist lückenhaft und mit stereotypen Ungenauigkeiten."[31]

Diesem Missstand abzuhelfen ist eines der erklärten Ziele der Edition. Auch ihre Entstehungsgeschichte reicht weit in die 1980er Jahre zurück, als sich Hans-Gert Roloff mit den polnischen Germanisten Marian Szyrocki und Anna Stroka (beide Wrocław) zusammenschloss, um mit diesen das Konzept für eine wissenschaftliche Ausgabe der Werke Carl Hauptmanns zu erarbeiten. Da der ungehinderte Zugang zu dem in Ost-Berlin befindlichen Nachlass-Teil gewährleistet sein musste, versicherten sie sich zunächst der Unterstützung ihres Ost-Berliner Kollegen Kurt Böttcher, ehe Hans-Gert Roloff den Plan einer Vier-Länder-Ausgabe (nach damaliger

30 Ausführlich hierzu Edith Wack: „Denken ist ein miserables Geschäft". Carl Hauptmanns Ungenügen an der Wissenschaft. In: Edward Białek und Mirosława Czarnecka (Hg.): Dem Sonnenwanderer auf der Spur. Neue Beiträge zu Carl Hauptmann, Dresden 2009, S. 87–118.

31 Carl Hauptmann: Dramen I. Bearbeitet von Eberhard Berger unter Mitarbeit von Elfriede Berger. Stuttgart, Bad Cannstatt 1997, S. VII; Verfasser des Vorworts ist Hans-Gert Roloff.

politischer Logik also unter der Beteiligung von Wissenschaftlern aus Polen, der Deutschen Demokratischen Republik, der Bundesrepublik Deutschland und West-Berlin, entsprechend der Verteilung der Nachlass-Bestände) dem stellvertretenden Kulturminister der DDR, Klaus Höpcke (* 1933), vortrug. Tatsächlich gelang es, diesen von der Notwendigkeit eines solchen Editionsprojekts zu überzeugen. Die uneingeschränkte Benutzung des Ost-Berliner Nachlass-Bestands wurde zugesagt, die Beteiligung von Kurt Böttcher genehmigt, und auch eine Finanzierung wurde in Aussicht gestellt. Erscheinen sollte die Carl-Hauptmann-Edition in der von Wissenschaftlern der Freien Universität Berlin betreuten Reihe der Berliner Ausgaben, verlegt werden sollte sie in der politisch neutralen Schweiz (ein Umstand, der für die DDR besonders wichtig war). Nach 1989 war dieses Konzept aus personellen wie finanziellen Gründen nicht mehr zu realisieren. Zu den verbliebenen Herausgebern Hans-Gert Roloff und Anna Stroka fand sich durch Vermittlung von Kurt Böttcher schließlich als Dritter im Bunde Eberhard Berger, erfahrener Lektor des Henschel-Verlags und, wie auch die beiden anderen Herausgeber, ein großer Liebhaber der Werke Carl Hauptmanns.[32]

Die ersten Textbände wurden von dem mittlerweile verstorbenen Eberhard Berger in Zusammenarbeit mit seiner kurz nach ihm verstorbenen Frau Elfriede erarbeitet, ein Band mit den frühen Dramen und drei Bände mit Erzählungen. In Arbeit sind gegenwärtig drei weitere Bände, ein Band mit den späten Dramen (Hans-Gert Roloff) und zwei Bände mit Romanen (Walter Delabar, Berlin). Für die Kommentare sind jeweils eigene Bände geplant. Zu erwähnen ist hier noch der Supplement-Band Chronik zu Leben und Werk Carl Hauptmanns, der auf der Grundlage von reichhaltigem Quellenmaterial zusammengestellt wurde.[33] Aus wissenschaftlicher Sicht mag man bedauern, dass die Quellen nicht nachgewiesen sind, so dass Vieles nur durch aufwendige Recherchen im Nachlass zu überprüfen und über die zahlreich vorhandenen Zitate hinaus zu nutzen ist – dennoch ist diese Chronik mittlerweile für die Forschung unentbehrlich geworden.

Es ist generell das Verdienst der Edition und ihrer Herausgeber, die Forschung zu Carl Hauptmann angeregt zu haben. Wie bereits erwähnt wurde, sind es vor allem polnische Wissenschaftler, die sich auf diesem Feld betätigen und obendrein, zum Nutzen ihrer deutschen Kollegen, auch noch in deren Muttersprache.[34] Bemerkenswert ist, dass es mittlerweile zwei Publikationsreihen gibt, die den Untersuchungen zu Leben und Werk Carl Hauptmanns ein Forum geben.[35] Dass diese jeweils beide

32 Diese Angaben zur Entstehungsgeschichte der Carl-Hauptmann-Edition, die die im Vorwort gemachten (Anm. 31) um einige Details noch ergänzen, verdanken wir Hans-Gert Roloff.

33 Eberhard Berger, Elfriede Berger: Carl Hauptmann. Chronik zu Leben und Werk. Stuttgart. Bad Cannstatt 2001.

34 Viele Werke Carl Hauptmanns wurden mittlerweile auch ins Polnische übertragen.

35 Hingewiesen sei auf die Reihe *Hauptmanniana*, die, von wechselnden Herausgebern betreut, im Dresdner Neisse Verlag erscheint, und auf das *Carl und Gerhart Hauptmann Jahrbuch*, das von Krzysztof A. Kuczyński im Wissenschaftlichen Verlag der Staatlichen Fachhochschule in Włocławek herausgegeben wird (beide seit 2006).

Hauptmann-Brüder berücksichtigen, mag in erster Linie der noch immer geringen Anzahl von Arbeiten zu dem älteren der Brüder geschuldet sein – fruchtbar, gerade auch für die Gerhart-Hauptmann-Forschung, ist es allemal.

Vor diesem Hintergrund ist es nur konsequent, dass mittlerweile auch die Carl-Hauptmann-Edition von deutschen und polnischen Wissenschaftlern gemeinsam erstellt wird. Nach dem Tod von Eberhard Berger mussten die Herausgeber neue Mitarbeiter gewinnen und sie entschieden sich unter Einbeziehung der Breslauer Germanistin Mirosława Czarnecka dafür, polnische Nachwuchswissenschaftlerinnen mit der Erarbeitung der ersten Briefbände zu betrauen.

Zwei dieser Arbeiten, die zugleich zur Promotion eingereicht wurden, liegen bereits vor und werden im Rahmen der Sämtlichen Werke erscheinen. Sie beinhalten die Briefe der beiden Ehefrauen Martha und Maria Hauptmann,[36] ein weiterer Band mit den Briefen der Komponistin Anna Teichmüller ist in Arbeit. Jeder, der einmal intensiv mit handschriftlichem Material gearbeitet hat, wird ermessen können, was es bedeutet, fremdsprachliche Briefe zu transkribieren. Man benötigt dazu nicht nur sehr viel Sorgfalt, einen guten Blick für die jeweils individuellen Ausprägungen der Schrift (im Falle Marthas und Marias der deutschen Schrift), sondern auch ausgezeichnete Sprachkenntnisse, die ein Verstehen auch dort ermöglichen, wo der geschriebene Text einen vor Rätsel stellt. Als Äußerungen gegenüber einem vertrauten Menschen finden sich zudem in diesen Briefen nicht nur häufig Abweichungen von der normierten Sprache, sie thematisieren auch Vieles, was bereits Gegenstand des persönlichen Gesprächs war. Ein gutes Gespür für die jeweiligen Zusammenhänge wie auch für die Persönlichkeit der Schreiberin ist somit für die zuverlässige Transkription unerlässlich.

Die bloße Menge des Materials – von allen drei Frauen liegen mehrere hundert, zum Teil recht lange Briefe vor – stellt eine weitere Herausforderung dar. Andererseits erwächst daraus auch der Vorteil, dass die schriftlichen Äußerungen über weite Strecken aus sich heraus verständlich sind, so dass auf einen aufwendigen Kommentar verzichtet werden konnte. Zu wünschen wäre, dass nun auch bald die Briefe Carl Hauptmanns an Martha bzw. Maria im Rahmen der Edition erscheinen (die an Anna Teichmüller sind vermutlich nicht überliefert). Wie die der Frauen sind auch sie ohne Kenntnis der Gegenbriefe interessant und lesenswert, doch erst das Miteinander, die Korrespondenz im buchstäblichen Sinne also, ermöglicht tiefere Einsichten in das literarische Schaffen Carl Hauptmanns.

Was bislang noch fehlt, ist ein Konzept für die weiteren Briefbände, die als Teil der Edition erscheinen sollen: Die Anzahl der im Nachlass erhaltenen Briefe ist sehr viel größer als im Falle Bölsches, so dass an eine vollständige Publikation nicht zu denken ist. Da mittlerweile einzelne Korrespondenzen bzw. Briefe einzelner Kor-

---

36 Die Briefe Martha Hauptmanns werden von Agnieszka Gawron herausgegeben, die Maria Hauptmanns von Ewa Iwasyk.

respondenzpartner außerhalb der Edition erschienen sind,[37] wäre es jedoch höchst wünschenswert, festzulegen, wie mit den restlichen Briefen verfahren werden soll: welche also unbedingt in den Kontext der Sämtlichen Werke gehören, und welche gegebenenfalls unabhängig davon herausgebracht werden können. Die Erarbeitung eines solchen Konzepts wird dadurch erschwert, dass es derzeit keinen zuverlässigen Überblick über den kompletten Nachlass-Bestand gibt. Der jeweils unterschiedliche Erschließungsgrad der insgesamt sechs Teilnachlässe hat bereits die Arbeit an den Editionen der Briefe von Martha bzw. Maria Hauptmann erschwert, und für die abseits erschienenen Briefausgaben bleibt festzustellen, dass sie nicht alle heute noch auffindbaren Schriftstücke beinhalten.

Sucht man nach den Ursachen für diese der Forschung wenig förderliche Nachlass-Situation, so sieht man sich zum einen mit der komplizierten Nachkriegsgeschichte konfrontiert, zum anderen aber auch mit dem langwierigen und heute kaum noch zu rekonstruierenden Erbschaftsstreit zwischen Maria und Martha Hauptmann. Carl Hauptmann hatte nach der Scheidung von seiner ersten Frau Martha dieser alle Manuskripte, Briefe und Tagebücher, die sich bis zum Zeitpunkt der Scheidung (1908) angesammelt hatten, testamentarisch zugesprochen. Alle Schriftstücke aus den späteren Jahren gingen folglich nach seinem Tod 1921 in den Besitz Maria Hauptmanns über. Diese focht das Testament umgehend an und konnte darüber hinaus in den Folgejahren Martha Hauptmann mehrfach zu außergerichtlichen Zugeständnissen bewegen, so dass heute Ungewissheit darüber besteht, was sich zum Zeitpunkt von Marthas Tod im Jahr 1939 bereits in den Händen Marias befunden hat. Spätestens nachdem diese vom Provinzialverband Niederschlesien mit der Betreuung und Erschließung des Nachlasses beauftragt worden war (siehe oben), übten sie und ihre Anwälte Druck auf die Erbin Martha Hauptmanns aus, den literarischen Nachlass dem Carl-Hauptmann-Haus zu übergeben.

Es gibt Hinweise darauf, dass Tagebücher und Manuskripte der früheren Jahre ganz oder zumindest teilweise Maria Hauptmann ausgehändigt worden und damit offiziell in den Besitz des Provinzialverbandes übergegangen waren, als die Einwohner von Schreiberhau im Juni 1946 Schlesien verlassen mussten. Das Carl-Hauptmann-Haus wurde samt seinem Inhalt als schützenswertes Kulturgut den polnischen Behörden übergeben. Die Erbin Martha Hauptmanns, Marianne Nitsche (1908–?), verlegte den ihr verbliebenen Nachlass-Teil von Haus Felderbusch, in dem Martha Hauptmann nach der Scheidung bis zu ihrem Tod gelebt hatte, in das Haus der ihr befreundeten Familie Hartmann in Schreiberhau, das als ehemaliges Kaufhaus über abschließbare Fächer und Schränke verfügte, und auch dieses Haus wurde dem Schutz der polnischen Behörden unterstellt. Es beherbergte auch die Briefe und Unterlagen einer Reihe weiterer Familien, die heute als provenienzfremde Bestände im Nachlass Carl Hauptmann in mindestens zwei Archiven (in Berlin und Wrocław) nachzuweisen sind. Nur einen

37 Elfriede Berger: Carl Hauptmann und seine Worpsweder Künstlerfreunde. Briefe und Tagebuchblätter, Berlin 2003 (mit einem Text- und einem Kommentarband); Izabela Surynt, Marek Zybura: Hochverehrter Herr Doctor. Jean Paul d'Ardeschahs Briefe an Carl Hauptmann 1909 – 1913. Dresden 2007.

kleinen Teil des Nachlasses konnte Marianne Nitsche aus Schreiberhau mitnehmen, er befindet sich heute (neben einem Splitternachlass und einer umfangreichen Sammlung von Hauptmann-Autographen) im Deutschen Literaturarchiv in Marbach.[38]

Was nach 1946 mit dem Nachlass-Material geschah, ist heute nur noch teilweise rekonstruierbar.[39] Als Ergebnis bleibt festzustellen, dass er heute auf mindestens sechs Standorte verteilt ist, wohin er im Laufe der Jahre teils auf offiziellen, teils auf inoffiziellen Wegen gelangt ist. Es sind dies in Polen

- die Handschriftenabteilung der Universitätsbibliothek Breslau (Biblioteka Uniwersytecka we Wrocławiu),
- die Schlesische Bibliothek in Kattowitz (Biblioteka Śląska w Katowicach)
- das Riesengebirgsmuseum in Hirschberg (Muzeum Karkonoskie w Jeleniej Górze mit seiner Außenstelle in Szklarska Poręba).

In Deutschland sind es

- die Akademie der Künste in Berlin
- das Deutsche Literaturarchiv in Marbach
- das Archiv des Gerhart-Hauptmann-Museums in Erkner.

Jeder dieser Bestände hat seine eigene Geschichte, auf die hier nicht näher eingegangen werden kann. Zur Illustration der komplexen Nachkriegsverhältnisse nicht nur zwischen Polen und Deutschland, sondern auch zwischen den beiden deutschen Staaten sei hier nur kurz auf den Bestand in der Berliner Akademie der Künste verwiesen. Diese beherbergt heute zwei Teilnachlässe: Der eigentliche Nachlass wurde 1969 von Wrocław nach Ost-Berlin gegeben; ein kleinerer Teil, der heute unter der Bezeichnung Sammlung zum Carl-Hauptmann-Archiv verzeichnet ist, war bereits 1962 von dem aus Schlesien stammenden Schriftsteller August Scholtis (1901–1969) der Akademie der Künste im Westteil der Stadt übergeben worden. Scholtis wiederum hatte das Material von dem polnischen Autor Wilhelm Szewczyk (1916–1991) erhalten, der es „inmitten von allem Schmutz und Dreck vor Hauptmanns geplündertem Haus in Oberschreiberhau" gerettet hatte.[40]

Die ihrem Umfang nach bedeutendsten Teilnachlässe in Berlin und Wrocław[41] beinhalten Materialien aus dem Erbschaftsteil beider Ehefrauen, was auf eine frühe Zusammenführung des Nachlass-Materials, vermutlich bereits beim Abtransport aus Schreiberhau, schließen lässt. Dabei blieben jedoch Teile des Nachlasses zurück,

38 Ein grober Überblick über die Sammlung Nitsche findet sich bei Saskia Bodemer unter dem irreführenden Titel: Der Nachlass von Carl Hauptmann im Deutschen Literaturarchiv Marbach. In: Carl und Gerhart Hauptmann Jahrbuch III (2008), S. 193–196.

39 Vgl. den informativen Beitrag von Helga Neumann: Das Carl-Hauptmann-Archiv der Akademie der Künste Berlin. Mit Briefentwürfen Carl Hauptmanns an Josepha Krzyżanowska. In: Carl und Gerhart Hauptmann Jahrbuch IV (2009), S. 273–296, die einen Überblick über die heute noch nachvollziehbare Geschichte des Nachlasses gibt (S. 275–286).

40 Zit. nach Neumann, Archiv (Anm. 39), S. 285.

41 Eine erste Übersicht hat Ewa Iwasyk vorgelegt: Briefe an Carl Hauptmann in den Beständen der Handschriftenabteilung der Universitätsbibliothek Wrocław. In: Edward Białek, Mirosława Czarnecka (Hg.): Dem Sonnenwanderer auf der Spur. Neue Beiträge zu Carl Hauptmann. Dresden 2009, S. 163–174.

die offenbar über Jahre für jedermann frei zugänglich waren. Freunde und Kenner Carl Hauptmanns, wie etwa der oben erwähnte Wilhelm Szewczyk, konnten kleinere Konvolute retten, die auf teilweise verschlungenen Wegen in eines der genannten Archive gerieten, anderes kam in Privatbesitz und ließe sich heute vielleicht noch auffinden, vieles wurde im Laufe der Zeit wohl auch vernichtet.[42]

Da die Form der Archivierung und der Erschließungsgrad in den einzelnen Archiven höchst unterschiedlich sind, lassen sich zuverlässige Aussagen weder über die Gesamtmenge des überlieferten Materials noch über seine Zusammensetzung machen. Kaum feststellbar ist zudem, wie viel des ursprünglichen Nachlass-Bestandes in den genannten Archiven überliefert ist, mit anderen Worten: was heute als verschollen gelten muss.[43]

Für die Arbeit an der Edition der Sämtlichen Werke wie für die wissenschaftliche Forschung überhaupt ist die hier skizzierte Nachlass-Situation höchst unbefriedigend. Ein archivübergreifendes Bestandsverzeichnis könnte Abhilfe schaffen. Es wäre ein weiteres Betätigungsfeld für die gerade im Falle Carl Hauptmanns schon so häufig bewährte Kooperation zwischen polnischen und deutschen Wissenschaftlern.

---

42 Einzelne Korrespondenzpartner Carl Hauptmanns scheinen gezielt dem ehemaligen Bestand Martha Hauptmanns entnommen worden zu sein, so fehlen etwa die Briefe Wilhelm Bölsches und Bruno Willes aus den frühen Jahren nahezu vollständig, obwohl sie, Marianne Nitsche zufolge, zu dem in Schreiberhau zurückgebliebenen Material gehörten (DLA Marbach, Slg. Nitsche).

43 Eine detaillierte Übersicht über den Bestand in Katowice hat zuletzt Agata Duda-Koza vorgelegt: Das Erbe von Carl Hauptmann in den Sammlungen der Schlesischen Bibliothek. In: Carl und Gerhart Hauptmann Jahrbuch IV (2009), S. 297–340, die leider recht viele Lesefehler enthält (vgl. die Aufstellung des Briefbestands, S. 324–338). So verbirgt sich etwa hinter dem rätselhaften „Sanergang" (S. 336) in Wahrheit der Name des Schauspieler Paul Wegener – was eindrücklich belegt, welche Schwierigkeiten es bereiten kann, unvertraute und wie in diesem Fall recht eigenwillige Handschriften zu lesen.

Bernhard Tempel

Schlesien versus Sparta
Gerhart Hauptmanns Besinnung auf schlesische Identität im Kontext der Rassenideologie

„Die schlesische Heimat Gerhart Hauptmanns hat sich in vielfältiger Weise in seinen Werken ausgewirkt, sprachlich, thematisch, psychologisch und in Figurenensembles. Sie ist damit weit mehr als nur ein poetischer Gegenstand."[1] Diese Bemerkung von Rüdiger Bernhardt bietet eine mögliche Erklärung, warum über Hauptmanns Verhältnis zu seiner schlesischen Heimat denn auch viel geschrieben worden ist, oft jedoch nur in Kombination oder Reihung von biographischer und werkbezogener Betrachtung. Vielfach wird unkritisch die autobiographische Erzählung *Das Abenteuer meiner Jugend* (1937) als Quelle für Fakten und vermeintliche Fakten herangezogen, großzügig die Umstände der Entstehung und den Charakter der rückblickenden Betrachtung und Wertung in der Autobiographie ausblendend. Das ist ungefähr so wertvoll, wie die stereotype Apostrophierung Hauptmanns als „der schlesische Dichter" (derer ich mich allerdings auch schon schuldig gemacht habe). Die von Klaus Hildebrandt, neuerdings auch Wojciech Kunicki und Peter Sprengel als Desiderat benannte umfassende Aufbereitung von Hauptmanns Verhältnis zu Schlesien steht weiterhin aus,[2] und darum mögen sich Berufenere kümmern. Ich will im Rahmen

---

1 Rüdiger Bernhardt: Gerhart Hauptmanns Riesengebirge – ein mythisches Gebirge. In: Die imposante Landschaft. Künstler und Künstlerkolonien im Riesengebirge im 20. Jahrhundert. Hg. von der Gesellschaft für interregionalen Kulturaustausch und dem Muzeum Okręgowe w Jeleniej Górze. Berlin–Jelenia Góra 1999, S. 162–170, hier S. 162. – Zur Zitierweise: Hauptmanns Werke werden im Folgenden zitiert nach Gerhart Hauptmann: Sämtliche Werke. Centenar-Ausgabe. 11 Bde. Hg. von Hans-Egon Hass (Bd. I–IX), fortgef. von Martin Machatzke (Bd. X u. XI) und Wolfgang Bungies (Bd. X). Frankfurt/M., Berlin, Wien 1962–1974 (mit Sigle CA sowie Band- und Seitenangabe in römischen und arabischen Ziffern). Die Kürzel „GH Hs" „GH BrNl" „GHB" und „GH ZA" bezeichnen den Manuskriptnachlass, den Briefnachlass, die nachgelassene Bibliothek und die Zeitungsausschnittsammlung Gerhart Hauptmanns in der Staatsbibliothek zu Berlin – Preußischer Kulturbesitz, Handschriftenabteilung. Ich danke dem Leiter der Handschriftenabteilung, Herrn Prof. Dr. Eef Overgaauw, für die Zitier- und Abbildungserlaubnis und den Mitarbeiter/inne/n für ihre Unterstützung.

2 Klaus Hildebrandt: Gerhart Hauptmann und Schlesien. In: Schlesien 32 (1987) 4, S. 216–236, hier S. 216 f.; Wojciech Kunicki: *Germanistik in Breslau* 1918–1945. Dresden 2002, S. 198 (Silesica 2); Peter Sprengel: Schlesien-Diskurse beim späten Gerhart Hauptmann. In: Ders.: Abschied von Osmundis. Zwanzig Studien zu Gerhart Hauptmann, Dresden 2011, S. 305–318, hier S. 305 (Hauptmanniana 5). Einige neuere und substantielle Beiträge zum Thema Hauptmann und Schlesien sind: Gert Oberembt: Ich will ein Baum sein hier. Schlesien und das Stereotyp der Seßhaftigkeit in den autobiographischen und essayistischen Schriften. In: Ders.: Großstadt, Landschaft, Augenblick. Über die Tradition von Motiven im Werk Gerhart Hauptmanns. Berlin 1999, S. 146–180 (Veröffentlichungen der Gerhart-Hauptmann-Gesellschaft 10); Walter Schmitz: „Ob wir aus Böhmen kamen, weiß ich nicht…". Gerhart Hauptmann und die Rolle eines Dichters der schlesischen Heimat. Mit dem bislang unveröffentlichten Briefwechsel von August Scholtis und Gerhart Hauptmann. In:

dieses Vortrags nur an einem thematisch beschränkten Beispiel zeigen, dass Hauptmanns Äußerungen in einen – oft erst zu ermittelnden – Zusammenhang zu stellen sind, um ihre Bedeutung jenseits eines faktischen Gehalts sichtbar zu machen.[3] Denn so wie die Berufung auf Gerhart Hauptmann als Schlesier im Verlauf der Rezeptionsgeschichte je nach Kontext bestimmten Absichten folgt,[4] so unterliegen Äußerungen des Dichters über seine schlesische Herkunft möglicherweise Strategien, die erst durch Rekonstruktion des Kontexts auch unscheinbarer, knapper Aufzeichnungen etwa in seinen Tagebüchern nachvollziehbar werden. Walter Schmitz hat herausgearbeitet, dass Hauptmann für ein „derart eindeutiges und einsinniges deutsches Schlesiertum, wie es als Kampfposition nach dem Verlust der ‚Heimat' aufgebaut wurde", nach 1945 also, „jedenfalls nicht zu reklamieren gewesen" wäre.[5] Ergänzen könnte man die Feststellung eines Biographen, wonach Hauptmann „der letzte große deutsche Dichter war, dem sein Deutschsein so selbstverständlich und unproblematisch vorkam wie etwa sein Wuchs oder seine Haarfarbe".[6] Ähnliches, diese These wage ich, gilt für seine Identität als Schlesier und als Europäer: regionale und überregionale Facetten seiner Identität waren ihm selbstverständlich, und damit auch gleichgültig, solange er nicht eine von ihnen in Frage gestellt sah.

Was soll nun Schlesien mit Sparta zu tun haben? Hauptmann selbst, der als Dichter Zeit seines Lebens in Analogien dachte und sich eklektisch aneignete, was seinem Denken gemäß schien, stellt diese Verbindung her, und zwar mehrfach, mit sich wandelnder Konnotation. Das Ziel der folgenden Ausführungen ist vergleichsweise bescheiden. Ich möchte einen Eintrag Hauptmanns im Tagebuch von 1942 in den Kontext seines Selbstverständnisses stellen:

> Spiessereien, Spartanereien: Race, Kriegset[h]ik, Fuchtel: siehe Spanien, de facto der Eroberer von Süd-Amerika: Racenmischung Colonistentum, Weltleben! –
> Ich bin wesentlich Colonist, ich habe es im Blut. Wir H[auptmanns] empfanden uns als schlesische Colonisten. Was tut man als Kolonist: man verbreitet schöpferisch seine Eigenart. Der Colonist ist der erste „Mensch". – Im Dichtertum, im Philosophen, sofern er einer ist, steckt der Colonist (z B in Schopenhauer!)[7]

Das klingt reichlich kryptisch und bedarf der Erläuterung. Noch ohne Kontext läßt sich unter der Annahme, dass „Spiessereien" negative Konnotation hat, folgern, dass hier „Spartanereien" wie – der Doppelpunkt deutet diese Lesart an – „Race, Kriegset[h]ik, Fuchtel" negativ gemeint sind. Anschließend folgt, wesentlich ausführlicher, die positive Entgegensetzung, schon mit Spanien beginnend, das bei der

---

Jürgen Joachimsthaler, Walter Schmitz (Hg.): Verhandlungen der Identität. Literatur und Kultur in Schlesien seit 1945. Dresden 2004, S. 3–35 (Silesica 4); und der bereits genannte Aufsatz von Peter Sprengel.

3 Da bin ich keineswegs der erste, und selbst mein Thema ist bereits angedeutet bei Schmitz: „Ob wir aus Böhmen kamen, weiß ich nicht…" (Anm. 2) und Sprengel: Schlesien-Diskurse (Anm. 2).

4 Vgl. Schmitz: „Ob wir aus Böhmen kamen, weiß ich nicht…" (Anm. 2), bes. S. 7–14.

5 Schmitz: „Ob wir aus Böhmen kamen, weiß ich nicht…" (Anm. 2), S. 14.

6 Wolfgang Leppmann: Gerhart Hauptmann. Leben, Werk und Zeit. Bern, München 1986, S. 7.

7 GH Hs 11c, 29r (08.04.1942).

Kolonisierung Südamerikas offenbar Hauptmanns Ansicht nach „Racenmischung" zugelassen habe. Spätestens mit der Verbindung von Kolonisierung und schöpferischem Verbreiten seiner „Eigenart", der Zuschreibung des (in diesem übertragenen Sinne gedachten) Kolonistentums zum Wesen des Dichters und Philosophen und schließlich der Charakterisierung der eigenen Familie als „schlesische Colonisten" entwickelt Hauptmann eine virtuelle Landkarte, in der Sparta und Schlesien zu Gegensätzen werden.

Um die weißen Flecken auf dieser Landkarte auszufüllen, hilft es, zunächst weitere Äußerungen Hauptmanns zu betrachten, die Schlesien und Sparta in Zusammenhang bringen. Ich beginne mit der Griechenlandreise, die er 1907 unternommen hat. Im unter dem Titel *Griechischer Frühling* literarisch aufbereiteten Tagebuch dieser Reise berichtet der Dichter über seine Wahrnehmung der Landschaft des modernen Sparta. Angesichts der idyllischen Landschaft scheint es ihm, „als beginne das strenge und gleichsam erzene Wort Sparta sich in eine entzückende, ungeahnte südliche Vision aufzulösen" (CA VII 106). Dass er dabei den Ortsnamen mit Eisen in Verbindung bringt, ist kein Zufall: Eisenerz als der Stoff, aus dem die Schwerter gemacht sind, erinnert an die im kollektiven (bildungsbürgerlichen) Bewusstsein verankerte Eigenschaft Spartas als eines wehrhaften, kriegerischen Staates, in dem Kunst (wie auch Wissenschaft) keinen Platz hat, es sei denn in Gestalt von Marsch- und Triumphgesängen.[8] Kunst steht für Hauptmann über allem anderen, Kunstgegner waren auch seine Gegner (oder er ging ihnen aus dem Weg). Dass er dennoch auf seiner Griechenlandreise ein positives Bild von Sparta erhält, hängt wohl damit zusammen, dass er dort „das erste schöne junge Mädchen Griechenlands" sieht, eine „liebliche Spartiatin". Abends im Garten erwartet er „das schöne spartanische Mädchen" vergeblich, erkennt sich als „Narr" und zugleich, dass er „nicht älter" werde[9] – so das dem *Griechischen Frühling* zugrunde liegende Reisetagebuch, das bereits eine Verknüpfung zu Hauptmanns Kindheitserinnerung herstellt:

> <Merkwürdig wie> Ich schreite tiefer hinein in den schlichten | Grasgarten und es umgiebt mich mit einem mal <etwas> ein ganz | heimathlicher Hauch. Das schöne Mädchen,

---

8 Letzteres könnte man aus einer Bemerkung Friedrich Schillers herauslesen: „Daher kam es, daß der Krieg den Spartanern allein eine Art von Erhohlung war, und daß sie sich darauf wie auf eine fröhliche Gelegenheit freuten. Rückte der Feind an, so ließ der spartanische König das Castorische Lied anstimmen, die Soldaten rückten in festgeschlossenen Reyhen unter Flötengesang fort, und giengen freudig und unerschrocken nach dem Klange der Musik der Gefahr entgegen." (Friedrich Schiller: Die Gesetzgebung des Lykurgus und Solon. In: Thalia 3 [1790] 11, S. 30–82, hier S. 39) Wiederholt merkt Schiller auch die Kunst- und Wissenschaftsferne Spartas an („Reichthum und Wollüste, Wissenschaft und Kunst, hatten keinen Zugang zu den Gemüthern der Spartaner." [ebd., S. 43]) und spricht von der „tiefe[n] Unwissenheit in Kunst und Wissenschaft, welche alle Köpfe in Sparta auf gleiche Art verfinsterte" (ebd., S. 44). „Aller Kunstfleiß war aus Sparta verbannt, alle Wissenschaften wurden vernachläßigt." (ebd., S. 43).

9 Gerhart Hauptmann. Tagebücher 1906 bis 1913. Mit dem Reisetagebuch Griechenland – Türkei 1907. Nach Vorarb. von Martin Machatzke hg. von Peter Sprengel. Frankfurt/M., Berlin 1994, S. 439.

> das, aus dem Fenster | heraus im ruhigen Abend Ausschau hält, als müsste sich etwas | lebenswertes zeigen am Gartenrande, das brüllen einer Kuh aus der Nähe | der Berge – Dieser ländliche Abendfriede ist <dasselbe,> [kein andrer als] der mir | vertraute von Kindheit an[10]

Heimatgefühle also weckt die spartanische Landschaft, und die Situation erinnert den Tagebuchschreiber an ein einprägsames Jugenderlebnis, die Liebe zu Anna Grundmann während seiner Zeit der Ausbildung zum Landwirt auf dem Gut seines Onkels in Lederose: „Ich denke an Anna Grundmann, in Sparta, und an die | Tage der Liebe von Lederose, und noch heute geht mir, bitter, | die Möglichkeit eines brüderlichen Betrugs durch die Seele. Der | Grasegarten von Sparta und der Grasegarten von L[ederose] Wo auch | ein Fluss an der Gränze rauschte".[11]

In den *Griechischen Frühling* übernimmt Hauptmann die Parallelsetzung der Idylle des modernen Sparta und des schlesischen Lederose. Den Namen Anna Grundmanns und des Ortes seiner Jugenderinnerung verschweigt er verständlicherweise, zusätzlich aber bringt er einen weiteren Aspekt ein: Sparta als Staat, in dem Kindererziehung auf primär körperliche Tauglichkeit ausgerichtet war. Dabei greift er die von seinem Freund Alfred Ploetz in dessen Buch über die Rassenhygiene von 1895 angeführten Gesetze Lykurgs auf;[12] anders als in späteren Jahren betrachtet er den Begriff Kultur nicht als rein geistiges Phänomen, sondern erkennt eine körperliche Dimension an: „nämlich als eine fleischliche Bildung zu kraftvoll gefestigter, heiterer, heldenhaft freier Menschlichkeit" (CA VII 84). Sogar eines seiner Lieblingszitate (aus Goethes Gedicht *Kenner und Künstler*[13]) bringt er in diesem Zusammenhang an: „Es ist bekannt, wie gewissen griechischen Weisen, und so dem Lykurg, Bildung ein Bilden im lebendigen Fleische, nicht animalisch unbewußt, sondern bewußt ‚mit Göttersinn und Menschenhand' bedeutete." (CA VII 84) Im selben Sinne wird der nach Ploetz modellierte Peter Schmidt im Roman *Atlantis* (1912) das Goethe-Zitat später umdeuten, der in der Figur des Friedrich von Kammacher dann bereits einen mehr vergeistigten, künstlerischen Gegenpol erhält. Hier hingegen, im autobiographischen Reisetagebuch, ist eine Distanz des Ich-Erzählers nur schwach angedeutet, Lykurg gilt ihm als Weiser, der „sehr entschlossene Züchtergedanken" durchaus „mit Notwendigkeit" verfolgt habe: „Ich sage mir, daß Lykurg wiederum nichts weiter als ein großer Hirte, ein großer Schäfer gewesen ist, der den Nachwuchs seines Volkes in ‚Herden' teilte. Daß seine Gedanken in der Hauptsache sehr entschlossene Züchtergedanken gewesen sind, wie sie aus den Erfahrungen eines Hirtenlebens sich ergeben, und zwar mit Notwendigkeit." (CA VII 108)

---

10 Hauptmann: Tagebücher 1906 bis 1913 (Anm. 9), S. 439.

11 Hauptmann: Tagebücher 1906 bis 1913 (Anm. 9), S. 440.

12 Alfred Ploetz: Die Tüchtigkeit unsrer Rasse und der Schutz der Schwachen. Ein Versuch über Rassenhygiene und ihr Verhältnis zu den humanen Idealen, besonders zum Socialismus. Grundlinien einer Rassenhygiene, Th. 1. Berlin 1895 [GHB 203874-1], S. 5; Hinweis schon bei Paul Schlenther: Gerhart Hauptmann. Leben und Werke. Neue, gänzlich umgearb. Ausg.,Berlin 1912, S. 236.

13 Vgl. Peter Sprengel: Die Wirklichkeit der Mythen. Untersuchungen zum Werk Gerhart Hauptmanns aufgrund des handschriftlichen Nachlasses. Berlin 1982, S. 38 f. (Veröffentlichungen der Gerhart-Hauptmann-Gesellschaft 2).

Wenn im folgenden Lykurg als „Mann der kalten Vernunft" charakterisiert wird, obwohl dieser „mit Delphi" in Verbindung gestanden habe (CA VII 108), offenbart sich eine Ambivalenz von Faszination und Ablehnung. „Vernunft", mit dem Attribut „kalt" versehen, bekommt bei Hauptmann latent negativen Beiklang. Als er auf die von den alten Spartanern „jahrhundertelang" befolgte „Züchtungsmoral" zurückkommt, erkennt er für die Gegenwart „den Anschein, als wenn die Moral des Lykurg in einem größeren Umfang noch einmal aufleben wollte" und äußert als mögliche Prognose: „Dann würde sein kühnes und vereinzeltes Experiment, mit allen seinen bisherigen Folgen, vielleicht nur der bescheidene Anfang einer gewaltigen Umgestaltung des ganzen Menschengeschlechtes sein" (CA VII 110).

Im ursprünglichen Tagebuch der Griechenlandreise ist von solchen eugenischen Züchtungsideen nicht die Rede.[14] Wohl beobachtet Hauptmann auch die körperliche Verfassung der Griechen und Spartaner, vor allem der Frauen, und vergleicht sie mit den Italienern;[15] auch blaue Augen und blonde Haare fallen ihm allenthalben auf,[16] da er sich die „Griechen des Altertums [...] als eine vorwiegend blonde und blauäugige Race" vorstellt,[17] wie auch Ploetz darauf hinwies, dass die „Römer und Griechen des Alterthums [...] von Norden her in Italien und Griechenland eingewandert" waren.[18] Die Ideen von der – wie bei Ploetz – letztlich auf Lykurg zurückgeführten physischen Optimierung einer (menschlichen) Rasse wurden jedoch erst in der für die Veröffentlichung vorgesehenen Fassung eingefügt. Schließlich deutet Hauptmann an, dass die „Zuchtwahl" zu den „menschlich voll begreifliche[n] Dinge[n]" gehöre, von denen es „am Ende für unsere Vorstellungskraft gleichgültig" sei, „ob es gestern geschah oder vor mehr als zweitausend Jahren": „Ob also die spartanischen Mädchen gestern nackt auf der Wiese getanzt haben, damit die Jünglinge ihre Zuchtwahl treffen konnten, oder vor dreitausend Jahren, ist einerlei. Ich nehme an, es sei gestern gewesen. Ich nehme an, daß man noch gestern hier die Willenskraft, den persönlichen Mut, die Disziplin, Gewandtheit, Körperstärke und jedwede Form der Abhärtung vor allem gepflegt und gewürdigt hat." (CA VII 110)

Zweierlei lässt sich als Zwischenbilanz festhalten: Auf der Griechenlandreise und im veröffentlichten Reisetagebuch geht es Hauptmann nicht um seine schlesische Identität (er selbst hätte den Begriff ohnehin kaum verwendet), vielmehr erkennt er im mo-

---

14 In welcher Phase der Entstehung und aus welchen Motiven der Eugenik-Diskurs Eingang in den *Griechischen Frühling* fand, lässt sich aufgrund der lückenhaften Überlieferungslage für das Reisetagebuch im Manuskriptnachlass Hauptmanns nicht bestimmen. Die erste namentliche Erwähnung Lykurgs (CA VII 84) fehlt nicht nur in der Diktatfassung noch in beiden Varianten des Absatzes (GH Hs 279, 134r und 135r), sondern auch im der Buchausgabe vorausgehenden Teilabdruck des Werks (Gerhart Hauptmann: Aus einer griechischen Reise. In: Neue Rundschau 19 [1908], S. 6–30, 584–599 u. 1283–1301, hier S. 1299); für die Ausarbeitung der Darstellung des Sparta-Aufenthalts sind im Nachlass keine Textzeugen überliefert. Auch die erhaltenen unkorrigierten Druckfahnen mit Datumsstempel der Leipziger Offizin Drugulin vom 30.09.1908 (GH Hs 281) repräsentieren nicht den vollständigen *Griechischen Frühling*.

15 Hauptmann: Tagebücher 1906 bis 1913 (Anm. 9), S. 375 (vgl. CA VII 28).

16 Hauptmann: Tagebücher 1906 bis 1913 (Anm. 9), S. 383 u. 407 (vgl. CA VII 34 f.).

17 Hauptmann: Tagebücher 1906 bis 1913 (Anm. 9), S. 407.

18 Ploetz: Die Tüchtigkeit unserer Rasse (Anm. 12), S. 137.

dernen Sparta eine Ähnlichkeit der Landschaft, die ihn an selbst erlebte schlesische Idylle erinnert. Das Stereotyp von Sparta als kriegerischer Staat, in dem Kunst und Wissenschaft keinen Platz haben, ist ihm bekannt, aber im Tagebuch spielt es keine Rolle. Erst im *Griechischen Frühling* ergänzt er Details über die Utopie einer Optimierung des Nachwuchses durch Auslese nach Kriterien der körperlichen Tauglichkeit für den wehrhaften Staat. Bekannt ist ihm dies aus den Studien seines Freundes Alfred Ploetz, der in seinem Buch Sparta als von Lykurg bewusst nach eugenischen Prinzipien verfassten Staat darstellt. Auf eine eindeutige Bewertung verzichtet Hauptmann noch.

Spätestens im Februar 1921 weicht die parallelisierende Darstellung der Idylle Spartas und des schlesischen Landlebens aus dem *Griechischen Frühling* der Entgegensetzung, genauer: die Parallele der Landschaft wird ergänzt durch die Entgegensetzung der Charaktereigenschaften der Bewohner. In dem damals entstandenen Paralipomenon zum unvollendeten Roman *Der neue Christophorus* lässt Hauptmann den Bergpater – eine Art idealisiertes Selbstbild – bei einem Gang durch Warmbrunn über „die Lage dieses kleinen und geistig dumpfen Ortes“ sinnieren, die er mit der Lage Spartas, „eines ganz anderen“ Ortes vergleicht, „jenes Ortes nämlich, dem Lykurgos seine berühmten Gesetze gegeben hat“ (CA X 910). Bei aller Ähnlichkeit von Lage und Landschaft bleibt aber eine Differenz: „Spartanischer Geist, spartanische Selbständigkeit, spartanischer Freiheitsdrang ist hier allerdings nicht heimisch und wird auch nach weiteren hundert Jahren hier nicht heimisch sein.“ (CA X 910) Das klingt zunächst harmlos, denn „Selbständigkeit“ und „Freiheitsdrang“ haben nicht grundsätzlich negative Konnotation; wenn aber Hauptmann seinen Bergpater an spartanischen Geist denken lässt, öffnet sich ein Bedeutungsfeld, das im Denken des Dichters alles andere als positiv besetzt ist. Der Gegensatz von Sparta und Schlesien bleibt jedoch noch im Gleichgewicht; denn aus einer brieflichen Äußerung Hauptmanns gegenüber Hermann Stehr im Februar 1914 wird ersichtlich, dass ihm das über Schlesien liegende „Stigma vielhundertjährige[n] geistigen und materiellen Drucks, vielhundertjähriger Erniedrigung u[nd] Entmündigung“, „die Stickluft der Hörigkeit“ als Wesensmerkmal seiner Heimat galt, unter dem er selbst „kürzere Zeit“ (vor allem verglichen mit Stehr) zu leiden gehabt und von dem er sich befreit habe.[19]

Fast zwanzig Jahre später, Mitte 1939, wahrscheinlich noch vor dem Ausbruch des Zweiten Weltkriegs, fand Hauptmann in Plutarchs Lebensbeschreibung des Lykurg Verse des spartanischen Dichters Alkman, die er im Kontext seiner Arbeit am *Winckelmann*-Roman notierte: „‚Denn schönes Zitherspiel weicht selbst dem Schwerte nicht‘. Sparta. Plutarch.“[20] In einem Paralipomenon hat er die Verse wie folgt eingebaut: „Sie versetzen mich unter die Dichter und Sänger. In diesem Beruf liegt keine Verweichlichung: ‚Denn schönes Zitherspiel weicht selbst dem Schwerte nicht‘, sagt ein spartanischer Zeitgenosse.“ (CA X 626) Dies folgt noch dem Hinweis Plutarchs,

19 Brief im Notizbuch, ca. 10.02.1914, ediert in: Peter Sprengel (Hg.): Hermann und Hedwig Stehr im Briefwechsel mit Gerhart und Margarete Hauptmann. Berlin 2008, S. 163 f., hier S. 163 (Veröffentlichungen der Gerhart-Hauptmann-Gesellschaft 14). Zum Hintergrund s. Sprengel: Schlesien-Diskurse (Anm. 2), S. 305 ff.

20 CA X 667 (mit Zitatnachweis in der von Hauptmann benutzten Ausgabe).

dass sich Kunst und Kampf in Sparta nicht ausschlössen, zumindest Pindar und Terpander die Lakedämonier schilderten „als ein Volk, das der Musik eben so sehr, als der kriegrischen Tapferkeit ergeben war".[21] Dennoch sieht Hauptmann als Wesen des spartanischen Geistes tendenziell eher die Kunstfeindlichkeit. Dies liest er aber nicht primär aus antiken Quellen heraus, sondern indirekt über die Sparta-Rezeption von Alfred Ploetz und, möglicherweise zusätzlich, der zeitgenössischen Berufung auf Sparta als Ideal des wehrtüchtigen Volks.

Anfang 1937 hatte Ploetz dem Freund ein Heft des von ihm seit Gründung der Zeitschrift herausgegebenen *Archiv für Rassen- und Gesellschafts-Biologie einschließlich Rassen- und Gesellschafts-Hygiene* gesandt, mit der eigenhändigen Widmung auf dem Titelblatt „S/l Gerhart und Margarete Hauptmann mit herzlichen Grüßen von ihrem Alfred Ploetz 2.1.37".[22] Es enthielt einen Beitrag von Alwin Besserer mit dem Titel *„Sparta – ein Rasseschicksal"*,[23] der ein Spartabild zeichnet, in dem verschiedene Parallelen zur Rassenideologie des Dritten Reichs geradezu ins Auge stechen. Schon der Einleitungssatz betont den Namen Spartas in positivem Sinne als „über mehr als zwei Jahrtausende hinweg" gültiges „Sinnbild herber, bedürfnisloser Männlichkeit, harter Selbstzucht, schweigsamer Tapferkeit, selbstverständlicher Opferung für gemeinsames Rassenerbe".[24] Dieses „Rassenerbe" konkretisiert der Autor, wenn er die „beherrschende[] Rolle nordischen Blutes" für den „hellenischen Charakter" betont.[25] Rassenmischung betrachtet er als Gefahr, die Reichtum und Handel mit sich brachten: „Schnell steigt der Reichtum und mit ihm die große Gefahr rassischer Mischung mit Völkern stark abweichenden Blutes."[26] Mit der Ablösung des „Rassegedanken[s]" durch den „Humanitätsgedanken" „an entscheidender Stelle der Weltgeschichte" habe das Hellenische Reich sein Ende gefunden.[27]

Besserer zitiert diesen Gedanken nach Ludwig Schemann, der Gobineau übersetzt und sich zu eigen gemacht hatte. Auf Gobineau ging die These zurück, dass „die Arier die Grundrasse der Weißen sind", und mit der geschichtsphilosophischen (oder kulturpessimistischen) These von der „Rassenmischung als Ursache des Niedergangs der Kulturvölker" erklärte er insbesondere den Niedergang der klassischen griechischen Kultur.[28] Für den Untergang Spartas will Besserer jedoch *„nicht in erster*

21 Plutarch: Vergleichende Lebensbeschreibungen. Erster Theil. Übers. von Johann Friedrich Salomon Kaltwasser. Magdeburg 1799, S. 202.

22 Archiv für Rassen- und Gesellschafts-Biologie 30 (1936) 5 [GHB 974424]. Ploetz hatte in seinem Brief vom 13.11.1936 an Hauptmann angekündigt, ihm das nächste „Archiv-Heft" zu schicken, „da einige Sachen darin stehen, die Dich sicher interessieren werden" (GH BrNl A: Ploetz).

23 Alwin Besserer: Sparta – ein Rasseschicksal. Historische Skizze in Anlehnung an Jakob Burckhardt's Kulturgeschichte Griechenlands. In: Archiv für Rassen- und Gesellschafts-Biologie 30 (1936) 5, S. 353–366 [GHB 974424].

24 Besserer: Sparta (Anm. 23), S. 353.

25 Besserer: Sparta (Anm. 23), S. 353.

26 Besserer: Sparta (Anm. 23), S. 355, von Hauptmann unterstrichen und mit zwei Fragezeichen am Rand versehen.

27 Besserer: Sparta (Anm. 23), S. 356.

28 Peter Weingart, Jürgen Kroll und Kurt Bayertz: Rasse, Blut und Gene. Geschichte der Eugenik und Rassenhygiene in Deutschland. Frankfurt/M. 1988, S. 94.

Linie auf die Gefährlichkeit der Rassenmischung mit blutfremden asiatischen Menschen für die Griechen“ eingehen.[29]

Direkte Parallelsetzung Spartas mit dem Deutschland des Jahres 1936 ist denn auch nicht Besserers Sache, aber es gibt mindestens einen weiteren thematischen Aspekt, der zu aktualisierender Lektüre einlädt: Der durch Sperrung hervorgehobene Satz „Kinderreiche Geschlechter wachsen heran und bald reicht der Raum nicht mehr aus.“[30] lässt an das Schlagwort vom ‚neuen Lebensraum im Osten‘ denken. Heutige Leser dürften zudem aufhorchen bei der Entgegensetzung griechischer und spartanischer Politik zur Lösung der Lebensraumfrage, auch wenn der ‚Anschluss‘ Österreichs erst noch bevorstand: „Während die anderen Griechen kolonisieren, bleibt Sparta in konzentrierter Zusammenfassung seiner blutlichen Kraft im Lande und *überfällt Messenien*, den Bruderstaat! [...] Nach langem, fast zwanzigjährigen Ringen bleibt das geschulte, gehärtete, auf kriegerische Auslese schon fünfzig Jahre lang gezüchtete Sparta Sieger.“[31] Dadurch sei „die Trennmauer zwischen Sparta und dem übrigen Griechentum rassisch aufgerichtet“ worden.[32]

Anders als die meisten Beiträge der Zeitschrift, die Hauptmann als Mitglied der Deutschen Gesellschaft für Rassenhygiene zumindest bis 1922 regelmäßig erhielt, las er den Aufsatz und hinterließ intensive Lesespuren. Seine Marginalien beziehen sich mehrfach auf den Charakter Spartas als „Dorf“;[33] nach anfänglich überwiegend kritischen Randnotizen[34] finden sich auch einige zustimmende (Abb. 1).

---

29 Besserer: Sparta (Anm. 23), S. 357 (Hervorhebung im Original).

30 Besserer: Sparta (Anm. 23), S. 359.

31 Besserer: Sparta (Anm. 23), S. 359 f.

32 Besserer: Sparta (Anm. 23), S. 359.

33 Als Besserer einleitend vom „tragische[n] Leben eines kleinen Stadtstaates“ spricht, unterstreicht Hauptmann „Stadtstaates“ und notiert am Rand „Dorfes“ (Besserer: Sparta [Anm. 23], S. 353), und die Erwähnung der „unseligen, nun schon 2 1/2 Jahrhunderte dauernden Messenienpolitik“ kommentiert er mit der Marginalie „unmöglich diese Do[e]rfer“ (ebd., S. 363). Schließlich findet sich eine Marginalie mit nicht eindeutigem Bezug: „Glaubt man das Dorf Sparta könne bei gro[e]sster Reinrassigkeit heut noch existieren“ (ebd., S. 357). – Die verglichen mit dem Mythos von Sparta geringe Größe nahm Hauptmann bereits während der Ausarbeitung des *Griechischen Frühlings* wahr; in einem Notizbuch hielt er fest: „Das heutige Sparta ist ein entlegenes Landstädtchen“ (GH Hs 225, 130v, ca. September 1908). Anfang Februar 1937, im Zusammenhang seiner Herodot-Lektüre, möglicherweise aber auch der Lektüre von Besserers Aufsatz, kommt er in einer Kalendernotiz darauf zurück und identifiziert den von Sparta überfallenen Bruderstaat Messenien mit einem Teil von Schlesien: „Her[o]d[ot] [Absatz] Was fällt bei diesen Dingen auf: Auerbach schrieb schwarzwälder Dorfgeschichten, Herodot griechische. Ich habe den Pelopon[n]es durchreist, es ist Sparta ein Dorf, Arkadien eine kleine Landschaft, Messenien ein Teil ‚von Schlesien‘ etwa, und dann Corint[h], (ein Flecken) dazwischen noch etwas gegen Athen an sich lächerlich, und welche Wichtigmacherei des Menschen welche Geschichte, welche Wichtigkeit!!! – Aber so war der Anfang von Rom!“ (GH Hs 117, 26v, 08.02.1937).

34 Auch ohne den jeweiligen Bezug bei Besserer zu zitieren, wird die ablehnend-kritische Haltung Hauptmanns bereits aus der Wortwahl seiner Marginalien deutlich: „Banalita[e]t“, „Fabel“, „Phantasten“, „Problem“ (Besserer: Sparta [Anm. 23], S. 353), „Lüge“, „Albernheiten Blutmischungsphantasien“ (zum Satzanfang „Trotz sicher recht beträchtlicher Blutmischung“, ebd., S. 354), „gewiss nicht“ (ebd., S. 355), „albern“, „Quatsch“ (ebd., S. 357) sowie „Als Rasse sind die Spartiaten noch nicht nachgewiesen“ (ebd., S. 366).

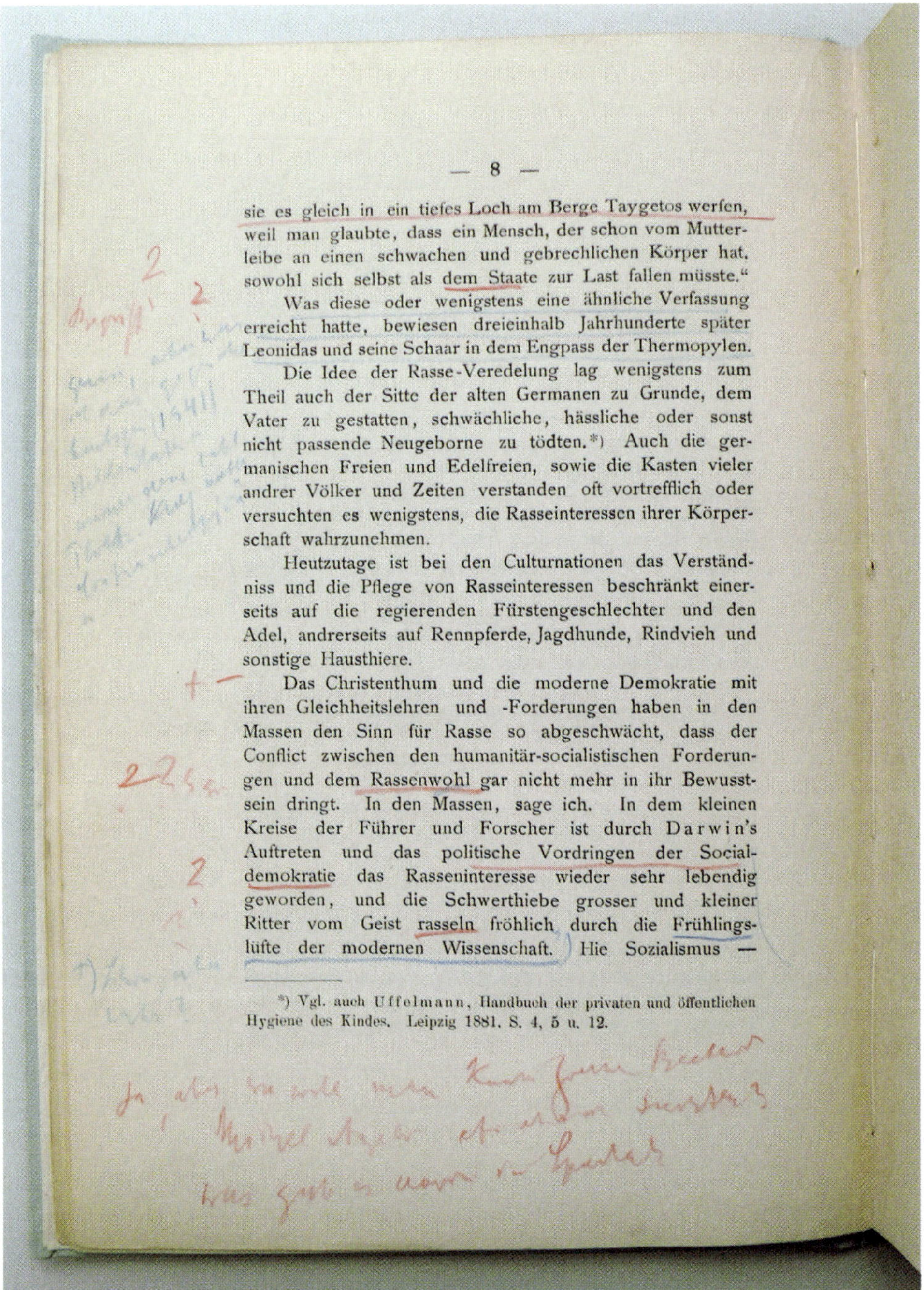

— 8 —

sie es gleich in ein tiefes Loch am Berge Taygetos werfen, weil man glaubte, dass ein Mensch, der schon vom Mutterleibe an einen schwachen und gebrechlichen Körper hat, sowohl sich selbst als dem Staate zur Last fallen müsste."

Was diese oder wenigstens eine ähnliche Verfassung erreicht hatte, bewiesen dreieinhalb Jahrhunderte später Leonidas und seine Schaar in dem Engpass der Thermopylen.

Die Idee der Rasse-Veredelung lag wenigstens zum Theil auch der Sitte der alten Germanen zu Grunde, dem Vater zu gestatten, schwächliche, hässliche oder sonst nicht passende Neugeborne zu tödten.*) Auch die germanischen Freien und Edelfreien, sowie die Kasten vieler andrer Völker und Zeiten verstanden oft vortrefflich oder versuchten es wenigstens, die Rasseinteressen ihrer Körperschaft wahrzunehmen.

Heutzutage ist bei den Culturnationen das Verständniss und die Pflege von Rasseinteressen beschränkt einerseits auf die regierenden Fürstengeschlechter und den Adel, andrerseits auf Rennpferde, Jagdhunde, Rindvieh und sonstige Hausthiere.

Das Christenthum und die moderne Demokratie mit ihren Gleichheitslehren und -Forderungen haben in den Massen den Sinn für Rasse so abgeschwächt, dass der Conflict zwischen den humanitär-socialistischen Forderungen und dem Rassenwohl gar nicht mehr in ihr Bewusstsein dringt. In den Massen, sage ich. In dem kleinen Kreise der Führer und Forscher ist durch Darwin's Auftreten und das politische Vordringen der Socialdemokratie das Rasseninteresse wieder sehr lebendig geworden, und die Schwerthiebe grosser und kleiner Ritter vom Geist rasseln fröhlich durch die Frühlingslüfte der modernen Wissenschaft. Hie Sozialismus —

*) Vgl. auch Uffelmann, Handbuch der privaten und öffentlichen Hygiene des Kindes. Leipzig 1881. S. 4, 5 u. 12.

Abb. 1: Lesespuren Hauptmanns in Ploetz *Die Tüchtigkeit unserer Rasse*, S. 8 (Staatsbibliothek zu Berlin – Preußischer Kulturbesitz, GHB 203874-1) Foto: Wolfgang Hamm

Der Gegensatz zwischen Sparta, das sich ‚rassisch' ‚rein' hält, und Griechenland, das kolonisiert und ‚Rassenmischung' zulässt, begegnet uns gespiegelt in der einleitend zitierten Tagebuchnotiz Hauptmanns von 1942, wobei Spanien von Griechenland die Rolle des Kolonisators übernimmt:

> Spiessereien, Spartanereien: Race, Kriegset[h]ik, Fuchtel: siehe Spanien, de facto der Eroberer von Süd-Amerika: Racenmischung Colonistentum, Weltleben! –
> Ich bin wesentlich Colonist, ich habe es im Blut. Wir H[auptmanns] empfanden uns als schlesische Colonisten.[35]

Spätestens mit Blick auf den Kontext wird klar, dass Hauptmann Schlesien (analog zu Griechenland) hier als Gegenmodell zu Sparta begreift. Es hat offenbar auch biographische Gründe, wenn er (den Begriff immerhin noch verwendend) ‚Rassenmischung' positiv wertet. Zugleich ist dies für ihn eine Absage an rechtliche Konsequenzen aus Eugenik und Rassenideologie wie das *Gesetz zur Verhütung erbkranken Nachwuchses* und die Nürnberger Rassengesetze von 1935, die auf Erbgesundheit und Schutz „des deutschen Blutes und der deutschen Ehre" (das sogenannte „Blutschutzgesetz" als Teil der Nürnberger Rassengesetze) abzielten. Sein Verhältnis zur Rassenideologie war gespannt, beide Ausprägungen lehnte er ab: die Eugenik unter anderem deswegen, weil die Eugeniker stets auch Alkoholgegner waren, er selbst hingegen dem Alkohol kreativitätsfördernde Wirkung zuschrieb; die Ideologie der reinen Rasse vielleicht, weil er vitalistisch dachte[36] und „Gesetzgebung a. d. Gebiet des Zeugungstriebs" für nicht wirksam hielt, „den[n] Sexus und Eros sind stärker", wie er am 23. Oktober 1935 im Tagebuch notiert hatte.[37] In der Frage, ob Schlesien – wie bei Hermann Stehr und in der im Dritten Reich vorherrschenden Meinung – als ethnisch homogenes Land oder – wie bei August Scholtis – aufgrund seiner Siedlungsgeschichte als multiethnisch und multikulturell zu gelten habe, bezieht Hauptmann klar die zweite Position und stellt sich gegen die Vereinnahmung Schlesiens „als nationalsozialistischer Musterprovinz".[38]

Hauptmanns spätestens seit dem Inkrafttreten des *Gesetzes zur Verhütung erbkranken Nachwuchses* und der Nürnberger Gesetze (1935) intensivierte Auseinandersetzung mit der Eugenik kommt meistens ohne den Bezug auf Schlesien aus, während der Rückgriff auf Lykurg als Gesetzgeber Spartas uns in den Tagebüchern häufiger begegnet. Die im *Griechischen Frühling* noch ohne Distanzierung nach Alfred Ploetz zitierten „sehr entschlossene[n] Züchtergedanken" (CA VII 108) lehnt er inzwischen ab. Im Rahmen dieses Vortrags ist es nicht möglich, Hauptmanns Beschäftigung mit der Eugenik von *Vor Sonnenaufgang* bis zur NS-‚Euthanasie' nachzuvollziehen.

---

35 GH Hs 11c, 29r (8.4.1942).

36 Dafür gibt auch eine längere Anmerkung Hauptmanns zu Besserers Sparta-Aufsatz ein schönes Beispiel. Die Behauptung, „der mannhafte Widerstand bis zum letzten bitteren Ende beweist den rassischen Wert der Messenier" glossiert er wie folgt: „habt ihr denn gar keine Erfahrung: was soll am erzwungenen Widerstand rassisch sein. Ich habe einen kleinen Fisch gesehen, der Menschen Widerstand leistete etc etc" (Besserer: Sparta [Anm. 23], S. 355).

37 GH Hs 52, 177v.

38 Sprengel: Schlesien-Diskurse (Anm. 2), S. 312.

Nachdem er von letzterer Kenntnis erhalten hatte, entwarf er sein *Märchen* als unmittelbare Reaktion darauf. 1941 scheint er auch erst Ploetz' Buch von 1895 in Teilen gelesen zu haben, vor allem die Einleitung. In seinem nachgelassenen Exemplar nehmen mehrere Marginalien Bezug auf das Problem der Auslese und Züchtung im Sinne einer Beeinflussung der Menschheit durch rassenhygienische Maßnahmen. Zur Praxis der Auslese des Nachwuchses bei den Spartanern notiert Hauptmann am Rand: „Ja, aber wie will man Kant Goethe Beethoven Michel Angelo etc etc etc züchten? Was gab es davon in Sparta?"[39]

Die Künste sind für Hauptmann das Maß aller Dinge. Seine Ablehnung der Eugenik ergibt sich aus der Opposition zu Alfred Ploetz und der von diesem vertretenen eugenischen Ideologie, einschließlich der Alkoholgegnerschaft. Die von ihm als materialistisch verstandene Rassenforschung und spätestens die aus ihr resultierende Ideologie lehnte er ab; die Verwirklichung der Utopie von der schrittweisen Optimierung des Menschen durch Züchtung war für ihn nicht vorstellbar,[40] zumal materialistische Methoden nicht geeignet seien, der Seele, dem Geist und seinen Hervorbringungen – der Künstler denkt hier natürlich zuerst an Kunstwerke – gerecht zu werden. Auch sein grundsätzlich individualistisches Selbstverständnis als Künstler verweigert sich der Unterordnung des Individuums unter die Erfordernisse der Gemeinschaft, wie sie die Eugenik forderte. Ploetz formulierte dies in seiner Terminologie der Hygiene als Gegensatz von Individual- und Rassenhygiene; die Individualhygiene war gegenüber der Rassenhygiene nachrangig.

Für den Eugeniker Alfred Ploetz und für seine Nachfolger war Sparta als Modell attraktiv, weil dort das Interesse des Einzelnen sich dem Gesamtinteresse des Staates vollständig unterzuordnen hatte. In diesem Sinne nennt Ernst Baltrusch Sparta den „erste[n] totalitäre[n] Staat der Weltgeschichte und damit Vorbild auch für moderne Vertreter dieser Gattung": „Der einzelne ist nichts, das Vaterland, die Stadt alles. Erziehung, Wirtschaft, Kultur, Religion fügten sich in die Idee des Staates ein".[41] Als „durchweg bestimmt vom totalitären Prinzip und vom völligen Aufgehen der Ge-

39 Ploetz: Die Tüchtigkeit unserer Rasse (Anm. 12), S. 8 (s. Abb. 1). Zur Datierung der Lektüre und weiteren Lesespuren s. Bernhard Tempel: Alkohol und Eugenik. Ein Versuch über Gerhart Hauptmanns künstlerisches Selbstverständnis. Dresden 2010, S. 294–297.

40 Vgl. die Notiz vom 26.04.1938: „Ihr Racenforscher geht noch nicht bei den richtigen Lehrern in die Schule und werdet blind und mechanisch den gesunden, entseelten Körper befürworten und züchten." (GH Hs 198, 33v) – Ähnlich heißt es in Reflexionen vom Herbst 1935: „Also? Grossgeistigkeit: Darwin durchaus! Englische Mitgabe. Ploetz und seine heutigen Consorten? Kleinlichkeit? Spiessige Wissenschaft? Rüdin? Schweizerische klare Schweinezucht? (Das verstehen die Schweizer!) aber aber – Ich sah einmal in Lugano einen Zuchteber und wollte wieder Bildhauer sein – (Ich will keinen billigen Witz machen!) aber sind wir Schweine? So fruchtbar sind wir ungefähr, so sterblich auch ungefähr! – aber die Folgerung daraus wird nicht gezogen und ist im Geistigen nicht zu ziehen – denn es giebt kein geistiges Schwein! Geistige Schweinezucht ihr Herren, ist nicht zu denken. Gott behüte, das[s] Spiesser un[d] Philister der Wissenschaft menschliche Fettschweine oder sonstige Riesenbullen zu züchten in der Gewalt haben sollten" (GH Hs 104, 102r–104r).

41 Ernst Baltrusch: Sparta. Geschichte, Gesellschaft, Kultur. München 1998, S. 12 (Beck-Reihe 2083).

sellschaft und des Individuums im Staat" wurde Sparta bereits von Victor Ehrenberg in einem Prager Rundfunkvortrag 1934 bezeichnet.[42] Dort hieß es, 40 Jahre nach Erscheinen von *Die Tüchtigkeit unsrer Rasse*, über die Lykurg zugeschriebene Verfassung Spartas, in der „sich frühe und primitive Formen des Zusammenlebens mit einem künstlichen System [verbanden], das auf bestimmten biologischen Grundlagen beruhte":

> Sparta war – in einem anderswo (selbst in Griechenland) unbekannten Grade – eine Gemeinschaft von *Männern*. Frauen, Ehe, Familienleben – sie spielten alle eine nebensächliche Rolle und verloren daher viel von dem Wert und der Unverletzlichkeit, die sie ursprünglich besaßen. Nicht auf die Anzahl der Kinder kam es an, sondern auf ihr Geschlecht, ihre Gesundheit, ihre physische Kraft. Die grausamen Methoden der spartanischen Eugenik sind allgemein bekannt. Wenn ein Kind geboren war, entschied der Staat darüber, ob es am Leben bleiben sollte. Schwache Knaben und ein großer Teil der Mädchen wurden in der Wildnis der Gebirge ausgesetzt, wo sie umkamen.[43]

Durch ein restriktives Bürgerrecht, demzufolge beispielsweise Söhne von Spartiaten und Helotenfrauen „sehr selten das Bürgerrecht" erhielten, „Ausländer so gut wie nie", habe Sparta „– unabsichtlich – unter seinen Bürgern eine ziemlich reine ‚Rasse'" bewahrt: „Ein kleines Volk von Kriegern sorgte für seine biologische Existenz durch eine Art künstlicher Eugenik, die jede substantielle Veränderung praktisch ausschloß. Dies war vielleicht die entscheidende Ursache für den raschen Verfall Spartas."[44]

Gerhart Hauptmann lehnte aus der Position seines künstlerischen Individualismus diesen Totalitätsanspruch vehement ab und nahm die Analogie zwischen dem antiken Sparta und der ‚Bevölkerungspolitik' der Nationalsozialisten wahr. Dem Ideal der Rassereinheit stellt er das Ideal der „Mischung" entgegen, wie er es in Schlesien, repräsentiert durch sich selbst und seine Familie, realisiert sah. Das ist ein wesentlicher Teil des Hintergrunds der einleitend zitierten Bemerkungen über Schlesien und Sparta in seinem Tagebuch 1942.

Abschließend und ergänzend noch ein Blick auf eine merkwürdige Koinzidenz, mit der Hauptmann und Sparta 1937 in der Tagespresse zusammengebracht wurden. Zum 75. Geburtstag des Dichters veröffentlichte der Schriftsteller Hans Franck (nicht zu verwechseln mit dem späteren Generalgouverneur des besetzten Polens, Hans Frank) eine ambivalente Würdigung, mit der er dem Geehrten zugleich die Bedeutung für die nationalsozialistische Gegenwart abspricht.[45] Das liegt auf der Linie des von Alfred Rosenberg bereits in den 1920er Jahren im *Mythus des 20. Jahrhun-*

---

42 Siehe Victor Ehrenberg: Ein totalitärer Staat. In: Karl Christ (Hg.): Sparta. Darmstadt 1986, S. 217–228, hier S. 219 (Wege der Forschung 622).

43 Ehrenberg: Ein totalitärer Staat (Anm. 42), S. 221 f. (Hervorhebung im Original).

44 Ehrenberg: Ein totalitärer Staat (Anm. 42), S. 222.

45 Hans Franck: Der Dichter des Mitleids. Gerhart Hauptmann zum 75. Geburtstag am 15. November. In: Berliner Börsen-Zeitung, Nr. 531, 12.01.1937, Morgenausgabe, S. 7 f. Der Artikel ist in der Zeitungsausschnittsammlung des Hauptmann-Nachlasses erhalten, es gibt aber keine Anzeichen, dass der Dichter ihn zur Kenntnis nahm (GH ZA 129, 5).

derts gefällten Urteils, dass Hauptmann in seinem naturalistischen Werk „doch bloß an den morschen Wurzeln des Bürgertums des 19. Jahrhunderts" genagt und zu den „unfruchtbare[n] Zersetzern einer Zeit" gezählt habe, zu der er „selbst innerlich" gehöre.[46] Bei Franck gewinnt die Kritik jedoch durch den Kontext der Veröffentlichung eine zusätzliche Dimension. Denn der Autor, der 1933 zu den Unterzeichnern des *Gelöbnis treuester Gefolgschaft* für Adolf Hitler zählte, betont die Schwäche der von Hauptmann gestalteten Menschen, die nur Sehnsucht empfänden, denen aber „[w]eder die Kraft, sich zu bescheiden, noch die Kraft, sich über sich selbst hinauszureißen, [...] von ihrem Schöpfer gegeben" worden sei. Es sei bezeichnend, dass man bei Hauptmann von „Helden" nur in Anführungszeichen sprechen könne: „Wohl ist Wünschen und Mögen in ihnen, aber kein tatenzeugendes Wollen." Zur Tragik eignete sich „der schwächliche Mensch" als „Typus der Hauptmanngestalten" nicht, denn „Tragik ist nicht da wo Schwäche, sondern wo Stärke unterliegt".[47] Rüdiger Bernhardt betrachtet Francks Aufsatz als einen der „heftigsten und widerlichsten Angriffe auf Hauptmann", „von Hass und Missgunst geprägt, aber gleichzeitig denunziatorisch".[48] Das mag zutreffen, und vielleicht nicht nur durch den Inhalt, sondern auch den Kontext, in den der Aufsatz beim Abdruck gestellt wurde.

Denn in derselben Ausgabe der *Berliner Börsen-Zeitung*, ja sogar direkt im Anschluss an Francks Beitrag über Hauptmann, folgt ein Auszug aus Helmut Berves 1937 erschienenem Sparta-Buch[49] unter dem Titel „Spartanische Erziehung" mit Hinweisen auf die Verknüpfung der militärischen und politischen Zielsetzung der Erziehung, den „Kriegersinn" der Spartiaten und die Vorbereitung auf die vollständige Unterordnung des eigenen Lebens unter die Ziele der Gemeinschaft: „Hier ward der Dienst zur Ehre, Hingabe zur Selbstvollendung, und der Tod verlor seine Schrecken, wurde er männlich im Kampf gefunden."[50] Zwar ist in dem Teilabdruck nicht von „Heldentum" und „Heldentod" die Rede, doch der Gegensatz zum von Franck als schwächlich und unfähig zu Heldentum und Tragik charakterisierten Typus des Hauptmannschen Menschen ist evident.

Auch wenn Franck keinen Zusammenhang zu Hauptmann als Schlesier (oder seinen Figuren als typisch schlesisch) herstellt, scheint es bemerkenswert, dass der Dichter selbst das Passive, Leidende als Wesensmerkmal der Schlesier betrachtet (wie

---

46 Alfred Rosenberg: Der Mythus des 20. Jahrhunderts. Eine Wertung der seelisch-geistigen Gestaltenkämpfe unserer Zeit. 183.–186. Aufl., München 1942, S. 444. Dieses Urteil lässt sich zurückverfolgen bis zur frühen sozialistischen Hauptmann-Kritik bei Franz Mehring und Karl Kautsky. Hans Franck recycelt 1937 einen eigenen Artikel von 1915 (in: Masken. Halbmonatsschrift des Düsseldorfer Schauspielhauses 11 [1915], 1, S. 1–6. Zu Francks Sicht auf Hauptmann ausführlich Rüdiger Bernhardt: Im Streit um das Drama. Hans Francks Kmapf gegen Gerhert Hauptmann. In: Maske und Kothurn 40 (1998), 1, S. 49–68.

47 Franck: Der Dichter des Mitleids (Anm. 45), S. 7.

48 Rüdiger Bernhardt: „... geschehen ist der Götter Ratschluss!" Gerhart Hauptmanns Delphi lag auf Hiddensee. Der Dichter in der Zeit von 1933 bis 1945, Halle (Saale) 2006, S. 58.

49 Helmut Berves: Sparta, Leipzig 1937 (Meyers kleine Handbücher 7).

50 Helmut Berves: Spartanische Erziehung. In: Berliner Börsen-Zeitung Nr. 531, 12.11.1937, Morgenausgabe, S. 8.

z. B. im oben zitierten Paralipomenon zum *Neuen Christophorus*). Franck kritisiert Hauptmann als „humanitätsberauscht“ und erwartet, dass „der Führer unserer Dichtung, insbesondere unserer Dramatik, auf den wir hoffen, [...] nicht nur in vielem anders aussehen [wird] als Gerhart Hauptmann, sondern [...] in fast allem sein unbedingtes Gegenteil verkörpern“ werde.[51] In der Tat vertritt Hauptmann vor allem in den späten Jahren, besonders im *Neuen Christophorus*, ein Ideal der Humanität, wie er es aus Herders Geschichtsphilosophie las.[52] Sein zunehmend als Gegenpart betrachteter Freund Alfred Ploetz hingegen hatte von Anfang an das widersprüchliche Verhältnis zwischen humanen Idealen und den Erfordernissen der Eugenik („Rassenhygiene“) gesehen: „Ein Versuch über Rassenhygiene und ihr Verhältnis zu den humanen Idealen, besonders zum Socialismus“ lautet der Untertitel seiner 1895 veröffentlichten Studie. Hauptmann dagegen betrachtete Sparta, wo eugenische Grundsätze noch die Dominanz über die humanitären Ideen bewahrten, und die Sparta-Nachfolge des Dritten Reichs zunehmend kritisch, je mehr er die Künste als Teil einer humanen Existenz gefährdet sah. Schlesien als Land einer Mischung, der er sich auch biographisch verbunden fühlte, war ihm damit ein geeignetes, positives Gegenmodell dazu.

Aufs Ganze gesehen, findet er weitere, quantitativ und qualitativ bedeutendere Formeln für seine Kritik an kunstfeindlichem Materialismus, Eugenik (bis zur NS-„Euthanasie“) und inhumaner Rassenideologie. Mit deren Kenntnis allerdings erkennt man das kritische Potential auch der späten Entgegensetzung von Sparta und Schlesien. Die Entwicklung von Hauptmanns Äußerungen über Sparta und Schlesien von der Griechenlandreise 1907 bis zu den Tagebuchaufzeichnungen zwischen 1937 und 1942 mahnt jedoch dazu, die Kontextabhängigkeit seiner Äußerungen zu beachten.

51 Franck: Der Dichter des Mitleids (Anm. 45), S. 8.

52 Vgl. Peter Sprengel, Bernhard Tempel: Kult, Kultur und Erinnerung in Gerhart Hauptmanns Erzählung „Mignon“. In: Jahrbuch der Deutschen Schillergesellschaft 41 (1997), S. 295–328, hier S. 319 ff.

Martin Hollender

Unbekannte Beiträge von August Scholtis für die *Vossische Zeitung* aus den Jahren 1932/33 – wiederentdeckt durch die Volltexterkennung der *VZ*-Datenbank

Wer eine Personalbibliographie erstellt, ist dankbar, wenn er auch die Privatbibliothek und Sammlungen des noch lebenden oder auch bereits verstorbenen Dichters, Wissenschaftlers etc. nutzen kann, um anhand von Belegstücken auch der noch so entlegen publizierten unselbstständigen Werke das Schriftenverzeichnis zu komplettieren. Denn die bereits vor Jahrzehnten entstandenen kleineren Feuilletons in der Tagespresse und die in unbekannteren Journalen gedruckten Texte sind häufig nirgends in Fach- oder Allgemeinbibliographien nachgewiesen und würden dem Auge des Personalbibliographen entgehen, wenn der Schriftsteller, dessen Schaffen nun bibliographisch gebündelt werden soll, nicht bereits zu Lebzeiten eine akkurate Sammlung seiner eigenen Veröffentlichungen angelegt hätte. Der Diplombibliothekar Hans Rudi Vitt, langjähriger Leiter der Westfalica-Sammlung der Stadt- und Landesbibliothek Dortmund, verzeichnete in den frühen neunziger Jahren die Schriften des Romanciers und Journalisten August Scholtis (1901 – 1969)[1] – wobei ihm naheliegender Weise und nach eigener Aussage der „seit 1972 in der Handschriften-Abteilung der Stadt- und Landesbibliothek aufbewahrte Nachlaß des oberschlesischen Schriftstellers eine große Hilfe“[2] bedeutete. Vitt hebt die zahlreichen von ihm nachgewiesenen Druckbelege von Publikationen Scholtis' in Zeitungen und Zeitschriften hervor, die allerdings überwiegend aus den Jahren nach 1945 stammten – wie es leider so häufig bei den aus den östlichen Provinzen des Deutschen Reiches vertriebenen Deutschen der Fall sei. Die Belegexemplare aus den 1920er und 1930er Jahren seien entweder bei Bombenangriffen auf Berlin verbrannt oder aber in Scholtis' oberschlesischem Heimatdorf Bolatitz/Bolatice bei Hausratsplünderungen vernichtet worden. Als erfahrener Bibliograph wusste Vitt nur zu genau, dass kaum

---

1 August Scholtis zählt, neben vor allem Horst Bienek, zu den sehr wenigen Schriftstellern des 20. Jahrhunderts schlesischer Provenienz, mit denen sich gleichermaßen deutsche und polnische Germanisten konfliktfrei anfreunden können. Die Zahl der deutsch- und der polnischsprachigen Publikationen über Scholtis hält sich seit den frühen neunziger Jahren die Waage, was es erleichterte, im Jahr 2001 im oberschlesischen Lubowitz ein gemeinschaftlich deutsch-polnisches Symposium anlässlich des 100. Geburtstags August Scholtis' zu veranstalten. Der Tagungsband *August Scholtis 1901–1969: Modernität und Regionalität im Werk von August Scholtis* (Frankfurt am Main 2004), auf deutscher Seite vom BKM mitfinanziert, erschien u. d. T. *Nowoczesność i regionalizm w twórczości Augusta Scholtisa* zeitgleich auf Polnisch (Katowice 2004). – Zu Scholtis vgl. Sonja Klein in: Neue Deutsche Biographie, Bd. 23 (2007), S. 447f., sowie die grundlegende Arbeit des Breslauer Germanisten Marek Zybura: August Scholtis 1901–1969. Untersuchungen zu Leben, Werk und Wirkung. Paderborn u. a. 1997.

2 Hans Rudi Vitt: Vorbemerkung. In: Hedwig Gunnemann, Joachim J. Scholz, Hans Rudi Vitt: August Scholtis. Werk- und Nachlaßverzeichnis. Texte und Materialien,. Dortmund 1993, S. 292 (Veröffentlichungen der Forschungsstelle Ostmitteleuropa an der Universität Dortmund B 48).

eine jemals erstellte Bibliographie tatsächlich als vollständig gelten darf. Und es gehört als Captatio benevolentiae zum standardisierten Geschäft des Bibliographen, im Vorwort dezent oder auch deutlicher darauf hinzuweisen, dass, wie auch Hans Rudi Vitt es tat, das hiermit vorgelegte Verzeichnis der Schriften Scholtis' „sicher Lücken" aufweise. Dieser Regelfall der Unvollständigkeit mag betrüblich sein, doch ist er zugleich auch unausweichlich. Es existieren freilich – neben der Konzentration auf oder gar der ausschließlichen Verwendung dessen, was die Privatbibliothek im Nachlass des Dichters bereithält – einige zusätzliche Informationsmittel. Naheliegend sind zunächst die zahllosen Allgemein- und Fachbibliographien; zur weiteren Vervollständigung empfiehlt es sich indes auch, die autobiographischen Schriften des Autors und die in Interviews festgehaltenen Äußerungen zur Kenntnis zu nehmen, da sich hier mitunter Hinweise auf bislang noch Unbekanntes und somit Fehlendes finden.

In seiner autobiographischen *Reise nach Polen* etwa schreibt Scholtis nämlich: „Ich warnte auch die Papen-Regierung in einem Leitartikel in der ‚Vossischen Zeitung' vor einer Wiederholung einer reaktionären Ostpolitik".[3] Jeder Scholtis-Interessierte hier wird hellhörig und neugierig: Scholtis in der renommierten *Vossischen*? Zumal als Verfasser eines Leitartikels mit politischer Tendenz? Deutlicher noch wurde er, als er rückblickend, wohl über denselben Text, 1962 in einem Brief von sich selbst als jenem ‚frühen' Publizisten Scholtis schrieb, „der in der ‚Vossischen Zeitung' schon zu Beginn der Papen-Regierung vor dem reaktionären Kurs in Oberschlesien seine warnende Stimme erhob […]."[4]

Dort, wo man den bibliographischen Nachweis dieses Leitartikels erwarten möchte, nämlich im Abschnitt „Erzählungen, Feuilletons und Aufsätze in Sammelwerken, Zeitschriften und Zeitungen" der Vitt'schen Bibliographie erscheint dieses politische Feuilleton allerdings nicht, so wie Scholtis bei Hans Rudi Vitt als Beiträger der *Vossischen Zeitung* überhaupt gar nicht existiert. Jeder Personalbibliograph muss freilich abwägen, inwieweit die Konsultation weiterer Bibliographien und Hilfsmittel in einem akzeptablen Verhältnis zum Aufwand steht. Derartige Recherchen, die die häufig so vagen Angaben nach sich ziehen, sind schließlich enorm zeitraubend und enden häufig auch erfolglos, da sich auch mit einigem guten Willen der vom Dichter mehr angedeutete denn präzise benannte Text nicht einfinden will. Es ist durchaus nachvollziehbar, wenn sich Vitt in der Vorbemerkung seiner Bibliographie zu den weißen Flecken seines Verzeichnisses offen bekennt und zu diesen Lücken lakonisch bemerkt: „Sie hätten sich auch durch zeitaufwendige, mehr oder weniger ungezielte Recherchen wohl kaum schließen lassen."[5] Wo schließlich zeitlich mit dem Durchblättern der *Vossischen Zeitung* beginnen, wo enden, wenn man kaum mehr Anhaltspunkte als die Reichskanzlerschaft Franz von Papens in Händen hält? In kaum einer, präziser: in keiner deutschen Bibliothek ist die *Vossische* zudem lückenlos vorhanden, eine Zeitung, die in jenen Jahren mit ihrer Morgen- und ihrer Abendausgabe zwei-

3 August Scholtis: Reise nach Polen. Ein Bericht. München 1962, S. 43.

4 Zitiert bei Arno Lubos: Geschichte der Literatur Schlesiens. II. Band. München 1967, S. 266.

5 Vitt: Vorbemerkung (wie Anm. 2), S. 292.

mal täglich erschien. Manche Erinnerungen werden nach Jahrzehnten undeutlich, anderes wird bewusst retuschiert – lohnt also der Aufwand?[6] Steht die zu investierende Zeit auf der Suche nach womöglich nur einem einzigen in der *Vossischen Zeitung* publizierten Artikel in einem vernünftigen und zu rechtfertigenden Verhältnis zu dem – freilich erfreulichen – Resultat, die Bibliographie August Scholtis' durch einen offensichtlich nicht unbedeutenden Aufsatz ergänzen zu können? Allzu oft wird sich der Bibliograph gegen die ‚Ochsentour' der Zeitungsdurchsicht entscheiden und allzu oft bleiben Forschungsdesiderate folglich unbefriedigt, weil der Bibliograph nicht umhin kommt, seinem Aufwandsvolumen mehr oder minder enge Grenzen zu setzen.

Jenen Scholtis-Beitrag aus dem Jahr 1932 nun endlich aufzuspüren (sowie mit ihm zugleich auch noch einige andere Scholtensien) machte unlängst die digitale Fassung der *Vossischen Zeitung* unaufwändig möglich. Als ‚Public Private Partnership' war zuvor, im Jahr 2010, ein Teil jener Berliner *Vossischen Zeitung*, einer der bedeutendsten deutschen Tageszeitungen der Zwanziger Jahre, digitalisiert worden. Sämtliche Ausgaben der Jahre 1918 bis 1934 wurden – unter Zugrundelegung vor allem der Exemplare in der Zeitungssammlung der Staatsbibliothek zu Berlin – jedoch nicht allein digitalisiert, sondern zudem einer Volltexterkennung unterzogen. In die Datenbank *Vossische Zeitung Online* flossen etwa 10.500 Ausgaben mit insgesamt mehr als 127.000 Seiten ein, darunter auch die Beilagen und die Auslandsausgaben *Die Voss* beziehungsweise *Die Post aus Deutschland*. Die Datenbank wird vom Berliner Wissenschaftsverlag De Gruyter kommerziell vertrieben.[7]

Soviel sei vorweggenommen: die wenigen Treffer, die die Eingabe des Terminus „Scholtis" in die Datenbankversion der *Vossischen Zeitung* ergibt, wie auch der Treffer als Resultat der Suche nach dem Terminus *Ostwind*, seinem bei S. Fischer 1932 erschienenen Oberschlesienroman[8], liefern der Scholtis-Forschung einige neue Hinweise. Hervorzuheben sind vor allem drei Beiträge aus den Jahren 1932/33: jener von Scholtis erwähnte politische Leitartikel, eine bislang unbekannte Erzählung so-

---

6 Nicht immer nämlich gelingt es, aus autobiographischen Reminiszenzen heraus erfolgreich zu ‚verschollenen' Texten zu gelangen. Bei der Erarbeitung der Personalbibliographie des Pädagogen Hartmut von Hentig meinte sich dieser nach vier Jahrzehnten zu erinnern, im Anschluss an einen im Sommer 1955 dort verlebten Urlaub einen Beitrag für die *Zeit* mit dem Titel *Ferien und Furien auf Sylt* verfasst zu haben (vgl. Hentig: Mein Leben – bedacht und bejaht. Schule, Polis, Elternhaus, München 2007, S. 52). Obwohl die Privatbibliothek Hartmut von Hentigs für Recherchen zur Verfügung stand, ließ sich dieser frühe und bis dato nie rezipierte Feuilletonbeitrag, der eine attraktive Trouvaille dargestellt hätte, nicht verifizieren; weder half ein Schreiben an das *Zeit*-Archiv noch eine Suche in der retrodigitalisierten Fassung der historischen Ausgaben der *Zeit*.

7 Vgl. Joachim Zeller: Die Vossische Zeitung 1918–1934 online. In: Bibliotheksmagazin, H. 1 (2011), S. 66–69.

8 Zum *Ostwind* grundlegend Wojciech Kunicki: „Ostwind" von August Scholtis. Das Bild einer Provinz zwischen Deutschland und Polen. Das Bild eines Kunstwerkes zwischen Alternativen. Das Bild eines Autors zwischen allen Stühlen. In: Hendrik Feindt (Hg.): Studien zur Kulturgeschichte des deutschen Polenbildes 1848–1939. Wiesbaden 1995, S. 194–212 (Veröffentlichungen des Deutschen Polen-Instituts Darmstadt 9).

wie eine bis dato ebenfalls unbekannte Besprechung des *Ostwinds* von keinem Geringeren als dem nachmals so bedeutenden Peter Suhrkamp.

Vergegenwärtigen wir uns die persönliche Situation August Scholtis' zu Beginn des Jahres 1932. Nachdem er seine Anstellung bei der Magistratsverwaltung in Gleiwitz verloren hatte, zog es ihn, wie so viele andere Perspektivlose seiner Generation, Ende 1929 nach Berlin.[9] Veröffentlicht hatte er bislang zwar bereits zahlreiche kleinere Feuilletons und Geschichten,[10] ganz überwiegend aber (von Karl Sczodroks auch überregional halbwegs verbreitetem *Oberschlesier* abgesehen) wohl nur in der Provinzpresse. Dort war der jugendlich unbedarfte Scholtis mit seinem ebenso sperrigen wie ungewohnten Stil – „teils roh und dilettantisch, teils von volkstümlich ergreifender dichterischer Kraft"[11], urteilte Oskar Loerke – augenscheinlich gefragt. In den Großstädten hingegen, zumal in der Metropole Berlin, war der Achtundzwanzigjährige ein Nobody. Die Jahre 1930 und 1931 wird Scholtis in Berlin, beschäftigungs- und erwerbslos, mehr oder minder ‚verbummelt' haben. Zwar gelang es ihm hin und wieder, Paul Fechter, dem Feuilletonredakteur bei der konservativ-großindustriellen *Deutschen Allgemeinen Zeitung*, mährische Lieder seiner Mutter wie auch Kurzgeschichten zu ‚verkaufen' , doch lebte Scholtis in den Jahren 1930 und 1931 von den wöchentlich 20 Mark Stempelgeld, von denen er allein fünf Mark an seine Wirtin für den tristen Schlafplatz zu entrichten hatte. Er lebte im Süden der Oranienburger Vorstadt, zumindest anfänglich in Gemeinschaftsunterkünften in der Nähe des Stettiner Bahnhofs.[12] Zwar glückte es ihm wohl erstmals – auch diese Trouvaille verdankt sich der Volltextdurchsuchbarkeit der *Vossischen Zeitung* – im Januar 1931, sicherlich auch halbwegs finanziell honoriert, eine Viertelstunde im Berliner Rundfunk vorzutragen. „August Scholtis liest Eigenes" kündigte die *Vossische* für den 14. Januar in der Zeit von 17:30 bis 17:50 an.[13] Doch reichten diese sporadischen Nebeneinkünfte offenbar bei weitem nicht aus, um ein auch nur in Ansätzen bürgerliches Leben zu führen. Kleidung und Schuhe erstand er beim Trödler; eine warme Mahlzeit verschaffte sich Scholtis in Wohlfahrtsküchen und im Städtischen

---

9 Zybura: Scholtis (wie Anm. 1), S. 14. – Zur Biographie Scholtis' im Jahr 1932 vgl. auch Joachim J. Scholz: Einleitung. In: August Scholtis. Erzählungen, Dramen, Romane. Ausgewählt, herausgegeben und kommentiert von Joachim J. Scholz, S. 21–25 (Schriften der Stiftung Haus Oberschlesien. Literaturwissenschaftliche Reihe 2,4).

10 Vermutlich zahlreiche kleinere und kleinste Beiträge jener Jahre, die Scholtis in seiner Autobiographie nennt, sind bislang, zumal bei Vitt, nicht bibliographisch erfasst worden. Scholtis erwähnt Gerichtsreportagen, die er für das sozialdemokratische *Volksblatt* im oberschlesischen Hindenburg verfasst habe; anschließend habe er unter dem Pseudonym „Alexander Bogen" für das Breslauer anarchosyndikalistische Wochenblatt *Freiheit* geschrieben. Von Prag aus habe er sodann reichsdeutsche Zeitungen mit Feuilletons über Rilkes Geburtshaus und die Prager Teynkirche versorgt (August Scholtis: Ein Herr aus Bolatitz. Lebenserinnerungen. München 1959, S. 271ff., 276, 282).

11 Oskar Loerke: Tagebücher 1903–1939. Hg. von Hermann Kasack. Heidelberg–Darmstadt 1956, S. 233 (Tagebucheintrag vom 18. Dezember 1931).

12 Ebd., S. 287, 291 u. 297.

13 Vgl. Was sendet Europa? In: Vossische Zeitung, Nr. 16, Sa., 10. Jan. 1931, Morgen-Ausgabe. – Erneut von der *Vossischen Zeitung* angekündigt, trug er auch am 22. März 1932 im Rundfunk vor (Was sendet Berlin?, ebd., Nr. 134, Sa., 19. März 1932).

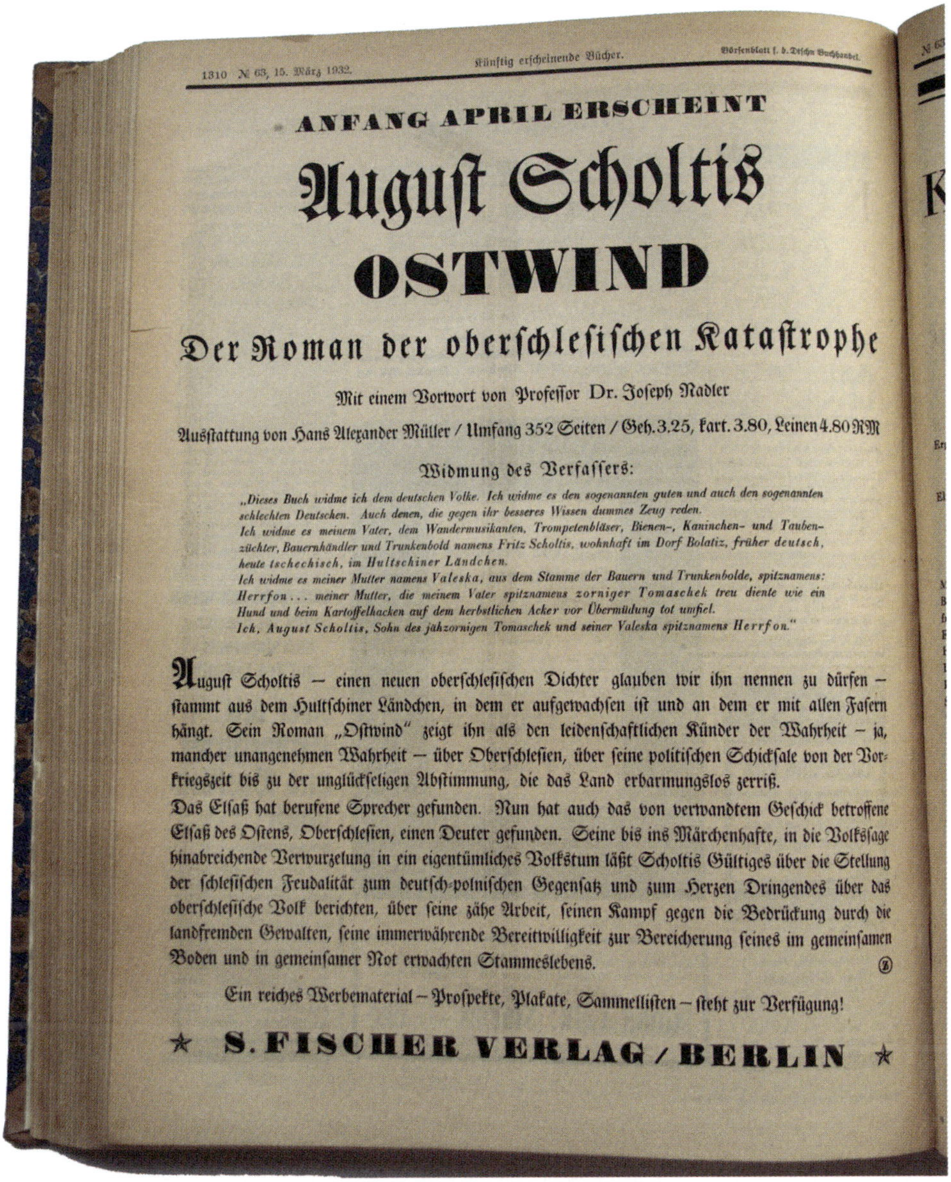

1310 № 63, 15. März 1932. Künftig erscheinende Bücher. Börsenblatt f. d. Dtschn Buchhandel.

ANFANG APRIL ERSCHEINT

August Scholtis

OSTWIND

Der Roman der oberschlesischen Katastrophe

Mit einem Vorwort von Professor Dr. Joseph Nadler

Ausstattung von Hans Alexander Müller / Umfang 352 Seiten / Geh. 3.25, kart. 3.80, Leinen 4.80 RM

Widmung des Verfassers:

„Dieses Buch widme ich dem deutschen Volke. Ich widme es den sogenannten guten und auch den sogenannten schlechten Deutschen. Auch denen, die gegen ihr besseres Wissen dummes Zeug reden.
Ich widme es meinem Vater, dem Wandermusikanten, Trompetenbläser, Bienen-, Kaninchen- und Taubenzüchter, Bauernhändler und Trunkenbold namens Fritz Scholtis, wohnhaft im Dorf Bolatiz, früher deutsch, heute tschechisch, im Hultschiner Ländchen.
Ich widme es meiner Mutter namens Valeska, aus dem Stamme der Bauern und Trunkenbolde, spitznamens: Herrfon ... meiner Mutter, die meinem Vater spitznamens zorniger Tomaschek treu diente wie ein Hund und beim Kartoffelhacken auf dem herbstlichen Acker vor Übermüdung tot umfiel.
Ich, August Scholtis, Sohn des jähzornigen Tomaschek und seiner Valeska spitznamens Herrfon."

August Scholtis – einen neuen oberschlesischen Dichter glauben wir ihn nennen zu dürfen – stammt aus dem Hultschiner Ländchen, in dem er aufgewachsen ist und an dem er mit allen Fasern hängt. Sein Roman „Ostwind" zeigt ihn als den leidenschaftlichen Künder der Wahrheit – ja, mancher unangenehmen Wahrheit – über Oberschlesien, über seine politischen Schicksale von der Vorkriegszeit bis zu der unglückseligen Abstimmung, die das Land erbarmungslos zerriß.
Das Elsaß hat berufene Sprecher gefunden. Nun hat auch das von verwandtem Geschick betroffene Elsaß des Ostens, Oberschlesien, einen Deuter gefunden. Seine bis ins Märchenhafte, in die Volkssage hinabreichende Verwurzelung in ein eigentümliches Volkstum läßt Scholtis Gültiges über die Stellung der schlesischen Feudalität zum deutsch-polnischen Gegensatz und zum Herzen Dringendes über das oberschlesische Volk berichten, über seine zähe Arbeit, seinen Kampf gegen die Bedrückung durch die landfremden Gewalten, seine immerwährende Bereitwilligkeit zur Bereicherung seines im gemeinsamen Boden und in gemeinsamer Not erwachten Stammeslebens.

Ein reiches Werbematerial – Prospekte, Plakate, Sammellisten – steht zur Verfügung!

★ S. FISCHER VERLAG / BERLIN ★

Abb. 1: Börsenblatt des Deutschen Buchhandels, 15. März 1932. Foto: Martin Hollender.

Krankenhaus im Berliner Scheunenviertel.[14] Der ‚Flaneur wider Willen' verbrachte die Tage in Kinos und Museen und die Abende in den Berliner Theatern, wo er dank seiner Freikarten die Inszenierungen von Max Reinhardt, Leopold Jessner und Jür-

14 Vgl. Scholtis: Ein Herr aus Bolatitz (wie Anm. 11), S. 294.

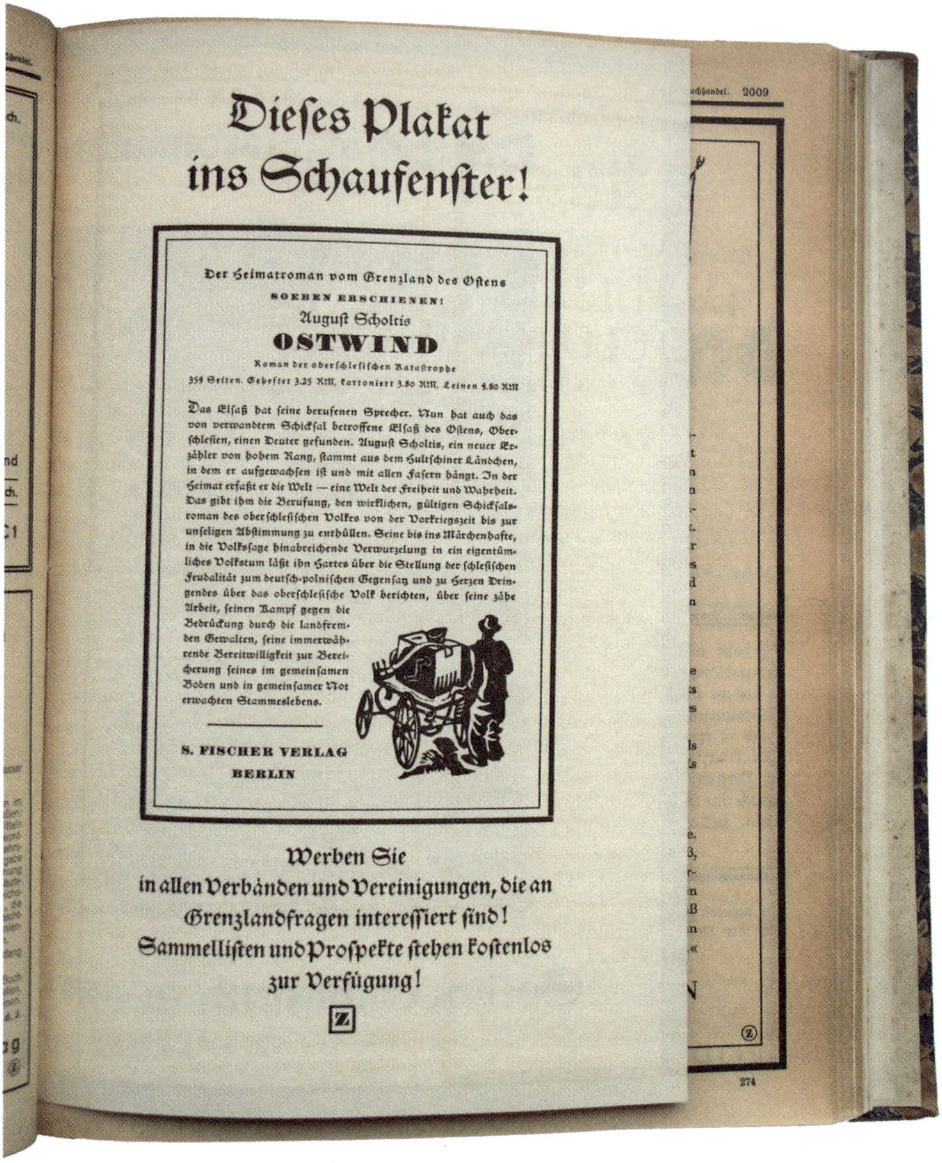

Abb. 2 und 3: Börsenblatt des Deutschen Buchhandels, 23. April 1932.
Fotos: Martin Hollender.

gen Fehling erlebte. Im Herbst 1931 stand Scholtis dann für die Dauer eines Monats leihweise eine Schreibmaschine zur Verfügung – und innerhalb von drei Wochen war das Typoskript seines ersten Romans entstanden. Die Verlage S. Fischer, Rowohlt und Gustav Kiepenheuer erhielten zeitgleich Ausfertigungen des *Ostwinds* mit der

Bitte um Prüfung. Bereits nach einer Woche wurde Scholtis mit dem aus dem oberschlesischen Gleiwitz gebürtigen Geschäftsführer des S. Fischer-Verlags, Gottfried Bermann-Fischer, handelseinig. Zwar erhielt Scholtis sogleich 200 Mark Vorschuss auf das noch ungedruckte Buch, doch noch immer bezog er seine Kleidungsstücke vom Wohlfahrtsamt.

Für die Entstehungsgeschichte des *Ostwinds* empfiehlt sich eine Durchsicht des Zentralorgans der deutschen Buchwelt, des *Börsenblatts für den Deutschen Buchhandel* mit seinem umfangreichen Annoncenteil. Erstmals beworben wurde der „Roman der oberschlesischen Katastrophe" am 15. März 1932 mit einer ganzseitigen Anzeige – für einen Novizen auf dem literarischen Markt, wie es August Scholtis einer war, bedeutete diese kostspielige Ankündigung des Verlags, zumal in Zeiten der wirtschaftlichen Depression, das augenblickliche Emporkommen aus der Anonymität. In seinen Erinnerungen nimmt Scholtis auf diese und andere Werbemaßnahmen des Verlags Bezug: „Dankenswert möchte ich immer wieder ausdrücklich betonen, welch großartige und kostspielige Reklame Dr. Bermann für meinen Erstling einleitete, im ausgesprochenen Glauben, dass er ähnlich einschlagen werde wie andere Erfolgsromane."[15] – Doch es sollte noch besser kommen. Nachdem das Buch am 24. März erstmals als ‚lieferbar' gemeldet wurde,[16] ließ der S. Fischer-Verlag dem *Börsenblatt* vom 23. April 1932 ein Plakat im Format 37 x 30 cm beifügen, in dun-

15 Scholtis: Ein Herr aus Bolatitz (wie Anm. 11), S. 303.

16 Vgl. Die gangbaren Bücher. Neuaufnahmen der Barsortimente Koehler & Volckmar, Koch, Neff & Oetinger, März 1932. In: Börsenblatt für den Deutschen Buchhandel, Nr. 71, 24. März 1932, S. 1506.

kelbraun auf schweres Papier gedruckt.[17] Mit der Aufforderung „Dieses Plakat ins Schaufenster!" und dem Ratschlag „Werben Sie in allen Verbänden und Vereinigungen, die an Grenzlandfragen interessiert sind" wurden die Buchhändler ermuntert, den *Ostwind* aktiv zu propagieren. Der Werbetext des Verlags entbehrt nicht einer gewissen ‚völkischen' Note und sollte womöglich zumindest ansatzweise ein zwischenzeitlich entfallenes Vorwort des schon in jenen Jahren als völkisch bekannten Germanisten Josef Nadler[18] kompensieren:

> „Das Elsaß hat seine berufenen Sprecher. Nun hat auch das von verwandtem Schicksal betroffene Elsaß des Ostens, Oberschlesien, einen Deuter gefunden. August Scholtis, ein neuer Erzähler von hohem Rang, stammt aus dem Hultschiner Ländchen, in dem er aufgewachsen ist und [an dem er] mit allen Fasern hängt. In der Heimat erfaßt er die Welt – eine Welt der Freiheit und Wahrheit. Das gibt ihm die Berufung, den wirklichen, gültigen Schicksalsroman des oberschlesischen Volkes von der Vorkriegszeit bis zur unseligen Abstimmung zu enthüllen. Seine bis ins Märchenhafte, in die Volkssage hinabreichende Verwurzelung in ein eigentümliches Volkstum läßt ihn Hartes über die Stellung der schlesischen Feudalität zum deutsch-polnischen Gegensatz und zu Herzen Dringendes über das oberschlesische Volk berichten, über seine zähe Arbeit, seinen Kampf gegen die Bedrückung durch die landfremden Gewalten, seine immerwährende Bereitwilligkeit zur Bereicherung seines im gemeinsamen Boden und in gemeinsamer Not erwachten Stammeslebens."[19]

---

17 Derlei Werbeträger auf hochwertigerem Papier oder im zweifarbigen Druck waren keine unbedingte Rarität, wurden dem täglich erscheinenden Börsenblatt jedoch auch nicht häufiger als allenfalls einmal wöchentlich beigelegt.

18 Der Scholtis-Forschung bislang unbekannt war der Umstand, dass noch gut eine Woche, bevor das Buch dann als ‚lieferbar' bezeichnet wurde, die Rede von einem Vorwort Josef Nadlers war. Wir wissen nicht, auf wessen Veranlassung der *Ostwind* mit einer Einführung Nadlers ausgestattet werden sollte; da Nadler in jenen Jahren jedoch in Königsberg lehrte, ist es als unwahrscheinlich anzusehen, dass Scholtis persönlichen Kontakt zu Nadler besaß, der die Übernahme des Textes hätte erleichtern können. Plausibler ist es, an eine Initiative des S. Fischer-Verlags zu denken, die jedoch augenscheinlich in buchstäblich letzter Minute von unbekannter Seite unterbunden wurde oder schlicht nicht zustande kam: das Buch erschien jedenfalls ohne jedes einführende Wort. In seiner Autobiographie geht Scholtis auf das gescheiterte Vorwort Nadlers, warum auch immer, mit keinem Wort ein; sicherlich nicht zuletzt deshalb, weil sich Scholtis – je älter er wurde, desto vehementer – gerne als resoluten Kämpfer gegen den Nationalsozialismus bereits in den Monaten und Jahren vor 1933 in Szene setzte. Eine allzu enge Fühlungnahme ausgerechnet mit Josef Nadler wäre diesem Selbstbild abträglich gewesen (Die Ankündigung Nadlers findet sich im Börsenblatt für den deutschen Buchhandel, Nr. 63, 15. März 1932, S. 1310). – Die Verwirrung um das Vorwort zum *Ostwind* wird freilich noch durch den Umstand gesteigert, dass hierfür ursprünglich ein Literat aus dem ganz entgegengesetzten politischen Lager auserkoren war. Das Manuskript war just vom S. Fischer Verlag erworben worden, als Scholtis' väterlicher Freund, der Oppelner Schulrektor Karl Sczodrok – ihm lag der Roman bereits vor – den *Ostwind* Monate noch vor Drucklegung, wohl im November/Dezember 1931 porträtierte und ankündigte, Arnold Zweig (der aus Glogau in Niederschlesien stammende Sozialist) werde das Vorwort verfassen (Karl Sczodrok: Dichter schaffen für Oberschlesien. Über drei neue, bisher unveröffentlichte Grenzlandromane: Willibald Köhler, „Grenzland Südost" – Leo Rinke, „Mainkas Acker" – August Scholtis, „Ostwind". In: Der Oberschlesier14 [1932], H. 1, S. 15).

19 Börsenblatt für den deutschen Buchhandel, Nr. 94, 23. April 1932, zwischen S. 2008 und 2009.

Dem Debütanten in der literarischen Welt war es gelungen, seinen *Ostwind* in jenen Verlag zu lancieren, in dem in diesen Jahren auch die Avantgarde – Thomas Mann und Arthur Schnitzler, Hermann Hesse, Gerhart Hauptmann und Alfred Kerr, George Bernard Shaw, Alfred Döblin, Joseph Conrad und Hugo von Hofmannsthal – verlegt wurde. Von heute auf morgen war Scholtis ein gemachter Mann. Der Roman erfuhr alsbald ein unüblich breites Presseecho,[20] denn er wurde nicht allein – was als selbstverständlich zu erwarten war – in den oberschlesischen Periodika besprochen,[21] sondern auch in den großen Literaturblättern,[22] in renommierten politisch-kulturellen Zeitschriften[23] und in den großen Berliner und überregional verbreiteten Tageszeitungen. Letztere waren der Scholtis-Forschung bislang ganz unbekannt, da sie nur an einer einzigen und überdies recht entlegenen (und wohl deshalb auch Vitt augenscheinlich nicht geläufigen) Stelle bibliographisch verzeichnet sind: in der monatlichen Besprechungsumschau *Echo der Zeitungen* bzw. *Echo der Zeitschriften* nämlich, einer Rubrik in Ernst Heilborns Monatsschrift für Literaturfreunde namens *Die Literatur*. Der einflussreiche Herbert Jhering besprach den *Ostwind* im *Berliner Börsen-Courier*, Hermann Sinsheimer im *Berliner Tageblatt*; der damalige Freund Scholtis', der aus Oppeln stammende Alfons Hayduk, stellte das Buch in der *Deutschen Allgemeinen Zeitung* vor; Georg Foerster schließlich im *Tag*.[24] So diffizil sich die Recherche nach derlei rezeptionsgeschichtlich hoch bedeutendem Kleinschrifttum in der Tagespresse darstellt, so umständlich ist zugleich noch immer die Benutzung der Tagespresse in den Bibliotheken. Die Originalbände sind in nur wenigen Bibliotheken überhaupt vorhanden; und wer sie besitzt, stellt die Foliobände mit ihrem häufig säuregeschädigten, zerbröselnden Papier nicht für den auswärtigen Leihverkehr (‚Fernleihe') zur Verfügung. Wer also darauf angewiesen ist, ganze Wochen oder Monate einer Zeitung durchzublättern, dem bleiben,

---

20 Noch dreißig Jahre später erinnerte sich Scholtis gerne an diese Monate zurück: „Das ungewöhnlich starke, zustimmende Echo der Pressekritik nährte meine Eitelkeiten, ich stand im Mittelpunkt eines neugierigen Wirbels, wie er bei neuentdeckten, jungen Autoren üblich ist und wohl immer üblich bleiben wird." (Scholtis: Ein Herr aus Bolatitz [Anm. 11], S. 304f.).

21 Vitt weist die Besprechungen in *Der Oberschlesier* (Karl Sczodrok, Josef Nadler [!], Friedrich Mukkermann), in *Oberschlesien* und den *Schlesischen Monatsheften* nach (S. 293).

22 Vitt (ebd.) nennt hier *Die Literatur* und *Die Neue Literatur*; die Besprechung von Wolfgang von Einsiedel in der Dresdner *Kolonne. Zeitschrift für Dichtung* 3 (1932), H. 3, S. 45–46 fehlt in seiner Bibliographie.

23 Vitt waren leider allein die Rezensionen in den *Preußischen Jahrbüchern* und in der *Europäischen Revue* bekannt. Der Forschung (hier seien vor allem Gertrude Cepl-Kaufmann und Antje Johanning mit ihrem Aufsatz über August Scholtis und René Schickele in dem in Anm. 1 genannten Tagungsband genannt) bislang unbekannt blieb somit leider auch René Schickeles vier Druckseiten umfassende Besprechung des *Ostwinds* in der linken Kulturzeitschrift *Das Tage-Buch*. In dem östlich der Oder gelegenen Teil Schlesiens, so präsentiert Schickele der Leserschaft den *Ostwind*, herrsche laut Scholtis auch derzeit noch „feudales Mittelalter". Bauern und Kumpel würden zerrieben zwischen deutschen Montanmagnaten und polnischen Agitatoren. „Nimmt er [Scholtis] Partei?" fragt Schickele und antwortet: „Ja, für die Unschuld seiner Landsleute." (Das Tage-Buch 13 (1932), H. 31, 30. Juli 1932, S. 1194–1197).

24 Vgl. Berliner Börsen-Courier Nr. 230/1932; Berliner Tageblatt Nr. 234/1932; Unterhaltungsblatt Nr. 239/1932 der Deutschen Allgemeinen Zeitung; Unterhaltungsrundschau Nr. 178 des Tags.

nicht anders als vor Jahrzehnten und Jahrhunderten, auch im zweiten Jahrzehnt des 21. Jahrhunderts ‚Bibliotheksreisen' nicht in allen Fällen erspart. Nun wurden freilich zahlreiche Tageszeitungen, vor allem solche in konservatorisch bereits bedenklichem Zustand, verfilmt. Die Kopien dieser Sicherheitskopien werden durchaus im Rahmen der Fernleihe auch in die Lesesäle anderer Bibliotheken verliehen, wo sie an Lesegeräten benutzt werden können. Doch ist auch diese Form der Zeitungsdurchsicht unbeliebt, ja: lästig, denn sie ist anstrengend und zeitraubend. An den meisten Lesegeräten ist die Schrift zu klein, wenn man die gesamte Zeitungsseite überblicken will. Das Hin- und Herschieben jeder Seite, die man doppelt so groß auf dem Bildschirm anzeigen lassen möchte, ist mühselig und fehleranfällig. Und da von unvollständig überlieferten Papierausgaben stets auch nur unvollständige Mikrofilme gefertigt werden können, ist auch das Surrogat nicht davor gefeit, just jene Ausgaben vermissen zu lassen, die der Benutzer wie die gern zitierte Stecknadel im Heuhaufen sucht. Wenn also – wie im Falle der Scholtis-Personalbibliographie von Vitt – in Bibliographien manche Beiträge in der Tagespresse nur unvollkommen nachgewiesen sind, so sind die Ursachen einleuchtend, mitunter sogar zwingend.

All jene Misslichkeiten zu überwinden, nahm sich die Datenbankversion der *Vossischen Zeitung* vor, bündelt sie doch – wenn freilich auch nur für die wenigen Jahre von 1918 bis 1934 – die jeweils lückenhaften Bestände mehrerer Bibliotheken und schafft somit retrospektiv eine virtuell vollständige Ausgabe. Die Ergebnislosigkeit der händischen Suche an Folianten und Mikrofilmlesegeräten ist seither, zumindest für die wenigen Jahre dieses einen unter so vielen historischen Blättern, erfreulicherweise passé. Und in der Tat gestaltet sich die Suche nach Beiträgen von und über Scholtis und sein Frühwerk denkbar einfach und zudem unerwartet ergebnisträchtig. Denn nicht einmal das *Echo der Zeitungen* in der *Literatur* vermerkt die Besprechung des *Ostwinds* durch Peter Suhrkamp in der Sonntagsausgabe der *Vossischen Zeitung* vom 15. Mai 1932. Suhrkamp hatte seit 1929 in der Zeitschriftenredaktion des Ullstein-Verlags gearbeitet und dort die humoristische Unterhaltungsillustrierte *Uhu* verantwortet, bevor er 1932 die Leitung der bei S. Fischer verlegten Literaturzeitschrift *Neue Rundschau* übernahm.[25] Wenn Suhrkamp also in der *Vossischen Zeitung* den *Ostwind* besprach, so setzte er sich mit einem in derselben ‚Verlegerfamilie' erschienenen Buch auseinander. In aller Regel sind unkritische Gefälligkeitsrezensionen zu erwarten; Suhrkamp aber widersetzt sich dieser Erwartungshaltung und kratzt der ‚Krähe Scholtis' wenn auch nicht ein Auge aus, so aber doch empfindlich am Lack des literarischen ‚Wunderkindes' aus Oberschlesien:

„‚Ostwind'. Ein neuer Mann: August Scholtis

Die Bedeutung dieses seltenen ‚Romans der oberschlesischen Katastrophe' liegt in drei Dingen. In einer vorliterarischen, volksmäßigen Kunstform; in der ausschließlichen Darstellung von lebenden Menschen, die der Erzähler kennt: Dingen, die wirklich geschehen sind und Verhältnissen, in denen der Erzähler selbst drinsteckte, also menschlich, um

25 Vgl. Siegfried Unseld unter Mitwirkung von Helene Ritzerfeld: Peter Suhrkamp. Zur Biographie eines Verlegers in Daten, Dokumenten und Bildern,. Frankfurt am Main 1991, S. 73ff.

nicht zu sagen privat erlebte; in einer privaten Tapferkeit. Seine Schwächen sind: alles Politische; romantischer Lyrismus stellenweise; der Versuch zu einer Romanform.

‚Ostwind' ist kein Roman, sondern Erzähltes. Das ist ein frühes Genre, das selten ist, seit es eine Romanliteratur gibt. Das Epische in dieser Form ist noch der Ballade und dem Epos sehr benachbart. Die naive Freude am Sprachklang und am Bildhaften spielt noch eine größere Rolle als das Begriffliche, und der Sprachrhythmus ist noch landschaftlich bedingt. Erzähltes ist für uns Literatur-Gewohnte längst Ungewohntes.

Zuerst habe ich das Buch, das bei S. Fischer erschienen ist, einmal von vorn bis hinten durchgelesen. Nicht ‚auf einen Sitz' , was man ja in solchen Fällen liebenswürdig zu versichern pflegt, nein, eine Woche hat es sicher gedauert. Es war unmöglich, viel hintereinander zu lesen. Die Sprache lief dann leer und schien manieriert. Bei aller Knappheit wirkt sie nach einiger Zeit geschwätzig und durch eine Überfülle von Bildhaftigkeit unplastisch. Ein Städter, ein Mensch, der nicht gewohnt ist, viel im Freien zu sein, wird auch durch viel frische Luft zunächst betäubt. Ähnlich liegt der Fall bei diesem Buche. Es hat, wenn man das sagen darf, keine Stadtsprache, sondern eine Landsprache, eine gemeine Volkssprache, eine schrotige Sprache. Den Tonfall verwandte Hašek für die Komik seines redseligen, in seinen Gedanken noch geschwätzigen Schwejk. Scholtis gebraucht ihn für knappe, anekdotische Szenen. Nach einiger Zeit hat man nur noch eine Litanei im Ohr und liest über vieles hinweg. Als ich einmal ausgelesen hatte, suchte ich bestimmte kleine Geschichten wieder, die ich mir gemerkt hatte, um sie noch einmal zu lesen; so habe ich das Buch ein zweites Mal gelesen: immer noch eine kleine Geschichte.

Es besteht aus erzählten Anekdoten, Episoden und kleinen Geschichten, die für sich wunderbar sind. Das Beste ist, daß das Erzählte nicht unter Dach und Fach gebracht wurde, sondern gleichsam unter freiem Himmel geblieben ist. Das ist das Gute, das Einzigartige: lauter Erzähltes, das sozusagen an der offenen Landstraße liegt. Kaczmarek ist nur eine Figur, um die meisten Geschichten zu binden. An seinen Lumpensammlerwegen liegen die Orte, die Landstädte, die Wälder, das freie Land, die Schlösser und die Gruben, liegt Oberschlesien.

Die Geschichten handeln alle von bestimmten Leuten in Oberschlesien. Sie enthalten Tatsachen und vieles, was nichts mit den Tatbeständen zu tun hat, was nur erzählerischer oder anekdotischer Schmuck ist und anderes, was nur das Lokalkolorit gibt. Sie klingen gut (das ist wichtig). Und sie sagen anekdotisch, in Gleichnissen und auch direkt etwas Bestimmtes über die Leute und über die Dinge. Sie enthalten die Moral von Scholtis, seine politischen Anschauungen, seine Kulturphilosophie. In ihnen kämpft Scholtis gegen Leute und gegen Zustände. Seine Position ist nicht politisch, sondern romantisch, leidenschaftlich, tapfer, weltfremd – und das alles privat. Das Persönliche, der private Einsatz darin ist das Wichtige. Da es dabei natürlich nicht objektiv zugehen kann, werden die angegriffenen Personen und die Vertreter der angegriffenen Institutionen sich wütend wehren. So war es immer, wenn ein literarisches Werk im Realen wurzelte, wenn es einen Zweck hatte, wenn es nicht der Wirkung wegen gemacht wurde, sondern für etwas wirken wollte, wenn es der Leidenschaft für eine edelste Sache entsprang und einer reinen, weltfremden innigen Sehnsucht.

Im ‚Ostwind' geht es zunächst um die Sache einer Provinz. Tiefer gesehen ist das Problem der Grenzkampf zwischen zwei Kulturen. Die Menschen darin haben zweifach zu leiden: unter den Verwaltungsinstanzen der zwei Zivilisationen und unter dem Riß, der durch sie selbst geht: zwischen ihrer östlichen Mentalität und ihrer intelligiblen Neigung zur Kultur des Westens: des Denkens und der Harmonie. Immer wieder stoßen sie auf die Tatsachen, daß die ‚Musik der östlichen Erde' ertrinkt ‚im goldenen Fluß'.[26]

Scholtis wird, schätze ich, kaum je einen Roman schreiben. Er wird aber nie aufhören, Oberschlesisches zu erzählen. Und sein Erzähltes wird immer sein Krieg mit seinen Landsleuten sein, den er für den Grenzmenschen führt."[27]

Suhrkamps Rezension trifft *pars pro toto* die zentrale Aussage zahlreicher Kritiker: man mag den *Ostwind* allenfalls zwiespältig anerkennen, weil das Buch beträchtliche literarische Defizite aufweise und man die politische Tendenz für fragwürdig erachten könne – doch fast unisono wurde aufhorchend konstatiert, dass mit August Scholtis eine neue, noch ungestüme und vielleicht auch niemals restlos formbare Stimme des schlesischen Ostens auf den Markt getreten war. Scholtis wiederum erkannte das, modern formuliert, ‚Alleinstellungsmerkmal' seines *Ostwinds*, mit dem er gegen die quantitativ – und häufig auch qualitativ – unübersehbar große Konkurrenz womöglich würde punkten können. Berlin, so Marek Zybura sehr zu Recht, habe Scholtis schließlich „in erster Linie nicht als politischer, sondern als literarischer Magnet" angezogen. „Dahin pilgerten, gleichsam nach einem Literatur-Mekka, während der ganzen zwanziger Jahre sowohl renommierte Autoren als auch Möchte-gern-Literaten aller Couleurs aus dem gesamten deutschsprachigen Raum". In Berlin habe Scholtis das einzige Kapital investiert, über das er verfügt habe: „das geschärfte Bewußtsein für die Traditionen und Probleme seiner Heimat sowie die eigene Biographie und deren Hintergrund".[28] Scholtis wusste zudem nur zu gut um seinen damals noch recht begrenzten intellektuellen Radius. Wollte er seine literarische Produktion fortsetzen, blieb ihm vorerst kaum anderes übrig, als sich auf seine einzige Kompetenz, das Oberschlesische, zu versteifen. In seinen Memoiren räumt er ein: „Auch machten mir meine Bildungslücken ungeheuer zu schaffen, so aus dem Handgelenk konnte ich ein zweites Buch nicht fabrizieren."[29] Der ‚angry young man' wechselte also nicht das Metier, um seine Bandbreite zu demonstrieren (die er gar nicht besaß), vielmehr forcierte er die Regionalprosa und besetzte mit der Fixie-

26 Suhrkamp zitiert hier die in den *Ostwind* eingewobene *Parabel von der östlichen Erde*, ein pazifistisches Märchen von der durch Leichtsinn und Lethargie bewirkten Zerstörung Schlesiens. Das Gleichnis endet mit den Worten: „Die Musik der östlichen Erde ist ertrunken im goldenen Fluß" (August Scholtis: Ostwind. Ein schlesischer Schelmenroman. München 1986, S. 184–188).

27 Vossische Zeitung, Beilage Literarische Umschau, Nr. 20, So., 15. Mai 1932. – Bezeichnenderweise fehlt, analog zur Vitt'schen Bibliographie der *Ostwind*-Rezensionen, die Besprechung Suhrkamps auch in der Personalbibliographie Suhrkamps. Auch die Bearbeiter dieser Zusammenstellung der Schriften Suhrkamps wussten dunkel um die Desiderate in ihrer Arbeit, wenn sie abschließend vermerken: „Die Bibliographie weist mehr Titel von Peter Suhrkamp nach als die bisher veröffentlichten Schriftenverzeichnisse, sie erhebt aber keinen Anspruch auf Vollständigkeit. So dürfen mindestens in den Oldenburger ‚Nachrichten für Stadt und Land' vor dem ersten Weltkrieg und in der ‚Vossischen Zeitung' um 1930 aufgrund von Suhrkamps eigenen Angaben noch Texte von ihm zu finden sein." (Dirk Grathoff (Hg.): Peter Suhrkamp (1891–1959). Vom Bauernsohn aus Kirchhatten zum Frankfurter Verleger. Eine Ausstellung zum 100. Geburtstag am 28. März. Redaktion und Bearbeitung: Eva Schreiber. Oldenburg 1991, S. 72).

28 Zybura: Scholtis (wie Anm. 1), S. 14f.

29 Scholtis, Ein Herr aus Bolatitz (wie Anm. 11), S. 305.

rung auf das Landsmannschaftliche eine wie für ihn geschaffene Nische. Scholtis betrieb an sich selbst, was man heute als Markenbildungsprozess bezeichnen würde: die Schaffung eines Literatenprofils, einer im Idealfall unverwechselbaren Identität.[30]

Nachdem Scholtis bereits im März 1932, also wenige Tage vor dem Erscheinen des *Ostwinds*, in Paul Fechters *Deutscher Allgemeiner Zeitung* ein politisches Feuilleton über das Schicksal seiner schlesisch-tschechischen Heimat, des sog. Hultschiner Ländchens, hatte absetzen können,[31] gelang es ihm zwölf Wochen später, in der *Vossischen Zeitung* eine Erzählung – wiederum mit schlesischer Thematik – zu publizieren. Augenscheinlich nutzte Scholtis diese Erzählung dazu, seine Rolle als typisch schlesischer Schriftsteller zu forcieren und seine eigene Attraktivität als thematisch bestens ausgewiesener ‚Lohnschreiber' zu steigern. Die geschilderte Handlung ist eher karg, sie lebt allein durch die starke Betonung des landsmannschaftlichen Lokalkolorits, gleichsam durch eine „Silesianisierung". Worum es in der autobiographischen Kurzgeschichte *Mechtilda* geht, ist nämlich rasch erzählt – und dreißig Jahre später beweist Scholtis, welch weniger Worte es bedarf, um dasselbe Sujet zu schildern. Dort heißt es:

> „Meine einzige Schwester Mechtilda, die einen Buckel hatte, starb nach dem ersten Weltkrieg mit ähnlich tuberkulösen Merkmalen, denen auch Mutter zum Opfer fiel. Mechtilda teilte mit Richard bis zuletzt das Bett, sie starb lautlos und unbemerkt. [...] Wegen dieser Überanstrengungen ist sie [Scholtis' Mutter] im Alter von zweiundvierzig Jahren an Tuberkulose, unserer Nationalkrankheit, vorzeitig gestorben. [...] Als sie auf den Tod erkrankte und ich darauf drängte, einen Arzt zu holen, lehnte sie diese Hilfe ab. Weil sie nur ein dürftiges Hemd auf dem Leibe hätte. – Und das angesichts teuerster Tücher in der vollen Truhe!"[32]

30 Die weiteren Publikationen Scholtis' aus dem Jahr 1932 stützen diese These, dass sich Scholtis sehr freiwillig in die Rolle des ‚Schlesiers' einfügte, ja: drängte. Am 9. August 1932 erschien von ihm im sozialdemokratischen *Vorwärts* ‚Dem Antek sin Jackett', eine „Oberschlesische Groteske vom Bruderkrieg am Annaberg"; in der Septemberausgabe der Kulturzeitschrift *Querschnitt* (sie erschien im Propyläen-Verlag, einem Imprint des Ullstein-Verlags) wurde Scholtis' autobiographische Skizze *Vom Schreiber [beim oberschlesischen Diplomaten Karl Max Fürsten von Lichnowsky] zum Schriftsteller* publiziert (und am 7. September in der *Vossischen Zeitung* nachgedruckt); im November 1932 schließlich beteiligte er sich – zu dessen 70. Geburtstag – mit einer leicht schwülstigen schlesischen Eloge an einem Gerhart-Hauptmann-Heft der *Neuen Rundschau*.

31 Das Hultschiner Ländchen. In: Deutsche Allgemeine Zeitung, Nr. 123, 13. März 1932. – Der Landstrich, etwa 70 Kilometer südöstlich von Gleiwitz gelegen, fiel 1742 an Preußen. Bis 1919 gehörte das Hultschiner Ländchen mit seiner ‚Hauptstadt' und Scholtis' Geburtsort Bolatitz zum Kreis Ratibor im Regierungsbezirk Oppeln. Der Versailler Vertrag sah den Verzicht des Deutschen Reiches auf das 286 km² umfassende Gebiet vor, woraufhin im Februar 1920 tschechoslowakische Truppen das Hultschiner Ländchen – dessen Bevölkerung sich zu mehr als 90 Prozent für ein Verbleiben im Deutschen Reich aussprach – besetzten. Empört über die Geringschätzung, die die neuen Landesherren den ethnischen Problemen entgegenbrachten, rühmt Scholtis beinahe hymnisch seine Landsleute, einen Menschenschlag, der „nach 180jähriger preußischer Schule die deutsche Kultur- und Spracherziehung nicht so mir nichts dir nichts entbehren will, vielmehr hartnäckig und erbittert darum kämpft, wo es dem unseligen Versailler Vertrag gegen seinen Willen geopfert wird. Es muß doch etwas Großes sein um die deutsche Kultur – angesichts dieses heroischen Opfermuts, mit dem sich Menschen unter Einsatz nacktesten Lebens daran klammern."

32 Scholtis, Ein Herr aus Bolatitz (wie Anm. 11), S. 82 u. 59.

Doch als Ende der fünfziger Jahre diese eher nüchterne Beschreibung der Lebensverhältnisse im bäuerlichen Bolatitz entstand, positionierte sich Scholtis bereits als über allen politisch-ideologisch und landsmannschaftlichen Wassern schwebend, als abgeklärter Europäer. 1932 setzte er noch alles auf die schlesische Karte und tränkt die literarisierte Erinnerung an den Tod zunächst der Schwester, dann auch den der Mutter mit einigen sprachlichen Regionalismen aus dem schlesisch-mährischen, also deutsch-polnisch-tschechoslowakischen Dreiländereck, derer es eigentlich gar nicht bedurft hätte. Spät abends, so Scholtis, aß seine Familie dampfende Kartoffeln mit landestypischer „Schlickermilch“[33]; und wenn die Mutter das Schicksal einer Almosenempfängerin beklagte, so seufzte sie nicht etwa „die arme Filomena“, sondern mährisch „Uboha Filomena“[34]. Der Diminutiv des Ausrufs „Mechtilda!“ lautet „Mechtildetschka!“ und jene Mechtilda trägt nicht etwa eine Hausjacke, sondern – eher dem jüdisch-galizischen Kulturkreis entstammend – eine „blutrote ‚Kazabaika‘.“ Was noch fehlt in der bunt sprachethnischen Ausstaffierung des Hultschiner Ländchens, ist ein Polonicum, doch auch hieran hat Scholtis gedacht. Nicht etwa ein selbstgeschnitztes Flugzeug schenkt er seiner Schwester, sondern – polnisch für ‚Flugzeug‘ – „einen selbstgeschnitzten Aeroplan“.

Scholtis malt in der *Vossischen Zeitung* ein beklemmendes Bild von der Rückständigkeit seines elterlichen Hauses, in dem sechs Menschen sich des Nachts drei Betten teilten, nicht ohne gleich zweifach („ich bin ja ein feiner Herr geworden“) darauf hinzuweisen, dass ihm der soziale Aufstieg (vermeintlich) gelungen sei. Für seine strategischen Planungen, in Berlin als Romancier und Erzähler Fuß zu fassen, sind aber vor allem die in literarischer Hinsicht eher unnötigen dialektalen Einsprengsel, die kaum ein Leser der *Vossischen Zeitung* diesseits des Hultschiner Ländchens in toto begriffen haben dürfte, von Bedeutung. Es handelt sich um bewusst gewählte Exotismen, mit denen Scholtis sich und seinem Werk das Kolorit entferntester oberschlesischer Provinz verleihen wollte.

In diesem Kontext wollen wir uns nun dem zweiten bislang unbekannten Beitrag August Scholtis' in der *Vossischen Zeitung* der Jahre 1932/33 nähern. Ihm vorausgegangen war zunächst eine sich abzeichnende politisch motivierte Amtsenthebung und anschließend ein umfangreicher Leitartikel des Pfarrers Ernst Moering, gleichfalls in der *Vossischen*.

Infolge der Reichsexekution gegen Preußen, des staatsstreichartigen ‚Preußenschlages‘ [35] vom 20. Juli 1932, waren der preußische Ministerpräsident Otto Braun

---

33 „sauer gewordene Milch, besonders aber Buttermilch“ (Walther Mitzka: Schlesisches Wörterbuch. Band III. Berlin 1965, S. 1211.

34 Aus dem Tschechischen; ubohý = arm, armselig, bemitleidenswert, elend, erbärmlich; vgl. etwa ubohá sestra = Arme Schwester.

35 Zum „Preußenschlag“ grundlegend Jürgen Bay: Der Preußenkonflikt 1932/33. Ein Kapitel aus der Verfassungsgeschichte der Weimarer Republik, Diss. jur. Erlangen–Nürnberg 1967, v.a. S. 154–159; Ludwig Biewer: Der Preußenschlag vom 20. Juli 1932. Ursachen, Ereignisse, Folgen und Wertung. In: Blätter für deutsche Landesgeschichte 119 (1983), S. 159–172; Irene Strenge: Machtübernahme 1933 – alles auf legalem Weg?, Berlin 2002, S. 53–62; dies.: Kurt von Schleicher. Politik im Reichswehrministerium am Ende der Weimarer Republik. Berlin 2006, S.

und sein Innenminister Severing, beide Sozialdemokraten, ihrer Ämter enthoben worden; Reichskanzler Franz von Papen fungierte nun zusätzlich als Reichskommissar in Preußen. Die Reichsregierung Papen, das ‚Kabinett der Barone' , bestand ausschließlich aus „Hardliner[n] des Konservatismus und Deutschnationalismus" und setzte im Herbst 1932 eine „große Säuberung im preußischen Verwaltungs- und Polizeiapparat" durch. Zahlreiche politische Beamte, die der Sozialdemokratie und dem Zentrum angehörten, „verloren ihre Posten und wurden durch verlässlich ‚national eingestellte' Republikfeinde ersetzt […]."[36] Zu den zahlreichen Staatssekretären, Ministerialdirektoren, Ober- und Regierungspräsidenten, Polizeipräsidenten und Landräten (sowie deren jeweiligen Vertretern)[37], deren Amtsenthebung in jenen Wochen vorbereitet wurde, zählte auch der Zentrumspolitiker Peter Fischer, Regierungsvizepräsident des Regierungsbezirkes Oppeln.[38] Er sollte ausgetauscht werden gegen den bisherigen Verkehrsdezernenten im niederschlesischen Liegnitz, Max Engelbrecht, einen Protestanten, der solchermaßen nationalistisch ausgerichtet war, dass er bereits am 1. Dezember 1932 der NSDAP beitrat. Gegen Fischers drohende Entmachtung bezog am 22. Dezember 1932 ein umfangreicher und auf den Seiten 1 und 2 prominent platzierter Leitartikel der *Vossischen Zeitung* Stellung. Sein Verfasser Ernst Moering erhebt scharfen Protest gegen die sich abzeichnende Kaltstellung des Katholiken Fischer; und dies obwohl Moering, der Fischer so vehement verteidigt, „aus seinem ausgesprochenen Protestantismus keinen Hehl macht".[39]

Moering geht es weder um Fischer noch um den designierten neuen Regierungsvizepräsidenten Engelbrecht persönlich, sondern allein um die Konsequenzen des

---

117–126 (Zeitgeschichtliche Forschungen 29); Ein Staatsstreich? Die Reichsexekution gegen Preußen („Preußenschlag") vom 20. Juli 1932 und die Folgen. Darstellungen und Dokumente, Berlin 2007 (darin die Beiträge von Eberhard Kolb und Rudolf Morsey).

36 Franz Walter: „Preußenschlag" vom 20. Juli 1932, in ders.: Vom Milieu zum Parteienstaat. Lebenswelten, Leitfiguren und Politik im historischen Wandel, Wiesbaden 2010, S. 98–103, hier S. 101f. Vgl. auch die ähnliche Einschätzung: „Die Säuberungswelle nach dem ‚Preußen-Schlag' machte mit der Einsetzung dieser konservativ-autoritär gesinnten Beamten innerhalb weniger Wochen die mühseligen Republikanisierungsmaßnahmen der demokratischen Parteien weitgehend zunichte" (Hedwig Schrulle: Verwaltung in Diktatur und Demokratie. Die Bezirksregierungen Münster und Minden/Detmold von 1930 bis 1960. Paderborn u. a. 2008, S. 644 [Forschungen zur Regionalgeschichte 60]).

37 Henning Grund: „Preußenschlag" und Staatsgerichtshof im Jahre 1932. Baden-Baden 1976, S. 74 (Studien und Materialien zur Verfassungsgerichtsbarkeit 5).

38 Fischer war Vertreter des Zentrumspolitikers (und folglich katholischen) Dr. Hans Lukaschek, der in Personalunion auch Oberpräsident der preußischen Provinz Oberschlesien war. Fischer, geboren 1883 in Jülich, zwischen Mönchengladbach und Aachen gelegen, studierte Rechtswissenschaften und war als Landrat von Jülich tätig, bevor er sich Mitte der zwanziger Jahre nach Oppeln verbesserte. Zur Biographie vgl. die Homepage seines Jülicher Gymnasiums: www.gymzit.de/archiv/geschichtliches/lebensbilder/fischer/.

39 Ernst Moering: Oberschlesien. Eine Warnung. In: Vossische Zeitung, Nr. 611, Do., 22. Dez. 1932, Morgen-Ausgabe, S. 1–2.

in seinen Augen schädlichen Revirements für Oberschlesien. Moering[40] erkennt eine gravierende „Bedrohung Oberschlesiens" durch den nie gänzlich eingedämmten polnischen Irredentismus; und die Gefahr, der Oberschlesien durch polnische Territorialansprüche ausgesetzt sei, steige, je weiter die oberschlesische Bevölkerung emotional vom Deutschen Reich entfremdet werde. Oberschlesien mit seiner – abgesehen von einigen nördlichen Landstrichen bei Kreuzburg – zu 95 Prozent katholischen Bevölkerung bedürfe, so Moering, zwingend einer Politik, die die staatspolitische Treue zum Katholizismus zur *ultima ratio* erhebe; stattdessen jedoch herrsche in Berlin eine „falsche Personalpolitik, die auf die konfessionelle Struktur des Landes keine Rücksicht nahm, sondern sie geradezu frivol mißachtete". Die leitenden Stellen in der Industrie und der Beamtenschaft seien überwiegend mit Protestanten besetzt – „und mit bewundernswertem Mangel an Takt wurde auch noch betont, daß ‚fein' und ‚evangelisch' dasselbe sei." Wer eine politische Hinwendung zumal der oberschlesischen Landbevölkerung an Polen vermeiden wolle, sei somit gut beraten, der fast gänzlich katholisch geprägten Region eine ebenso katholisch ausgerichtete politische, kulturelle und administrative Führungsebene angedeihen zu lassen. Der gegenwärtigen Regierung Papen sei indes allein daran gelegen, deutschnationalen Kräften zu Gewicht zu verhelfen und den absehbaren Schaden für Oberschlesien als deutsch-polnischen Zankapfel offenbar billigend in Kauf zu nehmen. „Herr Engelbrecht", so das Resümee Moerings, „kann der kleinen protestantischen Minderheit

40 Die Integrität Ernst Moerings (1886–1973), sein uneigennütziges Engagement also für die konfliktfreie Entwicklung Oberschlesien jenseits der hemmenden Konfessionsschranken, steht außer Frage. Seit 1915 Pfarrer an der Königin-Luise-Gedächtniskirche in Breslau, galt er rasch, wie sich Max Tau erinnerte, als begeisterungsfähig für soziale Fragen: „Es gab eine protestantische Kirche in Breslau, die immer überfüllt war, wenn Pastor Ernst Moering sprach. Er sah aus wie ein Prophet. Seine leuchtenden Augen, sein zartes Gesicht, seine beschwörenden Hände machten ihn zu einem wirklichen Apostel für das tätige Christentum. In seinen Predigten stellte er Jesus als den ersten großen Sozialisten dar. Die Menschen sollten, seinen Reden und Schriften zufolge, die Not der anderen nicht nur verstehen, sondern ihnen auch helfen." Von 1927 bis 1933 leitete Moering die Breslauer Volksbüchereien. Moering war Abgeordneter der liberalen Deutschen Demokratischen Partei (DDP) im Preußischen Landtag, somit Mitglied einer der Weimarer ‚Systemparteien'. 1933 verbrachte er einige Wochen im Konzentrationslager; bei seiner Einlieferung setzte man ihm eine Narrenkappe aus Papier auf den Kopf. Zu Moerings nur sehr verstreut beschriebenen Biographie vgl. Bornhausen: Moering. In: Die Religion in Geschichte und Gegenwart. 2. Auflage, Bd. 4. Tübingen 1930, Sp. 146f.; Max Tau: Das Land, das ich verlassen mußte. Hamburg 1961, S. 67; Johannes Langfeldt in: Handbuch des Büchereiwesens. 1. Halbband, Wiesbaden 1973, S. 774; Walter Tausk: Breslauer Tagebuch 1933–1940. Berlin 1975, S. 77; Antje Bultmann Lemke: Der unveröffentlichte Nachlaß von Rudolf Bultmann. In: Rudolf Bultmanns Werk und Wirkung. Hrsg. von Bernd Jaspert. Darmstadt 1984, S. 201; Hans Pischner: Premieren eines Lebens. Autobiographie. Berlin 1986, S. 49; Martin Evang: Rudolf Bultmann in seiner Frühzeit. Tübingen 1988, S. 67–70 (Beiträge zur historischen Theologie 74); Renate Moering: Ein unbekannter Brief Thomas Manns aus dem Jahr 1950 an einen evangelischen Pfarrer. In: Wirkendes Wort 37 (1987), H. 6, S. 359–363; Alfred Rüffler: Die Stadtbibliothek Breslau im Spiegel der Erinnerung. Sigmaringen 1997, S. 107 u. 143 (Quellen und Darstellungen zur schlesischen Geschichte 28); Arnold Freiherr v. Vietinghoff-Riesch: Letzter Herr auf Neschwitz. Ein Junker ohne Reue. Limburg a. d. Lahn 2002, S. 66 (Aus dem Deutschen Adelsarchiv, N. F. 3).

in Oberschlesien gar nichts nützen, aber seine Ernennung kann ungeheuer schaden, wenn die Regierung weiter den deutsch-nationalen Wünschen nachgibt."

In der Tat vertrat der Zentrumsmann Fischer ein dezidiert katholisches Programm.[41] Er, der kein gebürtiger Oberschlesier war, hatte sich unüblich schnell mit den Spezifika des Regierungsbezirkes Oppeln vertraut gemacht. Und obwohl Fischer in kulturpolitischen Fragen eine betont deutsche und somit antipolnische Linie vertrat, hatte er sich in den wenigen Jahren seiner Amtszeit in Oppeln gleichwohl als Mann der Versöhnung profiliert – und sich nunmehr, nach dem ‚Preußenschlag', als vermeintlicher ‚Polensympathisant' bei der politischen Rechten selbst diskreditiert und ins Abseits manövriert. Denn dem ‚Republikanischen Reichsbund' gegenüber hatte Fischer im Februar 1931 betont, man müsse die ‚fremden' (gemeint sind die polnischen) „Minderheiten so behandeln, wie wir unsere eigenen Minderheiten behandelt sehen wollen"[42] – dies ist die Ansicht eines in christlicher Verantwortung für den Mitmenschen wurzelnden Menschen, die dem Antislawismus der Frühvölkischen in der Berliner Machtzentrale konträr gegenübersteht.

Die Tage Fischers als Vizepräsident in Oppeln durften somit an der Jahreswende 1932/33 als gezählt gelten, als sich auch August Scholtis am 7. Januar auf der vierten Seite der *Vossischen Zeitung* zu Wort meldete[43] und er Moering – und damit zugleich auch Fischer – vehement verteidigte.[44] Scholtis pflichtet der Ansicht bei, die

---

41 So war ihm der ‚Heimgarten', eine katholische Begegnungs- und Bildungseinrichtung in Neisse O./S., zu „einer wirklichen Herzenssache geworden" (Ernst Laslowski: Der Heimgarten, ein Zentrum ostdeutscher Volksbildungsarbeit. In: Schlesien 3 [1958], H. 1, S. 46–52; hier S. 52); ebenso zugetan war ihm der – katholische – oberschlesische Dichter Joseph von Eichendorff. Bei den Feiern anlässlich des 75. Todestags Eichendorffs im November 1932 kündigte Fischer seine Unterstützung an, „das Eichendorffsterbehaus in Neisse zu sichern und dort später oder früher ein deutsches Eichendorffmuseum einzurichten" (Karl Sczodrok: Wie das deutsche Volk des 75. Todestages Eichendorffs gedachte. In: Aurora 4 [1934], S. 113–114).

42 phil.: Wie ist den Minderheiten zu helfen? Aussprache im Republikanischen Reichsbund. In: Vossische Zeitung, Nr. 70, Mi., 11. Feb. 1931, Morgen-Ausgabe. – Im Vorwort seines im selben Jahr erschienenen Büchleins *Das Recht und der Schutz der polnischen Minderheit in Oberschlesien* (Berlin 1931, S. 3) wurde Fischer noch deutlicher: „Meine Einstellung der Minderheit gegenüber ist von vornherein so gewesen, wie ich wünschte, daß die Millionen deutscher Volksgenossen behandelt werden, die unter ausländischer Staatshoheit leben. Stets bin ich mir bewußt gewesen, daß es eine hohe sittliche Pflicht des deutschen Volkes ist, die innerhalb seiner Staatsgrenzen wohnende nationale Minderheit nur nach den Grundsätzen der Gerechtigkeit zu behandeln. Ein Abweichen von diesen Grundsätzen, etwa weil deutsche Minderheiten in anderen Staaten nicht ebenso behandelt werden, hielt ich für vollkommen verkehrt."

43 Vgl. August Scholtis: Oppeln. In: Vossische Zeitung, Nr. 11, Sa., 7. Jan. 1933, S. 4, Morgen-Ausgabe. – Die Redaktion kündigte den ja weithin unbekannten Verfasser mit den Worten „Der oberschlesische Dichter August Scholtis, dessen Roman ‚Ostwind' ein starkes Echo fand, meldet sich zu der Aussprache über Oberschlesien zu Wort, die Lic. Moehring [sic] jüngst in der ‚Vossischen Zeitung' eingeleitet hat."

44 Scholtis' Stellungnahme stellte indirekt auch einen Dank an Moering dar, der sich in seinem Leitartikel unmittelbar auf ihn und seinen *Ostwind* bezogen hatte. Die Bedrohung Oberschlesiens, so Moering, sei eine doppelte; neben der äußeren (von Polen auf Oberschlesien einwirkenden) existiere auch eine ‚innere' Bedrohung durch jene Kräfte im so weit entfernten Berlin, die ihre rechtsprotestantische Ideologie zum Maß aller Dinge machten und die katholische Bevölkerung in die men-

Abberufung Fischers durch den Rechtsprotestanten Engelbrecht besitze „staatspolitische Bedeutung“ [45] und unterstreicht, „daß Oppeln ein ungeeigneter Boden für jenes ‚Großreinemachen‘ bleibt, bei dem die deutsche Nation nichts zu gewinnen und vieles zu verlieren hat.“ So wie Ernst Moering die Uneigennützigkeit betonte, mit der er als Protestant den Katholiken Fischer stützte, so verweist auch Scholtis auf seinen oberschlesischen Altruismus, mit dem er trotz seiner „erbitterten weltanschaulichen Gegnerschaft gegenüber dem oberschlesischen Zentrum“ die Stimme erheben müsse. Denn die Gebietsansprüche Polens, die im Verlauf der zwanziger Jahre erfolgreich hätten abgewehrt werden können – vor allem durch politische Befriedung und sozialen Fortschritt –, machten eine überparteiliche Förderung Oberschlesiens unabdingbar, wolle man nicht riskieren, die mühsam aufgebauten Sympathien gegenüber Berlin und dem Deutschen Reich wieder an polnische Agitatoren zu verlieren: „Die polnische Irredenta, der man mit Hilfe des deutschen Kurses die Zähne ausgebrochen hat, ist noch lange nicht tot...“. Scholtis resümiert, „daß Oberschlesien diesseits und jenseits der Grenzpfähle nationalistische Experimente und Großreinemachereien[46] sowohl hüben wie drüben schwerlich überlebt, wenn nicht die nächsten Zeiten die ‚Reaktion auf die Reaktion‘ bringen“. – Wenige Wochen später erfolgte in der Tat eine ‚Reaktion auf die Reaktion‘ , doch nicht, wie von Scholtis erhofft, zurück zu Besonnenheit und Transparenz, Vernunft und Demokratie, vielmehr begann eine verbrecherische Über-Reaktion hinein in die Diktatur. An ihrem Ende stand der Überfall auf Polen und mit ihm die Zerstörung Polens im Zweiten Weltkrieg. August Scholtis darf es sich rühmend anrechnen, drei Wochen vor der Zerschlagung der Demokratie in Deutschland einen Warnruf formuliert zu haben. Doch die Stimme der Literaten, wie auch die der Kirchenmänner, verhallt seit jeher häufig und bleibt wirkungslos.[47]

---

tale Isolation trieben. „Man sollte sich jetzt wenigstens“, so Moering, „durch den Roman ‚Ostwind‘ des Oberschlesiers August Scholtis orientieren: ist es dem Dichter auch nicht gelungen, das Politische in seinem Roman künstlerisch einzugliedern, so ist doch grade das, was er über die Politik sagt, absolut richtig.“

45 Scholtis mag freilich auch ein ganz persönliches Moment dazu bewogen haben, sich mit Fischer dankend solidarisch zu zeigen: Fischer gehörte als „Vertreter der Behörden“ dem Redaktionsausschuß der Zeitschrift *Der Oberschlesier* an, „der dem Oberschlesierwerk die kulturpolitische Rükkendeckung gibt“ (Impressum auf der vorderen inneren Umschlagseite). In Karl Sczodroks *Oberschlesier* hatte Scholtis bis zum Winter 1932/33 bereits nicht weniger als elf Beiträge (sämtlich mit schlesischen Sujets) veröffentlichen können.

46 Hervorhebung auch im Original.

47 Es soll nicht unerwähnt bleiben, dass sich wenige Wochen später erneut – und zugleich letztmals, einen Tag nämlich vor der Reichstagswahl vom 30. Januar 1933 – eine Stimme fand, die die Ansichten Fischers und Scholtis' stützte. „Mit Freude, aber doch voll inneren Wehs lasen wir Oberschlesier die beiden Artikel von Ernst Moehring und August Scholtis, beide Männer, die des deutschen Ostens, vor allem unseres Oberschlesiens Schicksal, wohl kennen“; hieß es dort, ergänzt um die Mahnung, man müsse die Stadt Ratibor „zum Grenz- und Kulturbollwerk gegen Polen und Tschechen machen“. Der Verfasser war der spätere Journalist und Vertriebenenpolitiker Herbert Hupka aus dem oberschlesischen Ratibor, der zu jenem Zeitpunkt erst 17 Jahre zählte (Herbert Hupka: Der kleine Anker. In: Vossische Zeitung, Nr. 49, So., 29. Jan. 1933, Literarische Umschau).

Fazit

Gerade der Forschung zu den historischen deutschen Ostgebieten vermag die Retrodigitalisierung mit anschließender Umwandlung der Images in einen durchsuchbaren Volltext somit wertvolle Impulse zu geben, da aufgrund von Vertreibung und Zerstörung viele Literaten-Biographien und folglich auch viele Bibliographien nur fragmentarisch überliefert sind. Doch eine existenzielle Voraussetzung, um auf diese Weise Verschüttetes wiederzuentdecken, ist in der Tat erst die Kombination von Digitalisat und Volltexterkennung, die z. B. die Silesiaca durchsuchbar macht und zum ‚Sprechen' bringt.[48]

48 Doch sieht es um derlei Großvorhaben zur Massendigitalisierung ganzer Jahrzehnte von Zeitungsjahrgängen derzeit düster aus. Da der Preis für die Datenbankversion der *Vossischen Zeitung* nicht weniger als 27.390 € beträgt (für den Export in die USA sind 42.455 $, also ca. 30.500 € aufzuwenden), machte es der zunehmend schmächtige Erwerbungsetat zahlreicher Bibliotheken bislang nur sehr wenigen deutschen Bibliotheken möglich, die Nutzungsrechte an der *Vossischen Zeitung Online* zu erstehen. Es liegt in der Natur der Sache, dass ein kommerziell wirtschaftender Verlag gewinnorientiert und nicht allein kostendeckend arbeitet. Ebenso dürfen die Investitionen des Verlages nicht gering geschätzt werden. Die Überführung der Frakturschrift auf holzhaltigem Zeitungspapier in eine maschinenlesbare elektronische Version ist ungewöhnlich gut gelungen; die Bedienung der Datenbank ist vorzüglich einfach und vielfältig ausgefeilt. Wir dürfen voraussetzen, dass bei der Preiskalkulation des Verlages De Gruyter durchaus das Prinzip des „So teuer wie nötig, so preiswert wie möglich' ausschlaggebend war, um möglichst viele ‚Exemplare' der Datenbank auch tatsächlich verkaufen zu können. Gleichwohl ist der geforderte Preis ganz offensichtlich derart untragbar hoch, dass es annähernd jeder deutschen Forschungsbibliothek verwehrt ist, ihre Leserschaft mit der Online-Version einer der bedeutendsten deutschen Tageszeitungen – zumal aus jenen Zeiten, da die heutigen ‚historischen Ostgebiete' noch selbstverständlicher Teil des Deutschen Reiches waren – zu versorgen. Wie aus dem Verlag De Gruyter zu erfahren war, besteht kaum noch Neigung, sich auch zukünftig der retrospektiven Zeitungsdigitalisierung zu widmen. Um die sukzessive Erweiterung der Datenbank *Vossische Zeitung Online* um die Erscheinungsjahre vor 1918 ist es also derzeit schlecht bestellt, von der Digitalisierung zahlreicher anderer, etwa auch schlesischer Tageszeitungen, ganz zu schweigen.

SACHKULTUR UND BILDERWELTEN

Ekkehart Gross

Der Orgelbau in Schlesien im Wandel der Geschichte

Als praktisch ausübender Orgelbauer habe ich nur geringe Möglichkeiten, das Thema des Orgelbaus in Schlesien auf wissenschaftlicher Ebene tiefschürfend zu untersuchen. Der nachfolgende Beitrag gibt daher eher Einblicke und Streiflichter auf den Orgelbau in Schlesien, wie diese während meiner Arbeit an den Orgeln auf dem Gebiet Schlesiens entstanden sind.

Meine Firma, der Orgelbau Ekkehart Groß, ist in der Oberlausitz ansässig. Unser Standort befindet sich in geographischer Nähe zum Gebiet des ursprünglichen Schlesiens – heute auf polnischem Territorium gelegen – und natürlich auch zum ehemals preußischen Teil, welcher seit 1815 der Provinz Schlesien angegliedert wurde. In der Zeit meiner bisherigen Tätigkeit haben sich zahlreiche persönliche Kontakte zu Menschen ergeben, die irgendwie mit dem Thema Kirchenorgel direkt in Berührung kommen, sei es als Organisten, Pfarrer, Priester, Orgelsachverständige, Denkmalpfleger, Orgelforscher oder als Orgelinteressierte im weitesten Sinne. Natürlich bestehen auch Kontakte zu Orgelbaufirmen. Dabei sind neben allem Wettbewerb auch feste Freundschaften entstanden.

Der Orgelbau in Schlesien

Meine geschichtlichen Kenntnisse über den Orgelbau in Schlesien beruhen vor allem auf einem faszinierenden Orgelinventar aus dem Jahre 1925, welches als Heft 230 der *Studien zur deutschen Kunstgeschichte* im Verlag J. H. Ed. Heitz in Straßburg veröffentlicht wurde.[1] Der Autor war Ludwig Burgemeister (1863–1932), der von 1902 bis zu seinem Tode als Provinzialkonservator der Kunstdenkmäler Niederschlesiens tätig war. Dieses Buch erfuhr 1973 eine Überarbeitung durch Hermann J. Busch, Dieter Großmann und Rudolf Walter.[2] Herausgegeben wurde diese zweite Auflage im Auftrag des Johann-Gottfried-Herder-Forschungsrates (Marburg) von Günther Grundmann (1892–1976), der 1932 Burgemeisters Nachfolge als Provinzialkonservator angetreten hatte.

Nachfolgend sei mir gestattet, einige Zitate aus dem 1973 verfassten Vorwort zur zweiten Auflage wiederzugeben. Grundmann stellt darin die Leistung Burgemeisters und dessen Inventar so trefflich vor, dass ich dem nichts hinzuzufügen habe:

> „Im Ersten Weltkrieg erfolgte im Jahre 1917 anlässlich der Beschlagnahme von Metallen [Deutsches Reichskriegsministerium] auch eine solche der Orgelpfeifen aus Zinn. Dabei ergab sich, „dass Schlesien mit 2.150 Orgelwerken die höchste Zahl aller preußischen

1 Ludwig Burgemeister: Der Orgelbau in Schlesien. Straßburg 1925 (Studien zur deutschen Kunstgeschichte 230).

2 Ludwig Burgemeister: Der Orgelbau in Schlesien. 2. Auflage, bearb. von Hermann J. Busch, Dieter Großmann und Rudolf Walter. Frankfurt am Main 1973.

Provinzen erreichte und hierin, wenn auch nicht im Gewichte, selbst die große reiche Rheinprovinz übertraf". Diese für die Denkmalpflege höchst schmerzliche Beschlagnahmeaktion aber war es, die Ludwig Burgemeister, der musikalisch war und sich auf das Orgelspielen verstand, veranlasste, dem abseits von der allgemeinen Kunstgeschichte gelegenen Gebiet der Orgel mit ihrer eigentümlichen Mischung von Kunst und Handwerk nachzugehen. Hieraus entstand eine systematische Bearbeitung des schlesischen Orgelbaues, mit der eine Lücke im Verzeichnis der Kunstdenkmäler Schlesiens seines Amtsvorgängers Hans Lutsch geschlossen wurde. [...] L. Burgemeister benutzte als Ausgangspunkt für seine wissenschaftliche Arbeit Carl Gottfried Meyers „Sammlung einiger Nachrichten von berühmten Orgel-Wercken in Teutschland", Breslau 1757, ferner Gottlieb Missigs „Handschriftliche Zusammenstellung von Orgel-Dispositionen", Freystadt 1792, sowie Material der Sammlung Professor Hintze; gleichzeitig zog er die schlesischen Kirchenbücher und die Archivalien der wichtigsten Breslauer Archive und Bibliotheken heran. [...] Das so entstandene grundlegende Werkverzeichnis zeichnet sich dadurch besonders aus, daß für den Verfasser nicht nur die kunstgeschichtlich wertvollen [Orgel-]Prospekte, sondern vor allem die musikhistorisch bedeutsamen Werke zum wissenschaftlichen Anliegen wurden. Burgemeister vertrat also bereits damals den Standpunkt, der erst lange nach seinem Tode zum zentralen Kennzeichen der Orgel-Denkmalpflege geworden ist. [...] Als ich [Günther Grundmann] 1932 mit der Übernahme des schlesischen Denkmalamtes die Nachfolge Burgemeisters antrat, besaß ich mit seinem 1925 erschienen Werk über den Orgelbau in Schlesien eine einmalige Grundlage für den Aufbau einer Orgel-Denkmalpflege, wie sie mir angesichts der reichen und wertvollen Orgeln insbesondere der Barockzeit in Schlesien notwendig erschien."[3]

In dem genannten Werk findet sich auch ein Hinweis auf eine damals werkgerecht ausgeführte Orgel-Denkmalpflege:

„Denn in Brieg [Brzeg, Anm. d. Verf.] war die bereits zum Abbruch bestimmte 55stimmige Michael-Engler-Orgel aus dem Jahre 1730 durch die Orgelbauer Kemper (Lübeck) und Hehre (Brieg) unter Oberaufsicht des Hamburgers Hans Henny Jahnn und Max Drischners so vorzüglich im Sinne des alten Klangbildes wiederhergestellt worden, daß sie mit dieser Renovation als vorbildlich bezeichnet werden konnte."[4]

Für die folgende Zusammenfassung stütze ich mich hauptsächlich auf die Internetpräsentation des Vereins zur Erforschung und Erhaltung schlesischer Orgeln e. V. (VEESO), die sich wiederum vor allem auf L. Burgemeister beruft und auch auf andere Quellen verweist.[5]

Unsere bisherigen Kenntnisse über die Geschichte des Orgelbaues in Schlesien reichen bis ins 14. Jahrhundert zurück:

„Die erste Nachricht über eine Orgel im Bereich des heutigen Schlesiens stammt aus den Görlitzer Annalen von 1340, wo ein durch Blitzschlag beschädigtes Werk in der St. Peter- und Paulskirche erwähnt wird."[6]

---

3 Günter Grundmann: Vorwort zur zweiten Auflage. In: Burgemeister: Orgelbau (wie Anm. 2), S. 7.
4 Grundmann: Vorwort (wie Anm. 3), S. 7
5 Vgl. <http://www.veeso.de/> (26.11.2012).
6 Vgl. Burgemeister: Orgelbau (wie Anm. 2), S. 18

In den Anfangszeiten der Entwicklung waren es nicht selten Geistliche und Mönche, die sich mit Orgelbau und Orgelspiel beschäftigten – so beispielsweise schon im Jahre 1365 der zwischen 1365 und 1376 amtierende Abt Weintrud des Augustinerchorherrenklosters in Sagan/*Żagań*, welcher sich als ausgezeichneter Prediger, Kantor und Organist erwies.

Der erste Orgelmacher, der im Bezirk des heutigen Schlesiens genannt wird, ist der Magister Orthulphus in Görlitz († 1383), dessen im Nekrolog des dortigen Minoritenordens ehrend gedacht wird.

Die Orgeln um die Wende des 15. Jahrhunderts besaßen natürlich einen weitaus geringeren Tonumfang, als dies heute üblich ist, ebenso waren die Tasten etwas breiter und ziemlich schwergängig. Doch schon für diese frühe Zeit lässt sich die Aufstellung von Pfeifen in einem Orgelprospekt nachweisen. Die Idee, Orgeln als Schrank mit Flügeltüren auszubilden, rührt vermutlich von den Klappaltären her. Bei beiden wurden die Türen innen und außen kunstvoll bemalt und schützten das Innere vor Staub und Unrat.

Im 16. Jahrhundert werden die Nachrichten über Orgelbauten zahlreicher. Es kam zur Entwicklung wichtiger, noch heute gültiger Prinzipien, wie beispielsweise das Werkprinzip und die Registergruppen. Obwohl noch nicht vollkommen ausgearbeitet, traten Stimmen mit unterschiedlicher Klangfarbe schon in mannigfaltiger Art und Weise auf. Bis Anfang des 17. Jahrhunderts entwickelte man sogar Spielereien in Form von Effektregistern wie Tremulant, Trommel, Vogelgeschrei oder auch die brüllende Löwenpfeife am Görlitzer Rathaus, welche die „Christenheit an die Auferstehung erinnern“[7] sollte.

„Alle Kaiser, Könige und Fürsten müssten sich darüber verwundern, wenn sie den Kupferstich davon sähen und bestehet dies, aus 56 klangbaren St.: 4 Principalen, als eines a 32, eines a 16 und zwey a 8 Fuß, einem Glockenspiele, welches durch die in der Gloria sich bewegende Engel mit ihren in Händen habenden Hämmern mit Hülfe des Ped. tractirt wird, wie auch einem Paar küpferner (sichtbarer) Pauken, worauf gleichfalls zween Engel alles, was man auf natürlichen Pauken haben kann, mit ihren Schlägeln vollkommen präsentiren und mit dem Trompetenzuge so wohl Intraden als Aufzüge dazu gespielet werden können.“[8]

Aus dem Zeitraum des Dreißigjährigen Krieges existieren kaum noch Nachrichten über Orgelbauten. Wurden wohl die harten Zeiten mit ihrem vollen Druck auch auf diesem Sektor fühlbar? Nur wenige Orgeln werden damals gebaut worden sein. Dafür kam der Orgelbau hernach umso mehr zu hoher Blüte:

Mit der klaren Gliederung des Werkaufbaus, dem vollständigen Ausbau des Eng- und Weitchores, sowie dem Abschluss der Entwicklung der Zungenstimmen, ließ sich der Farbenreichtum entscheidend vergrößern. Ein wesentliches Merkmal dieser so genannten „Hochbarock-Orgeln“ ist auch ihr klarer Klang, der durch die variablen Mensurverläufe die polyphone Linienführung klar hervortreten lässt.

---

7 Vgl. Burgemeister: Orgelbau (wie Anm. 2), S. 31

8 Vgl. Joh. Mattheson: Grundlage einer Ehren-Pforte. Hamburg 1740: über die Orgel in der Maria-Magdalenen-Kirche zu Breslau, Kupferstich von 1729

Stellvertretend seien hier folgende Instrumente genannt:
- die große Orgel der Friedenskirche in Schweidnitz/Świdnica von Christoph Klose (1625–?) aus dem Jahre 1669; Christoph Klose wurde in Innsbruck geboren.
- die „Sonnenorgel" der St. Peter- und Paulskirche zu Görlitz von Eugenio Casparini (1623–1706) aus dem Jahre 1703;
- die Orgel der Gnadenkirche zu Landeshut/Kamienna Góra von Ignatius Mentzel (1670–1730) aus dem Jahre 1729;
- die Orgel der Gnadenkirche zu Hirschberg/Jelenia Góra von Johann Michael Röder (Lebensdaten unbekannt) aus dem Jahre 1729;
- die Orgeln von Michael Engler dem Jüngeren (1688–1760) in Brieg/Brzeg (St. Nicolai, 1730), Grüssau/Krzeszów (St. Marien, 1739) und Breslau/Wrocław (St. Elisabeth, 1761).

Mit dem Ende des 18. Jahrhunderts ging auch der „Sommer" des schlesischen Orgelbaus zur Neige. Das 19. Jahrhundert brachte auf dem Gebiet des Orgelwesens eine erhebliche Bautätigkeit in Bezug auf die Instandsetzung der alten berühmten Orgeln, so beispielsweise in Breslau die Engler-Orgel in St. Elisabeth, die Röder-Orgel in der Magdalenenkirche oder die Casparini-Orgel in St. Bernhardin.

Die beiden bedeutendsten Orgelbauer zu Beginn des 19. Jahrhunderts waren Johann Christian Benjamin Müller (1771–1847) und Johann Gottlieb Benjamin Engler (1775–1829), letzterer ein Enkel des berühmten Michael Engler, in dessen Tradition sie bei Johann Gottlieb Benjamins Vater das Orgelmacher-Handwerk erlernten. Von ihnen stammt die überragende Breslauer Domorgel (1805). Im Laufe deren Errichtung entstanden zwischen den Männern jedoch derartige Kontroversen, daß sich ihre Wege schließlich trennten. Während Johann Gottlieb Benjamin Engler kinderlos starb, lebte die Orgelbauer-Tradition in der Müllerschen Linie noch bis ins 20. Jahrhundert fort.

Bildete sich im 19. Jahrhundert auch eine Zeit der großen Instandsetzungen im Orgelbau aus, so gab es dennoch Orgelmacher, die es durch Neubauten auf der Basis von fortgeschrittenen wissenschaftlichen Erkenntnissen zu einem angesehenen Namen brachten, wie Carl Friedrich Ferdinand Buckow (1801–1864) aus Danzig, der zunächst eine große Zahl kleinerer Orgeln baute und schließlich durch einen überaus gelungenen Auftrag in Wien noch einmal großes Aufsehen vor dem Kaiser erregte.

Im Zuge der Industrialisierung fand auch im Orgelbau ein Übergang zum Fabrikwesen statt. In diese Zeit fällt die Gründung der Orgelbaufirma Schlag & Söhne, Schweidnitz. Der aus Staschwitz bei Zeitz (Thüringen) stammende Christian Gottlieb Schlag (1803–1889) war nach seiner Lehrzeit nach Jauer/Jawor gekommen und dort in einer Orgelbau-Werkstatt beschäftigt. Nach deren Konkurs machte er sich 1831 selbständig und verlegte seine Werkstatt 1834 nach Schweidnitz, da er den Auftrag zum Umbau der großen Orgel in der Friedenskirche erhielt. 1869 gründete er schließlich zusammen mit seinen Söhnen Theodor (1847–1912) und Oskar (1848–1918) das spätere Orgelbau-Imperium, welches noch bis in die 1920er Jahre bestand. Theodor Schlag baute bereits nach 1870 die kurz zuvor erfundenen Kegelladen mit hängenden Ventilen. Oskar Schlag lernte in London bei Henry Willis

(1821–1901) den Bau von Hochdruck-Registern zur Anhebung der Lautstärke bei gleicher Tonhöhe. Er initiierte 1895 den Verein deutscher Orgelbaumeister (heute: Bund deutscher Orgelbaumeister e. V.) und war lange Jahre der 1. Vorsitzende.

Die Leistungsfähigkeit der Firma Schlag & Söhne war immens: zu Beginn des Jahres 1914 erreichte man das „Opus 1.000". Bis 1923, so schätzt man, hat die Firma knapp die Hälfte aller schlesischen Orgeln repariert, erweitert, umgebaut, in vielen Fällen auch neu erbaut.

Zwölf Jahre vor der Gründung von Schlag & Söhne, im Jahre 1857, eröffnete Wilhelm Sauer (1831–1916) eine Orgelbauanstalt in Frankfurt (Oder), die bald zum führenden Orgellieferanten Preußens aufstieg. Auch Sauer hatte bereits 1909 die „magische" Opuszahl 1.000 erreicht und arbeitete auch stets mit den neuesten Entwicklungen des Orgelbaus: Die Kegellade führte er von Anfang an (1857) als einer der ersten in Norddeutschland ein, 1870 Freie Registerkombinationen, 1892 die Röhrenpneumatik und schließlich die Anwendung von Erfindungen aus der Elektrotechnik. Das vielleicht bedeutendste Werk der Firma Sauer war wohl die Riesenorgel in der Breslauer Jahrhunderthalle, die unter der Regie von Karl Straube (1873–1950) im Jahre 1912 erbaut wurde. Zwar ging die Orgelbauanstalt Sauer 1916 in den Besitz der bekannten Ludwigsburger Orgelbaufirma Walcker über, doch wurde sie unter gleichem Namen fortgeführt. Bis 1945 entstanden sehr bedeutende Großorgeln im In- und Ausland, wobei die Opuszahl auf etwa 1.600 anstieg.

Die Firma Schlag & Söhne war jedoch dem anstürmenden Wettbewerb der Firma Sauer und der schwierigen wirtschaftlichen Lage nach dem Ersten Weltkrieg nicht gewachsen, so daß sie sich allmählich aus dem Geschäft zurückzog und schließlich verschwand – als letzte große Orgelfirma Schlesiens.

Umfang und Ausmaße des Orgelbaues in Schlesien werden deutlich, wenn wir uns die zahlenmäßige Menge der Orgelbauer und Orgelbaubetriebe vor Augen führen, die von Ludwig Burgemeister systematisch erfasst worden sind, teilweise mit ihren Biografien und Werkverzeichnissen. Es kommt eine Zahl von 460 Orgelbaubetrieben zustande, die über einen Zeitraum von über 600 Jahren auf dem Gebiet Schlesiens tätig waren.

Beziehungen und Einflüsse im Orgelbau zwischen Schlesien und dem „schlesischen" Ausland

Wenn hier der geographische Begriff Schlesien allgemein verwendet wird, müsste auch immer eine politisch-geographische Konkretisierung des Territoriums vorgenommen werden. Das würde aber den Rahmen dieser Arbeit sprengen.

Michael Engler der Jüngere hat zum Beispiel im Jahre 1745 eine große Orgel nach Olmütz/Olomouc in Mähren in die Kirche St. Moritz geliefert.

Von den Orgelbaufirmen, die auf dem Gebiet Schlesiens ansässig waren, haben einige auch in Gebiete außerhalb Schlesiens Orgeln geliefert, die heute auf dem Territorium Deutschlands liegen.

Hier sollen dafür einige Beispiele genannt werden:

Die Casparinis:

Eugenio Casparini (* 14. Februar 1623 in Sorau, Niederlausitz als Johann Eugen Caspar; † 12. September 1706 in Wiesa bei Greiffenberg) war ein italienischer Orgelbauer deutschen Ursprungs. Er erlernte bei seinem Vater Adam Casparini (1590–1665), der Mathematicus und Orgelbauer war, sein Handwerk, und wanderte, als er etwa 17 Jahre alt war, über Regensburg (wo er drei Jahre blieb) nach Italien aus. Zunächst war er in Görz/Gorizia/Gorica tätig und trat zum katholischen Glauben über, was zu seiner Namensänderung führte. Danach wirkte er in Triest/Trieste und Venedig/Venezia, bis er nach Padua gelangte, um dort 28 Jahre lang zu arbeiten. 1697 kehrte er allerdings nach Schlesien zurück und nahm kurz vor seinem Ableben auch wieder den evangelischen Glauben an.

Er gilt als der bedeutendste Orgelbauer seiner Dynastie und als Bindeglied zwischen italienischem und deutschem Orgelbau. Einer seiner Schüler war in den Jahren 1697–1699 Andreas Silbermann (1678–1734).

Firma Schlag & Söhne, Schweidnitz

Werkliste einiger Orgeln in den nach 1815 an Preußen angeschlossenen Gebieten:

Jahr	Ort	Kirche	Manuale	Register	Bemerkungen
1891	Senftenberg	Peter-und-Paul-Kirche			im Zweiten Weltkrieg zerstört.
1893	Weißwasser	Ev. Kirche	II / P	13	
1900	Görlitz	Lutherkirche	III / P	34	existiert nicht mehr
1908	Ebersbach / Görlitz	St. Barbara	II / P	20	Opus 824, originaler Zinnprospekt erhalten
1908	Schwarzkollm	Ev. Kirche	II / P	15	Opus 832
1913	Hosena	Ev. Kirche	II / P	20	Opus 979
1915	Ullersdorf	Ev. Kirche	II/P	11	z. Z. unspielbar

Carl Friedrich Ferdinand Buckow, Hirschberg

Geboren 1801 in Danzig, lernte bei dortigem Orgelbauer Heinrich Wegner (1792–1843), arbeitete anschließend fünf Jahre bei August Wilhelm Grüneberg (1787–1837) in Stettin/Szczecin. Er unternahm Studienreisen nach Frankreich und England. Ab 1827 trat er in die Werkstatt von Johann Joseph Schinke (Lebensdaten unbekannt) in Hirschberg/Jelenia Góra ein. Dabei war er maßgeblich am Umbau der Görlitzer Sonnenorgel in St. Peter und Paul beteiligt. Nach dem Tod Schinkes machte er sich in Hirschberg selbständig. Den Höhepunkt seiner Laufbahn stellen die beiden Orgeln dar, die er für Wien 1858 und 1861 erbaute.

1858 (34 Register, III / Ped für die Piaristenkirche Maria Treu) erregte er dadurch großes Aufsehen bei den Komponisten und Musikern Franz Liszt (1811 – 1886) und Anton Bruckner (1824–1896).

Daraufhin durfte er 1861 die Orgel für die kaiserliche Hofkapelle in Wien bauen (16 Register, II / Ped), auf der Anton Bruckner in seiner Funktion als Hoforganist spielte.

Orgelbauer außerhalb Schlesiens, die aber auf dem Territorium der Provinz Schlesien gebaut haben:

Friedrich Ernst Gustav Heinze

Geboren am 9. Oktober 1874 in Benau/Bieniów (heute: Gemeinde Żary), Niederlausitz, gestorben am 23. Januar 1949 in Rudolstadt, Thüringen, war ein deutscher Orgelbauer. Heinze wurde als Sohn des Häuslers Gottlieb Ernst Heinze (1842 – ?), und der Johanne Auguste Caroline Rattke (1843 – 1912) in Benau geboren. Sein Handwerk erlernte er in den Jahren 1889 bis 1892 zunächst bei dem Orgelbauer Carl Robert Uebe/Uibe in Neuzelle. Nach seiner Ausbildung arbeitete er in Breslau bei Herrmann Stiller. Um seine Kenntnisse zu erweitern, arbeitete er bei Friedrich Ladegast (1818 – 1905) in Weißenfels, Wilhelm Sauer in Frankfurt (Oder) und Wilhelm Rühlmann (1842 – 1922) in Zörbig. Nachdem er seinen Militärdienst abgeleistet hatte, ging er zur Orgelbaufirma Schlag & Söhne nach Schweidnitz. Im Jahre 1904 eröffnete er seine eigene Orgelbaufirma in Sorau/Żary und machte sich schnell einen guten Ruf in der Niederlausitz und Oberschlesien. In späteren Jahren eröffnete er Werksvertretungen in Kolberg/Kołobrzeg, Pommern, und zur Freude seines betagten Lehrmeisters auch in Weißenfels.

1927 stellte er Opus 150 fertig, und im Jahre 1938 erreichte er Opus 230. Seine Werkstatt wurde in den letzten Kriegsjahren von der Rüstungsfirma Focke-Wulf genutzt. Mit dem Ende des Zweiten Weltkrieges fiel Sorau an Polen, und Heinze wurde mit seiner Familie vertrieben. Nach seiner Ansiedlung in Rudolstadt übernahm sein Sohn Lothar (1905 – 1969), welcher seit 1935 ebenfalls Orgelbauer war, die leer stehende Werkstatt der ehemaligen Firma Adam Eifert Nachfolger in Stadtilm. Diese führte er bis 1967. Sein Nachfolger wurde der Orgelbaumeister Karl-Heinz Schönefeld.

Friedrich Ernst Gustav Heinze baute Kegelladenorgeln mit pneumatischen und elektropneumatischen Trakturen, welche sehr zuverlässig waren. Den Klang erzeugte er mit ähnlichen Pfeifenmensuren wie Gottfried Silbermann (1683 – 1753) und Eugenio Casparini:[9]

---

9 Vgl. Gustav Heinze: Zum 25jährigen Bestehen der Orgelbau-Anstalt Gustav Heinze in Sorau N/L (1904 – 1929). Sorau 1929 (Nachdruck: Berlin 1993), S 4.

Jahr	Ort	Kirche	Manuale	Register	Bemerkungen
1907	Burghammer	Ev. Kirche	I / P	7	Op. 12, Originalzustand
1919	Markersdorf	Ev. Kirche	II / P	31	Op. 86
1920	Altdöbern	Ev. Kirche	II / P	27	Op. 89 Dispositionsänderung 1986
1921	Kunnersdorf	Ev. Kirche	II / P	18	Op. 94
1922	Zodel	Jes.-Christ.-Kirche	II / P	13	Op. 95 Umbau und Erweiterung 1949
1923	Arnsdorf	Ev. Kirche	II / P	12	Op. 112
1927	Königshain	Ev. Kirche	II / P	15	Op. 149

Wilhelm Sauer

Wilhelm Sauer wurde als jüngerer Sohn des aus dem preußischen Pommern stammenden Schmiedes Ernst Sauer (1799 – 1873) und dessen Ehefrau Johanna Christina geb. Sumke (1800 – 1882) in Schönbeck bei Friedland im Großherzogtum Mecklenburg-Strelitz geboren. Der Vater hatte 1835 mit einer als Autodidakt gebauten Orgel für seinen Wohnort großes Aufsehen erregt. Der Großherzog gab ihm daraufhin ein Stipendium mit der Auflage, sich als Orgelbauer ausbilden zu lassen, was in Ohrdruf geschah.

1855 übernahm Sauer zunächst die Leitung einer Zweigniederlassung der väterlichen Fabrik in Deutsch Krone/Wałcz, die dort für den preußischen Markt eröffnet worden war, um Zollabgaben zu vermeiden. Am 1. März 1856 schließlich eröffnete Wilhelm Sauer ein eigenes Geschäft als Orgelbaumeister in Frankfurt (Oder), das schnell aufblühte, zeitweilig Zweigniederlassungen in Königsberg/Kaliningrad (1860) besaß und bald auch ins Ausland lieferte.

Wilhelm Sauer baute mit seinen Mitarbeitern zu Lebzeiten über 1.100 Orgeln. Seine größten und bekanntesten Orgeln befinden sich unter anderem im Berliner Dom (1903, IV/113), in der Leipziger Thomaskirche (1888/1908, III/88) und in der Stadthalle Görlitz (1910, IV/72). Die damals größte Orgel der Welt in der Breslauer Jahrhunderthalle (Bj. 1913, op. 1160, V/206) ist in ihrer ursprünglichen Form nicht mehr erhalten. Der größte Teil der Orgel befindet sich heute im Breslauer Dom. Im Jahre 1910 verkaufte Sauer die Firma an seinen langjährigen Geschäftsführer und Stellvertreter Paul Walcker (1846–1928).

Wilhelm Sauers Grabstein befindet sich heute im Kleistpark in Frankfurt (Oder). Der Kleistpark war früher ein Friedhof, durch Umbauten ist die genaue Lage des Grabes aber nicht gesichert.

Franz Rieger & Söhne

Franz Rieger (* 13. Oktober 1812 in Zossen; † 29. Januar 1885 in Jägerndorf/Krnov) war ein Orgelbaumeister und der Begründer des im Orgelbau tätigen Unternehmens Franz Rieger & Söhne, Jägerndorf. Er errichtete 1844 in Jägerndorf eine Orgelbauwerkstatt. 1872 übernahmen seine Söhne Otto Anton (1847–1903) und Gustav (1848–1905) das florierende Unternehmen. Durchschlagenden Erfolg brachte die Weltausstellung von 1878 in Paris, die die Rieger-Orgeln weltbekannt machte und Aufträge aus vielen Ländern einbrachte. 1945 wurde das Orgelbauunternehmen Rieger in Krnov enteignet und mit dem zweiten Orgelbauunternehmen in der Stadt, des Unternehmens Hermann Kloss zum staatlichen Unternehmen Rieger-Kloss vereinigt, welches 1994 privatisiert wurde.

In den 100 Jahren bis zur Enteignung 1945 lieferte die Firma etwa 3.077 Orgeln. Im Jahr 1912 betrug die Jahresleitung 105 Instrumente und 1914 wurde bereits die Opuszahl 2.000 erreicht.

Vor allem wurden nach dem Ersten Weltkrieg zahlreiche Orgeln in die preußische Provinz Schlesien in Kirchen und Konzertsäle geliefert: Beuthen/Bytom, Breslau, Hindenburg, Namslau/Namysłów, Gleiwitz/Gliwice, Oppeln/Opole und schließlich auch in den Reichssender nach Breslau.[10]

Friedrich Ladegast

Friedrich Ladegast (* 30. August 1818 in Hochhermsdorf, heute Hermsdorf, Ortsteil von Zettlitz; † 30. Juni 1905 in Weißenfels) war ein bedeutender deutscher Orgelbauer in der zweiten Hälfte des 19. Jahrhunderts. Er lieferte zum Beispiel Instrumente in die Gebiete, die nach 1815 an Schlesien angegliedert worden sind.
Eine Auswahl:
Klitten, Ev. Kirche, 1857 (II / P, 17)
Diehsa, Ev. Kirche, 1859 (II / P, 15)
Langenau, 1864 (II / 28)
Görlitz, Hospitalkirche, 1865 (I / P, 9)
Görlitz, Gymnasium, 1865 (I, 4)
Reichenbach, St. Johannes, 1866 (II / P, 16)
Groß Särchen, Ev. Kirche, 1867 (II / P, 16)
Lohsa, Ev. Kirche, 1871 (II / 18)
Görlitz, Dreifaltigkeitskirche, 1873 (II / P, 28)

10 Vgl. Burgemeister: Orgelbau (wie Anm. 2), S. 246–248.

Ein Orgelbauer, der aus Schlesien kam und in Deutschland tätig wurde

Zacharias Hildebrandt, geb. 1688 in Münsterberg in Schlesien. Wo er lernte, ist bisher nicht bekannt. Bei Gottfried Silbermann (Freiberg, Sachsen) war er von 1711 bis 1721 tätig, bereits als ausgelernter Geselle.

Schlusswort

Das Anliegen dieses Beitrags bestand darin, deutlich zu machen, dass der Orgelbau auf dem Gebiet Schlesiens ein weites, größtenteils bisher noch zu wenig beleuchtetes Forschungsfeld ist. Hier muss aber auch konstatiert werden, dass mit dieser Forschung ständig einzelne Personen, wie Organologen, Sachverständige und Orgelbauer beschäftigt sind. Und das nicht nur in Deutschland.

Es gibt zurzeit auch in Polen zahlreiche Bemühungen auf diesem Gebiet. Zum Beispiel sind umfangreiche Untersuchungen zum Thema des Orgelprospektes (der Schauseite einer Orgel) veröffentlicht worden.[11] Auch wird über das Wirken von Orgelbaufirmen über mehrere Generationen intensiv geforscht und systematisch Material zusammengetragen.[12] Hier leistet der Verein zur Erforschung und Erhaltung schlesischer Orgeln e. V., abgekürzt VEESO, seit 1987 eine hervorragende Arbeit.

Ich denke auch, dass seitens der polnischen katholischen und evangelischen Kirchen in Schlesien im Zusammenhang mit dem Orgelsachverständigenwesen zahlreiche neue Erkenntnisse gesammelt und gewonnen werden. Eine große Aufgabe für die Zukunft wird es sein, diese vielen einzelnen Ergebnisse zusammenzuführen und der Fachwelt zugängig zu machen, mit dem Ziel, die Bemühungen um die Bewahrung dieses europäischen Kulturerbes mit außerordentlich hohem Wert systematisch ins Bewusstsein zu bringen und den denkmalgerechten Umgang damit zu fördern.

---

11 Vgl. Maciej Broniewski: Barokowy prospekt organowy w kościele Łaski w Jeleniej Górze [Der barocke Orgelprospekt in der Gnadenkirche in Hirschberg in Schlesien]. Poznań 2004; Ewa Smulikowska: Prospekty organowe w dawnej Polsce [Die Orgelprospekte im früheren Polen]. Wrocław 1989.

12 Neben dem VEESO sind es weitere Personen, die teils privat, teils institutionell Material zusammentragen.

Abb. 1 – 5: Orgel der Evangelischen Kirche in Bad Warmbrunn/Cieplice-Zdrój, restauriert in den Jahren 2001 – 2002.

Abb. 6–8: Orgel in der Schrotholzkirche in Jeroltschütz/Gierałczyce, restauriert 2007.

Abb. 9–12: Orgel in der Kirche St. Nikolaus/Kościół pw. św. Mikołaja in Ketschdorf/Kaczorów, restauriert bis 2011. Aufnahmen vor der Restaurierung und Szene nach der Orgelweihe.

Christiane Caemmerer

Kaffeehaus und Kuchen. Der Krieg als Medienereignis. Einblattdrucke als Bildergeschichten zu den Schlesischen Kriegen

In einem Brief, den Meta Klopstock (1728–1758) während ihres Aufenthaltes in Dänemark am 16. Oktober 1756 an ihre Schwestern schreibt, berichtet sie, mit welch angespannter Neugier auch im nahen Dänemark die vom Postboten gebrachten Zeitungen mit den neuesten Nachrichten aus dem siebenjährigen Krieg erwartet wurden.

> „Ich bin itzt sehr sicher, daß ein Bote in die Stadt geschickt wird, die Zeitung zu *hohlen* u euren Brief *mitzubringen*. (ärgerlich genung! Er sollte gehn, euren *Brief zu hohlen* u die *Zeitung mitbringen*) Aber es [ist] hier einmal eine solche Neugierde, die sich nicht beschreiben läßt. Gegen die Stunde, daß der Bote kömmt, verfügt sich alles im Hause, u einige der Nachbarn auf meine Stube, von andern stehn Boten vor der Thür, um die Zeitungen zu haschen, wenn wir sie gelesen haben. [...] Wenn er [der Postbote] kömmt: so laufe ich hinunter, werfe die Zeitung in die *Grabbel* und lese in einer Ecke euern Brief. Aber nun schreit sichs: Preussen! Broune! Lobositz! und was weis ich, was man alles durch einander schreit, u wodurch man mich, vielleicht gar eben in einer Erzählung von euern Kindern stört! Man schreit über mich daß ich Briefe eher lese als Zeitung. [...] Vorigen Posttag war ich Klopstock böse, daß, wie ich ihm die Nachricht von eurer Flut lesen wollte, er sagte: o! o! laß mich erst die Schlacht lesen."[1]

Meta Klopstock setzt ihre Freude an den Berichten aus dem Familienzusammenhang gegen das überbordende Interesse an dem politischen Geschehen und gibt dabei deutlich dem privaten Bericht und dem Privaten den Vorzug gegenüber der allgemeinen Berichterstattung und dem Öffentlichen. Diese Lust an Sensation und die Gier nach Information, die Meta Klopstock beschreibt, hat Johann David Nessenthaler (1717–1766) in einem in Augsburg erschienenen Einblattdruck unter dem Titel „wahrhafte Vorstellung der jezigen Zeit" satirisch dargestellt (Abb. 1). Dort zeigt er in einer dichten Bildergeschichte die Auswirkungen des beschleunigten Informationsflusses, der ständig neue, sich zum Teil widersprechende Nachrichten bringt und kommentiert dies folgendermaßen: „die Zeit bringt Zeitungen und solche zu verfassen,| ist der Historikus zum schreiben stets bereit.| Die Wahrheit wird, durch Zeit entdeckt, sich sehen lassen,| in allem was Merkur nebst Fama ausgestreut."[2] Er macht einen anderen Gegensatz auf als Meta Klopstock, indem er die Wahrheit gegen das Gerücht – die Fama – setzt, das der schnelle Bote Merkur verbreitet. Dabei nimmt

1 Franziska Tiemann, Hermann Tiemann (Hg.): Es sind wunderliche Dinger, meine Briefe. Meta Klopstocks Briefwechsel mit Friedrich Gottlieb Klopstock und mit ihren Freunden. 1751–1758. München 1980, S. 371–372.

2 Johann David Nessenthaler: Wahrhaffte Vorstellung der jezigen Zeit. Augsburg o. O. Standort: Staatsbibliothek zu Berlin: YB 6701 kl.

Abb.1

er geschickt gleich zwei in dieser Zeit gängige Namen für Zeitungen – *Merkur* und *Fama*[3] – auf, um auf die Problematik der Zuverlässigkeit und Wahrheit der durch die Presse verbreiteten Informationen anzuspielen.

Waren es bis zum Ende des 17. Jahrhunderts neben den ersten Zeitungen und Flugschriften vor allem die Flugblätter, die als publizistische Bild-Text-Medien die politischen Großereignisse begleiteten, so sind es im 18. Jahrhundert vorrangig die Zeitungen. Aber der Einblattdruck als Kommentator eines historischen Ereignisses ist nicht verlorengegangen. Er hat sich allerdings, konfrontiert mit einer Fülle neuer Publikationsmedien, die im 18. Jahrhundert aufkamen, stark verändert. Es kann im Folgenden nur um eine erste Spurensuche gehen, will man die Konstanz in der Veränderung dieses Mediums nachzeichnen, denn gerade die Zeit zwischen dem Westfälischen Frieden und der Französischen Revolution wurde von der Flugblattforschung lange vernachlässigt.[4] Eine Textsorte aber, die sich dadurch auszeichnet, dass sie über Tagespolitik berichtet, muss sich im 18. Jahrhundert nolens volens vorrangig mit den drei schlesischen Kriegen als Medienereignissen beschäftigen.[5] Damit fügt sich das hier abgehandelte Thema auch in die Thematik dieses Bandes ein, der in erster Linie von Schlesien und den deutsch-polnischen Beziehungen handelt.

Am Anfang sei nun ein kurzer Blick zurückgeworfen, um die Veränderungen der Textsorte besser darstellen zu können. Das Flugblatt war neben der Flugschrift eines der ersten publizistischen Medien, die nach der Erfindung des Buchdrucks entstanden.[6] Mit ihm wurde die schriftliche Kommunikation und Information billiger, sie war schneller zu verbreiten, schneller zu erhalten und breiter zu streuen. Daher wurden die ersten dieser Blätter bereits im Rahmen des ersten großen Medienereignisses nach der Erfindung des Buchdrucks, der großen politisch-theologischen Auseinandersetzung des 16. Jahrhunderts, das heißt der Reformation, in reichem Maße als Informations- und Propagandamittel eingesetzt. Sie stellten einen bedeutenden Teil der protestantischen und katholischen propaganda fide dar. Typisch war die dreige-

---

3 So Zeitungen wie die *Königlich preußische Fama* (1709–1740) und die in Altona erscheinende *Europäische Fama* aus dem 17. Jahrhundert, der ebenfalls in Altona erscheinende *Altonaische gelehrte Mercurius* (1763–1786) und natürlich der *Teutsche Mercurius*, der gleichfalls im 17. Jahrhundert erschien.

4 Holger Dainat: Der Siebenjährige Krieg in den Medien. In: Wolfgang Adam, Holger Dainat in Verbindung mit Ute Pott (Hg.): „Krieg ist mein Lied". Der Siebenjährige Krieg in den zeitgenössischen Medien. Göttingen 2007 (Schriften des Gleimhauses Halberstadt 5), S. 9–26, hier S. 14. Vgl. hierzu auch die kluge Einführung von Christine Vogel: Ort und Funktion der Bildpublizistik im plurimedialen Netz der Nachrichten- und Debattenkultur des 18. Jahrhunderts. Ein Beispiel. In: Philippe Kaenel, Rolf Reichardt (Hg.): Interkulturelle Kommunikation in der europäischen Druckgraphik im 18. und 19. Jahrhundert. Hildesheim 2007. S. 357–374.

5 Zum Krieg als Medienereignis siehe auch Jürgen Wilke: Krieg als Medienereignis – Konstanten und Wandel eines endlosen Themas. In: Kurt Imhof, Peter Schulz: Medien und Krieg – Krieg in den Medien. Zürich 1995. (Mediensymposium Luzern 1), S. 21–35.

6 Vgl. zu den frühen Flugblättern die umfassende Arbeit von Michael Schilling: Bildpublizistik der frühen Neuzeit. Aufgaben und Leistungen des illustrierten Flugblatts in Deutschland bis um 1700. Tübingen 1990. Eine neuere Studie zum Thema legte jüngst Kerstin te Heesen vor: Das illustrierte Flugblatt als Wissensmedium der Frühen Neuzeit. Opladen, Farmington Hills, MI 2011.

teilte häufig emblematisch gestaltete Struktur im Aufbau dieser Blätter. Dem jeweiligen Bild (pictura) stand eine prägnante Überschrift (inscriptio) voran, ihm folgte eine längere, häufig gereimte Ausführung über den dargestellten Gegenstand als subscriptio. Neben der Verbreitung von tagesaktuellen Informationen zu Naturkatastrophen und anderen erstaunlichen Ereignissen wie Missgeburten und Himmelserscheinungen dienten Flugblätter in den folgenden hundertfünfzig Jahren der Information über Kriege und andere politische Ereignisse mit Bild und Text. Diese Informationen waren nie objektiv, sondern immer interessegeleitet. Dabei war in der Frühzeit des Mediums die gemeinsame Klammer aller dieser heterogenen Darstellungen die Manifestation des Heilsgeschehens in den Ereignissen, über die berichtet wurde. Dies gilt natürlich auch noch für die Berichterstattung im Zusammenhang mit dem Dreißigjährigen Krieg, der in der Forschung als wichtiger publizistischer Knotenpunkt auf dem Weg zu einer modernen Propaganda gilt.[7] Höhepunkte der propagandistischen Vermarktung und damit auch der Bildpropaganda waren hier die Ereignisse um den Winterkönig Friedrich V. (1596–1632) und das Eingreifen Gustav Adolfs (1594–1632) in den Krieg.[8] Hier begannen die Verspottung des gefallenen Gegners und die Etablierung von Feindbildern, die in der kommenden Kriegspropaganda so wichtige Elemente wurden. Wolfgang Harms macht in diesem Zusammenhang darauf aufmerksam, dass bereits im 17. Jahrhundert die ersten Informationen über ein Ereignis mehr und mehr von den Zeitungen übernommen wurden, und die Flugblätter ihre Aufgabe in der Meinungsbildung, der politischen und religiösen Propaganda und der parteiischen Kommentierung der Tagesereignisse fanden, sie also auf einen – durch die anderen Pressemedien wie Zeitung und Flugschrift – schon vorinformierten Leser setzen konnten.[9] Dies ändert sich in der zweiten Hälfte des 17. Jahrhunderts nicht mehr. Auch in dieser Zeit werden größere Medienereignisse wie die Türkenkriege und die Kriege gegen Ludwig XIV. (1638–1715) von Flugblättern begleitet. Hier erscheinen jetzt neben den allegorisch oder satirisch argumentierenden Blättern solche, die die Schlachtendarstellungen mit einem rein sachlichen Kommentar begleiten, sich somit verstärkt an der Zeitungsberichterstattung orientieren.[10] Im 18. Jahrhundert hat das Flugblatt in seiner emblematisch orientierten Urform einen letzten Höhepunkt in der publizistischen Vermarktung der

---

7 Vgl. hierzu Jutta Schumann: Das politisch-militärische Flugblatt in der zweiten Hälfte des 17. Jahrhunderts als Nachrichtenmedium und Propagandamittel. In: Wolfgang Harms, Michael Schilling (Hg.): Das illustrierte Flugblatt in der Kultur der Frühen Neuzeit. Wolfenbütteler Arbeitsgespräch 1997. Frankfurt am Main u. a. 1998 (Mikrokosmos. Beiträge zur Literaturwissenschaft und Bedeutungsforschung 50), S. 227–258.

8 Schumann: Das politisch-militärische Flugblatt (Anm. 7), S. 227–228.

9 Wolfgang Harms: Feindbilder im illustrierten Flugblatt der Frühen Neuzeit. In: Franz Bosbach (Hg.): Feindbilder. Die Darstellung des Gegners in der politischen Publizistik des Mittelalters und der Neuzeit. Köln u. a. 1992 (Bayreuther historische Kolloquien 6), S. 141–177, hier S. 141.

10 Siehe Schumann: Das politisch-militärische Flugblatt (Anm. 7), S. 255.

Aussiedlung und Vertreibung der Salzburger Exulanten.[11] Als es dann galt, über das Kriegsgeschehen zwischen dem Königreich Preußen und der Habsburger Monarchie um den Besitz Schlesiens zu berichten, war es nur noch eines von vielen Nachrichtenmedien, die das Geschehen propagandistisch begleiteten. Neben den mit königlichem Privileg regelmäßig erscheinenden Zeitungen und Wochenschriften, wie der *Vossischen Zeitung* und den *Berlinischen Nachrichten von Staats- und gelehrten Sachen* seien hier auch die zahlreichen Flugschriften genannt, in denen Hofjuristen und Anhänger der preußischen Politik zum Beispiel den Ersten Schlesischen Krieg argumentativ legitimierten.[12] Die Dichter der Zeit wirkten ebenfalls an der propagandistischen Aufbereitung der Kriege mit. So fühlten sich anakreontische Dichter der 1740er Jahre wie Johann Wilhelm Gleim (1719–1803)[13] getrieben, statt Liebesliedern nun ganz staatstreu Kriegslieder auf Liedflugblättern zu publizieren und reihten sich damit in eine große Gruppe von Gelegenheitsdichtern ein, die im Sinne Thomas Abbts (1738–1766) den „Tod für das Vaterland“[14] priesen und fröhlicher noch die Siege feierten.[15]

Die meist einzeln vertriebenen graphischen Blätter, die das Kriegsgeschehen kommentieren, sind Legion.[16] Die großen Veränderungen im Vergleich zum traditionellen Flugblatt werden schnell deutlich. Natürlich gibt es auch bei den jetzt erscheinenden Blättern noch den traditionellen Aufbau mit Überschrift, Bild und erklärendem bzw. kommentierendem Text. Solche Bilder entstanden häufig kurz nach einer Schlacht. Dabei blickt der Betrachter in Kavaliersperspektive von einem höheren Punkt auf das Geschehen. Der Vordergrund ist zum Ereignisbild ausgestaltet, während der Hintergrund Schlachtengeschehen ohne ausmachbare Details zeigt. Der Text erläutert das Kriegsgeschehen, ist aber keineswegs genau in der Dar-

---

11 Dies stützt Schumanns These, die eine „enge Verbindung zwischen Flugblatt und religiöser Propaganda“ für das 17. Jahrhundert ausmachen konnte. Schumann: Das politisch-militärische Flugblatt (Anm. 7), S. 255. Zu den Einblattdrucken, die die Aussiedlung der Salzburger Protestanten beschreiben, siehe auch Angelika Marsch: Die Salzburger Emigration in Bildern mit Beiträgen von Gerhard Florey und Hans Wagner u. a. Verzeichnis der zeitgenössisch Kupferstiche. Weishorn 1977 (Schriften des Norddeutschen Kulturwerks Lüneburg) sowie Gerhild H. M. Komander: Der Wandel des „Sehepuncktes“. Die Geschichte Brandenburg-Preußens in der Graphik von 1648–1810. Münster, Hamburg 1995, S. 127–134.

12 Siehe hierzu auch Manfred Schort: Politik und Propaganda. Der Siebenjährige Krieg in den zeitgenössischen. Frankfurt am Main u. a. 2006.

13 Hans Peter Herrmann: Krieg, Medien und Nation. Zum Nationalismus in Kriegsliedern des 16. und 18. Jahrhunderts. In: Wolfgang Adam, Holger Dainat in Verbindung mit Ute Pott (Hg.): „Krieg ist mein Lied“. (wie Anm. 4), S. 27–64, hier vor allem S. 29–33.

14 Thomas Abbt: Vom Tod für das Vaterland. Die erste Auflage erschien 1760 in Berlin im Verlag des Freundes und Weggefährten Friedrich Nicolai (1733–1811).

15 Vgl. hierzu Bernhard Jahn: Die Medialität des Krieges. Zum Problem der Darstellbarkeit von Schlachten am Beispiel der Schlacht von Lobositz (1.10.1756) im Siebenjährigen Krieg. In: Wolfgang Adam, Holger Dainat in Verbindung mit Ute Pott (Hg.): „Krieg ist mein Lied“ (wie Anm. 4), S. 88–110, hier besonders S. 90–100.

16 Um einen genauen Eindruck über die graphische Produktion dieser Zeit zu erhalten siehe vor allem die kunsthistorische Arbeit von Komander: Der Wandel des „Sehepuncktes“ (Anm. 11), die mit einer vorzüglichen Bibliographie ausgestattet ist.

stellung und nimmt deutlich Partei. Von welcher der Kriegsparteien aus das Geschehen geschildert wird, wird meist durch ein Medaillon zu Beginn des Textes deutlich, das entweder ein Bild der österreichischen Herrscherin Maria Theresia (1717–1780) oder des preußischen Königs Friedrich II. (1712–1786) zeigt. Daneben gibt es zahlreiche kartographische Schlachtenbilder, deren Darstellungstechnik schon aus dem 17. Jahrhundert bekannt ist. Sie haben häufig einen in die Platte geschnittenen Text und zeichnen viele schlachtenspezifische Details, wie zum Beispiel die Darstellung der Flugbahnen der Geschütze, aufs Genauste nach. Die Personendarstellung jedoch ist auf Strichmännchen reduziert. Interessanterweise wurde diese Darstellung gerne verwendet, wenn Preußen nicht siegreich war, es also keinen Anlass für verherrlichende Personendarstellungen gab.[17] Natürlich gibt es auch noch die traditionellen allegorischen Bilder, die einen Sieg als Triumph des Friedens über Mars darstellen und ausführlich kommentieren. Und es gibt zu den jeweiligen Siegesfeiern auch Blätter, die allein der Verherrlichung der Herrscher dienen und altbekannte Allegorik sowie traditionelle Bildlichkeit aufrufen. Hinzu kommen in Preußen jedoch Bilder im Kleinformat, die häufig aus der Rückschau entstanden sind und den großen König während des Kriegsgeschehens in einer eher menschlichen Pose zeigen. Friedrich II. lancierte hier durch Anerkennung bzw. Ablehnung von Bildern durchaus ein spezielles Bildprogramm zur Darstellung seiner Person, wobei er eher den Diener seines Volkes als den siegreichen Herrscher in den Mittelpunkt gestellt sehen wollte.[18] Gerade diese personenbezogenen Bilder gehören jedoch oft bereits in die Zeit von Friedrich Wilhelm III. (1770–1840), der bewusst auf die Selbstinszenierung seines Vorvorgängers setzte und sich dessen Beliebtheit für seine eigene Politik zu Nutze machen wollte. In diesem Zusammenhang entstanden zum Beispiel zwischen 1797 und 1807 mehrere mit einem Adler ausgewiesene Serien vaterländischer Grafik,[19] die durchaus im Anekdotischen verhaftet sind und dem Aufbau einer nationalen Identität dienen sollten. Man muss sich natürlich fragen, ob diese und ähnliche Blätter, bei denen das Bild ein deutliches Übergewicht gegenüber dem Text erhält und die die Kunstgeschichte als Kleingraphik oder Gelegenheitsgrafik schon ihrer Disziplin zugeordnet hat, insoweit sie sie nicht mit der Bilderforschung der Europäischen Ethnologie als Forschungsgegenstand teilt, noch unter dem Blickwinkel der Flugblattforschung im Hinblick auf ihre historischen und publizistischen Aspekte zur Kenntnis genommen werden dürfen? Dass dies durchaus sinnvoll ist, soll im Folgenden an zwei Beispielen gezeigt werden.

---

17 Zur Darstellung von Schlachten auch im Einblattdruck vergleiche auch Bernhard Jahn: Die Medialität des Krieges (wie Anm. 15), S. 88–110, hier besonders S. 104–110.

18 Jürgen Fohrmann: Der Ruhm des Königs. Über die Herstellung eines Mythos und seine medialen Bedingungen. In: Wolfgang Adam, Holger Dainat in Verbindung mit Ute Pott (Hg.): „Krieg ist mein Lied" (wie Anm. 13), S. 379–406. Vgl. auch Komander: Der Wandel des „Sehepuncktes" (Anm. 11), S. 199–200, die eine Episode um Daniel Chodowiecki (1726–1801) berichtet. Hier hatte Friedrich II. eine ihn selbst überhöhende allegorische Darstellung über das Ende des Siebenjährigen Krieges zurückgewiesen und befohlen, die Druckplatte zu vernichten.

19 Eva Bliembach: Vaterländische Graphik um Friedrich II. von Preußen. In: Mitteilungen der Staatsbibliothek preußischer Kulturbesitz 19/2 (1987), S. 91–143.

Die Kaffeehausblätter

Zunächst richtet sich der Fokus dieser kleinen Studie auf eine Reihe von Bildern, die in den 1750er Jahren vertrieben wurden. Sie wurden in Augsburg verlegt und bilden, auch wenn an ihnen unterschiedliche Künstler mitgewirkt haben, eine thematische Serie. Sie zeigen dabei sehr genau die Entwicklung auf, die der kulturhistorische Einblattdruck bzw. das Flugblatt im 18. Jahrhundert geht. Alle Darstellungen spielen im Kaffeehaus und setzen damit den Ort ins Bild, der spätestens seit Habermas[20] als Ort der sich herausbildenden bürgerlichen Öffentlichkeit und damit als Ort der Aufklärung gilt. Hier hatte neben dem Kaffeegenuss das gemeinsame Raisonnement über die politischen Zustände ebenso wie die Lektüre der neuen Massenmedien, der Zeitungen ihren Platz. Wie hieß es doch bereits auf dem Bilde von Nessenthaler im Hinblick auf die Zeitungen: „Darüber Momus mit Dumheit raisoniert,| nebst seiner Compagnie, was der Courir gebracht."[21] Den Schankraum eines Kaffeehauses nimmt zum Beispiel ein 1757 von Johann Michael Probst (1727–1776) in Augsburg verlegtes Blatt nach einem Entwurf von Johann Philipp Haid (1730–1806) auf, das von Johann Lorenz Rugendas (um 1730–1799) gestochen wurde (Abb. 2).[22]

Es bezieht sich deutlich auf die Kriegssituation in Europa. Das *Gespräch zwischen dermahl im Krieg 7 verwickelten Nationen in einer Caffe Stuben.*" – so der Titel – beginnt mit der lapidaren Äußerung des Österreichers: „Wir haben in dem Feld einander offt gesehen/| nun aber schmecket uns ein Schale von Caffee". Dabei aber bleibt es nicht, denn der Österreicher fährt fort: „und wird der hefftig krieg nicht bald zu ende gehn /| so thun wir noch gewiss einander bitter weh." Danach wird allen am Tisch sitzenden Militärs als Vertretern der am Krieg beteiligten Nationen – England, Preußen, Schweden, Frankreich, Sachsen und Russland – ein Vierzeiler in den Mund gelegt. Zum Teil nehmen diese Vierzeiler auf einander Bezug, zum Teil können sie auch als Ausdruck nationaler Stereotype oder als Kommentar zur Kriegssituation gelesen werden. So stellt der Engländer sich als Vertreter der englischen Kaffeehauskultur dar: „Wann etwas wirdiges zuweilen scheint zu kränken/| nehm ich gleich auf der Stell ein Schale von Caffe /| Alsdenn kann erst der Kopf der Sache recht nachdenken/| es weicht die Traurigkeit zusamt dem Magenweh." Der Vertreter der Preußen dagegen zeigt sich als Kämpfernatur und weist sowohl die gemütliche Gelassenheit des Österreichers als auch die Nachdenklichkeit des Engländers mit seinen an den Franzosen gerichteten Worten zurück: „Dermahlen komts nicht an auf bloßes raisonieren/| es muß die Tapferkeit im Feld sich lassen sehn:| Der Kopf thut zwar sehr viel doch muß der Arm sich rühren/| wann ihn des Esels Stimm betäubet und beschwert." Zwar kann man diese drei Vierzeiler als auf einander bezogen lesen, ein richtiges Gespräch findet aber nicht statt. Berücksichtigt man aber

20 Jürgen Habermas: Strukturwandel der Öffentlichkeit. Untersuchungen zu einer Kategorie der bürgerlichen Gesellschaft. Neuwied, Berlin ^{8}1962, S. 48ff.

21 Abb. 1. Vergl. Anm. 2.

22 Standort: Staatsbibliothek zu Berlin. Signatur: Einbl. 1757, 9 kl.

Abb. 2

auch das darüber gesetzte Bild, so lässt sich feststellen, dass die jeweilige Sitzhaltung der Figuren – der Preuße wendet sich dem Franzosen zu und kehrt dem Österreicher den Rücken, während der Franzose aus dem Bild herausschaut, der Schwede spricht zum Sachsen, Österreicher und Engländer sind einander zugewandt und der Russe wendet sich an alle – zwar durchaus auf die politische Situation in Europa anspielt, gleichzeitig aber nichts mit der Reihenfolge der darunter gesetzten Vierzeiler zu tun hat. So folgt der Preuße mit seinem Text zwar auf den Engländer und scheint diesem auch zu antworten, im Bild wendet er sich jedoch von der Gesprächsgruppe des Österreichers und des Engländer ab und dem Franzosen zu. Das so entstehende Spiel aus komplexen Bezügen wird noch vielschichtiger, wenn man auf den dem deutschen Text folgenden französischen Text blickt, der durchaus keine reine Übersetzung ist, sondern die Akzente etwas anders setzt. Dies macht die französische Rede des Preußen deutlich: „La prudence dans la guerre est necessaire| mais un bras fort avance l'affaire| la prevoyance seule ne fait pas tout| accompagnée de la valeur on vient a bout." Die Augsburger Drucker und Verleger bedienten mit ihren Blättern einen großen europäischen Markt. Mit der Zweisprachigkeit dieses Blattes hatte sich Probst eine weitere Auflage des Blattes für ein französisches Publikum gespart. Ob die Frau Wirtin an der linken Seite Maria-Theresia ist, wofür der offenkundig mit einem Doppeladler versehene Zettel auf dem Wirtshaustisch spricht, oder vielleicht doch Germania, wie es zur Tradition dieser Bilder besser passen würde, sei zunächst dahingestellt.

Es werden im Rahmen der Kaffeehausbilder neben dem Schankzimmer auch andere Räume gezeigt. So stellt ein Blatt, das 1758 in Augsburg bei Johann Martin Will (1727–1806) verlegt wurde, ein Billardzimmer und ein Billardspiel dar.[23] Schon der Titel *A la GUERRE oder Historisch Politisch Kriegerisches BILLARD Spiel der streitenden Mächten in Teutschland* zeigt, wie das Bild zu lesen ist (Abb. 3).

Der Billardtisch ist aus einer Karte des Kriegsgebiets gebildet, und der preußische Husar, der am Spiel ist, lässt keine Zweifel daran, dass es hier um den Siebenjährigen Krieg geht: „Bei Schweidnitz hatte sich mein Spiel sehr gut gezeuget/ allein vor Olmütz war vor diesmal kein Gewinn." Alle Nationen kommentieren in einem Zweizeiler ihre Position im Preußisch-Österreichischen Kriegsgeschehen um Schlesien und am Ende zieht der Schweizer das Fazit: „Und wer bei diesem Spiel zum besten will gewinnen/ Der braucht Gott, Recht, Geld, Volk und Waffen wie bekannt." Auf anderen Blättern wird ein Maskenball veranstaltet,[24] oder es werden Kartenspiele wie Pharao[25] oder L'Ombre[26] gespielt. Häufig verfolgt die Wirtin das Geschehen, wie in

---

23 Standort: Staatsbibliothek zu Berlin. Signatur: YB 7630 kl.

24 Der Neueröffnete Politische Masquirte Ball Kriegender Pouissancen in Germania. Standort: Staatsbibliothek zu Berlin. Signatur: YB 7634 m. Das Blatt wurde von Johann David Nessenthaler in Augsburg angefertigt und vertrieben.

25 Pharao Spiel der im Krieg begriffenen Herren Offiziere. Standort: Staatsbibliothek zu Berlin. Signatur: YB 6696 kl. Das Blatt wurde von Johann Michael Probst in Augsburg nach einem Entwurf von Johann Philipp Haid gestochen und vertrieben.

26 Abbildung des jetzigen Politischen L'Ombre Spiels im Hause der Frauen Germanien. 1767. Standort: Staatsbibliothek zu Berlin. Signatur: YB 6940m.

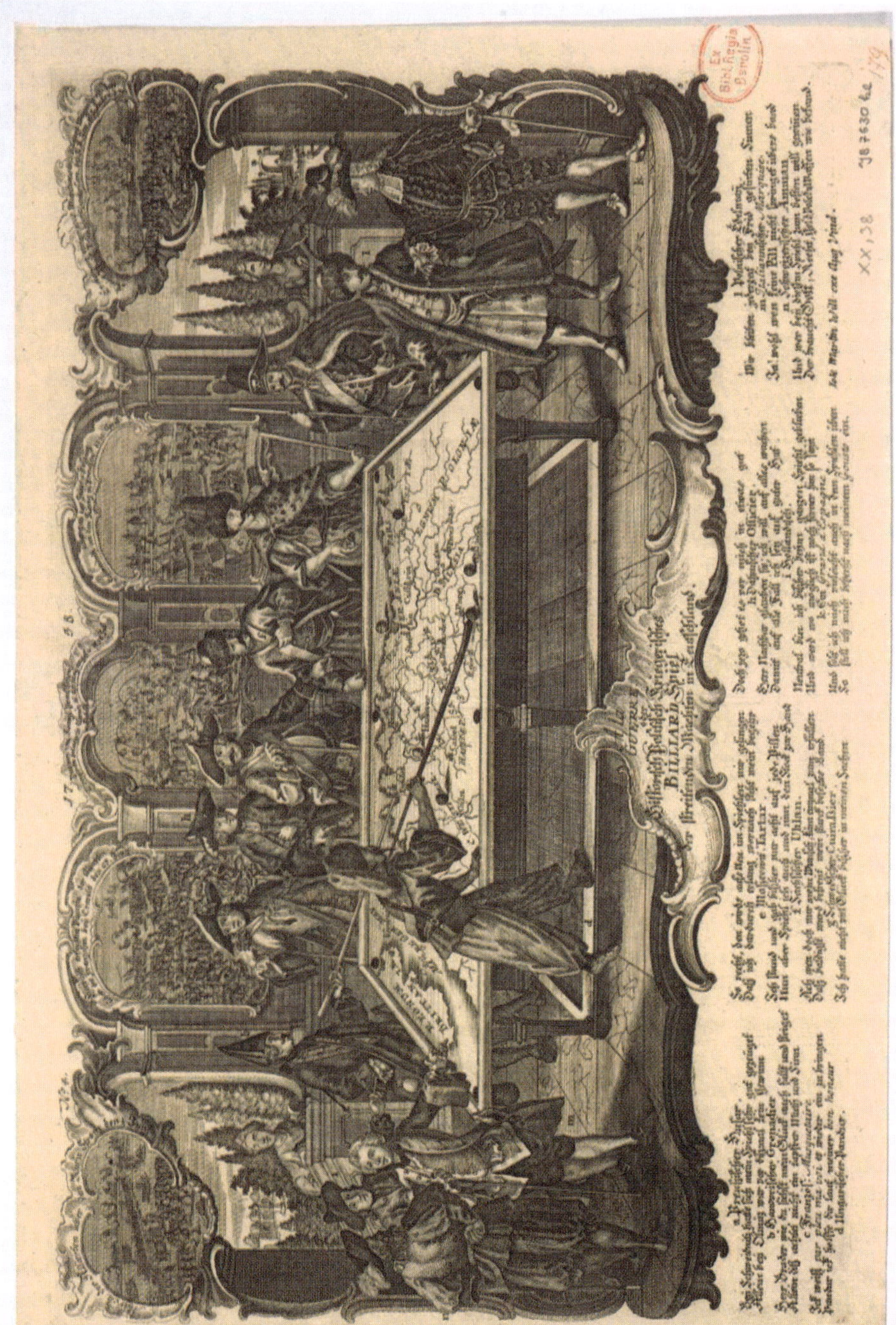

Abb. 3

Ausländisch-Europäische/ wie auch Französisch-Holländische
Staats-Eröffnung.

Mavors will nun abermals seine blutbetriefte Waffen/
Welche etlich wenig Jahr durch den Fried vergnügt geschlaffen
Wieder in die Fäuste nemen; So zu Wasser als zu Land
Will er feindlich Sich erzeigen durch erhitzten Krieges-Brand.
Picken suchet er hervor und die scharffgeschliffne Degen/
Harnisch/ welche fast verrost/ ist er fertig blanck zu fegen.
Der Musqueten/ Falconeten/ der Carthaunen Donnerknall
Soll verschaffen Schröckgethöne/ und mit Furcht vermischten Schall.
Er stellt sich in Positur/ die Irene ist verjaget;
Ihre Mittel man nicht acht/ **Frantzmann** sagt: **Es sey gewaget!**
Auf ihr muhtigen Soldaten/ ich fang an das **Kriegesspiel**;
Mein behertzt und tapfer Wesen sich nicht mehr bedencket viel.
Holland ist mein Gegenwurff; (1) **Ich will sie genug vexieren/**
Meine tapfre Ritter-faust soll sie gnugsam alteriren.
Wer will sich doch widersetzen meiner vieler Völcker Macht?
Alles ist bereit und fertig: Holland schicke dich zur Schlacht!
Holland den gesprochnen Hohn hört mit kluggespitzten Ohren/
Spricht aus tapferem Gemüht: Wol! **Es ist noch nichts verloren/**
Es ist mir noch eingepflantzet mein behertzter **Löwenmuht**;
Ich will fechten/ ich will kämpffen unverzagt biß auf das Blut/
Spanien hält mit mir ein (2) **auf Gewinn und auf verlieren.**
Es sagt: In gar kurtzer Zeit (3) **wird man meine Treue spühren**
Der die **Pfeil** schiesst in die Höhe/ dem sie fallen auf das Haubt
Offtermahls eh man es meinet/ daß er Lebens liegt beraubt.
Der Frantzos hierüber stutzt/ kan darein sich nicht recht finden/
Doch bleibt er behertzt wie vor; **Engelland** bleibt nicht dahinden/
Und schlägt sich auch in das Mittel/ zeigt mit seinen Thaten an
Wie man wol mit Fug den Feinden schädlich gnug beykommen kan.
Man hört von ihm diese Wort: (4) **Also will es sich gebühren**
Dem Frantzosen beyzustehen; lasst Carthaunen musiciren
An statt der beliebten Harffen. So zu Wasser als zu Feld
Wollen wir stets in Bereitschafft und Schlacht-Ordnung seyn gestellt.
Teutschland alterirt sich ni.ht/ pflegt sich grämend nicht zu hermen
Siehet sich doch auch wol für in gemeinem Krieges-Lermen/
Und versuchet alle Mittel/ die zum Frieden dienlich seyn/
Damit alle Strittigkeiten mögen seyn gestellet ein/
Waß es zu dem **Schweden** spricht: (5) **Unsre Freundschaff: wirds ausführen**
Wird die Antwort bald gehört: (6) **Ich/ Ich will ihm** caresiren.
So ist alles wolbestellet/ so geht alles glücklich fort/
Und GOtt selbst der Allerhöchste wird seyn unser Schild und Hort;
So wird Teutschland glücklich seyn/ so wird Teutschland trefflich grünen/
So wird Teutschland wol kein Feind anzugreiffen sich erkühnen;
So wird Teutschland mit recht heissen aller Länder Preiß und Kron/
So wird ihr Haubt siegreich sitzen auf dem festgestellten Thron.
Alsdann werden auch im Flor ihre preisenswehrte Stätte
Grünen/ blühen und hinfort zierlich wachsen in die Wette.
Alsdann werden die Innwohner wohnen in Einträchtigkeit
Beyeinander/ und sich schätzen höchstvergnüget allezeit.
Unterdessen ist betrübt das mit Angst umfangne Polen
Wegen innerlichen Zwist/ und kan sich nicht recht erholen.
Weil der **Türckenhund** stets drohet/ mit Einfall/ Mord/ Raub und Brand/
Will man mich dann gantz entzieren: (7) spricht es im betrübten Stand.
Moscau treulich hilfft darzu/ spricht: (8) **Ich will das Feuer schüren;**
Der Cosack ist voller Grimm/ (9) **sein Hertz im Leib will sich rühren**
Wegen grossen Widerwillens/ wetzt den Saibel auf das neu/
Droht den Kindern in der Wiegen/ zu zerschneiden Sie entzwey.
Dem der Tartar voller Wuht und erhitzten Rasereyen
Folget Pfeilschnell auf dem Fuß/ daß man hört von ferne schreyen
Wild und garstig durcheinander. Die Ucraine zitternd bebt/
Doch sich Polen spricht erholend: Auf! der alte GOtt noch lebt!
Auf! mein streitgewohntes Volck! laß die blancken Saibel blincken
Schlag getrost in Türckenköpff/ laß sie Blut der Tartarn trincken/
Die Cosacken werden fliehen/ wann sie unsre Mannheit sehn/
Keiner unter denenselben wird vor unsrer Macht bestehn.
So wird alsdann Ottomann/ und die Blut-Eglischen Horden
Spühren zur genug und satt/ daß die Christen zu ermorden
Ihnen werde selbst verwehret von des Allerhöchsten Hand/
Der woll alle Potentaten schützen stets in ihrem Stand/
Und Europen auf das Neu mit Einträchtigkeit beglücken/
Damit es sich wie bisher Friederwünschet mög erquicken/
Er zerschlag die Kriegeswaffen/ leg dem Mavors selbst ein Ziel/
So wird gehen bald zum Ende das schon angefangene **Spiel.**

Gedruckt zu Delfft in Holland.

Abb. 4

der oben analysierten Kaffeehausszene von Haid und Rugendas. Beim L'Ombre Spiel wird sie auch direkt als Germania bezeichnet, die die Nationen bittet, den Krieg zu beenden. Hierbei erhält sie Unterstützung durch den türkischen Nachtwächter, der die Gäste auffordert: „Ihr Herren macht ein End, und geht einmal nach Haus, wo nicht, so komme ich, und lösch die Lichter aus." Dass auch dieser Vierzeiler einen Zeitkommentar enthält, muss eigentlich nicht erwähnt werden, war doch das Eingreifen der Türken auch in den Schlesischen Kriegen ständig zu befürchten. Das Motiv des Kartenspiels wurde bereits im 17. Jahrhundert zur Darstellung einer kriegerischen Verstrickung verwendet. In dem Blatt *Ausländisch=Europäische/ wie auch Französisch=Holländische Staats=Eröffnung* aus dem Jahr 1672/73 hat man es noch mit einem klassischen Flugblatt mit emblematischem Aufbau zu tun (Abb. 4).[27]

Die Überschrift kommentiert das Bild, die darunter stehende zweispaltig gesetzte und paargereimte Erzählung amplifiziert aus niederländischer Perspektive den Kommentar der Überschrift und interpretiert das Bild. Bild und Text stehen jedoch in einem komplexen Zusammenhang. Der Autor lässt das Kriegsgeschehen in Europa von einem omnipotenten Erzähler schildern: „Mavor will nun abermals seine blutbetrieffte Waffen / | Welche etlich wenig Jahr durch den Fried vergnügt geschlaffen| Wieder in die Fäuste nehmen [...] Er stellt sich in Positur / die Irene ist verjagt; | Ihre Mittel man nicht acht/ Franzmann sagt: ‚Es sey gewagt!'" Nach dieser Einleitung beginnt nun der Franzose seine Position zu erläutern. Dabei verweisen fettgedruckte Worte und Textpassagen sowie Zahlencodes auf das über den Text gesetzte Bild, das die Zahlen und einen Teil der Textpassagen in Sprechblasen aufnimmt. So entsteht das Wechselspiel zwischen dem Kartenspiel im Bild und dem die kriegerischen Auseinandersetzungen in Europa schildernden Text. Argumentation und Bild, Allegorese und Allegorie sind jedoch nicht so eng miteinander verzahnt, wie in den hier vorgestellten Blättern des 18. Jahrhunderts, bei denen an der Bildebene festgehalten wird und die Allegorese vom Leser selber zu leisten ist. Zwar scheinen die Texte deutlich schlichter zu sein, was aber auch mit stilistischen Unterschieden zu tun hat. Mitte des 18. Jahrhunderts ist die amplificatio, die als Stilelement noch das Blatt aus dem 17. Jahrhundert prägte, endgültig einer Rhetorik gewichen, die stringent auf das Argumentationsziel ausgerichtet ist. Gleichzeitig wird aber von den Lesern und Betrachtern der Blätter eine weitaus größere Transferleistung erwartet, die Kenntnisse der dargestellten Ereignisse aus anderen Quellen als den jeweiligen Blättern selbst voraussetzt.

Die hier vorgestellten „Wirtshaus"-Blätter des 18. Jahrhunderts sind im kleinen Querformat hergestellt. Sie sind rund 25 x 30 cm groß und scheinen daher für die Betrachtung durch einen Einzelnen bzw. eine kleinere Gruppe gedacht zu sein. Sie liefern wenig detaillierte Informationen zum aktuellen Kriegsgeschehen sondern stellen die Zusammenhänge über die Personifizierungen der am Krieg beteiligten Nationen dar. Aber sie bieten in dem Detailreichtum ihrer Bilder und in der Zuspitzung der Texte durchaus die Möglichkeit der detaillierten Lektüre bzw. Betrachtung,

---

27 Standort: Staatsbibliothek zu Berlin. Signatur: YA 10030m. Das Blatt wurde „zu Delft in Holland" gedruckt.

des scharfsinnigen Durchdringens der einzelnen Anspielungen und können somit Ausgangspunkt für eine intelligente Konversation über die Zustände sein. Dadurch, dass dem Text der erzählerische Rahmen fehlt, fehlt auch der omnipotente Erzähler, der in dem Blatt aus dem 17. Jahrhundert die Leserichtung bestimmte. Im 18. Jahrhundert sind Leser und Betrachter den eigenen Überlegungen, der eigenen Interpretation überlassen. In dem eingangs vorgestellten Bild von Nessenthaler heißt es: „Der nimmt ein Fernglas, der andre eine Brille. Der mit dem Perspektiv will Schriftenrichter sein." Damit wurde der Einzelne einer lesenden Gesellschaft charakterisiert, der einen je eigenen Zugriff auf das über die Presse verbreitete politische Geschehen hat. Die hier vorgestellten Blätter sind ebenso wie der Ort, der auf ihnen dargestellt ist, das Kaffeehaus, ein Beispiel für die Diskussionskultur der bürgerlichen Öffentlichkeit.[28] Dient das Kaffeehaus realiter dem Informationsaustausch durch Zeitungslektüre und Gespräch, so nehmen die Blätter diesen Ort auf, indem sie ihn abbilden. Die Bilder sind in die moderne Zeit der Aufklärung eingepasst, sind Teil von deren Debattenkultur und führen die politischen Positionen der Zeit in den dargestellten Kontrahenten des Krieges vor, und all das geschieht wiederum im Gespräch. In ihrer Zuspitzung der zeittypischen Positionen mit einem typischen Personal werden diese Bilder ein die Zeitungsmeldungen, Flugschriften und patriotischen Gedichte ergänzendes Informationsmedium. Dass sie dabei weit weniger Position beziehen als die früheren Blätter, in deren Tradition sie stehen, erweitert ihren Absatzmarkt. Und die Entwicklung dieser Blätter geht weiter. Sie kulminiert letztlich in einem Bilderzyklus des bekannten Augsburger Rokokographikers Johann Esaias Nilson (1721–1788), der – wohl in den 1780er Jahren – eine Reihe von vier Kaffeehausbildern stach, die wie ihre Vorgänger außer dem Schankraum auch die anderen Zimmer eines Kaffeehauses zeigten: das Kartenzimmer, das Schachzimmer und das Billardzimmer. Nilsons Blätter nun scheinen reine Genredarstellungen zu sein, die die politische Konnotation, wie sie sich bei den Blättern von Haid und Rugendas findet, völlig aufgegeben haben. Sie werden von der Forschung dann auch unter der Überschrift „Moral und Genuss"[29] bzw. „vier Blatt verschiedener Unterhaltungen"[30] verhandelt. Einer der Zweizeiler aber, die den Blättern ihr Thema geben, lässt aufhorchen. Die Unterschrift zum Blatt *Billardspielen* lautet: „Das a la Guerre Spiel kann zwar Vergnügen geben. Doch laß uns außer dem nicht a la Guerre leben." Damit wird deutlich auf das 1758 bei Will verlegte Bild und seine Allegorese verwiesen. Aber Nilsons Zeitkritik ist in diesem Fall, wie auch in den anderen kommentierenden Zweizeilern seiner Kaffeehausserie, in erster Linie moralisch gefärbt und lässt sich nur noch erkennen, wenn man seine Blätter im Zusammenhang mit den vorher erschienenen Kaffeehausblättern sieht.

---

28 Zum Kaffeehaus als Ort des öffentlichen Diskurses und des bürgerlichen Selbstverständnisses siehe Annette Meyer: Die Epoche der Aufklärung. Berlin 2010, S. 111–112.

29 Gun Dagmar Helke: Johann Esaias Nilson (1721–1788). Augsburger Miniaturmaler, Kupferstecher, Verleger und Kunstakademiedirektor. München 2005, S. 135 f.

30 Marianne Schuster: Johann Esaias Nilson. Ein Kupferstecher des süddeutschen Rokoko, 1721–1788. München 1936, S. 62f.

Le gâteau des rois

Im Folgenden soll es um ein Motiv und eine Reihe von Blättern gehen, die bis heute mit der freundlich-verharmlosenden Darstellung einer historisch folgenschweren Entscheidung die Wirkung auf die Betroffenen nicht verloren hat. Es handelt sich um ein Motiv, das die Teilung Polens thematisiert. An ihm und seinen Varianten lässt sich sehr gut deutlich machen, was geschieht, wenn politisch argumentierende Einblattdrucke kaum mehr durch einen interpretierenden und einordnenden Text begleitet werden und damit breit einsetzbar werden.

Das erste Blatt geht auf einen französischen Entwurf zurück. *Le gâteau des rois* von Noël le Mire (1724–1801) beruht auf einer Vorlage von Jean Michel Moreau dem Jüngeren (1741–1814)[31] (Abb. 5).[32]

Wenn auch der Druck zum Teil ein englisches Impressum hat, so stammt er wohl doch aus Frankreich, ist zumindest dort gesetzt, wie das verballhornte englische Wort „Troelfth cake" zeigt, das auf einen „twelfth cake", einen Dreikönigskuchen, verweist. Der zynische Spruch von Friedrich dem Großen, der Polen einen Kuchen genannt hatte, den es zu teilen gelte, ist hier allegorisch gestaltet.[33] Man sieht die russische Zarin Katharina II. (1729–1796) mit dem polnischen König Stanisław August Poniatowski (1732–1798) auf der einen Seite und Joseph II. (1741–1790) als Sohn und Mitregent der österreichischen Kaiserin Maria Theresia mit Friedrich II. von Preußen auf der anderen Seite. Zwischen ihnen liegt die Karte Polens, und jeder von ihnen beansprucht ein bestimmtes Gebiet für sich. Katharina deutet mit beiden Händen auf den Teil Polens, der am dichtesten an der russischen Grenze liegt. Friedrich II. zeigt mit seinem Degen unmissverständlich auf Danzig. Auch Joseph zeigt auf die von ihm gewünschten Gebiete. Nur der polnische König blickt seine ehemalige Geliebte verzweifelt an und versucht, seine Krone festzuhalten, die der Sturm, der am Himmel deutlich zu erkennen ist, ihm herunter zu reißen droht. Und Fama hat sich schon aufgeschwungen, die Nachricht von der ersten polnischen Teilung gleich mit zwei Instrumenten in die Welt hinauszuposaunen. Dieses Bild ist vielfach

31 Emmanuel Bocher: Les gravures françaises du XVIIIe siècle ou catalogue raisonné des estampes, vignettes, eaux-fortes, pièces en couleur au bistre et au lavis, de 1700 à 1800. Sixiéme Fascicule Jean-Michel Moreau le le Jeune, Paris 1883, S. 91–92. Zur Geschichte dieses Blattes, das sehr bald nach der ersten Publikation verboten wurde, sich jedoch weiterhin europaweit auf dem Markt behaupten konnte, vgl. Hanna Widacka: Kołacz Królewski, Czyli alegoria rozbioru Polski w grafice XVIII i XIX wieku (The Royal cake or allegoric representations of the partitions of Poland in 18th and 19th century graphic art). In: Kronika Zamkowa 33/1 (1996), S. 8–22.

32 Standort: Staatsbibliothek zu Berlin: Signatur: YB 9440 kl.

33 Widacka (wie Anm. 31), S. 8 bzw. S. 21. Die Anspielungen auf die volkstümlichen Traditionen, die mit dem Königskuchen verbunden sind, schwingen in der Titelgebung immer mit. Hier geht es um die Sitte, zum Dreikönigstag einen Kuchen miteinander zu teilen, in dem einer der Beteiligten eine eingebackene Puppe oder Bohne und damit das Heil finden kann. Dieses Ritual war in Europa sehr unterschiedlich verbreitet und lässt sich bis zum 18. Jahrhundert zurückverfolgen. Es war aber in Frankreich verbreiteter als in Deutschland. Vgl. hierzu Hanns Bächtold-Stäubl (Hg.) und Eduard Hoffmann-Krayer (Mitarb.): Handwörterbuch des deutschen Aberglaubens. Bd. 1. Berlin 1927, Sp. 1473–1474.

POLOGNE
en 1772.
Brandenbour.
POMERANIE
Varsovie
LE GÂTEAU
DES ROIS.
THE TROELFTH
CAKE.
London
Ex Bibl. Regia Berolin.
XXV, 12 a
YB 9440 kl
183

Abb. 5

La Situation de La Pologne
en MDCCLXXIII.
Die Lage des Königreichs Pohlen
im Iahr 1773.
MARE BALTICUM
POMERANIA

Abb. 6

nachgedruckt und bearbeitet worden. Auf alle Fassungen kann hier nicht eingegangen werden. Nur drei weitere seien vorgestellt. Eine deutsche Bearbeitung von 1773, die das französische Original seitenverkehrt kopiert, ist mit einem lateinischen Motto und einem deutschen zwölfzeiligen paargereimten Text versehen: „Inter duos litigantes tertius gaudet" – „Wenn zwei sich streiten, freut sich der dritte" – steht über dem Blatt, und die Verse preisen die Möglichkeiten einer „friedlichen Landnahme" auf polnische Kosten:

„Ein jeder sihet zwar das sein
Wohl dem, der's ohne Blut erhält.
Das Rechte zeiget waß ist dein
Sieh, wie du's findst in dieser Welt
Und wart auf gut Gelegenheit.
Das Pollnisch Reich gibt ein Exempel
Wie Klugheit immer höcher steigt,
Im Staats= u. großen Herren Tempel.
Ein jeder sagte: das ist mein,
Besezt daher mit eigner Macht,
Nimbt alles ohne Schwerd-Streich ein,
Heißt dieses nicht klug ausgedacht?"[34]

Die deutlich entspannteren Gesichtszüge der dargestellten Personen und der Himmel, der seine Gewitterschwere zu Gunsten von Rokokowölkchen, die die Fama tragen, verloren hat, stützen den Text und machen das Blatt zu einem, das die Teilung Polens als positiven politischen Akt und den Beweis polnischer Klugheit preist (Abb. 6).[35]

1773 hat auch der schon erwähnte Johann Esaias Nilson ein Blatt hergestellt, das auf der französischen Vorlage beruht. Die Rokokoranken und das Blattwerk weisen deutlich auf den Augsburger Künstler hin. Der französische Titel, der dem deutschen vorangeht, zeigt, dass das Blatt international vermarktet werden sollte. Beide Titel nehmen den Zynismus aus der Vorlage heraus. Es soll mit dem Blatt, dessen Titel nun lautet: *Die Lage des Königreich Polens im Jahre 1773* ein Istzustand beschrieben werden. Die Teilung Polens ist ein Jahr her. Friedrich II. hat das Schwert gesenkt, der polnische König ohne Krone und mit auf Fama hinweisender Hand hat sich offenkundig in sein Schicksal gefügt, ja scheint sich fast als Herr des Geschehens zu begreifen und Fama hat ihre Posaunen mit den Bändern der die drei Teilungsnationen Polens geschmückt. Man sieht, dies ist weder künstlerisch noch inhaltlich ein reiner Nachdruck. Das Blatt ist sowohl in seiner französischen als auch in seiner deutschen Variante wiederholt nachgedruckt worden, nicht ausschließlich als Ein-

34 Zitiert und beschrieben nach der Abbildung in: Widacka (wie Anm. 31), hier S. 11.
35 Standort: Staatsbibliothek zu Berlin. Signatur: YB 9444 kl.

LE GÂTEAU DES ROIS — Der Königs-Kuchen
THE TROELFTH CAKE
POLOGNE en 1772
1831

Abb. 7

blattdruck, sondern häufig auch als Buchillustration.[36] Ganz neu verortet wird es dann im Jahre 1831 (Abb. 7).[37]

Diese Variante geht wieder auf Moreau zurück. Sie wurde in Straßburg hergestellt und ist ebenfalls zweisprachig. Der Text bindet jetzt das alte Bild in die neue politische Situation während der Aufstände Polens gegen den russischen Zaren ein: „Mit der Theilung Polens beginnt das neue politische System, welches die drei nordischen Höfe ganz Europa aufgedrungen haben, jenen Fürstenbund, der durch die schreiendsten Gewalttätigkeiten und Ungerechtigkeiten, welche die Geschichte aufzuweisen hat, besiegelt wurde." Dies ist eine ganz andere Sprache, als sie die vorigen Blätter zeigten, die das abgebildete Geschehen kaum verbalisierten, und da, wo sie es taten, in die Satire (*Le gâteau des Rois*) oder die Sachlichkeit (*Die Lage Polens*) auswichen. Die sehr präzise Formulierung des Textes von 1831 zeigt, dass nach der Französischen Revolution, Mitte des 19. Jahrhunderts, die Darstellungsweise historischer Ereignisse wiederum eine andere geworden ist. Zwar ist das Bild gleich geblieben und zeigt die um die Landkarte sitzenden Potentaten, wie sie das Land unter sich aufteilen. Aber der Text ist deutlich schärfer und präziser geworden. Diese stärkere Präzision historischen Sprechens auch im Einblattdruck wird zum Beispiel durch eine Fußnote noch einmal unterstrichen, die berichtet, dass auf dem Bild Maria Theresia, die bekanntermaßen erst zur Teilung Polens überredet werden musste, von ihrem Sohn vertreten wird. Spätestens hier geht es nicht mehr die Ausdeutung politischer Prozesse im Sinne der Heilsgeschichte, sondern um die Darstellung von Realgeschichte in bildlicher Verdichtung. Indem hier ein bereits sehr bekanntes Bild mit einem neuen Text versehen wird, geschieht zweierlei. Zum einen verweist das Bild auf eine Kontinuität in Bezug auf die historische Situation in Polen. Zum anderen passt der neue Text das Blatt an die Gegenwart von 1831 an. Der Zynismus des Blattes wendet sich nicht mehr gegen Polen, denn der Text macht das Blatt zu einer Solidaritätsbekundung für das polnische Volk. Die Zeit ist eine andere geworden, der Aufstand vom November 1831, auf den sich das Blatt bezieht, wurde als Teil der nationalen Bewegungen in ganz Europa gesehen. Die Rezeptionsgeschichte dieses Blattes zeigt die Bedeutung, die auch der Textanteil für die jeweiligen Bilder hat, ohne den sie Gefahr laufen, einer großen Beliebigkeit anheimzufallen.

Dieser Überblick über die Bilder, die die schlesischen Kriege begleiteten, und die genauere Betrachtung der „Kaffeehaus"- und „Kuchen"-Bilder sollte ein erster Versuch sein, das Medium Flugblatt mit seiner pointierten, oft satirischen und allegorischen Darstellung aktueller Ereignisse auch da noch zu finden, wo sich die gra-

36 Ausführlich berichtet darüber Widacka (wie Anm. 31). Siehe zur gleichen Thematik auch: Andrzej Ryszkiewicz: Alegorie i satyry na kilka momentów z historii Polski przełomu XVIII i XIX w. [Allegorien und Satiren auf einige Augenblicke der Geschichte Polens an der Wende vom 18. zum 19. Jahrhundert] In: Maria Poprzęcka (Hg.): Materiały sympozjum Komisji Nauk o Sztuce Polskiej Akademii Nauk, Nieborów, 26–28 czerwca 1975 r.; pamięci prof. dr. Juliusza Starzyńskiego [Beiträge eines Symposiums der Kunstwissenschaftlichen Kommission der Polnischen Akademie der Wissenschaften, Nieborów, 26.–28. Juni 1975, zum Gedenken an Prof. Dr. Juliusz Starzyński]. Warszawa 1977, S. 227–249.

37 Standort: Staatsbibliothek zu Berlin. Signatur: YB 14722 m.

phische Gestaltung verändert hat und die Texte auch stilistisch im 18. Jahrhundert verortet werden müssen. Die Form und die Art der Argumentation haben sich verändert. Die Zielrichtung der kurzen, knappen und durchaus parteiischen politischen Information aber, die das Flugblatt seit dem 16. Jahrhundert ausmachte, findet sich auch in der neuen Gestalt.

Martin Kügler

Religiöse Volkskunst als populärer Wandschmuck im 19. Jahrhundert: Hinterglasbilder aus der Grafschaft Glatz[1]

Zum Stand der Forschung

Wie bei vielen anderen Bereichen der schlesischen Volkskunde und insbesondere ihrer dinglichen Überlieferung ist der Forschungsstand zur schlesischen Hinterglasmalerei davon bestimmt, dass vor 1945 eine grundlegende Bearbeitung ausblieb. Mit Krieg, Flucht und Vertreibung wurden zahlreiche Sammlungen und Forschungsunterlagen zerstreut oder vernichtet. Versuche, den Verlust durch das (erneute) Sammeln erreichbarer Informationen nach 1945 zumindest teilweise wett zu machen, konnten nur bedingt Erfolg haben (Abb. 1).

Bis vor zwei Jahren war die einzige nennenswerte deutsche Veröffentlichung ein Aufsatz von Georg Bernatzky über die Hinterglasbilder aus Kaiserswalde/Lasówka in der Grafschaft Glatz aus dem Jahre 1979.[2] In Polen und Tschechien wurden die schlesischen Hinterglasbilder schon früher beachtet und seit den späten 1950er Jahren in Ausstellungen gezeigt sowie in diversen Aufsätzen und Monografien publiziert. Als jüngste und zugleich wichtigste Arbeit ist der Katalog der Sammlung des Riesengebirgsmuseums in Hirschberg/Muzeum Karkonoskie w Jeleniej Górze zu nennen, der im Jahre 2009 erschienen ist.[3] In Wort und Bild werden hier die 1.361, aus allen europäischen Herstellungsorten stammenden Hinterglasbilder des Museums vorgestellt, wobei schlesische Beispiele den Schwerpunkt der Sammlung bilden.

Im deutschen Sprachbereich suchte man indes bisher vergebens nach neueren Arbeiten über die schlesischen Hinterglasbilder. Mit der Präsentation der Sammlung Heidi und Fritz Helle in einer Ausstellung des Schlesischen Museums zu Görlitz 2010/11 und der ersten deutschsprachigen Monografie über die schlesische Hinter-

---

1 Der Beitrag basiert auf der Publikation Heidi und Fritz Helle, Martin Kügler: Heilige auf Glas. Hinterglasbilder aus der Grafschaft Glatz in Schlesien. Die Sammlung Heidi und Fritz Helle/Święci w szkle zaklęci. Obrazy na szkle z terenu Hrabstwa Kłodzkiego. Kolekcja Heidi i Fritz Helle. Fotografien/Fotografie Przemysław Jermaczek. Katalog zur Ausstellung im Schlesischen Museum zu Görlitz/Katalog towarzyszy wystawie w Muzeum Śląskim w Görlitz 30.10.2010–27.2.2011. Hg. von Markus Bauer und Martin Kügler im Auftrag der Stiftung Schlesisches Museum zu Görlitz/Publikacja wydana przez Markusa Bauera i Martina Küglera na zlecenie Fundacji Schlesisches Museum zu Görlitz. Görlitz 2010. – Im Folgenden werden daher nur Zitate und weiterführende Hinweise angemerkt.

2 Vgl. Georg Bernatzky: Die Hinterglasmaler-Familie Rohrbach in Kaiserswalde. Zur Geschichte der Hinterglasmalerei in Schlesien im 19. und 20. Jahrhundert. In: Jahrbuch für ostdeutsche Volkskunde 22 (1979), S. 7–26.

3 Vgl. Malarstwo na szkle. XVIII- i XIX-wieczne ludowe malarstwo na szkle w zbiorach Muzeum Karkonoskiego w Jeleniej Górze. Katalog zbiorów Muzeum Kakonoskiego w Jeleniej Górze. [Volkstümliche Hinterglasmalerei des 18. und 19. Jahrhunderts in den Sammlungen des Riesengebirgsmuseums in Jelenia Góra/Hirschberg. Katalog der Sammlung des Museums]. Bearbeitet von Halina Slomska. Jelenia Góra 2009.

Abb. 1: Die Sammlung Heidi und Fritz Helle in Düsseldorf, 2010. Foto: Martin Kügler.

glasbildmalerei konnte neues, bisher unpubliziertes Material für weitere Forschungen vorgelegt werden (Abb. 2).

Als grundlegendes Problem erweist sich die Identifikation des genauen Herstellungsortes eines jeden einzelnen Bildes, da detaillierte Studien über die Produktion schlesischer Malerorte/-regionen fehlen. Selbst die Frage, in welchen Orten Schlesiens und in welchen Zeiträumen dort gemalt wurde, ist nur unzureichend geklärt. Dies gilt insbesondere für das Hirschberger Tal, für dessen Glasmacherorte die Anfertigung von Hinterglasbildern stillschweigend postuliert wird ohne tatsächlich nachgewiesen zu sein. Noch schwieriger ist es, Werkstätten oder einzelne Maler-(familien) zu identifizieren, wenngleich es hierzu erste Versuche gibt. Festzustellen ist jedoch, dass es in Kaiserwalde von der zweiten Hälfte des 18. Jahrhunderts bis kurz vor 1900 eine ausgeprägte, massenhafte Produktion von Hinterglasbildern gab. Als problematisch erweist sich hier aber die Abgrenzung zu den (nord-)böhmischen Hinterglasbildern, liegt Kaiserswalde doch direkt an der Grenze und bildete Böhmen neben der Grafschaft Glatz und Nieder- und Oberschlesien selbst ein wichtiges Absatzgebiet, wie sich besonders bei den Lieferungen für die Wallfahrtsorte zeigt.

Sammlungen schlesischer Hinterglasbilder

Aus der Literatur sind zahlreiche Sammlungen bekannt, doch meist nur sehr summarisch beschrieben. Dies ist umso bedauerlicher, da Sammlungen aus der Vorkriegszeit nur sehr bruchstückhaft erhalten geblieben sind.

Berühmt ist vor allem die Sammlung von Erich Wiese (1891–1979). Wiese war seit 1925 Kustos am Schlesischen Museum in Breslau/Wrocław und seit 1929 dessen Direktor, bis er 1933 von den Nazis seines Amtes enthoben wurde. Er zog sich

Abb. 2: Titelseite des Katalogs zur Ausstellung des schlesischen Museums zu Görlitz 2010/11, unter Verwendung eines Hinterglasbildes der Heiligen Hedwig, Kaiserwalde, 3. Viertel des 19. Jahrhunderts.

nach Hirschberg zurück, widmete sich seinen wissenschaftlichen Arbeiten und wirkte als Antiquar, Kunsthändler und Sammler. Mit dem Sammeln von Hinterglasbildern hatte Wiese schon 1920 begonnen und konnte mit ca. 4.000 Stück die wohl größte jemals existierende Sammlung schlesischer Hinterglasbilder zusammentragen. Ende des Jahres 1944 verließ Erich Wiese Hirschberg und kehrte nicht mehr zurück. Das Schicksal der Sammlung, für die es kein Verzeichnis gab, ist ungeklärt. Lediglich 190 Hinterglasbilder, auf Grund seiner Notizen auf der Rückseite der Werke eindeutig identifizierbar, gelangten in das Riesengebirgsmuseum in Hirschberg, und nur gelegentlich tauchen einzelne Objekte in Sammlungen und im Kunsthandel auf.

Georg Bernatzky (1896–?) war ein weiterer wichtiger Sammler, Forscher und Volkskundler aus der Grafschaft Glatz. Als Lehrer war er bestrebt, „den Schulunterricht und die Erwachsenenbildung innerhalb der Volksbildungsarbeit in enger Verbindung mit Volkstums- und Brauchtumspflege zu gestalten“[4], und wurde so auf die volkstümliche Hinterglasmalerei aufmerksam. Er begann zu forschen und konnte eine Sammlung von ca. 600 Hinterglasbildern anlegen. Sie stammten aus dem mittleren Bieletal, dem Gebiet der Kuhberge/Krowiarki bis Rengersdorf/Krosnowice, dem Erlitztal und dem Adlergebirge/Orlické hory.

Bei seinen jährlichen Aufenthalten in Kaiserswalde konnte er viele Materialien für die Herstellung von Hinterglasbildern sicherstellen. Von der Malerfamilie Becker übernahm er in den 1930er Jahren die noch vollständig vorhandene Malwerkstatt mit allen Utensilien einschließlich schon fertiger Hinterglasbilder. Von größter Bedeutung waren Berntazkys Kontakte zu Wilhelm Rohrbach (1858–1949), dem letzten Hinterglasmaler in Kaiserswalde, der zu diesem Zeitpunkt schon nicht mehr aktiv arbeitete, und den Nachkommen aus anderen Malerfamilien. „Nur aufgrund dieses von den Herstellern noch unmittelbar überkommenen Wissens um Entstehung und Weitergabe der Bilder vermag die vorliegende Studie die Verhältnisse in der späten Hinterglasmalerei des Glatzer Landes so anschaulich zu schildern [...].“[5] Obwohl Bernatzky seine Sammlung und Forschungsunterlagen nicht über den Krieg retten konnte, setzte er seine Forschungen in Westdeutschland fort. Seine Forschungsergebnisse sind in seinem grundlegenden Aufsatz *Die Hinterglasmaler-Familie Rohrbach in Kaiserswalde* posthum veröffentlicht.

Die Hinterglasbild-Sammlung des Riesengebirgsmuseums in Hirschberg entstand ab 1921, doch blieb der Bestand bis 1945 offenbar gering. Erst in den 1950er Jahren wuchs die Sammlung stark an, „als dem Museum die Funktion eines Museumslagers zukam, in dem verschiedene, in der Gegend gefundene Gegenstände von historischem Wert gesammelt wurden“.[6] Dokumentation und Inventarisation erfolgten in den 1960er und 70er Jahren, wobei die Provenienz nur in wenigen Fällen bekannt ist. Eine Ausnahme bildet die schon erwähnte Gruppe von 190 Hinterglasbildern, die aus der Sammlung von Erich Wiese stammen.

---

4 Gislind Ritz: [Vorwort zu Bernatzky: Hinterglasmaler-Familie Rohrbach (wie Anm. 2)], S. 7.
5 Ebenda.
6 Malarstwo (wie Anm. 3), S. 42.

Die bis 2009 erworbenen 1.361 Hinterglasbilder können nach Herstellungszentren unterschieden werden, wobei fast 90 Prozent als niederschlesisch eingestuft sind. Zwar wird die Bedeutung der Grafschaft Glatz und insbesondere von Kaiserswalde als Herstellungsort betont, doch wird bei der Einzelvorstellung der niederschlesischen Bilder nur sehr vorsichtig eine konkrete Zuschreibung an einzelne Herstellungsorte vorgenommen. Für den Gesamtbestand gilt: „In der aktuellen Untersuchungsphase ist es noch nicht möglich, die Werke aus der Hirschberger Sammlung präzise zu datieren und in chronologische Reihenfolgen zu bringen. Dagegen ist es sicher, dass die meisten Hinterglasbilder in der zweiten Hälfte des 19. Jh. entstanden. Die genaue örtliche Zuordnung von verschiedenen Arten der niederschlesischen Hinterglasbilder ist bisher unmöglich. Es wird nur vermutet, dass die als niederschlesisch bezeichneten Werke hauptsächlich im Glatzer Land und möglicherweise im Landeshuter Gebiet entstanden sein könnten."[7]

Gislind Ritz (* 1925) listete 1979 neun weitere Sammlungen schlesischer Hinterglasbilder auf, die vor 1945 in Schlesien, konkreter in der Grafschaft Glatz, bestanden haben. Keine Sammlung ist erhalten, sofern nicht einzelne Bilder unerkannter Weise zum Beispiel in das Riesengebirgsmuseum in Hirschberg gelangt sind, oder zumindest dokumentiert. Lediglich von einer Sammlung, vermutlich der des Rechtsanwaltes Wilhelm Schuppli in Bad Landeck/Lądek-Zdrój, sind Aufnahmen erhalten, die wenigsten einen kleinen Eindruck vermitteln können (Abb. 3).

Auf die zum Teil recht umfangreichen Sammlungen tschechischer und polnischer Museen kann hier nur summarisch verwiesen werden. Doch wären bei weiteren Forschungen die Bestände etwa des Volkskunde- und des Kunstgewerbemuseums sowie des Nationalmuseums in Prag/Národní muzeum v Praze, des Jindřich-Jindřich-Museums in Taus/Muzeum Jindřicha Jindřicha v Domažlicích, des Nordböhmischen Museums in Reichenberg/Severočeské muzeum v Liberci, des Südböhmischen Museums Budweis/Jihočeské muzeum v Českých Budějovicích, des Museums in Krumau/Muzeum v Českém Krumlově, des Schlesischen Landsmuseums in Troppau/Slezské zemské muzeum v Opavě oder des Böhmerwaldmuseums Schüttenhofen/Muzeum Šumavy v Sušici ebenso zu berücksichtigen wie die Sammlungen des Nationalmuseums in Krakau/Muzeum Narodowe w Krakowie oder des Ethnographischen Museums in Breslau/Muzeum Etnograficzne we Wrocławiu.

Nach 1945 war es im Westen fast unmöglich, neue Sammlungen aufzubauen. So besitzt auch das Schlesische Museum zu Görlitz, das erst 1999 mit dem Aufbau seiner Sammlungen zur schlesischen Kultur beginnen konnte, nur zehn Bilder. Eine rühmliche Ausnahme bildet jedoch die Sammlung Heidi und Fritz Helle. In fast vierzigjähriger Sammeltätigkeit haben Heidi und Fritz Helle die wohl größte Privatsammlung schlesischer, konkreter Kaiserswalder Hinterglasbilder aus der Grafschaft Glatz zusammengetragen. Bei dem Erwerb achtete das Sammlerehepaar besonders auf eine eindeutige Provenienz. Mit ca. 140 Arbeiten (Stand Ende 2011) ist die Sammlung Heidi und Fritz Helle zugleich der größte gesicherte Bestand an Hinter-

7 Malarstwo (wie Anm. 3), S. 44.

Abb. 3: Private Sammlung von Hinterglasbildern, möglicherweise von W. Schuppli in Bad Landeck, vor 1945 (Sammlung Helle).

glasbildern aus einem einzelnen schlesischen Herstellungsort. Aktuell ist zu ergänzen, dass im Jahre 2012 50 dieser Bilder von der Ernst von Siemens Kunststiftung München angekauft und dem Schlesischen Museum zu Görlitz als Dauerleihgabe zur Verfügung gestellt wurden; weitere 65 Bilder sowie seine umfangreiche Materialsammlung zur schlesischen Hinterglasbildmalerei hat das Ehepaar Helle dankenswerterweise dem Schlesischen Museum zu Görlitz als Geschenk überlassen.

Kurz zusammengefasst lässt sich sagen, dass gegenwärtig zwar viele – zumindest als „schlesisch“ apostrophierte – Hinterglasbilder in diversen Museen und Sammlungen vorhanden sind, die Aufarbeitung aber noch aussteht und insbesondere die Frage der Produktionsorte nur sehr unbefriedigend beantwortet werden kann. Gestützt auf die Sammlung des Ehepaares Helle soll aber nachfolgend die Produktion des Ortes Kaiserwalde näher betrachtet werden,

Die Grafschaft Glatz und das Glas

Kaiserswalde liegt am westlichen Rand der Grafschaft Glatz, wo seit dem späten Mittelalter Glasmacher nachgewiesen sind (Abb. 4).[8] Die Waldglashütten waren häufig Ausgangspunkt für die Entstehung von Dörfern, so auch Kaiserswalde. 1662 gründete Adam Paul Peterhansel († 1693) auf der glatzischen Seite der Erlitz im kaiserlichen Wald eine weitere Glashütte und nannte sie nach ihrer Lage „Kaiserswalde“. Die seit 1663 in Betrieb befindliche Glashütte stellte in der Mitte des 18. Jahrhunderts Hohl- und Tafelglas her, hatte aber mit starken wirtschaftlichen Schwankungen zu kämpfen. Erst 1830 heißt es: „Die Glashütte in Kaiserswalde ist eine der vorzüglichs-

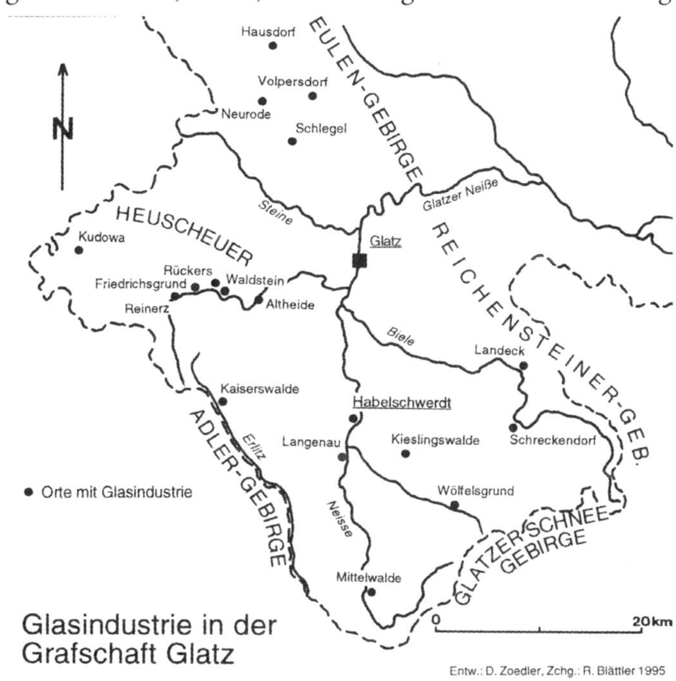

Abb. 4: Standorte der Glasindustrie in der Grafschaft Glatz aus Zoedler (wie Anm. 8).

8 Zur Geschichte des schlesischen Glases vgl. Dietmar Zoedler: Schlesisches Glas. Schlesische Gläser. Geschichte und Geschichten, Würzburg 1996.

Abb. 5: Glasfabrik in Kaiserswalde mit der 1912 erbauten neuen Kirche, Postkarte aus den 1920er Jahren (Privatbesitz).

ten. Die hier verfertigten Glaswaren finden nicht allein in der Grafschaft und in Schlesien häufigen Absatz, sondern werden auch nach Posen, Danzig, Königsberg und anderen Orten verführt."[9] Hergestellt wurde vorwiegend Scheibenglas. Mit dem Ausbau der Glasschleiferei und bei steigender Produktion erwies sich die Erschließung des Gebietes um Kaiserswalde durch die Eisenbahn 1875 als ein entscheidender Faktor. Nun war es möglich, große Mengen Glas relativ bruchsicher in kurzer Zeit über weite Strecken zu transportieren. „Die Anzahl der Hüttenarbeiter stieg bis 1906 [...] auf 200 und bis zum Beginn des Zweiten Weltkrieges auf 300 Personen."[10] Die Glashütte Kaiserswalde (Abb. 5) produzierte noch bis 1952 und wurde dann stillgelegt. Von den Gebäuden sind nur noch wenige Reste vorhanden.

Hinterglasmalerei in Kaiserswalde

Die Voraussetzungen für das Entstehen der Hinterglasmalerei in Kaiserswalde in der zweiten Hälfte des 18. Jahrhunderts waren somit recht gut. Fachleute, die Glasmaler, waren als Tagesarbeiter in der Glashütte beschäftigt. Außerdem fiel in der Glashütte Abfallglas an, das zum Bemalen geeignet war. Wegen des zeitweisen Absatzmangels

9 Peter S. Schilling: Lustreise in die Grafschaft Glatz. Ein Wegweiser für Schaulustige und Taschenbuch für Bade- und Brunnengäste des Glätzischen Hochlandes. Breslau 1830, S. 83.

10 Zoedler: Schlesisches Glas (wie Anm. 8), S. 237.

Abb. 6: Heiliger Petrus, nicht bezeichnet, Hinterglasbild aus Kaiserswalde/Adlergebirge (?), um 1800, Format Höhe 29,0 cm, Breite 19,0 cm, Sammlung Heidi und Fritz Helle.
Foto: Przemysław Jermaczek.

und langwieriger Reparaturarbeiten an dem Glasofen waren die Glasmaler auf andere Verdienstmöglichkeiten angewiesen. Mit der Blütezeit der volkstümlichen, religiösen Hinterglasmalerei in Österreich, Böhmen, Bayern, der Schweiz, im Schwarzwald und Elsass konnte auch in der Grafschaft Glatz dieses Gewerbe erfolgreich betrieben werden. Konkret wird der Beginn der Hinterglasmalerei in Kaiserswalde für den Zeitraum 1765 – 1775 angenommen, in dem Johann Christoph Rohrbach (1741 – 1821) als Einzelmaler seine Tätigkeit aufnahm. Bis zum Beginn des 19. Jahrhunderts sind weitere vier Glasmaler namentlich bekannt, die nur zeitweise als Einzelmaler tätig waren (Abb. 6).

Die stilistische Entwicklung der Kaiserswalder Hinterglasbilder ist nur schwer zu charakterisieren. Keines der Bilder ist signiert oder datiert. Bei den Bildern aus den Anfangsjahrzehnten bis um 1800 fällt eine einfache, klare Darstellung auf. Die Einzelmaler in Kaiserswalde malten vorwiegend mit deckenden, lichtundurchlässigen, zumeist mit Kasein angerührten Farben. Die Bilder zeichnen sich durch feinfühlige Farbabstimmung aus. Feine Konturen umranden die Figuren. Reiche Binnenornamente und großzügige Blattgoldflächen runden das Bild ab. Die Bildglasfläche ist in der Mehrzahl voll ausgemalt.

Die ersten Jahrzehnte des 19. Jahrhunderts sind weiterhin die Zeit der Einzelmaler. Die Motive werden wie zuvor großflächig über das gesamte Bild gemalt oder durch eine wertvolle, goldene Kartusche ergänzt. Auffällig ist wieder ein großzügiger Umgang mit Blattgold. Hervorzuheben sind die Harmonie der Farben, eine feine Malweise und dünne Konturen (Abb. 7).

Die Jahre von ca. 1830 bis 1880 können als die Blütezeit der Kaiserswalder Hinterglasbildmalerei gelten (Abb. 8). Dies kann aufgrund der steigenden Anzahl der überlieferten und ab ca. 1830 zu datierenden Bilder erschlossen werden. Mangels schriftlicher Aufzeichnungen ist bisher nicht bekannt, wie viele Malerwerkstätten es gab und welchen Produktionsumfang sie erreichten. Sicher ist nur, dass es sich bei der Hinterglasbildmalerei um ein häusliches Gewerbe handelte, das in Eigenregie der jeweiligen Familie ausgeübt wurde. Fremdkräfte wurden offenbar nicht beschäftigt und es bildeten sich auch keine größeren Werkstätten oder ein Verlagswesen heraus. Mit der größeren Nachfrage nach Hinterglasbildern ab 1830 musste sich jedoch die Herstellungsweise ändern, um den Bedarf befriedigen zu können und den Absatz nicht an andere Herstellungsorte zu verlieren. Es bildete sich eine arbeitsteilig organisierte Malweise heraus, bei der alle Familienmitglieder einbezogen waren, die sich dabei auf bestimmte Herstellungsschritte spezialisierten. Solche häusliche Gemeinschaftsarbeit ist für die Familien Rohrbach (Abb. 9), Becker, Wenzel und Gewald belegt.

Wohl ab ca. 1830 tritt ein neues Ziermotiv auf: die rote Nelke an einem Stil mit grünen oder blauen flammartigen Blättern. Die Nelke weist die Bilder vorzugsweise als Kaiserswalder Erzeugnisse aus. Die Malweise der Nelken ist unterschiedlich, was Hinweise auf verschiedene Werkstätten geben könnte. Ein weiteres charakteristisches Ziermotiv sind Blumenranken, in denen die Nelke mit Rosen, Knospen und Blattwerk kombiniert wird (Abb. 10). Soweit es das Motiv zulässt, wird das Bild auch mit Bäumen, Büschen und Ähnlichem ausgefüllt. Ab 1850 treten in Kaiserswalde vermehrt Spiegelbilder mit gemalter Kartusche auf, die einen Schliff imitieren sollen.

Abb. 7 (Kat 11): Heilige Elisabeth, nicht bezeichnet, Hinterglasbild aus Kaiserswalde, 1. Hälfte 19. Jahrhundert, Format Höhe 28,5 cm, Breite 18,5 cm, Sammlung Heidi und Fritz Helle, jetzt im Schlesischen Museum zu Görlitz als Leihgabe der Ernst von Siemens Kunststiftung. Foto: Przemysław Jermaczek.

Abb. 8 (Kat 49): Heiliger Wenzel, nicht bezeichnet, Hinterglasbild aus Kaiserswalde, 3. Viertel 19. Jahrhundert, Format Höhe 37,0 cm, Breite 28,0 cm, Sammlung Heidi und Fritz Helle, jetzt im Schlesischen Museum zu Görlitz als Leihgabe der Ernst von Siemens Kunststiftung. Foto: Przemysław Jermaczek.

Abb. 9: Grabstein des „Glasbildmalers" Wilhelm Rohrbach (1823–1913) auf dem Friedhof von Langenbrück/Mostowice, 2010. Foto: Przemysław Jermaczek.

Abb. 10 (Kat 42): Heiliger Johannes Nepomuk, bezeichnet „S. Johannes.", Hinterglasbild aus Kaiserswalde, 3. Viertel 19. Jahrhundert, Format Höhe 28,5 cm, Breite 18,5 cm, Sammlung Heidi und Fritz Helle, jetzt Schlesisches Museum zu Görlitz.

Foto: Przemysław Jermaczek.

Den religiösen Hinterglasbildern erwuchs ab ca. 1860, vermehrt ab 1870, durch billige Farbdrucke eine starke Konkurrenz. Abnehmer der von der Bilderdruckerei Amand Treutler in Neurode/Nowa Ruda, Grafschaft Glatz, in großer Stückzahl produzierten Farbdrucke waren wie bei den Hinterglasbildern die Budenbesitzer in den Wallfahrtsorten Albendorf/Wambierzyce, Wartha/Bardo Śląskie, Grulich/Králiky, Zuckmantel/Zlaté hory oder Sankt Annaberg OS/Góra św. Anny. Auch die Kaiserswalder Bilderhändler, die vorher die Hinterglasbilder verkauft hatten, stellten sich in den 1890er Jahren auf die billigen Drucke um, weil sie so mehr Ware mitnehmen konnten. Der Konkurrenzkampf zwischen Hinterglasbildern und Farbdrucken führte schließlich um 1890 zum weitgehenden Erliegen der Hinterglasmalerei in Kaiserswalde.

Ab ca. 1875 verlor die Hinterglasmalerei daher in Folge der Serienproduktion ihren individuellen Charakter. Die Farben werden immer greller und sie zeigen nicht mehr die bisherige Harmonie. Andererseits versuchten die Malerfamilien, sich den Motiven der Drucke anzunähern, und griffen die Darstellungsweise auf. Dennoch nahm der Absatz an Hinterglasbildern stetig ab und die serielle Produktion endete wohl noch vor der Jahrhundertwende. Lediglich Wilhelm Rohrbach führte in der ersten Hälfte des 20. Jahrhunderts noch Auftragsarbeiten aus.

Techniken und Materialien, Absatz und Vertriebsformen

Hinsichtlich der Maltechnik sind zunächst keine relevanten Unterschiede zu anderen Orten festzustellen. Wegen des familiären Charakters der Werkstätten wurden die Arbeitsschritte je nach Fähigkeit und Maltalent auf die Familienmitglieder verteilt; zugleich war damit eine serielle Produktion leicht möglich. Das Glas bezog man zumeist von der heimischen Glashütte. Die überwiegende Anzahl der erhaltenen Bilder zeigt als Norm die Maße Breite 18,0 cm x Höhe 28,0 cm; seltener sind großformatigere Bilder mit Breite 28,0 cm x Höhe 36,0 cm. Gemalt wurde mit Pinsel aus Otter- oder Dachshaar, als Farben wurden Kaseinfarben benutzt, später auch aus Glatz/Kłodzko bezogene Temperafarben. Die glatten Fichtenholzrahmen fertigten hierauf spezialisierte familiäre Werkstätten an.

Über den Absatz und die Vertriebsformen liegen nur wenige Nachrichten vor. Die Einzelmaler dürften zu Beginn der Hinterbildglasmalerei ihre Werke noch selbst verkauft bzw. über Land „vertragen" haben. Erst mit wachsendem Absatz seit 1830 übernahmen dies zusehends berufsmäßige „Verträger" oder „Kraxenmänner (Kraner)". Auch hier bildeten sich Familien heraus, die über mehrere Generationen mit dem Verkauf von Bildern ihr Dasein fristeten. Der Transport der Bilder erfolgte bei nicht allzu weiter Entfernung in Schubkarren oder geräumigen Handwagen. Üblich waren auch „Buckelkörbe", wie sie beim Transport von Glaswaren benutzt wurden.

Wichtigste Absatzorte aber waren die nahgelegenen Wallfahrtsorte in Schlesien und Böhmen, die mit eigens für sie gemalten Darstellungen der jeweiligen Gnadenbilder beliefert wurden. Es lässt sich nur erahnen, welche Mengen an Bildern dorthin geliefert wurden, denn Absatzzahlen sind nicht überliefert. Zumeist wurden die

Bilder frei verkauft, doch erfolgten Lieferungen auch auf direkte Bestellungen der dortigen Devotionalienhändler.

Die Malerfamilien in Kaiserswalde

Genealogische Forschungen zeigen, dass in dem kleinen Ort Kaiserswalde die meisten Familien verwandt und verschwägert waren. Belegt sind zahlreiche Verbindungen der Malerfamilien Becker, Rohrbach und Wenzel. Daher ist es auch nicht auszuschließen, dass es besonders in der Blütezeit der Hinterglasmalerei Arbeitsgemeinschaften zwischen den Familien gab, was die Identifikation von Werken einzelner Maler(-familien) erschwert bzw. unmöglich macht.
An bekannten Malerfamilien sind zu nennen:
- die Malerfamilie Wilhelm Rohrbach,
- die Malerfamilie Josef Rohrbach,
- die Malerfamilie Wenzel,
- die Malerfamilien Tenzer,
- die Malerfamilie Becker sowie
- die Malerfamilie Gewald.

Risse und Motive

Für die Kaiserswalder Hinterglasmalerei ist die große Motivvielfalt hervorzuheben, die kaum von einem anderen Herstellungsort für Hinterglasbilder erreicht wird. Dies wurde schon von Georg Bernatzky betont. Er fand 1938 bei der Familie Rohrbach auf dem Dachboden ca. 500 Risse (Vorlagen) in mehreren Bündeln verpackt. Dieser Bestand umfasste „in der Hauptsache [...] Vorlagenmaterial für religiöse Bilder“. Es „waren auch Abrisse profanen Inhalts vorhanden, wie die vier Jahreszeiten oder die Tageszeiten, dargestellt jeweils in allegorischen Frauenbildnissen im Biedermeierkostüm mit den entsprechenden Attributen. Auch die vier Elemente wurden im Kleinformat von 18 x 13 cm gefertigt. Dazu kamen Bilder im Genrestil, wie Wilddieberei- und Schmugglerszenen, die aber schon in die Verfallszeit der Hinterglasmalerei fielen. Die Risse dazu wirkten wie in vereinfachter Form der ‚Gartenlaube‘ entnommen. [...] Notizen auf diesen Rissen wiesen darauf hin, dass es sich hier mitunter um Sonderbestellungen handelte.“[11]

11 Bernatzky: Hinterglasmaler-Familie Rohrbach (wie Anm. 2), S. 21.

Abb. 11 (Kat 126): Der Winter, bezeichnet „Winter.“, Hinterglasbild aus Kaiserswalde, 3. Viertel des 19. Jahrhunderts, Format Höhe 27,5 cm, Breite 18,0 cm, Sammlung Heidi und Fritz Helle, jetzt Schlesisches Museum zu Görlitz. Foto: Przemysław Jermaczek.

Abb. 12 (Kat 57): Die erweiterte Heilige Familie, nicht bezeichnet, Hinterglasbild aus Kaiserswalde, Mitte des 19. Jahrhunderts, Format Höhe 36,5 cm, Breite 28,5 cm, Sammlung Heidi und Fritz Helle, jetzt im Schlesischen Museum zu Görlitz als Leihgabe der Ernst von Siemens Kunststiftung. Foto: Przemysław Jermaczek.

Abb. 13 (Kat 103): Madonna von Albendorf, bezeichnet „S. Maria in Albendorf.“, Hinterglasbild aus Kaiserswalde, 3. Viertel des 19. Jahrhunderts, Format Höhe 28,0 cm, Breite 18,5 cm, Sammlung Heidi und Fritz Helle. Foto: Przemysław Jermaczek.

Offenbar sind profane Darstellungen nur sehr selten angefertigt worden, da sie sich im erhaltenen Bestand kaum finden lassen (Abb. 11). Ohne Anspruch aus Repräsentativität seien die in der Sammlung Heidi und Fritz Helle vorkommenden Motivgruppen und Motive genannt:

- Darstellungen von Heiligen bilden mit 52 Bildern die größte Gruppe. Davon zeigen 28 Bilder weibliche, die anderen männliche Heilige. Bei einigen Heiligen (Johannes Nepomuk, Wenzel) lassen sich regionale Bezüge nach Böhmen erkennen, wo sie besondere Verehrung genossen, während andere wie die Heiligen Antonius, Franziskus und Florian und auch eine große Zahl der weiblichen Heiligen allgemein als helfende Heilige bekannt sind und ihre Verehrung weit verbreitet ist.
- In der zweiten Gruppe mit 18 Bildern sind Darstellungen von Maria und Josef zusammengefasst (Abb. 12).
- Das Leben Jesu und seine Verehrung als Erlöser lassen sich in der dritten Gruppe in 32 Einzelbildern nachvollziehen.
- Bei der letzten Gruppe, den Gnadenbildern von Wallfahrtsorten, finden sich 24 Objekte, die auch anschaulich die weite Verbreitung von Hinterglasbildern aus Kaiserswalde in den schlesischen und böhmischen, aber auch weiter entfernteren Wallfahrtsorten belegen. Neben den schlesischen Wallfahrtsorten Albendorf (Abb. 13), Wartha, Altwilmsdorf und Maria Schnee am Spitzigen Berge bei Wölfelsgrund sind auch Wallfahrtsorte unter anderem in Böhmen und Mähren vertreten. Dazu zählen Grulich, Maria von Daub, Maria Brünnel, Jaromeritz/Jaroměřice nad Rokytnou, Maria Schnee in Provodov und Maria Thal/Marianka bei Pressburg/Bratislava. Interessanterweise wurden auch Wallfahrtsorte im heutigen Österreich wie Sonntagsberg, Maria Taferl und Mariazell beliefert.

Schluss

Mit den beiden Katalogen der Sammlungen im Riesengebirgsmuseum in Hirschberg und der Sammlung Helle wurde in den letzten drei Jahren ein großer Bestand an Hinterglasbildern aus Kaiserswalde und Schlesien vorgestellt und die Erkenntnisse und Forschungen der Sammler publiziert. Diese Materialbasis sollte dazu anregen, sich der Kaiserswalder und der schlesischen Hinterglasmalerei insgesamt unter Einbeziehung der Aspekte Produkt, Produzent, Konsument und Produktionsbedingungen intensiver zu widmen. Unter Einbeziehung weiterer Sammlungen in Polen und Tschechien wäre es lohnenswert, den Stellenwert der schlesischen Hinterglasbildmalerei innerhalb der europäischen Konkurrenz näher zu untersuchen, und es besteht momentan die wenn auch noch geringe Hoffnung, dass ein solches trinationales Projekt in den nächsten Jahren verwirklicht werden kann.

Anzumerken ist noch, dass im heutigen Lasówka nichts mehr an diese religiöse Volkskunst oder an die Glasindustrie erinnert. Außer ein paar sehr versteckten Grundmauern der ehemaligen Glasfabrik waren bei einer Ortsbegehung 2010 keine Zeugnisse mehr vorzufinden. Auch bei den Einwohnern von Lasówka gibt es keine Erinnerung an die Bedeutung von Kaiserswalde für die Produktion schlesischer Hinterglasbilder. Dies ist nicht verwunderlich, kam dieses Gewerbe wie gezeigt schon zu Beginn des 20. Jahrhunderts zum Erliegen. Bezeichnenderweise wurden schon bei der Ausgestaltung der neu erbauten Kirche 1912 keine Hinterglasbilder mehr verwendet, sondern farbige Drucke: „Die Kreuzwegbilder sind Öldrucke von Köhlen, Mü[!]nchen-Gladbach".[12] Der kleine Ort Lasówka, der heute nur spärlich von dem Wintersporttourismus der Region profitiert, feierte 2012 das hundertjährige Bestehen der Kirche und erinnerte dabei auf Initiative von Pater Rajmund Waczlawczyk in einer kleinen Ausstellung von Fotografien der Hinterglasbilder aus der Sammlung Helle an diese Tradition.

12 Kaiserswalde einst und jetzt. Festschrift zum 250 jährigen Bestehen des Dorfes und aus Anlaß der Weihe seiner ersten Kirche. Kaiserswalde 1912, S. 26.

Anna Bober-Tubaj

Zur Bedeutung der Bunzlauer Keramik – Die Zusammenarbeit zwischen dem Bunzlauer Keramikmuseum und dem Schlesischen Museum zu Görlitz

Das Bunzlauer Keramikmuseum in Bunzlau/Bolesławiec sammelt erst seit 1967 örtliche Steinzeug-Erzeugnisse. Verluste während des Zweiten Weltkrieges und der Nachkriegszeit haben bewirkt, dass die reichen Sammlungen aus der Zeit vor 1945 verloren gegangen sind.[1] Trotzdem waren die jahrhundertelangen keramischen Traditionen der Stadt und der gesamten Region ein Anlass, dem Museum dieses besondere Profil zu geben. Diese Ausgangssituation bewirkte, dass die Zusammenarbeit mit anderen musealen Institutionen grundlegend für die Existenz des Bunzlauer Museums ist. Im Ausstellungs-, Bildungs-, Publikations- und Forschungsbereich arbeiten wir sowohl mit polnischen als auch mit ausländischen Museen zusammen. Besonders intensiv ist die Zusammenarbeit mit Partnern in der Grenzregion: in Deutschland mit dem Schlesischen Museum zu Görlitz und dem Sorbischen Museum in Bautzen; in Tschechien mit dem Krkonošské muzeum/Riesengebirgsmuseum in Vrchlabí/Hohenelbe. Ein Großteil der Unternehmungen wird im Rahmen von Projekten durchgeführt, die mit Drittmitteln finanziert werden, unter anderen mit EU-Mitteln.

Zu den wichtigsten Aktivitäten gehörte das in den Jahren 2008–2009 in Zusammenarbeit mit dem Schlesischen Museum zu Görlitz durchgeführte Projekt *Vom Kunsthandwerk zur Kunst – Bunzlauer Keramik aus dem Hause Reinhold*. Die Ausstellung begleitete ein umfangreicher zweisprachiger Katalog.[2] Diese Publikation erhielt den ersten Preis des polnischen Ministeriums für Kunst und Kultur für das Wichtigste Museale Ereignis des Jahres „Sybilla 2008“ in der Kategorie „Museale Publikation“. Die internationale Zusammenarbeit wurde des Weiteren 2009 mit dem Preis der Euroregion Neiße in der Kategorie Kultur gewürdigt.

2010 begann das Bunzlauer Museum mit der Realisierung eines weiteren umfangreichen internationalen Projekts unter dem Titel „Das moderne Museum – ein attraktives grenzüberschreitendes Bildungsangebot“, erneut in Zusammenarbeit mit dem Schlesischen Museum zu Görlitz. Finanziert wird das Projekt aus dem Regionalen Fond der EU (Operationelles Programm der grenzüberschreitenden Zusammenarbeit Polen–Sachsen 2007–2013), wobei der finanzielle Umfang des Projekts auf der polnischen Seite 330.193 Euro beträgt. Das Projekt hat zum Ziel, beiderseits der

1 Vgl. Anna Bober-Tubaj: Historia Muzeum w Bolesławcu od 1945 do 1970 roku [Die Geschichte des Bunzlauer Museums 1945–1970]. In: Rocznik Bolesławiecki 4 (2011) S. 12–15, hier S. 12.

2 Vgl. Muzeum Ceramiki w Bolesławcu, Schlesisches Museum zu Görlitz (Hg.): Bolesławiecka ceramika z wytwórni Reinholda / Bunzlauer Keramik aus dem Hause Reinhold, katalog wystawy „Od rzemiosła do sztuki – ceramika bolesławiecka z wytwórni Reinholda / Katalog der Ausstellung „Vom Kunsthandwerk zur Kunst – Bunzlauer Keramik aus dem Hause Reinhold“. Bolesławiec 2008.

Grenze ein modernes Bildungssystem zu etablieren, das sich auf multimediale und audiovisuelle Mittel stützt. Im Rahmen des Projekts wird für Kinder und Jugendliche eine moderne und attraktive Palette an Aktivitäten geschaffen (museumspädagogische Angebote); ferner soll die geschichtliche Dauerausstellung modernisiert (Ankauf von Museumsausstattung, darunter Multimedia) und das Gebäude und der Hof des Keramikmuseums weiter saniert werden.

Forschungen zur frühen Bunzlauer Keramikerzeugung

Ein gewichtiger Bestandteil des Projekts sind jedoch zwei Forschungsprogramme: *Die Anfänge der Bunzlauer Keramikproduktion in der Grenzregion zwischen Schlesien und Lausitz* sowie *Der Einfluss der Bunzlauer Keramischen Fachschule auf die Entwicklung der Gebrauchskeramik Mitteleuropas in der ersten Hälfte des Zwanzigsten Jahrhunderts*. Das erstgenannte Projekt wird in Zusammenarbeit mit dem Schlesischen Museum zu Görlitz und dem Landesamt für Archäologie Sachsen in Dresden durchgeführt. Den Anstoß zu diesem Thema gab keramisches Material, das 2007 von den Mitarbeitern des Keramikmuseums ausgegraben wurde und von einer der fünf neuzeitlichen Bunzlauer Töpfereien stammt.[3] Laut Bergemann-Chronik arbeiteten im Jahre 1473 auf dem Gebiet der Stadt fünf Töpfereien;[4] deren Anzahl veränderte sich in den folgenden Jahrhunderten nicht, und die Zunft bestand auf ihren Privilegien.[5] Diese Beschränkung wurde erst unter dem Druck der preußischen Regierung 1762 aufgehoben, dennoch gab es weitere 24 Jahre später noch immer lediglich fünf Töpfereien:

> „Es sind derselben von jeher 5 gewesen; und obgleich jeder hier etablirte Töpfer das Recht hat, eine oder mehrere Brauntöpfereyen anzulegen, so ist es dennoch bis hieher bey diesen 5 geblieben, weil das braune Gefäß nicht jedermanns Werk ist, die Brennöfen dazu viel kosten, die Brände oft mißrathen, und an dergleichem Gefäß kein Mangel ist, indem diese 5 Töpfer mit ihren vielen Gesellen ohnedies mehr verfertigen, als verkaufen, besonders da der auswärtige Debit allenthalben sehr erschwert wird."[6]

Die Chroniken liefern die Information, dass sich eine der Töpfereien in der Oberen Vorstadt befand, die restlichen vier in der unteren, und dass das untere Stadttor lange Zeit den Namen Töpfertor trug. Sowohl die Obere als auch die Untere Vorstadt wurden nach der Zeit der Napoleonischen Kriege in die Kernstadt einbezogen; intensive Umbaumaßnahmen im 19. und 20. Jahrhundert bewirkten große

---

3 Vgl. Michał Karpiński, Andrzej Olejniczak, Barbara Glinkowska: Sprawozdanie z ratowniczych badań archeologicznych na działce 175/16 i 175/18 przy ul. Małej i Piaskowej w Bolesławcu [Bericht über die Sicherungsgrabungen auf den Flurstücken 175/16 und 175/18 an der ul. Mała und der ul. Piastowska in Bunzlau]. Bolesławiec 2007 r.

4 Vgl. Joh[ann] G[ottfried] Bergemann: Chronik der Stadt Bunzlau. Bunzlau 1830, S. 71.

5 Vgl. Ewald Wernicke: Chronik der Stadt Bunzlau von den ältesten Zeiten bis zur Gegenwart. Bunzlau 1884, S. 465–466; Ewald Wernicke: Versuch einer Geschichte der Bunzlauer Töpferei bis 1800. In: Schlesiens Vorzeit, Bd. 4. Breslau 1888, S. 220–221.

6 F[riedrich] A[lbert] Zimmerman: Beyträge zur Beschreibung von Schlesien, Bd. 6. Brieg 1786, S. 181–182.

Abb. 1: Unglasierte und bemalte Tontöpfe von der ul. Piaskowa, Bolesławiec.
Foto: Anna Puk.

Veränderungen in der mittelalterlichen Bausubstanz. In dieser Situation kam die Entdeckung einer der fünf Töpfereien einem Wunder gleich. Noch 2002, während des Besuchs von Professor Konrad Spindler, haben wir gemeinsam die Stadt durchschritten, um wenigstens hypothetisch die Orte zu bestimmen, an denen es sich lohnen könnte zu graben.

Die Entdeckung im Jahr 2007 veränderte die Situation grundlegend. Während einer archäologischen Rettungsgrabung wurde eine Grube freigelegt, die mit Fragmenten von Gefäßkeramik, Kacheln, Masse- und Glasurproben sowie Brennhilfen gefüllt war. Dieser außergewöhnliche Fund veränderte den Stand des bisherigen Wissens über die Anfänge der Bunzlauer Keramik. Die ältesten bekannten Objekte waren in die Jahre 1640–1652 datiert worden, das entdeckte Material jedoch kann bereits in die zweite Hälfte des 16. und die erste Hälfte des 17. Jahrhunderts datiert werden.[7] Gleiches Gewicht hat auch die Tatsache, dass sich unter den bis heute erhaltenen Objekten vor allem Repräsentationsgefäße befinden, die ausgegrabenen jedoch eine breite Palette an Gefäßarten darbieten: Töpfe, Tüllenkannen, Schalen, Schüsseln, Teller, Pfannen, flaschenförmige und kolbenartige Gefäße, Behälter, Dosen sowie eine Sparbüchse. In dieser Auflistung fallen zwei Gruppen von Gefäßen

7 Vgl. Karpiński, Olejniczak, Glinkowska: Sprawozdanie (wie Anm. 3).

Abb. 2: Steinzeugflaschen mit Lehmglasur und Rillendekor von der ul. Piaskowa, Bolesławiec. Foto: Anna Puk.

besonders auf. Die erste bilden drei Objekte, die mit plastischen Auflagen mit Kruzifix-Motiv dekoriert sind und komplett mit Kobaltglasur bedeckt sind. Diese Gefäße belegen zum ersten Mal die Erwähnung in einer der Chroniken, nach der 1612 ein Kobaltgefäß vom Bunzlauer Bürgermeister Elias Namsler (1563–1619) nach Prag/Praha mitgenommen wurde.[8]

Die zweite Gruppe, zwei weitere Krüge, deren gesamter Korpus mit Rädchendekor bedeckt ist, bestätigt die Erkenntnisse von Konrad Strauss aus der Vorkriegszeit.[9] Ein Krug mit entsprechendem Dekor, der sich in den einstigen Sammlungen des Bunzlauer Stadtmuseums befand, wurde von dem Wissenschaftler der örtlichen Produktion zugewiesen, obwohl dieser Typus allgemein dem Töpferzentrum Bad Muskau zugesprochen wurde.

8 Vgl. Wernicke: Chronik (wie Anm. 5), S. 301; Wernicke: Versuch (wie Anm. 5), S. 224; Konrad Strauss: Die Entwicklung der Töpferkunst in Niederschlesien. In: Mitteilungen des Geschichts- und Altertumsvereins zu Liegnitz 7 (1920), S. 47–77, hier S. 58.

9 Vgl. Strauss: Die Entwicklung (wie Anm. 8), S. 58–59; Konrad Strauss: Schlesische Keramik. Straßburg 1928, S. 27 (Studien zur deutschen Kunstgeschichte 254).

Abb. 3: Steinzeugkrüge mit Kobaltglasur und Auflagen von der ul. Piaskowa, Bolesławiec. Foto: Anna Puk.

Neben der Kernfrage des Projekts, die sich mit der Bearbeitung des entdeckten keramischen und archäologischen Materials auseinandersetzt, befassen sich die Forscher ebenfalls mit der Erfassung von Bunzlauer Erzeugnissen des 17. Jahrhunderts, die sich in musealen und privaten Sammlungen sowie im Antiquitätenhandel befinden. Seit den 1880er Jahren erweiterten die Wissenschaftler die Liste der bekannten Bunzlauer Gefäße aus dem 17. Jahrhundert. Viele Jahre hindurch war das einzige zugewiesene Objekt die Flasche des Pastors Severinus Mergo (1576–?), die sich in Breslau/Wrocław befand. Am Anfang der 1970er Jahre ordnete Konrad Strauss lediglich neun Gefäße der Gruppe des 17. Jahrhunderts zu;[10] einige Jahre später erhöhte sie Joseph Horschik auf 31.[11] Letzte Bestimmungen von Professor Spindler, unter Berücksichtigung von Ausgrabungen der 1990er Jahre, ergaben 66 Exemplare.[12] Die Ergebnisse der Vorort-Untersuchungen während des Projekts erhöhen die-

10 Vgl. Konrad Strauss: Bunzlauer Töpfereien, ihre Geschichte und Erzeugnisse. In: Mitteilungsblatt der Keramik-Freunde der Schweiz 82 (1971), S. 3–17.

11 Vgl. Josef Horschik: Steinzeug 15. bis 19. Jahrhundert. Von Bürgel bis Muskau. Dresden 1978, S. 386–395.

12 Vgl. Konrad Spindler: Bunzlauer Keramik im Forschungsüberblick. In: Nearchos 5 (1997) S. 7–11.

Abb. 4: Vase, Keramische Fachschule Bunzlau. Foto: Janusz Moniatowicz

se Zahl um circa ein Dutzend; darunter finden sich seltene Exemplare mit manganvioletten beziehungsweise kobaltblauen Glasuren, wie zum Beispiel eine Flasche aus der Prager Just-Sammlung, die auf einer Auktion bei Sotheby's versteigert wurde.

Den abschließenden Bestandteil des Projekts wird die Darstellung von neuen Töpfereizentren unter Berücksichtigung von neuesten archäologischen Untersuchungen in Polen und Deutschland bilden.

Forschungen zur Keramischen Fachschule Bunzlau

Ausschlaggebend für die Realisierung des zweiten Projekts mit dem Titel *Der Einfluss der Bunzlauer Keramischen Fachschule auf die Entwicklung der Gebrauchskeramik Mitteleuropas in der ersten Hälfte des Zwanzigsten Jahrhunderts* war die Übergabe einer wertvollen Sammlung an das Keramikmuseum in 2009. Die Exponate wurden von Hans Bungenstab aus Österreich im Namen seiner Tante, Brigitte Werner, der Tochter von Dr. Ernst Büttner, dem letzten Direktor der Bunzlauer Keramischen Fachschule, übergeben. Die Sammlung enthält 26 interessante keramische Erzeugnisse, allesamt Arbeiten von Professoren und Schülern der Fachschule.[13]

Noch 1995 schrieben die polnischen Wissenschaftlerinnen Maria Starzewska und Teresa Wolanin, dass es, ungeachtet der vielen erhaltenen schriftlichen Zeugnisse zur Tätigkeit der Fachschule, an tatsächlichen Objekten, die mit dieser Institution in Zusammenhang ständen, mangele.[14] Den Stand der Ergebnisse veränderten die Ausstellung und die Publikation von Sally Schöne,[15] und auch die Erarbeitung des Katalogs zur Produktion der Firma Reinhold.[16] Neue Forschungsergebnisse sowie die wachsende Sammlung des Keramikmuseums Bunzlau ermöglichten weitere Schritte in diesem Projekt.

Die Bunzlauer Keramische Fachschule war eine der drei wichtigsten Schulen diesen Typs auf deutschem Gebiet, basierend auf einer österreichischen Idee. Ihre Gründung im Jahre 1897 veränderte den bisherigen Entwicklungsstand des Töpferhandwerks in der Stadt und ihrer Umgebung, bewirkte Veränderungen in weiteren Betrieben der keramischen Industrie. Laboruntersuchungen, durchgeführt von Lehrern der Schule, lieferten Fachwissen, das in Fachzeitschriften publiziert wurde.

Obwohl im 19. Jahrhundert die Anzahl der Betriebe auf dem Gebiet der Stadt und der Gemeinde Bunzlau wuchs, angefangen mit dem Jahr 1806, als es 10 Betriebe gab, bis hin zum Jahr 1895, als 32 Betriebe vermerkt wurden, war die Produktpa-

---

13 Vgl. Anna Bober-Tubaj: Vademecum ceramiki bolesławieckiej / Vademecum der Bunzlauer Keramik. Bolesławiec 2010, S. 57–58, 63, 66, 68.

14 Vgl. Maria Starzewska, Teresa Wolanin: Artystyczna kamionka bolesławiecka. Katalog zbiorów Muzeum Narodowego we Wrocławiu i Muzeum Ceramiki w Bolesławcu [Künstlerisches Bunzlauer Steingut. Katalog der Sammlungen des Nationalmuseums Breslau und des Keramikmuseums Bunzlau]. Wrocław 1995, S. 22.

15 Vgl. Sally Schöne: Zeichensaal, Labor und Werkstatt. Keramische Fachschulen in Deutschland zwischen Kaiserreich und Zweitem Weltkrieg. Halle a. d. Saale 2004.

16 Vgl. Bolesławiecka ceramika (wie Anm. 2).

Abb. 5: Kanne mit Deckel, Fa. Julius Paul. Foto: Janusz Moniatowicz.

lette nicht allzu breit gefächert.[17] Es handelte sich überwiegend um einfache, funktionale Gefäße, die mit brauner Lehmglasur bedeckt waren, sowie die typische, bis heute produzierte Stempelware. Einen Großteil dieser Ware stellten Gefäße für den Küchen- und Hofgebrauch dar: Vorratsgefäße für die Aufbewahrung von Schmalz und Butter, für die Erzeugung von Sauerkraut oder das Einlagern von Gurken. Sie wurden allgemein „Bunzeltöpfe" genannt. Das Wort „Bunclok" wird heute noch in Oberschlesien und in Tschechien als Synonym für diese populären Steinzeug-Erzeugnisse verwendet.

17 Vgl. Heidi Müller, Ekkehard und Inge Lippert: Bunzlauer Geschirr – Gebrauchsware zwischen Handwerk und Industrie. Berlin 1986, S. 22–23, 104–108 (Schriften des Museums für Deutsche Volkskunde 14).

Abb. 6: Kaffeeservice „Alge", Fa. Hugo Reinhold. Foto: Janusz Moniatowicz.

Im 19. Jahrhundert waren in den Bunzlauer Töpfereien zwischen je fünf und fünfzehn Arbeiter beschäftigt – Lehrlinge, Gesellen und Gehilfen. Die Arbeiten wurden manuell durchgeführt, die Technologie basierte auf den Erfahrungen von Generationen vorangegangener Töpfer. Die Töpfer verwendeten traditionelle Herstellungsmethoden, was im Wettbewerb mit der fortschreitenden Industrialisierung der keramischen Branche dazu führte, dass die Bunzlauer Erzeugnisse langsam von den industriell hergestellten verdrängt wurden.

Eine der Aufgaben der Keramischen Fachschule war es, dem entgegenzuwirken.[18] Das Ausbildungsprogramm zielte vor allem darauf ab, grundlegendes Fachwissen zu vermitteln und künstlerische Fähigkeiten zu entwickeln. Schüler und Hospitanten stammten nicht nur aus der Umgebung beziehungsweise aus Deutschland; sie kamen auch aus Österreich, Ungarn, Böhmen, England, Russland, Polen, Rumänien, Spanien, Holland, Belgien, der Schweiz, Norwegen, Dänemark, Brasilien, Ägypten und sogar aus China und Afghanistan.[19] Viele der Absolventen fanden Arbeit in der keramischen Industrie, einige von ihnen, wie Konrad Strauss, verschrieben sich der Keramikforschung. Ein Beweis dafür, welch großer Kreis an Personen und Institutionen um die Fachschule entstanden ist, ist die beeindruckende Liste der Mitglieder der Gesellschaft der Freunde der Keramischen Fachschule.[20]

---

18 Vgl. Hebung der niederschlesischen Topfwaren Industrie. In: Die Tonwaren-Industrie. Zeitschrift für alle tonindustriellen Betriebe 22 (1908), Nr. 22, S. 342–343; Ernst Büttner: Bunzlau und Bunzlauer Keramik. In: Schlesische Heimatblätter 3 (1910), S. 314, Ernst Büttner: Ziele und Einrichtung der Königlichen Keramischen Fachschule. In: Schlesische Heimatblätter 3 (1910), S. 524.

19 Vgl. Ernst Büttner: Geschichte der Staatlichen Keramischen Fachschule Bunzlau. Tauberbischofsheim 1951, S. 16.

20 Vgl. Bericht der Gesellschaft der Freunde der Staatlichen Keramischen Fachschule zu Bunzlau 1922–1924. Bunzlau 1924.

Ein wichtiges Element in der Tätigkeit der Schule war die Unterstützung der hiesigen Töpfer. Dies geschah auf vielen Gebieten: In Bunzlauer Betrieben wurden moderne Produktionsmethoden eingeführt (mechanische Drehscheiben und weitere Maschinen, moderne Brennöfen, Formen und Gipsformen), ihnen wurden Rezepte für keramische Massen und Glasuren zur Verfügung gestellt, sogar fertige Gussformen.[21] Die Lehrer halfen auch, die Anfangsschwierigkeiten zu überwinden. In den Sälen der Schule wurden Erzeugnisse von verschiedenen Betrieben ausgestellt, damit sich Interessierte mit den neuesten Errungenschaften der keramischen Branche bekannt machen konnten – unter anderen wurde eine Sammlung von keramischen Erzeugnissen ausgestellt, die bei der Weltausstellung in Paris im Jahre 1900 gekauft wurde.[22] Die Lehrer beeinflussten auch die örtliche Töpferwelt, indem sie Vereinigungen ins Leben riefen und Ausstellungen organisierten.

Dank dieser Bemühungen begann die Bunzlauer Keramik bald mit einer Vielfalt an Formen und Dekoren zu überraschen: Man begann Lauf- und Kristallglasuren zu verwenden, Intarsientechnik, Auf- und Unterglasurfarben, Spritzdekore und Hörnchenmalerei. Auch die Erweiterung der Produktpalette hing eng mit den Neuerungen zusammen, die von der Keramischen Fachschule eingeführt wurden. Die Betriebe nahmen die Produktion von kleinen Services auf – so genannten „Solitaires" für eine Person oder „Tête-à-têtes" für zwei Personen, von Weinkühlern, Anbieteschalen, Leuchtern, Figuren, Plaketten, Aschenbechern, allen möglichen Behältern, um hier nur einige der Neuerungen zu nennen. Eine breite Palette wurde vor allem bei Vasen angeboten.

Die Arbeit am Projekt mit dem Titel *Der Einfluss der Bunzlauer Keramischen Fachschule auf die Entwicklung der Gebrauchskeramik Mitteleuropas in der ersten Hälfte des Zwanzigsten Jahrhunderts* erlaubt es festzustellen, dass – aus der Forschungsperspektive – die seit 1897 von Wilhelm Pukall, und seit 1925 von Eduard Berdel geleitete Einrichtung, trotz vieler Schwierigkeiten, die an sie gerichteten Erwartungen erfüllen konnte. Der Einfluss auf die Art und Qualität der Produktion ist vor allem in den Betrieben von Alfred Seiffert, Hugo und Ernst Reinhold, Robert Burdack, Julius Paul und Karl Werner sichtbar. Ein wichtiger Bestandteil des Projekts wird auch die Präsentation der Werke von Kurt Randhahn sein, der bis dato nur aus überlieferten Beiträgen in der Fachliteratur bekannt war. Des Weiteren werden wichtige Keramiker, Absolventen der Schule, vorgestellt, wie Friedrich Düpmann, Hubert Griemert, Walter Gebauer, Theo Heidenreich, Nanette Lehmann, Otto Meier, Auguste Papendieck, Erich Krause oder Lena Rothe. Ein Teil des Projekts wird sich mit den Betrieben befassen, die mit der Schule zusammengearbeitet hatten: Neben allgemein in der

---

21 Vgl. Königliche Keramische Fachschule zu Bunzlau. In: Die Tonwaren-Industrie. Zeitschrift für alle tonindustriellen Betriebe 19 (1905), Nr. 24, S. 371–372, hier S. 372; Königliche Keramische Fachschule zu Bunzlau. In: Die Tonwaren-Industrie. Zeitschrift für alle tonindustriellen Betriebe 20 (1906), Nr. 18, S. 275–276, hier S. 276; Königliche Keramische Fachschule zu Bunzlau. In: Die Tonwaren-Industrie. Zeitschrift für alle tonindustriellen Betriebe 22 (1908), Nr. 23, S. 355–356, hier S. 356.

22 Vgl. Berichte über die Thätigkeit der Königlichen Keramischen Fachschule Bunzlau in Schlesien, während der Zeit vom 1. April 1902 bis zum 31. März 1903. Bunzlau 1903, S. 17.

Abb. 7: Kanne, Kunsttöpferei Kurt Randhahn in Bunzlau. Foto: Anna Puk.

Abb. 8: Krug, Fa. Robert Burdack. Foto: Janusz Moniatowicz.

Literatur bekannten Porzellanherstellern lohnt es sich, auf die Zusammenarbeit mit Betrieben in Velten, Kandern, Siegersdorf/Zebrzydowa, Schweidnitz/Świdnica oder Bürgel hinzuweisen.

Die wissenschaftlichen Untersuchungen zum Bunzlauer Steinzeug begannen in den 1880er Jahren. Unter den führenden Forschern sollten hier Konrad Strauss,[23] Joseph Horschik,[24] Christina Spaeth,[25] Heidi Müller,[26] Ekkehard und Inge Lippert,[27] Konrad Spindler,[28] Sally Schöne[29] sowie von der polnischen Seite Maria Starzewska[30] und Teresa Wolanin[31] genannt werden. Die Forschungen fanden vor allem auf der deutschen Seite statt, später, vor allem nach der politischen Wende, war die Zusammenarbeit zwischen den Wissenschaftlern beider Länder relativ begrenzt.

Das von den Museumsmitarbeitern aus Bunzlau und Görlitz erarbeitete Modell setzt eine enge Zusammenarbeit auf jeder Projektetappe voraus. An dieser Stelle soll auch betont werden, dass die Realisierung von zwei derart umfangreichen Projekten nur dank einer ausgezeichneten Kooperation möglich ist. Das Engagement des Görlitzer Museumsdirektors Dr. Markus Bauer, das Fachwissen und die logistischen Künste von Dr. Martin Kügler sowie die Mitarbeit von Johanna Kutschera und Isabella Slawek erlauben es, die gesteckten Ziele zu erreichen. Erwähnenswert sind auch das Engagement und das archäologische Wissen von Dr. Stefan Krabath vom Landesamt für Archäologie Sachsen in Dresden. Nicht genug betont werden kann das Vertrauen und die Offenheit von Einrichtungen und Privatsammlern in beiden Ländern. Bestes Beispiel hierfür sind unsere Forschungen in den Sammlungen des Museums der Europäischen Kulturen und der herzliche Empfang des Direktors, Prof. Dr. Konrad Vanja. Die Möglichkeit, sich frei in den Magazinen zu bewegen, ist für jeden Wissenschaftler von unschätzbarem Wert.

Meiner Meinung nach ist ein solches Kooperationsmodell optimal – es erlaubt breite Umfragen und Recherchen in musealen Einrichtungen und privaten Sammlungen, erleichtert den Zugang zu archivarischen Beständen und Bibliotheken in beiden Ländern, nicht zuletzt gestattet es, die besten Forschungsmethoden in Deutsch-

---

23 Vgl. Strauss: Die Entwicklung (wie Anm. 8); Strauss: Schlesische Keramik (wie Anm. 9); Strauss: Bunzlauer Töpfereien (wie Anm. 10).

24 Vgl. Josef Horschik: Bunzlauer Töpferarbeiten aus den mittleren Jahrzehnten des 17. Jahrhunderts. In: Keramos 77 (1977), S. 3–16; Horschik: Steinzeug (wie Anm. 11).

25 Vgl. Kristine Späth: Töpferei in Schlesien. Bunzlau und Umgebung. München 1979 (Silesia 23).

26 Vgl. Müller, Lipppert: Bunzlauer Geschirr (wie Anm. 17).

27 Vgl. Ekkehard und Inge Lippert: Zur Geschichte des Spritzdekors auf Bunzlauer Feinsteinzeug. In: Keramos 38/152 (1996), S. 35–78; Inge Lippert, Konrad Spindler, Werner Endres, Ekkehard Lippert: Bunzlauer Keramik: Die Feinsteinzeugfabrik Julius Paul & Sohn in Bunzlau (1893 bis 1945), 2. Bde., Stuttgart 2002 (Nearchos 8–10).

28 Vgl. Spindler: Bunzlauer Keramik (wie Anm. 12); Konrad Spindler: Bunzlauer Keramik im Germanischen Nationalmuseum. Bestandskatalog zur Ausstellung „Guter Ton aus Bunzlau – Bunzlauer Geschirr im Germanischen Nationalmuseum". Nürnberg 2004.

29 Vgl. Schöne: Zeichensaal (wie Anm. 15).

30 Vgl. Maria Starzewska: Kamionka bolesławiecka [Bunzlauer Steingut]. In: Roczniki Sztuki Śląskiej 1 (1959), S. 121–130.

31 Vgl. Starzewska, Wolanin: Artystyczna kamionka (wie Anm. 14).

Abb. 9: Recherchen in musealen Einrichtungen: im Museum Europäischer Kulturen, Berlin. Foto: Anna Bober-Tubaj.

land und Polen zu verwenden. Ich hoffe, dass die gemeinsame Begeisterung für das Thema und die freundlichen zwischenmenschlichen Kontakte es uns ermöglichen werden, einen weiteren Schritt auf dem Weg zur Erforschung der Geschichte der Bunzlauer Keramik zu gehen.

Konrad Vanja

Schlesien gestern und heute im Museum Europäischer Kulturen – Staatliche Museen zu Berlin/Stiftung Preußischer Kulturbesitz, seinen Menschen und seinen Sammlungen

Das Museum Europäischer Kulturen ist in vielerlei Hinsicht – und das seit der Zeit seiner Gründung im Jahre 1889 – mit Schlesien besonders verbunden. Zum einen durch seine aus Schlesien stammenden Kulturgüter, zum anderen auch durch seine Persönlichkeiten, die mit Schlesien verbunden waren und sind. Allemal aber schon dadurch, dass der kulturgeschichtliche und kulturanthropologische Bezug zu Schlesien schon mit dem Gründer seiner Vorgängereinrichtung verbunden war. Als der bedeutende Pathologe, Anthropologe und Ethnologe Rudolf Virchow (1822–1901)[1] die Notwendigkeit sah, mit einem Kreis von Gelehrten und großzügigen Mäzenen ein Museum zu gründen, das sich der Kultur und insbesondere der Alltagskultur der Menschen in Deutschland annehmen sollte, konnte er auf ethnographische Erfahrungen aus jungen Jahren zurückgreifen, die mit Schlesien verbunden waren.

Als junger Mediziner, der gerade sein Studium an der Charité in Berlin beendet hatte, wurde er im Januar 1848 von der Preußischen Regierung beauftragt, sich um die auffälligen Erkrankungen vor allem junger Männer in Oberschlesien zu kümmern, um herauszufinden, was die körperlichen Schwächungen wie auch das rasche Ausbreiten einer Typhus-Epidemie in Oberschlesien hervorgerufen hatte. Oberschlesien war in seiner Infrastruktur weitgehend durch den Bergbau und die Weberei geprägt. Um 1844 stand die Region im Blickpunkt der deutschen Öffentlichkeit angesichts der Maschinenstürmerei der Weber, die sich gegen die Technisierung der Textilproduktion gewehrt hatten, verloren sie doch dadurch Arbeit und Brot. Als „Weberelend" bekannt – Gerhart Hauptmann (1862–1946) widmete dieser sozialen Situation sein noch lange nachwirkendes Sozialdrama *Die Weber* (1893) – hatte diese Wirtschaftsentwicklung eine massenhafte Verelendung seiner Bewohner zur Folge, die sich in Hungerkrisen, stetiger Unterversorgung und Krankheiten bemerkbar machte. Ihre Folgen für den Gesundheitszustand der Bevölkerung wurden auch

1 Vgl. Konrad Vanja unter Mitarbeit von Tilmann Wesolowski und Irene Ziehe: Rudolf Virchow der Volkskundler und Ethnograph. Methoden, Themen und Formen seiner Forschungen und Sammlungen. In: Ingo Wirth (Hg.): Neue Beiträge zur Virchow-Forschung. Festschrift zum 70. Geburtstag von Christian Andree. Hildesheim u. a. 2010, S. 465–484 (Rudolf Virchow, Sämtliche Werke 1, Abt. V, Virchowiana – Materialien und Dokumente), und Dagmar Neuland-Kitzerow: „...denn niemand kann sagen, wo die Kunst beginnt und wo die Arbeit des täglichen Lebens endet." Das Wirken Rudolf Virchows für das „Museum für deutsche Volkstrachten und Erzeugnisse des Hausgewerbes". In: Geraldine Saherwala, Thomas Schnalke, Konrad Vanja und Hans-Joachim Veigel (Hg.), Zwischen Charité und Reichstag. Rudolf Virchow: Mediziner, Sammler, Politiker. Begleitbuch zur Ausstellung „Virchows Zellen. Zeugnisse eines engagierten Gelehrtenlebens in Berlin". Berlin 2002, S. 113–123.

Abb. 1: Marienbild zu Albendorf (heute: Wambierzyce), schablonenkolorierter Kupferstich, um 1800. Museum Europäischer Kulturen – Staatliche Museen zu Berlin.
Alle Fotos zu diesem Beitrag: Ute Franz-Scarcigligia, Museum Europäischer Kulturen – Staatliche Museen zu Berlin/Stiftung Preußischer Kulturbesitz.

für die preußische Verwaltung der Provinz Schlesien zu einem drängenden Problem gesundheitlicher Vorsorge.

Der junge Mediziner Rudolf Virchow schien geeignet zu sein, dieses Problem und seine medizinischen Ursachen zu erkennen, um der Regierung in Berlin entsprechende Empfehlungen zur Abhilfe zu geben. Schon kurz danach machte sich der engagierte Mediziner auf die Reise und konnte über Breslau/Wrocław, Ohlau/Oława etc. die Verbreitungsgebiete der aufgetretenen Krankheiten und Hungerödeme bereisen und sich vor Ort sachkundig machen. Nach nur 16 Reisetagen hatte er seine Untersuchungen abgeschlossen und wenige Tage nach der Rückkehr nach Berlin seine Ergebnisse formuliert. So konnte er bereits im März seinen Bericht vortragen.[2] Sein Résumé: Krankheitsbilder und soziale Verelendung sind in einem Gesamtzusammenhang zu betrachten, die die politischen wie gesundheitlichen Vorgaben gleicherweise berührten und den Lebenszusammenhang von Wohnen, Arbeiten und schulischer Ausbildung als Formen der Alltagskultur und Lebensbewältigung einschlossen. Die infrastrukturellen Vernachlässigungen ihrer Provinz legte er der Preußischen Regierung zur Last und forderte sie zu verstärkten Bildungs- und Sozialmaßnahmen auf. Die Gleichgültigkeit der Verwaltung gegenüber einer weitgehend polnischsprachigen Bevölkerung (die das so genannte „Wasserpolnisch" sprach) warf er der Regierung in Berlin insbesondere vor, zeigte sie doch damit ihr Desinteresse an der realen Situation von Land und Leuten dieser Region.

Im Verlauf der Märzereignisse von 1848 sollte diese Kritik am sozialen wie wirtschaftspolitischem System des preußischen Staates dazu führen, dass Virchow, der sich für liberalen Ideen in diesen ereignisreichen Tagen eingesetzt hatte, das Land verlassen und sich in Würzburg eine neue – und dazu sehr erfolgreiche Karriere aufbauen musste.[3]

Nach seiner Rückkehr nach Berlin blieb Virchow diesen Ideen, einer Verbindung von „Land und Leuten" als einer kulturanthropologischen Deutungsperspektive auf den Menschen, in vielfältigen Aktivitäten verbunden. Insbesondere in der Berliner Gesellschaft für Anthropologie, Ethnologie und Urgeschichte engagierte er sich für Forschungen, die Lebensweise und materielle Kultur miteinander in Beziehung setzten. Das Desiderat, dass eine übergreifende Dokumentation der Alltagskultur Deutschlands in der Museumslandschaft des Deutschen Reiches fehlte, sollte ihn auch zum Museumsgründer werden lassen. Im 1889 eröffneten ‚Museum für deutsche Volkstrachten und Erzeugnisse des Hausgewerbes' dokumentierte er mit Hilfe zahlreicher Komiteemitglieder Realien des Alltagslebens aller deutschsprachigen Regionen Mittel-, Ostmittel- und Südosteuropas und versah sie mit vergleichenden Sammlungen zu den Kulturen anderer europäischer Regionen. Schlesien und sei-

2 Rudolf Virchow: Mitteilungen über die in Oberschlesien herrschende Typhus-Epidemie. In: Archiv für pathologische Anatomie und Physiologie und für klinische Medicin 2 (1849), S. 141–322.

3 Hier setzte Virchow seine sozialpolitischen Untersuchungen am Beispiel der Not im Spessart fort; vgl. Rudolf Virchow: Die Not im Spessart. Eine medizinisch-geographisch-historische Skizze. In: Ders.: Die Not im Spessart. Mitteilungen über die in Oberschlesien herrschende Typhus-Epidemie, Nachdrucke. Hildesheim 1968, S. 1–56.

ne bekannten wie geschätzten Möbel-, Trachten- und Grafikkulturen sollten in den Sammlungsräumen des barocken Palais Kreutz in der Berliner Klosterstraße zunächst durch eine Vitrine mit Schlesischen Hauben,[4] später mit einen eigenen Ausstellungsplatz in Form einer „Holzstube des Riesengebirges" vertreten sein. Der *Führer durch die Staatlichen Museen zu Berlin*[5] führte diese Sammlung schlesischer Kulturgüter sowohl mit der Schlesischen Bauernhausstube wie mit einzelnen Objekten aus Handwerk, Tracht und Keramik in den vergleichenden Sammlungen auf.

Mit dem Amtsantritt des jungen schlesischen Kunsthistorikers und Germanisten Konrad Hahm (1892–1943)[6] 1929 als Sammlungsleiter und 1934 als erster Direktor des daraus erwachsenen Staatlichen Museums für Deutsche Volkskunde sollte das Museum erneut einen Schlesienbezug erhalten, zudem eine erste Modernisierung seiner Arbeitsstrukturen. Der aus Ohlau gebürtige Hahm, hervorgetreten durch Publikationen zur Volkskunst, insbesondere mit einem Band zur schlesischen Volkskunst[7], eröffnete 1935 das Museum in Schloss Bellevue, dem heutigen Amtssitz des Bundespräsidenten, das neben Ausstellungen und Sonderausstellungen eine Bibliothek, Studiensammlungen und Magazine nach konservatorischen Vorgaben sowie eine museumspädagogische Abteilung enthielt. Im Gegensatz zur Ausstellung im Palais Kreutz sollte sich Hahm nicht mehr alleine nach regionalen Gegebenheiten von „Land und Leuten" richten, sondern den Formen, Materialien und Qualitäten der Volkskunst den Vorrang geben. Objekte aus den Sammlungsbereichen der Möbel-, Keramik und Textilkulturen waren aus Schlesien reich vertreten, aber nicht mehr in erster Linie in einen regionalen Kontext von Gebrauchs- und Lebenskultur eingebettet.[8]

---

4 Kurzer Führer durch die Sammlung des Museums, Berlin 1890, Raum X: Pultvitrine mit 16 reichgestickten Schlesischen Frauenhauben und eine weiße Morgenhaube mit rotem Kopfstück. „Unten: Wandkacheln".

5 Führer durch die Sammlung für Deutsche Volkskunde, Dritte Auflage. Berlin und Leipzig 1922, S. 17–18, Abb. Tafel 3. Die Vierte Auflage von 1929 enthält auf Tafel 3 eine photographisch andere Perspektive auf diese Stube.

6 Zu Hahm s. ausführlich Erika Karasek: Konrad Hahm (1892–1943). Museum zwischen Aufbruch und Verhängnis. In: Jahrbuch für Volkskunde 2003, S. 121–136. Hier auch weitere Verweise auf Hahms Tätigkeit als Geschäftsführer der Carl Hauptmann-Gesellschaft, wohl seit 1930 (freundliche Hinweise von Erika Karasek und Edith Wack), sowie seine langjährige Zusammenarbeit mit Günther Grundmann, dem letzten deutschen Provinzialkonservator für Niederschlesien von 1932 bis 1945, dessen Nachlass sich heute im Herder-Institut in Marburg befindet.

7 Günther Grundmann und Konrad Hahm: Schlesien. München o. J. [1926] (Deutsche Volkskunst VIII).

8 Schlesien sollte in der Geschichte des Museums insofern noch einmal eine indirekte Rolle spielen, als dass der Leiter der Abteilung Schule und Museum, die bei den Staatlichen Museen zu Berlin seitens der Reichsregierung 1939 eingerichtet wurde, mit dem Reformpädagogen Adolf Reichwein (1889–1944) besetzt wurde, der nach seiner Suspendierung als Professor in Halle 1933 und einer Landschullehrerzeit in Tiefensee/Mark Brandenburg 1939 an das Staatliche Museum für Deutsche Volkskunde abgeordnet wurde. Reichwein organisierte hier die bedeutenden Ausstellungen in kulturhistorisch-pädagogischer Manier wie „Weben und Wirken" (1942) u. a. In seiner oppositionellen Arbeit gegen das nationalsozialistische Regime im Rahmen des „Kreisauer Kreises" sollte dieses schlesische Landgut einer der Hauptorte des deutschen Widerstandes im Dritten Reich werden. S. Adolf

Abb. 2: Das Leben Christi mit den Vorbedeutungen des Alten Testaments, Tuchintarsie, Schlesien, 2. Hälfte des 18. Jahrhunderts. Museum Europäischer Kulturen – Staatliche Museen zu Berlin

Der Zweite Weltkrieg sollte nicht nur einen großen Substanzverlust für das Museum zur Folge haben – ca. 80 Prozent der Bestände gelten heute als verloren oder vernichtet –, sondern auch eine Teilung der Sammlung durch die jeweiligen Fundorte der verlagerten und geretteten Objekte. In beiden Nachkriegsmuseen des geteilten Berlins konnten die Bestände im Laufe der folgenden Jahre und Jahrzehnte ergänzt und vermehrt werden. Alles was in der Berliner Stadtmitte in den Trümmern gefun-

Reichwein: Museumspädagogische Schriften. Vorwort von Theodor Kohlmann, Beiträge von Klaus Fricke und Winfried Huber. Berlin 1978 (Schriften des Museums für Deutsche Volkskunde 4), und vor allen: Christian Ritzi, Konrad Vanja (Hg.): Adolf Reichwein Pädagogische Schriften. Kommentierte Werkausgabe in fünf Bänden. Hg. und bearbeitet von Karl Ch. Lingelbach und Ullrich Amlung. Bad Heilbrunn 2011–2013.

den sowie in den Verlagerungsorten Brandenburgs und Mecklenburg-Vorpommerns wieder aufgefunden werden konnte, kam in die Sammlungen des Museums für Volkskunde auf der Berliner Museumsinsel. Es erhielten sich jedoch lediglich Reste der alten schlesischen Sammlungen, von denen das bedeutendste Objekt eine Tuchintarsie zum Leben und Sterben Jesu aus der zweiten Hälfte des 18. Jahrhunderts sein dürfte, dessen Darstellung sich vor dem Hintergrund alttestamentlicher Weissagungen erklärt. Kaum hätte man geahnt, dass sich dieses Objekt einmal in einem deutsch-polnischen und zudem europäischen Projekt wiederfinden und zudem sein gewichtiger Ausgangspunkt würde.[9] In den 1950er Jahren konnten weitere Bestandszuwächse aus Schlesien die Sammlungen erweitern: vom Rubinglas über Walzenkrüge, altes Handwerksgerät und besonders Haustextilien, Damaste und Trachtenteile, ohne dass sich jedoch eine eigenständige Regionalsammlung herausbildet hätte.

Die nach Thüringen verlagerten Objekte, die die Amerikaner nach ihrem Rückzug aus Sachsen und Thüringen aus dem Kalibergwerk in Merkers geborgen hatten, bildeten nach ihrer Zusammenführung in den Kunstgutlagern von Wiesbaden und Celle den Grundstock der Sammlungen des Museums für Deutsche Volkskunde im Rahmen der Stiftung Preußischer Kulturbesitz in der westlichen Stadthälfte Berlins. Hier blieben insbesondere die Sammlungen der Schlesischen Taufbriefe erhalten, über die Christa Pieske in ihrer Dissertation am damaligen Staatlichen Museum für Deutsche Volkskunde gearbeitet hatte[10]. Diese wie andere geretteten Sammlungsbereiche sollten jedoch zum Ausgangspunkt für neue Schwerpunktsammlungen der Nachkriegszeit werden. Auf der westlichen Seite Deutschlands trug hier

Abb. 3: Karl Hanusch (1881–1969), Vivatband aus dem Ersten Weltkrieg: Breslau Opfertag 1916, Druck auf atlasbindiger Seide. Museum Europäischer Kulturen – Staatliche Museen zu Berlin

9 Erika Karasek: Fleckelteppiche – Tuchbilder. In: Dies. u. a.: Faszination Bild. Kultur Kontakte Europa. Berlin 1999 (Schriftenreihe. Museum Europäischer Kulturen 1), S. 44–61, und Dagmar Neuland-Kitzerow, Salwa Joram, Erika Karasek (Hg.): Tuchintarsien in Europa von 1500 bis heute. Inlaid Patchwork in Europe from 1500 to the Present. Regensburg 2009 (Schriftenreihe. Museum Europäischer Kulturen 6), hier S. 181–185.

10 Christa Pieske: Der Patenbrief. Phil. Diss. Berlin, 1942 (masch.); Dies.: Über den Patenbrief. In: Beiträge zur Deutschen Volks- und Altertumskunde (1958) 2/3, S. 85–122.

die besondere Förderung und Sicherung der Kulturgüter in den ehemaligen Siedlungsgebieten der Deutschen im östlichen Europa durch die Bundesregierung dazu bei[11]. Sie schuf in der Rekonstruktion der verlorenen alten Sammlungen Möglichkeiten, wieder alle deutschsprachigen Kulturgebiete, so auch das des ehemaligen deutschen Schlesien zu dokumentieren. Bedeutende Bestände konnten in diesem Zusammenhang mit Forschungs- und Ausstellungsvorhaben erworben und zusammengetragen werden. Hervorzuheben ist hier die Ausstellung zur Bunzlauer Keramik 1986 durch die Kuratorin und stellvertretende Direktorin Heidi Müller.[12] Es gelang ihr während eines längeren Forschungsvorlaufes einen großen Sammlungsbestand zu diesem neben dem Westerwälder Steinzeug bedeutendsten Keramikproduktionsgebiet Mitteleuropas im deutschsprachigen Raum während des 19. und beginnendem 20. Jahrhunderts zusammenzutragen. Ausstellung und handbuchartiger Katalog, die auch die neuere Produktion der nun nach dem Zweiten Weltkrieg polnisch geführten Firmen und Werkstätten Bunzlaus vermerkte, fanden auch in Polen bei Fachleuten Aufmerksamkeit und gelten bis heute als Meilenstein im Bereich der Keramikforschung Schlesiens und darüber hinaus. Mit neuen Forschungen, die auch Arbeitsbereiche der Archäologie der Bunzlauer Keramik einschließen, ermöglichte jedoch der Fall des Eisernen Vorhangs heute grenzüberschreitende Arbeitszusammenhänge, die während der politischen Teilung Europas undenkbar gewesen wären. Insbesondere eine Einrichtung der Stiftung Preußischer Kulturbesitz hatten es damals schwer, in Kooperationen mit Einrichtungen der sozialistischen Länder zu treten, gab es doch in Bezug auf den Kulturgüterbesitz der Stiftung Preußischer Kulturbesitz Rückforderungen der DDR, die die Kooperation mit den sozialistischen Ländern offiziell und formal unterband.[13]

Neben regelmäßigen Leihgaben für Ausstellungen etwa des Schlesischen Kulturwerks in Würzburg spielten Objekte aus Schlesien immer wieder eine Rolle in den Präsentationen des Museums für Deutsche Volkskunde. In dem Projekt „Das ABC des Luxuspapiers" zur Geschichte und Vielfalt der sog. Luxuspapiere, gehörte Breslau mit zu den wichtigsten Produktionsorten neben Berlin, München und Leipzig. Luxuspapiere waren eine gewerblich-industrielle Produktion von Gelegenheits-

---

11 Hier handelt es sich um das in § 96 des Bundesvertriebenengesetzes geregelte Aufgabengebiet der Förderung der Vertriebenenkultur, eine Förderungsstruktur, die sich insbesondere nach dem Fall des Eiserenen Vorhangs 1989 zu einem neuen Element europäischer „Brückenkultur" entwickelte. S. hierzu künftig: Markus Bauer: Deutsches Kulturerbe im östlichen Europa – der Auftrag der Museen. In: Museum – Forschung – Vernetzung. Symposium zur Verabschiedung von Konrad Vanja. Berlin, Museum Europäischer Kulturen 2013 (in Vorbereitung). Vgl. allgemein Beate Wild (Redaktion): Erinnerung & Vision: Museen zur Geschichte und Kultur der Deutschen im östlichen Europa. Heidelberg-Verl., 2004 (Vernissage Nr. 141) und BlickWechsel. Journal für deutsche Kultur und Geschichte im östlichen Europa. Potsdam 2013ff.

12 Heidi Müller, Ekkehard und Inge Lippert: Bunzlauer Geschirr. Gebrauchsware zwischen Handwerk und Industrie. Unter Mitarbeit von Regine Falkenberg. Berlin 1986 (Schriften des Museums für Deutsche Volkskunde 14).

13 Mit zahlreichen Leihgaben konnte sich das Museum Europäischer Kulturen 2012 und 2013 an dem großen Ausstellungsprojekt des Muzeum Ceramiki in Bunzlau/Bolesławiec und des Schlesischen Museum zu Görlitz beteiligen.

Abb. 4: Kaffeekanne, Steinzeug mit geschwämmeltem Pfauenaugemotiv, Bunzlau (heute Bolesławiec), um 1930. Museum Europäischer Kulturen – Staatliche Museen zu Berlin.

drucken zwischen 1860–1930[14], die vom Andachtsbild bis zum Wandbilddruck reichten und im Alltags- und Festleben Deutschlands wie Mitteleuropas eine weite Verbreitung erlangten. Bedeutsam ist es hier, auf einen der ganz großen Hersteller von Weltbedeutung zu verweisen, nämlich auf Raphael Tuck, der in London ein Weltimperium der Glanzbilder und anderer Luxuspapiere begründet hat, das bis heute unter Raphael Tuck & Sons besteht. Dieser Hersteller stammte aus einer jüdisch-schlesischen Familie Tuch, die über Breslau und Berlin in das Weltzentrum der modischen Luxuspapierproduktion nach London gezogen war. Weltausstellungen und Internationalität hatten London zu dieser Zentralität verholfen, insbesondere die Objektgestaltung war hier von ausnehmender Qualität. Nicht zuletzt der hohe Stand der Drucktechnik in Deutschland machte aber auf der anderen Seite Kooperationen mit Berlin und anderen Druckorten notwendig: „Designed in England – Printed in Germany" war eine der Impressumsformeln, die man auf den Oblaten englisch-deutscher Produktion gerade bei diesem Schlesischen Hersteller lesen konnte.[15] Die Gebrüder Mamelok & Söhne, bedeutende jüdische Hersteller von Glanzbildern, stammten ebenfalls aus Breslau und emigrierten zwangsweise in den 1930er Jahren nach London, wo sie unter ihrem Firmenlogo MPL bis heute zu den bedeutendsten Herstellern dieses Genres gehören. Ihre Produkte sind mit einem großen Bestand in den Sammlungen vertreten. Andere Verleger wie der Luxuspapierfabrikant Louis Prang verließen Schlesien im Zusammenhang der 1848er Unruhen, um später ein großes Druckimperium in Boston aufzubauen.[16]

Zu wenig sind bislang die Wandbilddrucke aus Schlesien erforscht, die sich im heutigen Museum Europäischer Kulturen befinden. Breslau tritt als Verlagsort für eine umfangreiche und weitverbreitete Öldruckproduktion in der zweiten Hälfte des 19. Jahrhunderts auf. In der Ausstellung „Bilder für jedermann" 1988[17] wurde ihrer Nutzung zwischen 1870 und 1930 allgemein Beachtung geschenkt, vermittelten sie doch mit ihren zumeist industriell gefertigten aber repräsentativen Rahmen als Gemäldesurrogate das Aussehen von gemalten Ölbildern, die auch ärmeren Familien ein bürgerliches Wohnambiente vermittelten. Der große Anteil an religiösen Bildern dürfte zudem den ländlichen Abnehmerkreis in katholischen Gebieten nicht nur Schlesiens versorgt haben. Die häufig vertretene Gottesmutter aus Tschenstochau/Częstochowa wie auch kyrillische Inschriften deuten auf einen weiteren Vertriebsraum hin, der auch Polen, Weißrussland oder die Ukraine in ihren alten Grenzen vor dem Ersten Weltkrieg einschloss. Der Breslauer Verlag Otto Bloch, gegründet 1867 und um 1936 erloschen, ist hier als der bedeutendste Produzent zu nennen.

---

14 Christa Pieske: Das ABC des Luxuspapiers. Herstellung, Verarbeitung und Gebrauch 1860 bis 1930. Unter Mitarbeit von Konrad Vanja u.a. Berlin 1983. (Schriften des Museums für Deutsche Volkskunde 9).

15 Zuletzt Gianenrico Bernasconi: Der Collagen-Paravent: Medium und Dekor. In: Elisabeth Tietmeyer und Irene Ziehe (Hg.): Kulturkontakte – Leben in Europa. Leipzig 2011 (Schriftenreihe. Museum Europäischer Kulturen 10), S. 43–49, Abb. S. 44.

16 Zu Tuck und Prang s. Pieske, 1983, S. 64.

17 Christa Pieske: Bilder für jedermann. Wandbilddrucke 1840–1940. Mit einem Beitrag von Konrad Vanja. Berlin 1988 (Schriften des Museums für Deutsche Volkskunde 15), S. 44.

O wunderbare Kraft, dadurch die Kirch bestehet,
Da man durchs rothe Meer getrost und sicher gehet,
Uns rein von Sünden wäscht! O theure Himmels-Kraft,
Die in der Tauf an uns so großen Nutzen schafft.

Das ist mein lieber Sohn, an welchem ich einen Wohlgefallen habe.

Wer da gläubet und getauft wird, der wird selig werden.
Marc. am 16.

Nimm hin, du liebes Kind, dieß wenige Geschenke,
Und meiner auch dabey sammt deiner Tauf gedenke,
Und wenn dich GOtt erhält, halt wohl in guter Acht,
Was für ein'n theuern Bund du hast mit GOtt gemacht.

Am Tage deiner Wiedergeburt, den
Dieses bezeuget dein treue Pathe

Abb. 5: Patenbrief, kolorierter Holzschnitt mit Typendruck, Reppersdorf (heute: Godziszowa) Landkreis Jauer, dat. 1836. Museum Europäischer Kulturen – Staatliche Museen zu Berlin

Auf die erste grundlegende Erforschung der Tauf- oder Patenbriefe Schlesiens am Museum durch Christa Pieske wurde schon hingewiesen. Die auf einem Bogen beidseitig bedruckten und kolorierten Taufbriefe aus Schlesien ragten durch ihre Falttechnik heraus: sie zeigten im Prozess ihrer Auffaltung nicht nur ein geistliches Programm, sondern hatten im Mittelfeld Platz für den Namen des Paten oder der Patin sowie für einen einzulegenden Tauftaler. Weit über eintausend Taufbriefe des ausgehenden 18. bis zur Mitte des 19. Jahrhunderts aus Schlesien sind in der Sammlung vertreten.[18]

Auch der Bestand an Volkskalendern enthält dies und jenes, was Schlesien berührt oder aus Schlesien stammt wie etwa *Karafiat's Neuer Bote aus Mähren und Schlesien* (hier ist der österreichische Teil Schlesiens gemeint), *Der Wanderer* aus Glatz/

18 Hierunter verbirgt sich u.a. der reiche Nachlass der Kunsthistorikerin und Genealogin Ruth Hoevel (Meseritz/Międzyrzecz 1915 – Marburg 1995).

Kłodzko, verlegt bei Pompejus, *Trewendt's Volks-Kalender* aus Breslau oder der *Breslauer Sankt-Josephs-Kalender*, der bei Franz Goerlich erschien.[19]

Eine große Produktion von Souvenirs, die im 19. Jahrhundert als Dioramabilder Berühmtheit erlangt haben, stammt aus dem böhmisch-schlesischen Kulturgebiet und wurde etwa in Glatz oder Brieg/Brzeg hergestellt. Sie bildeten als dreidimensionale Ansichten von vielbesuchten Stätten in einer Melange von bemalter und ausgeschnittener Kartonarchitektur, die mit Mineralien der Region und Moosen und getrockneten Pflanzen zu kleinen Installationen gestaltet wurden, Belege für die biedermeierliche Rezeption dieser Landschaft.[20]

In der umfänglichen historischen Sammlung der Gesangbücher sind die Lieder der Schlesier Angelus Silesius (i. e. Johannes Scheffler, 1624–1677), Benjamin Schmolck (1672–1737), Andreas Gryphius (1616–1664) oder dem gebürtigen Breslauer Dietrich Bonhoeffer (1906–1945), dessen Werk und Lieddichtungen heute auch in Polen Anerkennung finden, über die Konfessionsgrenzen hinaus vertreten.

Die topographisch aufgebaute Postkartensammlung des Museums dokumentiert die Region Nieder- und Oberschlesiens mit ihren Schwerpunkten der Stadtansichten von Breslau, die Schönheiten der Landschaft mit dem Riesengebirge, die zahlreichen Wallfahrtsorte oder Stätten kulturgeschichtlicher Bedeutung bis in die Gegenwart hinein.

Die weiteren Sammlungsbestände, die Schlesien betreffen oder aus Schlesien stammen, dürften viele hundert Objekte umfassen: Tracht und Kleidung, Hausrat, Bildnisse, Handwerksgeräte oder Handwerkskundschaften, Hinterglasbilder und Stammbücher, Vivatbänder und Reklameartikel. Sie können – einzeln befragt – vieles zur Alltagsrekonstruktion im alten Schlesien beitragen.

Nach dem Fall des Eisernen Vorhangs sollte Schlesien als Teil des heutigen Polens noch eine neue Bedeutung bekommen, insbesondere können seine Sammlungen als Arbeitsaufgabe in die Gegenwart hinein begriffen werden. Man kann daher die Jahre nach der politischen Wende in Europa auch als einen Neuanfang in der Schlesiensammlung und ihrer Erforschung mit einem neuerwachten Interesses sehen. Die Sammlungseinrichtungen aus und zu diesen Kulturgebieten in Deutschland wurden zu Partnern und Brückenbauern für ihre Partnermuseen und Forschungsinstituten in Polen, die sich in gleicher Weise für dieses kulturelle Erbe engagierten. Die Berliner volkskundlichen Sammlungen wurden mit und nach der Wiedervereinigung der beiden volkskundlichen Museen 1992 und der Neugründung des Museums Europäischer Kulturen mit dem erweiterten Fokus auf Europa ein neuer Partner für Po-

19 Vgl. Inga Wiedemann: Der Hinkende Bote und seine Vettern. Familien-, Haus- und Volkskalender von 1757 bis 1929. Berlin 1984 (Schriften des Museums für Deutsche Volkskunde10), Kat. Nr. 7, 152, 156.

20 Vgl. Nicole Tiedemann u. a.: Dioramen. 3D-Schaubilder des 19. Jahrhunderts aus Schlesien und Böhmen. Hamburg 2005, z. B. Kat. Nr. 48.

Abb. 6: Maria-Louise Kaempffe *(1892–1963)*, Ankündigung der Flucht nach Ägypten, Scherenschnitt, Schlesien, dat. 1920. Museum Europäischer Kulturen – Staatliche Museen zu Berlin

len.[21] Die Zusammenarbeit mit diesem Land sollte daher auch im Rahmen der Stiftung Preußischer Kulturbesitz eine besondere Rolle spielen. Andrzej Tomaszewski (1934–2010), der bedeutende Kunst- und Architekturhistoriker,[22] gleichsam ein Spiritus Rector dieser neuen Beziehungsgeschichte, hat dabei nicht nur auf dessen Brückenfunktion verwiesen, sondern in dem Begriff des „Gemeinsamen Kulturerbes" auch die gemeinsame Verantwortung betont, die die Bewahrung der Kulturgüter ebenso einschloss wie die wissenschaftliche und konservatorische Erschließung. Dass die Sammlungen des Museums Europäischer Kulturen auch zu einer Begegnungsgeschichte führen konnten, zeigt das erste Projekt, das zu dem Schritt nach Schlesien führt: die Ausstellung *Schwarze Kunst auf weißem Papier – Maria Louise Kaempffe. Eine schlesische Scherenschnittkünstlerin.*

---

21 Siehe den Beitrag von Erika Karasek: Die Büttners aus Droseheydau in Berlin. In: Wach auf, mein Herz, und denke. Zur Geschichte der Beziehungen zwischen Schlesien und Berlin-Brandenburg von 1740 bis heute. Berlin, Opole 1995, S. 204–208.

22 Konrad Vanja: Prof. Dr. hab. Andrzej Tomaszewski: Warschau 26. Januar 1934 – Berlin 25. Oktober 2010. In: historie. Jahrbuch des Zentrums für Historische Forschung Berlin der Polnischen Akademie der Wissenschaften 4 (2010/2011), S. 223–226.

Die vom Verfasser dieses Beitrags in der Eröffnungsrede 2000 ausgesprochene Hoffnung, das Werk dieser großartigen Scherenschnittkünstlerin möge auch einmal in ihrer früheren Heimat Schlesien gezeigt werden, hatte eine rasche Konsequenz: der damalige Direktor des Polnischen Kulturinstitutes in Berlin, Sławomir Tryc, reagierte unmittelbar darauf und fand einen ersten Standort für diese Ausstellung im Ethnographischen Museum in Breslau. Diesem ersten Schnitt sollte nicht nur ein deutsch-polnischer Katalog mit einem gemeinsamen deutsch-polnischen Vorwort folgen[23], sondern eine ganze Reihe von wechselnden Ausstellungsorten sowohl in Polen wie in Deutschland. Selbstverständlich wurden alle Beschriftungen in beiden Sprachen ausgeführt. Diese Sammlung, die nach dem Tode der Künstlerin dem damaligen Museum für Deutsche Volkskunde übergeben wurde, konnte nach jahrzehntelanger Magazinierung damit zu einer doppelten Wiederentdeckung werden: als künstlerisches Werk wie als bedeutendes Zeugnis einer europäischen Region. Neben Stationen in Deutschland wurde sie im Rahmen des Föderalen Programms der Stiftung Preußischer Kulturbesitz in Oppeln/Opole, Breslau, Jauer/Jawor, Stettin/Szczecin und im Gerhart-Hauptmann-Haus in Agnetendorf/Jagniątków, aber auch in Neumünster und Stralsund gezeigt. Dieser erste und erfolgreiche Beginn von Ausstellungsprojekten mit Polen sollte vor allen in den folgenden Jahren mit einem anderen Projekt fortgesetzt werden: *Frühling im Herbst. Vom polnischen November zum deutschen Mai. Das Europa der Nationen 1830–1832.*[24] Die dahinter stehende Thematik der deutschen Polenbegeisterung im Europäischen Vormärz war nicht zuletzt durch ein Objekt der Sammlung ausgelöst worden, das im Nachgang des Novemberaufstandes von Warschau 1830 in Deutschland nicht nur Anerkennung für den Freiheitswillen des dreifach geteilten Polens auslöste, sondern zu einer „Polenbegeisterung" im Vormärz geführt hatte. Im Vordergrund stand hier der Schriftsteller und „Polenfreund" Karl von Holtei (1798–1880) aus Breslau, der in seinem Singspiel *Der Alte Feldherr* schon 1828 das Schicksal Polens thematisierte. Die Niederlagen während der verschiedensten Aufstände gegen die Teilungsmächte bildet den Hintergrund für seine Dichtung insbesondere die des berühmten und populär gewordenen Liedes *Denkst Du daran mein tapfrer Lagienka*, das Eingang in die Singkultur der Zeit fand. Nach seiner Weise wurde ein Hochzeitsgedicht gestaltet, das schon in der Ausstellung „Vivat – Vivat – Vivat" 1985[25] den Bezug zu Polen herstellte

23 Mechthild Ernst: Maria Louise Kaempffe. Scherenschnitte. Mit einem vollständigen Verzeichnis der im Museum Europäischer Kulturen – Staatliche Museen zu Berlin erhaltenen Scherenschnitte der schlesischen Künstlerin. Mit einer Zusammenfassung in polnischer Sprache. Holzminden 2001 (Holzmindener Papeterie 4).

24 Wolfgang Michalka, Erardo C. Rautenberg und Konrad Vanja unter Mitarbeit von Gerhard Weiduschat (Hg.): Polenbegeisterung. Ein Beitrag im „Deutsch-Polnischen Jahr 2005/2006" zur Wanderausstellung „Frühling im Herbst. Vom polnischen November zum deutschen Mai. Das Europa der Nationen 1830–1832". Berlin 2005.

25 Konrad Vanja: Vivat – Vivat – Vivat! Widmungs- und Gedenkbänder aus drei Jahrhunderten. Unter Mitarbeit von Detlef Brunner, Susanne Rexroth, Katharina Schade, Ilse Umhauer und Chieu-Kyung Yang. Berlin 1985 (Schriften des Museums für Deutsche Volkskunde 12), hier Kat. Nr. 63 und 84.

und 2005/2006 in der Ausstellung „Solidarność 1830“[26] ein wichtiger Beleg für die Polenbegeisterung der damaligen Epoche war.

Die Sammlungen des Museums Europäischer Kulturen beinhalten einen reichen und vielfach längst nicht zureichend erschlossenen Schatz an Kulturgütern aus Schlesien. Er kann und sollte zu weiteren Projekten führen. Hier wäre im Verbund mit allen anderen Schlesischen Sammlungen in und außerhalb Polens die Zusammenarbeit auf fachlicher Ebene ebenso fortzuführen wie die wissenschaftliche Erschließung in Zusammenarbeit mit den Forschungseinrichtungen Schlesiens.[27]

---

26 Solidarność 1830. Niemcy i Polacy po Powstaniu Listopadowym – Polenbegeisterung. Deutsche und Polen nach dem Novemberaufstand 1830. Hg. von Anna Kuśmidrowicz-Król, Piotr Majewski, Konrad Vanja und Gerhard Weiduschat. Warschau: Zamek Królewski und Berlin: Museum Europäischer Kulturen 2005/2006, S. 294.

27 Ich denke hier insbesondere an eine noch ausstehende Kulturgeschichte der jüdischen Luxuspapierfabrikanten in und aus Schlesien.

Autorinnen und Autoren

Markus Bauer, Dr., Direktor des Schlesischen Museums zu Görlitz, Untermarkt 4, D-02826 Görlitz, mbauer@schlesisches-museum.de

Anna Bober-Tubaj, mgr, Direktorin des Muzeum Ceramiki w Bolesławcu, ul. Mickiewicza 13, PL-59-700 Bolesławiec, a.bober-tubaj@muzeum.boleslawiec.net

Christiane Caemmerer, Dr., Staatsbibliothek zu Berlin, Potsdamer Straße 33, D-10785 Berlin, christiane.caemmerer@sbb.spk-berlin.de

Leszek Dziemianko, dr, Uniwersytet Wrocławski, Instytut Filologii Germańskiej, pl. Biskupa Nankiera 15, PL-50-140 Wrocław, dziemian@ifg.uni.wroc.pl

Mariusz Dzieweczyński, dr, Uniwersytet Wrocławski, Instytut Filologii Germańskiej, pl. Biskupa Nankiera 15, PL-50-140 Wrocław, dzieweczynski@interia.pl

Ekkehart Gross, OT Waditz, Nr. 14, D-02627 Kubschütz, buero@orgelbau-gross.de

Detlef Haberland, Prof. Dr., Bundesinstitut für Kultur und Geschichte der Deutschen im östlichen Europa, Johann-Justus-Weg 147a, 26127 Oldenburg (Oldb.), Detlef.Haberland@bkge.uni-oldenburg.de

Marek Hałub, Prof. dr hab., Uniwersytet Wrocławski, Instytut Filologii Germańskiej, pl. Biskupa Nankiera 15, PL-50-140 Wrocław, halub@uni.wroc.pl

Martin Hollender, Dr., Staatsbibliothek zu Berlin, Potsdamer Straße 33, D-10785 Berlin, martin.hollender@sbb.spk-berlin.de

Martin Kügler, Dr., M. A., Schlesisches Museum zu Görlitz, Untermarkt 4, D-02826 Görlitz, mkuegler@schlesisches-museum.de

Anna Mańko-Matysiak, Prof. UWr. dr hab., Uniwersytet Wrocławski, Instytut Filologii Germańskiej, pl. Biskupa Nankiera 15, PL-50-140 Wrocław, manko@uni.wroc.pl

Marcin Miodek, dr, Uniwersytet Wrocławski, Instytut Filologii Germańskiej, pl. Biskupa Nankiera 15, PL-50-140 Wrocław, marcin_m_wr@o2.pl

Eef Overgaauw, Prof. Dr., Staatsbibliothek zu Berlin, Potsdamer Straße 33, D-10785 Berlin, Everardus.Overgaauw@sbb.spk-berlin.de

Gerd-Hermann Susen, Dr., Freie Universität Berlin, Institut für Deutsche und Niederländische Philologie, Habelschwerdter Allee 45, D-14195 Berlin, susen@germanistik.fu-berlin.de

Bernhard Tempel, Dr., Baldeniustraße 11, D-30419 Hannover, Bernhard.Tempel@gmx.de

Konrad Vanja, Dr., Direktor und Prof. a. D. des Museums Europäischer Kulturen – Staatliche Museen zu Berlin, Brandströmstraße 30, D-91522 Ansbach, VanjaDr@aol.com

Edith Wack, M. A., c/o Gerd-Hermann Susen, Dr., Freie Universität Berlin, Institut für Deutsche und Niederländische Philologie, Habelschwerdter Allee 45, D-14195 Berlin,
susen@germanistik.fu-berlin.de

Tobias Weger, Dr., Bundesinstitut für Kultur und Geschichte der Deutschen im östlichen Europa, Johann-Justus-Weg 147a, D-26127 Oldenburg (Oldb.), Tobias.Weger@bkge.uni-oldenburg.de

Julita Izabela Zaprucka, mgr, Direktorin des Muzeum Miejskie „Dom Gerharta Hauptmanna“, ul. Michałowicka 32, PL-58-570 Jelenia Góra, dyrektor@muzeum-dgh.pl

PERSONENREGISTER

W

Z

GEOGRAPHISCHES REGISTER

A

B

C

D